노장철학과 현대사상

노장총서 11

노장철학과 현대사상
Lao Zhuang Philosophy and Modern Thought

지은이   정세근
펴낸이   오정혜
펴낸곳   예문서원

편집   유미희
인쇄 및 제본   주) 상지사 P&B

초판 1쇄   2018년 8월 1일

출판등록   1993년 1월 7일(제307-2010-51호)
주소   서울시 성북구 안암로 9길 13, 4층
전화   925-5913~4 ㅣ 팩스   929-2285
전자우편   yemoonsw@empas.com

ISBN 978-89-7646-388-3   93150
© 鄭世根 *2018 Printed in Seoul, Korea*

YEMOONSEOWON 13, Anam-ro 9-gil, Seongbuk-Gu, Seoul, KOREA 02857
Tel) 02-925-5913~4 ㅣ Fax) 02-929-2285

값 36,000원

노장총서 11

노장철학과 현대사상

정세근 지음

예문서원

⫸ 지은이의 말

노장철학을 공부한 지 어느덧 30년이다. 석사로 치면 30년이 넘었고, 박사로 치면 30년에 가깝다. 예전에는 몸이 근질거려 연구실을 떠났는데, 이제는 눈이 아파 연구실을 떠난다.

노장이 다른 학문과 다른 점을 말하자면 '즐겁다'는 것이다. 다른 공부도 공부하는 기쁨이야 있겠지만, 노장학은 여느 분야와 다른 독특한 즐거움이 있다. 그것은 노자와 장자가 지닌 고유한 성격 때문일 것이다. 나의 희망은 여기에 실린 글을 통해 그런 즐거움을 공유하는 데 있다.

노자는 촌철살인寸鐵殺人의 덕이, 장자는 변화무쌍變化無雙한 덕이 있다고 말한 적 있다. 노자는 냉정하지만 차분한 벗이고, 장자는 다감하면서도 박력 있는 벗이라고 그려본 적도 있다. 한마디로 말해, 노자는 '시詩'이고, 장자는 '이야기 모음'(omnibus story)이다. 시와 이야기니 재미를 맛보면 그 크기와 넓이가 끝이 없이 펼쳐지기 마련이다. 형식적으로 그렇다면 내용상으로 볼 때, 노자는 '도道'의 철학자이고 장자는 '기氣'의 철학자다. 알다시피 도와 기를 알면 전통철학의 반은 넘어서는 것이다.

독자들은 여기에 실린 글들이 대체로 문제 중심적으로 쓰인 것을 염두에 두기 마란다. 소개를 넘어 제안하고, 설명을 넘어 비판하고, 해석을 넘어 주장하는 글이다. 이는 우리 학계가 어느덧 인물 중심적 연구에서 주제 중심적 연구로 바뀐 것을 보여 준다. 수준이 그만큼 올라갔기 때문에 일반적인 이해만으로는 양이 차지 않는 것이다. 게다가 학문적 자신감도 어떤 시대 못지않다. 중요한 것은 이 모두가 '나'와 '우리'의 문제라서 '남'과 '너희'의 문제에만 매달리지 않는 자세다. 그래서 노자와 장자의 철학에 이어 이를 어떻게 현대적으로 받아들일 것인가에 대해 고민한 글을 이었다.

[제1부 노자와 장자의 철학]이 '노장 제대로 알기'라면, [제2부 도가철학과 현대]는 '노장에게 말 걸기'다. 제1부에서는 노장이 말한 것에 집중했다면, 제2부에서는 그것의 현대성에 치중했다. 그래서 제1부의 주제는 비교적 전통적인 개념인 '자연, 진리, 여성성, 정치, 전쟁, 성인, 공자'와 관련되고, 제2부의 주제는 비교적 현대적인 개념인 '언어, 세계, 기술, 행복, 운명, 무'와 연결된다. 제1부의 여성성은 현대적 개념이지만 인류의 반을 차지하는 여성의 문제이니 전통적이라 말했고, 제2부의 행복은 인류가 언제나 추구해 왔던 것이지만 방법이라는 말로 조금은 현대화시켰다. 그렇다고 해서 명확한 구분이 있는 것은 아니므로 독자들은 관심 가는 분야를 뽑아서 읽으면 된다. 제1부는 노자와 장자를 따로 다루고 있지만, 제2부는 노자와 장자를 함께 다룬다.

거의 모두 학계에서 발표된 글이고 동료의 견해를 담고 있다. 그런 점에서 우리 노장학의 30년 흐름을 알아볼 수 있을 것이다. 20년 전의 모습을 알고 싶으면 일찍이 절판된 나의 『노장철학』(철학과현실사, 2002, 문화부우수학술도서)에서 소개한 학계동향(한국의 노장학: 젊은 도가철학)을 보면 되지만, 그 밖의 논문은 이리로 모아졌다.

이 책 『노장철학과 현대사상』으로 부족함을 느낀다면 자매책인 『도가철학과 위진현학』을 보기 바란다. 앞의 책이 노장을 곧바로 이해하고자 한 것이라면, 뒤의 책은 역사 속의 노장 해석자들을 다시 분석한 '노장 해석사'다.

목차의 제목에서 내용을 엿볼 수 있지만 가볍게 소개하면 대강은 이렇다.

[제1부 노자와 장자의 철학]에서 「제1장 노자와 자연」은 노자의 자연을 야생으로 보는 태도를 비판하면서, 자연은 '곳'이나 '것'이 아니라 '뜻'이고 '맛'이라고 풀었다. 아울러 무위자연도 '남에게는 무위하고 나에게는 자연하라'는 명제로 간략화시켰다. 이렇게 보면 무위는 일종의 타자윤리가 된다. 남은 제발 내버려 두고, 너나 자연스럽게 살라는 것이다.

「제2장 노자와 진리」는 노자가 말하는 도가 우리가 배우는 방정식의 x와도 같아서 그 값은 열려 있음을 강조했다. x값은 열려 있다. 그래야 함수를 그릴 수 있다. 다만, 수학에서 x, y를 변수로 부르고 a, b를 상수라고 부르는 데 반해, 노자는 x(道), y(德)에 상常이라는 개념을 넣는다. 변상變常이야 기준에 따라 얼마든지 바뀔 수 있는 개념이다. 늘 변하는 것을 일종의 불변으로 볼 수 있으므로.

「제3장 노자와 여성성」은 여성성이라는 말이 우리 사회에 안착하기 전에 쓰인 글이다.(2002/2004) 이제는 자연스럽지만 시간이 꽤나 걸려 자리 잡

왔다. 노자를 보는 비결秘訣이 있다. 마치 암호 풀기(code)와 같은 것인데, 그것이 바로 여성성이다. 여성성을 대입하면 그의 말이 술술 풀린다. 한마디로 노자는 어머니의 철학(정세근 지음, 『노자 도덕경―길을 얻은 삶』, 문예출판사, 2017)이다.

「제4장 노자와 정치」는 노자를 정치철학으로 보는 여러 관점을 소개한 글이다. 시원은 『한비자』의 「해로解老」(노자를 푼다), 「유로喩老」(노자를 빗댄다) 편일 텐데, 그 문제점을 지적했다. 노자의 덕은 실천 개념이기 때문에 무엇인가를 해야 하는 것은 맞다. 그리고 그것이 황로학 등에서 정치적으로 활용된 것도 맞다. 그러나 여전히 덕이 무엇인가를 묻지 않으면 안 된다.

「제5장 노자와 전쟁」은 노자철학에서 현저하게 드러나는 반전론을 정리한 글이다. 참으로 위대하다. 그 시절에 철저히 반전을 주장하고, 전쟁의 예법은 현실의 예법과는 정반대로 적용되어야 한다는 주장을 하다니. 전쟁에서 이기고 온 사람을 상례喪禮로 맞이하란다. 이런 사고에서는 개선문을 세울 리 없다.

「제6장 장자와 성인」은 장자가 그리는 성인이 모두 불구임을 밝힌 글이다. 장자에서 성인의 반열에 오르려면 몸뚱이가 성하면 안 된다. 온갖 병신이거나, 하다못해 형벌로라도 어딘가 잘려야 한다. 몸을 버릴 때 얻어지는 세계, 그것을 장자는 바랐다. 재밌는지, 다른 책에서도 가져다 썼다.(이승환, 이동철 엮음, 『중국철학』, 「몸을 버린 얻음―장자와 불구의 성인관」, 책세상, 2007)

「제7장 장자와 공자」는 장자가 의외로 공자를 많이 등장시키고 있음에 착안하여 그 둘의 관계를 밝혔다. 공자와 그의 제자 안회를 통해 장자가 말하고자 하는 것을 드러내는 것은 정말 신기한 설정이다. 그래서 소동파는 장자가 공자를 '겉으로는 밀치면서도 속으로는 도왔다'(陽擠而陰助)고 한다. 『장자』 속 공자 덕분에 유가와 도가는 만날 길이 열린다.

[제2부 도가철학과 현대]에서 「제1장 도와 언어」는 도가 말해질 수 없음을 설명했다. 노자가 보여 주는 진리의 언표불가능성이 여기로부터 나온다. 진리가 이것이라고 말하는 순간, 진리는 저만치 간다. 언어 속에 갇히기 때문이다. 이 부분이 노자와 장자를 도가로 부르는 지점이다. 정의하지 말자. 규정짓지 말자. 말을 떠난 세계야말로 진짜다. 저것을 버리고 이것을 얻자.

「제2장 기의 세계」는 장자에서 기가 얼마나 중요한가를 보여 주는 글이다. 기는 정신적인 것과 물질적인 것을 뛰어넘는 고대사유의 핵이다. 그것을 오늘날의 관점에서 이러쿵저러쿵하는 것은 문제가 많다. 그러나 중국철학, 아니 한국철학에서도 기론자는 많았고, 이런 기론자는 대부분 장자의 철학에 빚지고 있다. 『장자』를 읽으면 다들 기론자가 된다.

「제3장 기술과 인성」은 기술문명 속에서 노장철학의 가치가 무엇인가 되돌아본 글이다. 인공지능과 이른바 4차 산업을 말하면서 좀 더 정교해질 필요는 있겠지만, 우리의 기술문명이 아무리 발전해도 개미나 호박씨의 완전함을 창조해 내기는 어렵다는 것이다. 본성은 위대하다. 마찬가지로 문명비판도 위대하다. 그렇다고 해서 원시사회로 돌아가자는 것은 아니다. 냉장고는 물론이고, 어떤 남자가 자동차를 버리고 어떤 여자가 세탁기를 버리겠는가.

「제4장 행복의 방법」은 노자의 지족知足과 장자의 소요逍遙로 행복해지는 길을 보여 주고자 했다. 지족을 '됐다'로, 소요를 '놀자'로 새겼다. 「됐다와 놀자」라는 제목으로 학술지에 내면서 우리식의 무거움에 반하는 표현이라서 어쩔지 몰랐는데, 다들 좋은 평가를 해 줘서 무리 없이 실렸다. 국제학회 발표문이기도 하다.

「제5장 운명과 불멸」은 노장의 삶과 죽음에 대한 관점을 소개했다. 그들의 생사관을 뽑아 보았다. 잘 살자면서 노자는 섭생攝生, 장자는 양생養生을 주장한다. 장자는 더 나아가 기화론氣化論적인 입장에서 죽음과 삶이 하나라고 외친다. 기가 뭉쳐지면 삶이고, 흩어지면 죽음이라는 것이다. 그런데 무엇보다도 주목할 것은 운명론이다. 장자는 운명을 그냥 따르자고 하지 않고, 차라리 힘차게 사랑하자고 한다. 그것이 운명을 극복하는 적극적인 태도다.

「제6장 동서철학의 무」는 동서양의 무無 개념이 너무도 다름을 밝힌 글이다. 한마디로 서양철학에서 무는 나쁜 것이고, 동양철학에서 무는 좋은 것이다. 서양에서 무는 결핍이고 죄악이고 불완전함이라면, 동양에서 무는 여유이고 경지이고 근원성이다. 서양에서 무는 무이기에 없고, 동양에서 무는 유有에 앞서는 그 무엇이다.

학문의 난삽함은 인생의 명료함을 따라가지 못한다. 관념이 아무리 거창해도 육신의 작은 고통을 쉽게 이겨내지 못한다. 얼마 전 손톱 밑에 낀 가시 때문에 온종일 마음 쓰던 나의 모습을 보면 알 수 있다. 전전긍긍戰戰兢兢, 아니, 전전輾轉긍긍이다.

나는 『장자』가 내외잡內外雜 3편으로 구성된 것을 빗대 말했다. '삶이 내편이라면, 학문이 외편, 돈과 명예가 잡편'이라고. 그러나 30년이 지난 내 꼴은 내외잡편이 거꾸로 된 형국이다. 언제나 내 삶을 살까?

"우리네 삶은 끝이 있는데, 우리네 앎은 끝이 없구나. 끝이 있는 것이 끝이 없는 것을 따르니 죽음이로다."(『장자』, 「양생주」, "吾生也有涯, 而知也无涯. 以有涯隨无涯, 殆已.")

판문점을 넘나든 문씨와 김씨를 기리며
2018년 나의 살던 고향에서
백두白頭 삼감

서장 노장사상
—인간과 자연에 대한 반성

1.

    동양의 3대 사상은 의심할 여지없이 유·도·불 삼가로 집약된다. 유가와 도가가 중국의 자생적 사상이었다면, 불가는 인도에서 전래된 사상이다. 철학사에서 유가와 도가는 선진시대 이후 줄곧 경쟁적 상대였으나, 불가는 위진시대에 정착되면서 도가와 친화력을 갖기도 한다. 유가는 공맹孔孟 두 사람으로 대표되며, 도가는 노장老莊 두 사람으로 대표된다. 따라서 노장의 연구는 곧 동양의 사상적 물줄기 가운데 하나인 도가를 이해하는 길이다.

    조선의 상황은 노장에 대해 관용적이지 못했다. 조선조 500여 년 동안 주자학朱子學은 통치이념의 역할을 담당하고 있었고, 도가는 그에 대한 반발로 여겨졌기 때문에, 노장의 연구는 곧 이단異端을 뜻했으며, 이단은 곧 물리쳐져야 할 것(闢)이었다. 그러나 중국에서 도가는 그 종교적 발전인 도교의 형태로 민간에 뿌리 깊게 자리 잡아 중국인들의 사유에 막대한 영향을 끼친다. 단적으로 말해 관官은 유가요, 민民은 도가인 셈이다. 더 나아가 관을 버리고 민이 되면, 유가에서 도가로 전향하는 경우가 많았다.

    오늘날 노장철학에 대한 관심은 민권의 흥성과도 무관하지 않다. 노장은 사회적 속박에서 벗어나 자유를 찾고 평등을 이룩할 것을 주장한다. 한 인간의 생명에 대한 존귀한 대접은 외적인 절대 권력이나 내적인 명예욕과 소유욕에 의해 희생되어질 수 있는 것이 아니다.

그러므로 노자는 '무명無名'을 외치고, 장자는 '무용지용無用之用'을 부르짖는다. '이름'(名) 때문에 잃어버리는 삶의 존엄을 되찾고자 하며, '쓰임'(用)이라는 가치에 의해 소외되는 사람의 권리를 내세우고자 한다. 우리의 삶은 사람(人)의 작위에 의해 좌지우지될 것이 아니다. 하늘(天)만이 우리를 관장할 수 있을 뿐이다. 그것이 바로 노자가 바라는 '무위자연無爲自然'의 이념이며, 장자가 꿈꾸는 '소요逍遙'와 '제물齊物'의 이상이다.

2.

노자는 도가철학의 비조이다. 그는 단지 5천여 자의 글만을 남겼을 뿐이다. 그러나 그의 영향력은 실로 대단해서 이를테면 노학勞瘧처럼 그의 이름자 하나로도 도가를 대표할 수 있을 정도이다. 『도덕경道德經』이라고도 불리는 그의 책은 짜임새에서도 완벽하여 군더더기가 없는 문장으로 이루어져 있다. 따라서 매우 시적詩的이기도 하다. 『도덕경』의 전반부인 「도경」은 이론적인 면에 치중하고, 후반부인 「덕경」은 실천적인 면에 치중하고 있다. '도'는 진리이며 '덕'은 그 기능이다. 말이 천성적으로 발이 빠른 것은 그의 도이며, 말이 실제적으로 잘 달리는 것은 그의 덕이다.

노자의 '무명無名'은 공자의 '정명正名'과 대비되는 주장으로, 이름으로 삶을 그르치지 않을 것을 가르치고 있다. 공자가 '임금은 임금답고, 신하는 신하답고, 아비는 아비답고, 자식은 자식다워야 한다'(君君, 臣臣, 父父, 子子)는 이름에 따른 사람의 역할을 규정하는 정명론을 앞세우는 반면, 노자는 그러한 이름이 사람을 자연스럽게 살지 못하게 한다면서 무명론을 내세운다. 공자의 입장이 본질론적이라면, 노자의 입장은 실존론적이다.

노자는 "깨끗하면 깨끗한 대로 드러내고, 거칠면 거친 대로 껴안으라"(見素抱樸) 한다. 이른바 '소박'의 어원은 노자에게 있다. 소박을 벗어나서 하얀 바탕에 멋진 무늬를, 그리고 거친 나무를 뾰족하게 깎는 것은 인간을 본성에서 타락시키는 일이다. 사람이 문명화된다고 그와 발맞추어 인간화되는 것이 아닌 것과 같다. 화려한 문양으로 금테를 두른 자는 사람을 지배하려 들고, 통나무를 깎아 날카로운 무기를 만든 자는 전쟁으로 사람을 죽이려 든다. 노자의 견해에 따르면, 몸에 옥이 있어도 베옷으로 감추어야 하며 전쟁에서 이기고 돌아온 자를 상례喪禮로써 대해야 한다.

노자는 모성애(慈)를 최고의 가치로 삼는다. 어머니와 같은 부드러움, 물러섬, 아래에 있음이야말로 무엇보다도 우선한다. 노자가 줄곧 여성다움을 강조하는 것도 같은 맥락이다. 노자는 봉우리보다는 골짜기를 먼저 찾는다. "골짜기의 정신은 죽지 않는다"(谷神不死)라는 유명한 주장은 자성雌性의 웅성雄性에 대한 우위를 뜻한다. '천하의 계곡'(天下谿)에 있으면 아이와 같은 상태로 되돌아갈 수 있다. 이때 모성도 함께 완성된다. 이러한 여성성(femininity)이 가장 이상화된 모습이 바로 '현빈玄牝'이다.

3.

　　장자는 노자와 더불어 도가의 양대 산맥을 이루고 있다. 장자는 많은 양의 저술로 고증의 문제를 동반한다. 그러나 『장자』가 문학적으로 가장 뛰어난 글임을 부정하는 사람은 없다. 더 나아가 『장자』에서 제시된 수많은 철학적 문제들, 곧 기氣와 음양陰陽 그리고 양생養生 등의 문제는 후대에 막대한 영향을 끼쳤다. 이를테면, 『장자』를 주해하는 철학자는 모두 기론자가 되는 철학사의 엄연한 사실은 그의 영향이 어떠한가를 단적으로 보여 주고 있다.

　　장자가 늘 주장하는 독특한 관념은 '무용지용無用之用'이다. 노자가 무無를 절대성과 상대성 그리고 유용성이라는 세 가지 관점에서 강조하고 있는 반면, 장자는 '소용所用'보다는 '무용無用'의 입장을 옹호하고 있다. 소용이라는 가치 기준이 인간을 사회 속에서 소외시키거나 반대로 조직 속에서 노리갯감으로 전락시키고 있음을 직시하고, 무용을 내세워 탈가치적 인간을 꿈꾸고 있다. 쓸모없는 나무가 천수天壽를 누리듯이, 인간도 쓸모없을 때야말로 오히려 쓸모 있다는 역설을 주장한다. 『장자』에 나오는 성인聖人의 모습은 대체로 불구이거나 또는 장애가 있는 자들이다. 몸은 소용이 없지만 그 무용으로 인해 참다운 용을 얻기 때문에 그들은 성인의 대열에 올라서게 되는 것이다. 그때 인간은 참다운 자유와 평등을 얻는다. 그것이 바로 장자가 이상으로 삼고 있는 소요와 제물이다.

　　목적이나 이익 없이 왔다 갔다 하는 것이 소요이다. 소요는 '방황彷

徨'과 대구적으로 쓰이기도 한다. 유용의 관점에서 볼 때, 이는 정말로 쓸데없는 일이다. 그러나 무용의 관점에서 볼 때, 이것이야말로 참다운 쓸모가 아닐 수 없다. 소용에 매달리는 한 인간은 자유로울 수 없기 때문이다. 궁극의 자유란 이와 같이 소용의 세계에서 벗어날 때 얻어질 수 있는 것이다.

가치의 세계에서 인간은 상하, 고저, 경중, 전후를 따지며, 그 결과가 바로 불평등이다. 인간이 태어나면서 불평등한 까닭은 이러한 가치의 적용에서 비롯된다. 그러나 탈가치의 세계에서는 완전한 평등이 가능하다. 천지가 나를 위해 있는 것도 아니며, 네가 나를 위해 사는 것도 아니다. 이때 '시비是非'와 '피차彼此'는 있을 수 없다. 이것이 곧 제물의 이상이다. 그리하여 장자는 "천지는 나와 함께 있는 것이며, 만물은 나와 하나이다"(天地與我竝存, 萬物與我爲一)라고 말한다.

이른바 '호접몽胡蝶夢'으로 잘 알려져 있는 '물화설物化說'도 너와 나의 구별이 없는 평등의 세계에서의 자유로운 삶을 상징한다. 천지는 천지대로, 너는 너대로 생성하고 변화한다. 따라서 나도 만물과 더불어 변화하고자 함이다.

4.

'노장'이라고 함께 불린 것은 『회남자淮南子』에서부터이다. 그 전까지만 해도 노자와 장자는 독립된 사상으로 여겨졌다. 그러나 그들의 사상적 관련성은 그들을 하나로 묶기에 충분했다. 『장자』에서 노자는 가장 위대한 성인으로 묘사되며, 직접적으로 『노자』의 구절이 인용되기도 한다.

진의 중국 통일 이후 한을 거치면서, 노자의 철학은 사상적 전환의 국면을 맞게 된다. 이것이 '황로학黃老學'의 탄생이다. 황로학은 개인의 양생養生과 국가의 통치라는 양면을 갖고 발전한다. 이를테면 노자와 황제黃帝사상을 연결시켜 보았을 때, 황로학은 일종의 제왕학이 된다. 이러한 사상의 단초는 일찍이 『한비자韓非子』의 「해로解老」와 「유로喩老」편에서 드러나며, 그곳에서 노자의 '도道'와 법가의 '술術'은 만나고 있다. 한 제국은 진의 폭정에 염증을 낸 백성을 위해 이를 진작시킨다.

한 걸음 더 나아가, 동중서董仲舒에 의해 유가가 통치 이데올로기로서의 역할을 담당하면서 노장학은 그것의 형이상학적 원리를 제공하기 시작한다. 이른바 삼현경三玄經이라고 일컬어진 『역易』과 『노자』, 『장자』의 유행은 이를 밑받침해 주고 있다. 이러한 유가를 중심으로 한 노장학의 발전은 위진시대를 거치면서 더욱 활발해져서 허명虛名으로서의 '도'와 '덕'이, 실행實行으로서의 '인'과 '의'의 기초로 자리 잡기 시작한다. 이른바 '인의도덕仁義道德'이 한자리에 모이게 되는 것이다.

현실은 이상적이지 못하다. 이상적이지 않기에 현실이기도 하다. 그러나 이상 없는 현실은 더욱 이상적이지 못하다. 노장철학은 현실적이지 않을는지도 모른다. 그러나 노장철학이 이상적이기에 더욱 현실에서 요구되는 것이다. 인간과 자연에 대한 반성은 삶의 권리이자 의무이다. 노장철학은 그러한 반성을 우리에게 깊고도 넓게, 때로는 아름답게 가져다주고 있다.

'삶'(生)이란 '이름'과 '쓰임'에 의해 버려질 수 있는 것이 아니다. 어머니가 이름과 쓰임에 따라 아이를 얻거나 버리지 않는 것과 같다. 그것이 곧 노자의 '자연'이며 장자의 '양생'이다.

제1부 노자와 장자의 철학

제1장 노자와 자연

—노자와 뜻으로서의 자연

1. 오해들

노자에 대한 오해가 많다. 노자는 우민愚民사상을 주창했다든가, 무위도식無爲徒食을 설했다든가, 아니면 인격적으로 '남을 등쳐 먹는다', '엉큼하다', '소극적이거나 부정적이다'라는 평가가 그것이다. 정말 그런가?

노자가 우민을 말한 것은 맞다. 그러나 그 우민은 모두가 바보가 되자는 점에서 남을 바보로 만들고 내가 남 위에 서겠다는 우민과는 차원이 다르다. 우민정책이란 지나치게 똑똑한 정치가들이 통치를 위해 사람들을 바보로 만들어 보겠다는 것이지, 사람들이 바보가 되어야 비로소 세상이 좋아진다는 것이 아니다. 스님 가운데에서는 '바보 되기'를 내세우는 사람도 있는데, 그가 말하는 것처럼 바보가 되면 세상이 잘 돌아가고 자신도 행복해진다는 것이 노자의 본뜻이다. 다들 지혜를 다투고 그 지혜로 이득을 챙기려 하기 때문에 사회는 진흙탕이 되고 사람들은 그 속의 개처럼 싸움을 벌이게 된다. 총명함을 없애라는 것과 같다.[1] 바보는 이해관계에서 갑이 되지 못한다. 그런데 모두 을이라면

서로 도우며 살게 된다. 그것이 노자의 뜻이다. 아울러 "머리 쓰는 일은 멀리하고 몸부터 챙겨라"[2]라는 노자의 권유는 건강제일의 주장에 가깝다. 노자에게 양생養生의 관념은 분명하지 않지만, 확실한 것은 양생 가운데에서도 양형養形의 단초는 출현한다는 것이다. 육체의 위대함, 그것에 대한 인정과, 욕심의 끝없음, 그것에 대한 포기를 노자는 바란다. 우리는 쉽사리 자기 몸뚱이의 유혹이나 고통을 이기지 못한다. 언감생심焉敢生心, 정신이 육체를 이긴다는 것은 빛 좋은 개살구다. 명철함과 냉엄함도 육체가 도와주어야 사로思路에서 헤매지 않는다. 아픈 몸을 데리고 철학을 한다는 것은 여간 어려운 일이 아니다.

무위도식은 무위라는 말을 노자가 좋아해서 생기는 단순한 오해 같지만, 의외로 노자를 이렇게 이해하는 사람은 적지 않다. 단순히 현대인들의 오해를 말하지 않더라도, 우리는 노자에 대한 성리학자들의 해석이 대체로 이렇다는 것을 지적할 수밖에 없다. 도가와 불가에 대한 비판을 사명으로 갖고 있는 그들에게 좋은 말을 기대할 수는 없어도, 적어도 오해는 없어야 할 테지만, 많은 성리학자들에게 노자의 무위가 결국 아무것도 하지 않는 것으로 이해되는 경우는 적지 않다. 그러나 알다시피 노자의 방점은 아무것도 하지 않는 데 있지 않고 그래야 모든 것이 이루어진다는 데 있다. "아무것도 하지 않으나 하지 않는 것이 없다"[3] 또는 "아무것도 하지 않으나 다스려지지 않는 것이 없다"[4], 이것이 노

---

1) 안회의 坐忘에 대한 설명에서 볼 수 있듯이 장자도 똑똑함이 없어지는 것을 높게 본다. 『莊子』, 「大宗師」, "墮肢體, 黜聰明."
2) 『老子』, 제3장, "弱其志, 强其骨."
3) 『老子』, 제37 · 48장, "無爲而無不爲."
4) 『老子』, 제3장, "無爲而無不治."

자의 뜻이다. 방점은 '무위'에 있다기보다 '무(소)불위'에 있는 것이다. 다스림이 이루어지지 않는 혼란한 상태를 원하는 것이 아니라 진정 잘 다스려져 평화를 누리는 상태를 원하는 것이다. 성왕들이 말했듯이, 누군가 정치를 잘한다는 소리를 듣는 사회가 아니라 통치자가 있는지 없는지도 모르는 사회가 이상적인 것이다. 배가 불러 배나 두드리고(含哺鼓腹) 정치는 생업보다 중요하지 않은 사회를 우리는 꿈꾸어 왔던 것이다. '하는 일 없이 밥만 먹는다'(無爲徒食)는 현상에 대한 분석이 아니라 '임금이 하는 일이 없으니 오히려 우리는 밥을 잘 먹게 된다'는 비판적인 선언인 것이다. 요즈음 식으로 말하면 대통령이 없어야 정치가 잘된다는 이야기이다.

노자에 대한 인격적인 공격도 바로 위와 같은 오해에서 비롯된다. 노자가 둘러말하는 것은 맞다. 그러나 그런 힐난은 노자의 문장이 시詩라는 점을 잊은 데서 비롯한다. 『도덕경』은 분명한 운문이다. 각운을 보라. 어디에서도 운율을 살리고 있지 않은가. 시적인 모호함을 철학적인 정확성으로 바꾸는 것은 개인의 능력이지, 노자에게 요구할 사항은 아니다. 노자가 시적으로 쓴 것을 비난하려면, 그가 진리의 언표불가능에 대해서 제1장부터 선언하고 들어감을 애써 모른 척해야 한다. "진리를 고정불변하는 진리라고 하면 그것은 진리가 아니다."5) 노자는 진리가 말해질 수 있다면 그것은 진리가 아니라고 말한다. 노자는 진리가 말해지는 순간, 그것은 진리의 자격을 잃는다고 생각한다. 진리, 그것은 빈이름이지 속이 꽉 찬 것이 아니다. 따라서 노자의 어법은 에둘러 말

---

5) 『老子』, 제1장, "道可道, 非常道."

하고, 표현은 두리뭉실하다. 그런 점에서 소극적이고 부정적일 수 있다. 그러나 그의 말투가 그런 것은 그의 뜻이 애매해서가 아니라 언어가 상대적이고 시공의 맥락에서 갇혀 있기 때문이며, 나아가 부정적이고 소극적인 어휘야말로 자신의 생각을 잘 담기 때문이다. 노자가 말하는 무를 유의 화법으로 전하는 것이 어떻게 가능하겠는가. 있는 것을 있는 말로 말하는 것이 쉬운가, 없는 것을 있는 말로 말하는 것이 쉬운가. 나아가 없는 것을 없는 말로 말하는 것이 가장 어렵지 않은가. 언어를 넘어, 사고를 넘어, 자연에로 가는 길(道)은 말 없는 말(不言之敎)[6]이 으뜸이다. 그래서 아스라하고(夷), 어렴풋하고(希), 조그마한(微) 것이 최상인 것이다.[7]

노자를 정치적으로 활용하겠다는 시도는 늘 있어 왔다. 사마천司馬遷의 시대도 그러했다. 그래서 그는 노자를 한비자와 함께 열전에 넣음으로써 노자의 사상이 법가와 맥을 같이할 수 있음을 선언했다. 황로학黃老學의 시대에 살았던 그와 그의 아버지 사마담司馬談이 걸을 수밖에 없는 학문의 경로였다. 그러나 황로학도 심성수련의 황로학도 있고, 정치술수의 황로학도 있었다. 황로학을 정치술로만 보는 것은, 첫째, 그것에 이어 나오는 철학으로 그 앞의 철학을 보거나, 둘째, 영향력이나 특이성으로만 그것을 정의하거나, 그 둘도 아니라면 셋째, 현대에 와서 철학자들을 옭아맸던 유법儒法 투쟁사관의 결과일 것이다.

노자는 소극적이긴 해도 부정적이진 않고, 엉큼하기보다는 몽롱朦朧

---

6) 『老子』, 제2·43장.
7) 『老子』, 제14장, "視之不見, 名曰夷; 聽之不聞, 名曰希; 搏之不得, 名曰微. 此三者不可致詰, 故混而爲一."

(그의 말을 빌리면 恍惚[8])하고, 남의 등을 치기보다는 나의 앞부터 챙기고자 한다. 도덕적 행위로 볼 때 노자는 자기주체성이 없고 준칙의 보편성이 보장되지 않는 남의 뒤나 따라가는 인물이겠지만, 자연적 원리로 볼 때 그는 자기 삶에 무엇보다도 우선권을 주고 여타의 것에는 의미를 두지 않는 철학자였다. 길거리에서 거지로 사는 디오게네스처럼 문명의 허울을 뒤집어쓰지 않은 채, 그것도 육신의 건전함이 치밀한 사고나 정교한 예법에 앞선다는 입장에서 노자는 인간의 원초적 상태를 설정하고자 했던 것이다.

후대에 와서 '하늘'과 '사람'으로 정식화된 천인지제天人之際의 밀접한 설정이 무색할 정도로 노자는 자연을 인위에 앞세웠다. 따라서 노자는 자연으로 돌아가자고 주장한다. 무엇이 그의 자연이고, 그 자연은 과연 돌아갈 수 있는 자연인가? 그가 말하는 자연은 오늘날 우리가 말하는 자연과 같은가? 그렇다면 문명에 대해서는 어떻게 생각하는가?

2. 자연

한마디로 노자의 자연은 우리가 말하는 자연이 아니다. 그의 자연은 '자연스러움'을 가리키지 '자연생태계로서의 자연' 또는 '천지만물이 크고 자라는 자연'이 아니다. 자연이 외재대상을 뜻하게 된 것은 위진현학, 그것도 진나라의 곽상郭象 정도에 와서야 자연은 '천지天地'라는 이름

---

8) 『老子』, 제14 · 21장.

으로 바뀌면서 '온갖 것의 총칭'(萬物之總名)으로서 새로운 모습을 선보인다.[9] 그러나 노자에게서 자연은 '스스로 그러하다'라는 뜻일 뿐이다. 때로 '저절로'라고 말해도 좋다. "난 스스로 그랬을 뿐이다." 또는 "나는 저절로 그리하였다."[10] 누군가 시켜서 그런 것이 아니다. 나는 나의 주인일 뿐, 나의 행동은 나의 결과물일 뿐, 나를 누구의 심부름꾼이나 복속자로 보지 말지어다.

'스스로 그러함'의 발견은 정말로 위대하다. 모든 것의 원인이 나에게 있지 남에게 있지 않다는 선언. 가치를 넣자면, 모든 것의 원인이 내가 되어야지 남이 되어서는 안 된다는 천명. 그것이 노자철학의 핵심이다. 그래서 노자철학이 '자연의 철학'이 된다. 따라서 남이 나에게 이래라 저래라 해서는 안 된다. 그래서 노자철학이 '무위의 철학'이 된다. 나를 중심으로 보았을 때는 자연의 철학이며, 남을 중심으로 보았을 때는 무위의 철학이다.

모든 주체는 스스로 그러하며, 스스로 그러할 권리와 의무가 있다. 그것이 자연의 철학이다. 내가 생각하고 움직이고 뜻하는 바는 나로부터 비롯되며 나로부터 마무리된다. 스스로 말미암음(自由)과 스스로 마무리됨(自足, 장자 식으로 말하면 善終[11])이 노자가 우리에게 선언한 자연의 의미이다. 아리스토텔레스가 말하여 이단으로 찍혔던 내재된 자기원인이 노자에게는 철저히 긍정되어 동양의 사고 내에서 절체절명의 위치를 확보하게 된다. '누가 내 까닭이 된다고? 어림없는 소리! 나는 나로 말미

---

9) 郭象, 『莊子注』, 「逍遙遊」.
10) 『老子』, 제17장, "我自然."
11) 『莊子』, 「大宗師」, "善始善終."

암을 뿐.' 이것이 노자의 선언인 것이다.

노자가 '그러함'(然)으로 스스로 말미암음(自由) 또는 자기원인을 설정한 것도 재미있는 일이다. 시쳇말로 바꾸어 보자. 내가 화가 난 것은 '분노유발자'가 있어서 화가 난 것이 아니다. 내가 '자가발전'한 것이다. 그런데 왜 노자는 군이 '그러함'이라고 했을까? 그러함에는 화도, 기쁨도, 슬픔도, 주고 싶음이나 빼앗고 싶음도, 이루어짐이나 이루어지지 않음도 들어갈 수 있어 작용(作/用)이나 상태(狀/態)를 가리키는 용어도 가능할 텐데, 왜 군이 형용사화 시켜 주는 말미末尾의 어휘를 선택했을까? 자작自作, 자용自用, 자상自狀, 자태自態가 아닌 자연自然을 선택한 이유가 무엇일까? '연然'은 사실상 위의 모든 단어의 끝에서 그것이 지속되는 분위기를 연출한다. 작연作然은 주위를 밝히는 작연焯然처럼, 용연用然은 모든 것을 녹이는 용연溶然처럼, 상연狀然은 누구와 비교해도 시원한 상연爽然처럼, 태연態然은 크고 편안한 태연泰然처럼 쓸 수 있다. 낱말이면서도 스스로에게는 뜻이 없고 남의 뜻을 살려 주는 용어를 선택함으로써 노자는 자연의 범위를 지극히 넓히고 있는 것이다. 그러하고 그러할 뿐(然然), 스스로 그러하고 그러할 뿐(自然而然), 어떠한 모습이나 상황을 적시摘示하지 않음으로써 세계 속 인간의 모든 상황을 주체적으로 묘사한다.

그런 점에서 자연은 명사화되면 안 된다. 자연은 대상도 명칭도 명사도 아니다. 자연은 상황이고 자세이며 형용사이다. 후대에 만물을 가리키게 된 것은 한마디로 퇴보이고 고착화가 아닐 수 없는 것이다. 자연이 자연스럽지 않고 자유스럽지 않게 되었다. 자연이 부자연하고 부자유하다면 그것은 더 이상 노자가 가리키는 자연이 아니다. 좁아진 자

연은 자연이 아니라 인위에 가깝다. 넓혀 가는 자연, 생각하는 자연, 뜻
으로서의 자연이야말로 세계 안에 당착되지 않는 자유로운 자연인 것
이다.

다시 말하노니, 나는 스스로 그러할 뿐이다. 나의 자연은 자유롭도
다. 나의 자연은 자발적이며 자생적이니, 자기원인이 아닌 어떠한 것으
로도 나와 나의 자연을 옥죄지 않을지어다.

3. 문명

문명은 또한 어떠한가? 문명文明이란 단어는 분명 현대어다. 크게는
한국어와 일본어처럼 인류가 이루어 낸 물질과 정신의 문명을 가리킨
다. 정신문명은 문화라는 말을 쓰기 때문에 문명은 대체로 물질문명에
기울여져 있다. 작게는 중국어처럼 문화적인 행동양식을 가리킨다. 정
신문명을 위주로 하는 문명인 것이다. 한국어에서 '문화시민文化市民'이
라는 말을 쓰는 것처럼, 중국어에서는 '문명인文明人'이라는 말이 그 뜻
을 대신한다. 중국어에서는 물질이 아닌 관습과 태도의 문명화에 더욱
의미를 부여하는 것이다. 우리말이라면 문명인은 미개인의 상대되는
말로 비미개인 정도의 뜻에서 크게 벗어나지 않지만, 중국어에서 문명
인은 교양 있고 세련된 시민의식을 갖춘 현대인을 말한다.

우리는 자본주의 문명이라면서 과학기술로 이루어진 현대화된 도시
생활이나 물신숭배物神崇拜의 현장을 지적할 때가 많다. 그러나 문명에

포함된 정신의 역할을 덧붙인다면 그것은 문명이라기보다 문화라는 호칭을 얻는다. 우리말의 '정신문화精神文化'가 곧 그것이다. 그러나 중국인들에게 문화는 오히려 과거의 정치체제나 예술을 가리킬 때가 많다. 송대의 문화라든지, 청대의 문화라든지, 이렇게 말이다. 문명은 현대화된 일정 수준 이상의 의식 형태를 가리키기 때문에 '화장실 문명' 또는 '문명 없는 중국인'이라고 말할 수 있다. 나누어 본다면, 우리말의 문명(civilization)은 '미개인이 아닌', '시대별로 이루어 낸 물질적 수준', '정신적인 문화와는 다른 가시적인 체제나 형식적인 운영방식'을 가리킨다면, 중국어의 문명은 그와 정반대로 '오늘날의', '민도民度 내지 시민의식이 높은', '물질이 아닌 정신의 수준', '때로는 이데올로기와 관련된 세계관과 예의범절'을 가리킨다. 공자가 일구어 낸 유가는 우리말에서는 종교화된 형태까지 포함한 '유교문화'이지만, 중국어에서 그것은 마르크스주의를 대신할 현대적 이데올로기로 격상되면서 '유가문명'이 된다.

노자는 문명적인가, 반문명적인가? 이런 질문은 사실상 크게 의미가 없다. 문명적이라고 하나 반문명적이라고 하나 노자의 맥락에서 뜻하는 것은 사실상 마찬가지이기 때문이다. 문명을 찬성한다고 하면 유가가 된다. 노자는 오늘날의 문명을 반대하기 때문에 반명문적이다. 그러나 문명을 반대한다는 것이 곧 원시문명으로 되돌아가자는 것인지에 대해서는 이론의 여지가 많기 때문에 반문명적이라고 하기에는 지나치다. 이와 같은 예를 유가의 예禮로 들어 보자. 노자는 예를 반대한다. 그런 점에서 우리말로는 반문화적이고, 중국어로는 반문명적이다. 그러나 예를 반대하여 얻어지는 결과는 참다운 인간성 회복이고 의존적이지 않은 독립적인 인간의 확립이라는 점에서, 그리고 새로운 문화나 문명을 추구한다는 점에서 반문명적이거나 반문화적이라고 말하기 어렵다. 노자도 문화의 산물이고 문명의 결과이다. 다만 그러한 기존의 문화나 문명을 비판할 뿐이다.[12]

이제 문명과 문화를 섞어서 말해 보자. 먼저, 노자가 반문화적인가? 그렇지 않을 것이다. 노자는 예교질서에 철저한 유가문화가 아닌 자유로운 도가문화를 바랐다. 집단에 매몰되지 않는 개인의 부상만이 건강한 문화의 시발점이 되리라고 여겼다. 집단적인 유위에 희생되지 않으려면 통치자와 개개인의 무위에 기댈 수밖에 없다. 통치자는 다스리려 하지 말아야 하며(무위로 다스려야 하며), 개개인은 통치에 거부하는 항쟁을 무위로 보여 주어야 한다. 오늘날 정부의 역할과 시민의식으로 말하자면, 정부는 시민을 도와줄 뿐 일을 만들지 말아야 하며(쓰레기 치우기), 시민은 정부의 간섭에 끊임없이 응대하지 않아야 한다(비폭력 저항). 다음, 노자가 문명적인가? 여전히 우리말로는 반문명적이다. 문명에 대한 끊임없는 회의와 질타가 노자사상의 또 다른 축이기 때문이다. 하지만 중국어로는 정신문명을 가리키기 때문에 반문명적이라고 하기에는 무리가 따른다. 노자가 수복하고자 하는 것이 인간성이고 그런 인간들끼리 영위하는 평화로운 삶이기 때문이다. 신문명의 창도가 그의 꿈이었을지도 모른다.

이렇듯 노자가 오늘을 버리고 옛날로 되돌아가자는 것인지에 대해서는 숙고가 필요하다. 노자가 말하는 옛날(古)은 예교질서가 확립되지 않은 원초적 시원 상태를 가리키는 것일 뿐, 그런 상태로 돌아가는 것은

---

12) 반문명론이 문명파괴가 아니라 인본주의라는 점에서 '문명다원주의'와 '반문명론의 창조성은 거듭 강조되지 않으면 안 된다. 이 책 267~272쪽.

애당초 불가능하기 때문이다. 크게 보아 노자는 반문명적이다. 물질문명이든 정신문화이든 노자는 회의한다. 인간성의 파괴로 이루어진 정신과 물질은 옹호될 수 없다. 그래서 가장 시원적인 사랑이면서도 무조건적인 사랑을 우리에게 보여 준 어머니에게로 돌아가자고 노자는 주장한다. 그런데 그 어머니는 과거에도 있었지만 현재에도 있다. 우리가 그의 모성애(慈)13)를 보지 못할 뿐이다. 모성애가 언제나 현재적이라면 노자의 말도 따라서 현재적일 수밖에 없다. 소박素樸14)도 마찬가지다. 과거의 소박이 아니라 현재의 소박이다. 원시인이 불에 구워 먹던 과거의 기름기 많은 고기가 아니라 문명인이 정갈하게 차린 오늘의 보리밥이 소박이다. 소박은 과거에만 있는 것이 아니라 현재에도 있다.

잊지 말자. 과거를 이상사회로 삼는다 해도 그것의 건설은 어차피 미래에 있을 수밖에 없다. 시간은 뒤로 가지 않는다. 과거를 닮은 미래일 뿐이다. 그리고 과거를 닮은 미래는 옛것이 아니라 새것이다. 옛날이 아니라 오늘이다.

4. 생명, 환경, 전통

노자철학에는 몇 가지 코드가 있다. 그 가운데 가장 중요한 것은 여성성이다. 그다음에 강조되는 것이 소박성이다. 태초의 모습을 노자

---

13) 『老子』, 제67장.
14) 『老子』, 제19장.

는 소박함으로 그린다. 여성적인 것이 소박한 것인지, 소박하면 여성적일 수 있는지는 일단 우리의 문제 밖으로 제쳐 놓자. 그런데 소박함으로 돌아가면 가장 먼저 버려지는 것이 제도로 강요되는 주례周禮이다. 그런 점에서 우리에게 주어진 '생명, 환경, 전통'이라는 주제는 여성, 소박, 반反주례로 환원된다.

사실상 중요도로 따지더라도 생명이 제일이고, 환경이 다음이고, 전통이 그다음이다. 생명을 놓고 누가 환경을 따지겠으며, 생명이나 환경보다 문화나 문명을 이루는 전통을 더 중요하게 생각할 수 없기 때문이다. 우리가 산 다음에야 우리의 둘레를 돌아보게 되며, 그때서야 우리의 둘레가 시간 속에서 역사적으로 이루어진 것을 알게 된다. 우리말로 바꾸어 보면, '삶', '삶의 둘레', '둘레의 흐름'으로 우리의 인생은 이루어진다. 개인화시키면 훨씬 잘 다가온다. '나의 삶'이 첫 번째이고, '나를 에워싸고 있는 물과 흙'이 두 번째이고, '물과 흙의 가짐과 나눔'이 세 번째인 것이다. 나는 살고자 한다. 그래서 생명이다. 나는 물과 흙 없이 못 산다. 그래서 환경이다. 물과 흙을 어떻게 나누고 어떻게 가질 것인가. 그래서 전통이다.

■ 생명

모든 생명은 여성으로부터 나온다. 아니, 생명을 낳는 이를 우리는 여성이라고 부른다. 여성은 생명의 다른 이름이다.

우리 가운데 여성으로부터 나오지 않은 이는 없다. 그런데도 여성을 얕본다. 자궁으로부터 나와서 자궁을 가진 여성을 이러저러한 이유로 홀대한다. 그것은 가부장적인 사고에서 나온다. 가부장을 체계화시킨 것이 주周나라의 종법제이다. 종법은 권력과 재산의 부자 상속의 원칙이 그 핵을 이룬다.

주 이전의 상商은 어떠했는가? 은허殷墟로 천도한 이후의 상의 권력 승계에 관한 기록은 『사기史記』「은본기殷本紀」에 나와 있듯이 말자末子 상속이었다. 왜 막내에게 권력을 주는가? 그것은 형제가 있으면 모든 형제가 그다음을 잇고, 막내 이후에는 더 이상 넘겨줄 형제가 없으니 막내의 아들에게 승계가 되었기 때문이다. 그러나 이러한 제도는 주나라에 들어오면서 부자 상속으로 철저하게 바뀐다. '형이 끝나면 동생이 잇는다'(兄終弟及)는 원칙을 보완한 '아버지가 죽으면 아들이 잇는다'(父死子繼)는 원칙이 성립되는 것이다.

이러한 부계의 전통은 철저히 여성을 차별했다. 오늘날 여권운동가들이 아버지 성 뒤에 어머니의 성이라도 붙이겠다는 것은 그러한 부계 전통에 대한 반발이다. 주나라의 종법제를 이상으로 삼은 공자는 남들에게 관대할 뿐만 아니라 군자와 소인이라는 인격적인 표준을 제시했지만, 아쉽게도 여성에게는 관대하지 않았다. 이른바 부녀자는 '가까이 하면 덤비고, 멀리하면 삐지는'15) 이들이었다.

노자는 이런 부성父性중심사회를 거부한다. 그는 여성성을 무엇보다도 내세운다. 그의 사상을 한마디로 하자면 '어머니의 철학'이다. 정치적 지도자는 '이 세상의 어머니'(天下母)16)로서 자리매김되어야 한다고 주장한다. 가장 위대한 사람은 다름 아닌 나에게 '밥 주는 어머니'(食母)17)

---

15) 『論語』, 「陽貨」, "唯女子與小人爲難養也. 近之則不孫, 遠之則怨."
16) 『老子』, 제25·52장.
17) 『老子』, 제20장.

이다. 사람들에게 밥을 먹이고 보자. 어머니의 마음을 가져보자.

노자의 부드러움, 드러나지 않음, 줄여감도 모두 여성성과 관련된다. 현대 여성학에서 충분히 힐난할 수 있음에도 노자는 이런 특징을 여성의 장점으로 파악한다. 남성중심사회에서 여성의 특질을 강조하는 것만으로도 여성의 지위는 올라간다. 여성은 더 이상 남성에 부수된 존재가 아니다. 여성은 오히려 남성을 포함한 온갖 생명을 낳는 지위를 얻는다.

노자는 말한다. 자신에게는 세 가지 장점이 있는데, 그 첫째가 '모성애'(慈)라고. 어머니의 사랑을 갖고 세상을 대하면 안 될 일이 없다. 생명을 낳고 생명을 기르고 생명을 사랑하고 생명을 안타까워하는 마음으로 살자. 그래서 생명을 죽이는 전쟁도 안 된다. 전승군인을 상례喪禮로 대하라고 한다.[18] '많이 죽였구나, 그래서 이겼구나, 그래서 슬프다!' 그래서 군사 예법은 오히려 일반 예법과 반대로 하라고 한다. 평상平常이 아닌 비상非常 시기의 것이니 만큼, 평시와는 달리 상장군을 낮은 왼쪽에 앉히고 편장군을 높은 오른쪽에 앉혀야 한다.[19] 거꾸로 된 시절, 모든 것을 거꾸로 함으로써 생명의 길이 아닌 죽음의 길임을 분명히 마음에 담고 전투에 임해야 한다. 여성이라면 전쟁보다는 평화를 원할 터이다. 그러나 남성들의 권력과 소유욕 때문에 전쟁은 벌어진다. 생명만 아끼면 될 것을 그것 이외의 비본질적인 것을 아낀다.

가장 무서운 것이 죽음을 가볍게 보는 것(輕死)[20]이다. 어머니가 자기

---

18) 『老子』, 제31장, "殺人之衆, 以悲哀泣之; 戰勝以喪禮處之."
19) 『老子』, 제31장, "偏將軍居左, 上將軍居右; 言以喪禮處之."
20) 『老子』, 제75장.

를 사랑한다는 것을 알기 때문에 아들은 함부로 자기 몸을 내치지 않는다. 생명을 중시하는 것(重生)이야말로 어머니의 뜻이다.

노자에 나오는 '핏덩이'(赤子)[21], '갓난아기'(嬰兒)[22]도 그들만으로 살아갈 수 없다. 그들을 돌보는 어머니가 있어야 한다. 그들의 소박함도 중요하지만 그들에게 젖을 주는 유모 곧 식모의 모성이 더 중요하다. 그 젖이야말로 우유牛乳가 아닌 도유道乳이다. 참다운 생명의 젖이다. 소젖만 마실 때가 아니라 진리의 젖을 빨 때이다.

■ 환경

우리를 에워싸고 있는 것, 그것이 환경이다. 환경環境이란 번역어는 문학적인 주경周境에 대해 물질적이고 영향력 있는 우리의 둘레를 가리킨다. 환경은 더 이상 우리에게 펼쳐진 아름다운 경관景觀(scenery)이 아니라 우리를 살릴 수도 죽일 수도 있는 상황狀況(circumstance)이다. 환경에는 사실만이 남아, 더 이상의 낭만은 남아 있지 않다. 우리가 한 대로 그것은 우리에게 삶을 가져다주던지 죽음을 가져다줄 것이다. 버린 만큼 그들도 나를 버릴 것이고, 준 만큼 그들도 나에게 줄 것이다.

노자는 환경의 원초적 상태를 설정하고 늘 그것에로 돌아갈 것을 권유한다. 그것은 바로 소박함이다. 오늘날 우리가 쓰는 소박素朴의 어원이 노자의 '소박素樸'이었다니 놀라운 일이다. 그러나 맞다. 소박을 강조한 최초의 경전은 노자가 아닐 수 없다.

'소素'는 무엇인가? 그것은 깨끗함을 가리킨다. 때 묻지 않은 상태를

---

21) 『老子』, 제55장.
22) 『老子』, 제10·20·28장.

가리킨다. 소복素服을 생각하면 좋다. 이 하얀 옷에 흙이 묻거나 피가 묻어 더럽혀진다. 그러나 그 옷이 원래 어떤 상태였다는 것은 사람들이 다 안다. 빨면 깨끗해질 수 있다. 그런데 사람들이 빨려 들지 않는다. 무늬가 있는 옷이, 색깔이 있는 옷이 더 낫다고 여긴다. 그것이 색깔에 취한 것인 줄 모르고, 그것이 눈을 가린 것인 줄 모르고 산다.[23]

　'박樸'은 무엇인가? 통나무이다. 그런데 집을 짓기 위한 통나무가 아니다. 홍수로 태풍으로 떠밀려 온 통나무이다. 아무런 가공도 가해지지 않은 원목 그대로의 통나무이다. 그것은 아직 이름이 없다. 통나무라고 이름을 가지면 그것은 이미 우리가 말하려는 통나무가 아니다. 그래서 노자는 '이름 없는 통나무'(無名之樸)[24]라고 애써 강조한다. 책상도, 걸상도, 전봇대도, 이쑤시개도 될 수 있는 그 무엇이 바로 박이다. 흩어지면 무엇이라도 될 수 있지만(樸散爲器)[25] 아직은 아무것도 되지 않은 상태로서의 통나무이다.

　노자는 왜 소와 박이라는 다소 대립되는 성질로 소박이라는 말을 만들었을까? 소는 깨끗하지만 박은 거칠다. 그리고 노자는 왜 소와 박 가운데 하나를 선택할 때 소를 버리고 박을 취했을까? 거친 것이 깨끗한 것보다 앞서는가?

　자연에 가까운 것을 소박이라고 하지만 사실상 자연 상태는 깨끗하기보다는 거칠다. 물은 깨끗하지만, 땅은 거칠다. 이슬은 맑고 열매는 달지만, 산은 울창하고 야수는 으르렁거린다. 주위만 그런 것이 아니다.

---

23) 『老子』, 제12장, "五色令人目盲."
24) 『老子』, 제37(32)장.
25) 『老子』, 제28장.

사람도 그렇다. 아기의 살갗은 곱지만 불을 만지는 사이 아무 생각 없이 오줌을 갈겨 댄다. 고운 살갗은 소한 것이고, 지린내 나는 오줌은 박한 것이다. 흔히들 아는 것처럼 노자의 자연 상태를 그저 맑고 깨끗한 것으로 생각하면 오산이다. 그 자연은 생각보다 거칠다.

그런데 적지 않은 환경론자들은 깨끗함만을 보려 든다. 하물며 환경을 인위적으로 보호하려고까지 든다. 자생의, 자발의 환경이 아닌 조성된, 조작된 환경을 머릿속에 그린다. 사람이 다치더라도 곰을 숲에다 풀어 놓고, 자연발화된 숲은 불타도록 내버려 둘 생각을 하지 않는다.

노자를 말하면서 환경론을 주장할 때 이 점을 놓쳐서는 안 된다. 소뿐만 아니라 박할 수 있는 환경론이야말로 노자의 것이다. 노자가 그랬듯이, 하얀 쌀밥보다 거친 잡곡밥을 선택할 수 있어야 박한 것이고, 2차선 도로보다 왕복교행도 어려운 1차선 도로를 선택할 수 있어야 박한 것이다. 과연 우리는 박한가?

■ 전통

전통은 하나의 문화이다. 그래서 무늬와 결을 갖는다. 바람이 한 방향으로 계속 불면 파도에 물결이 일듯이, 파도가 한 방향으로 계속치면 모래 위에 무늬가 새겨지듯이, 문화는 사람이 한 방향으로 가는 데서 생겨나는 관습이고 그것을 모아 놓은 지침이다. 그것이 오래가면 사람들은 익숙해지고 그것 아닌 것에 저항감과 반발이 생기게 된다. 사람들은 그것을 따르려고 하고 그것에서 벗어나는 것을 두려워하게 된다. 그래서 전통이 확립된다. 전통은 문화보다 좀 더 강제성을 띠고 규제력이 강하다. '전통문화'라는 말을 쓰는 까닭은, 문화만 말하면 그것을 따르지 않아도 될 듯 보이지만 전통을 말하면 의무적으로 행해야 할 것으로 여겨지기 때문이다. 누군가 이것이 '나의 문화'라고 소개하면 나는 또 다른 '나의 문화'를 소개하면 될 뿐이다. 그러나 이것이 '나의 전통'이라는데 또 다른 '나의 전통'을 내세워 거부하기는 쉽지 않을 것이다. 전통은 그만큼 정설과 이설을 넘어 종종 정통正統(orthodoxy)과 이단異端(heresy)의 논의에까지 이르기 때문이다.

노자가 반발한 가부장적 문화는 오랫동안 동아시아권에서 전통으로 성립되었다. 내가 아버지의 성을 따른다는 데 사람들은 반발하지 않는다. 오히려 어머니의 성을 따른다는 것에 이질감을 느낀다. 우리나라에서 가부장적 호적등본이 남녀평등의 가족관계증명서로 바뀐 것은 몇 년 전의 일일 뿐이다. 그러나 여전히 남녀의 원칙은 지켜진다. 무순이 아니다. 서양은 많이 바뀌기는 했지만, 전통은 그들도 남편의 성을 따르는 것이다. 여간해서는 여성의 성을 따르지 않는다. 그런 점에서 노자야말로 최초로 가부장문화에 반기를 든 사람이라고 보아도 좋을 것이다.

모성애에 대한 강조에 이어, 노자는 효자충신孝慈忠信이라는 덕목이 유행하게 된 것은 나라에 도가 없기 때문이라고 주장한다. 국가가 혼란해지니 윤리로 어떻게라도 구제해 보려고 한다는 것이다. 국가가 평화로우면 윤리를 떠들 것도 없이 잘 살 텐데 말이다. 알다시피 효자孝慈는 부자관계를, 충신忠信은 군신관계를 설정하는 덕목이다. 노자에 따르면, 그냥 내버려 두어도 부모자식 관계는 사랑을 주고 사랑을 갚는 사이이며, 군신 관계는 서로 믿고 따르는 사이인데, 그러지 못하니 자꾸 윤리체계로 사람들을 옭아맨다는 것이다. 그렇지 못하게 된 것이 바로 자연성으로부터의 탈리에서 비롯된다는 것이 노자의 입장이다. 자연성으로부터 멀어지게 만든 것은 바로 국가사회이며, 국가사회는 철저히 지배와 피지배 관계로 점철되어 있다.

예禮는 바로 국가사회의 위계질서를 규정하는 도구이다. 노자는 말한다. "높은 예禮는 하려 들어 응하지 않으면, 소매를 걷어 올리고 끌어당긴다."26) 인의예지라는 덕목도 도덕의 상실로 나오고, 앞의 것이 안되어 뒤에 것이 나오게 되었다는 것이 노자의 입장인 것이다. "따라서 도를 잃자 덕이 있고, 덕을 잃자 인이 있고, 인을 잃자 의가 있고, 의를 잃자 예가 있다."27)

노자가 마주한 예는 꼬집어 말하지는 않았지만 주례로 보인다. 가부장적 질서를 확립시키는 제도였다. 그러나 노자가 제시한 덕은 여성의 덕이다. 너그럽고 부드러운 온화溫和의 덕이다. 남성처럼 사납고 딱딱한 강인強靭의 덕이 아니다. 전통적인 남성중심사회에서 새로운 여성중심사회로의 전환을 희망하는 새로운 사고이다. 권위적인 예에서 사랑의 관계로 바꾸고자 하는 희망이다.

이와 같은 노자의 생각은 반문명적인가? 현대의 문명에 대해서는 반대한다는 점에서 반문명적이다. 그러나 사고의 전환과 새로운 관계를 희구한다는 점에서 그것은 신新문명적이다. 문명적이라는 말이 여전히 어색하면 문화라고 부르자. 국가의 문화가 아닌 인간의 문화, 남성적인 문화가 아닌 여성적인 문화, 가부장의 문화가 아닌 모성애의 문화, 계급의 문화가 아닌 평등의 문화를 노자는 바란다. 그 문화가 역사 속에서 장구하면 전통으로 성립한다. 노자 자신은 정통과 이단이라는 구

---

26) 『老子』, 제38장, "上禮爲之, 而莫之應, 則攘臂而扔之."
27) 『老子』, 제38장, "故失道而後德, 失德而後仁, 失仁而後義, 失義而後禮."

분 때문에 전통이라는 용어를 싫어할지라도 말이다.

5. 뜻으로서의 자연

　자연은 자연세계가 아니다. 자연은 자연성이다. 자연은 나의 자연스
러움이고 너의 자연스러움이며 우리의 자연스러움이다. 그런 점에서
오늘날의 용법으로는 자연은 자연성이라고 쓰는 편이 나을지도 모른다.
본성이라는 용어에 가장 가깝다.
　과연 노자는 옛날로 돌아가고자 한 것인가? 아닐 것이다. 옛날은 이
미 흘러갔고 다시 오지 않는다는 것을 노자라고 몰랐을 리 없다. 꿈꾸
는 옛날은 다시 돌아갈 수 없으며, 오지 않은 어느 날에서야 비로소 내
눈앞에 나타날 수 있는 것이다.
　주례로 돌아가자는 것은 오늘날을 주례가 완성되는 사회로 만들자
는 것이지 주나라의 제도와 형식으로 온전히 돌아가자는 것이 아니다.
공자의 극기복례克己復禮의 이상이 그러하고, 위작논의가 늘 문제가 됨에
도 끊임없이 재개되는 고문상서古文尚書의 부활이 그러하다. 혁명은 오
늘에 있고 앞날에 있지 옛날에 있지 않다. 옛날을 이상으로 삼는 것은
'그리하였다'는 전범을 전통 속에서 찾고자 하는 것일 뿐이다. 과거의
제도와 형식이 오늘에 똑같이 적용된다면 그것은 정작 모순이고 폭력
이 될 수밖에 없다. 과거는 과거일 뿐이다.
　그렇다면 노자의 자연은 도대체 무엇이란 말인가? 그것은 '뜻'이다.

그것은 이상적 의미이다. 의미로서의 자연이 노자가 말하는 자연이다.

『장자』에는 수차水車가 등장한다. 바가지로 물을 푸는 노인에게 발을 굴러 물을 끌어올리는 수차를 소개하자 버럭 화를 낸다. 내 마음에 '기계의 마음'(機心)[28]이 들게 했다고. 그러나 오늘날의 관점으로 수차 정도는 거의 완벽한 자연성에 속한다. 기본 재료도 나무이고, 화석연료가 아닌 인력을 사용한다. 오늘날 기심이 가득한 것은 발전기 정도일 것이다. 우리는 그 늙은 농부의 마음을 안다. 하나를 허락하면 열을 허락해야 할 것이라는 우려를. 그러나 시대에 따라 자연은 인위의 범위에 차차 자리를 하나둘 내주고 있다.

이제 우리는 냉장고 없이 살지 못한다. 젊은 처자들이 세탁기 없이 못살 듯이, 젊은 사내들은 자동차 없이 살지 못한다. 그리고 나는 컴퓨터로 글을 쓴다. 그런 점에서 자연성은 하나의 의미이다. 늘 돌아가야 하지만 돌아가지 못하는 반성의 자연, 바라고 또 바라지만 바라지 않을 수 없는 영속의 자연, 내가 너와 함께 웃고 즐길 수 있는 근본의 자연, 나의 어머니의 어머니가 돌아간 회귀의 자연, 그러나 언젠가 내가 돌아갈 천지의 자연이다.

그런 점에서 자연은 하나의 설정이다. 누구도 만나보지 않은 의미로서의 자연이다. 그러나 누구도 그리워하고 아무도 벗어날 수 없는 전제(assumption)이자 가정(supposition)이다. 사람이라면 받아들일 수밖에 없는 선결조건(presupposition)이다.

루소도 그랬다. 자신이 되돌아가자고 외쳤던 자연은 사실상 되돌아

---

28) 『莊子』, 「天地」, "有機事者必有機心."

갈 수 없는 것이었다. 곰이 날뛰는 숲으로 갈 수도 없었으며 법률과 제도 없이 살 수도 없었다. 루소는 말한다.

"그렇다면 어떻게 해야 하는가? 사회를 파괴하여 내 것과 네 것의 경계를 없애고 숲으로 돌아가 곰들과 함께 살아야 할 것인가? 이것이 나의 적대자들[29]이 내리는 결론이지만, 나는 그와 같은 결론을 끌어냈다는 것에 대해 그들에게 수치심을 안겨 주고 그에 대한 예방책을 마련하고자 한다.…… 아직도 늦지 않았으니 저 태고의 원시적인 순진성을 되찾아 보자. 우리 시대 사람들의 범죄를 보거나 기억하지 않기 위해 숲속으로 가자. 그리고 인류의 악덕을 버리기 위해 그 지식도 버림으로써 인류의 가치를 떨어뜨리는 것을 조금도 두려워하지 말라. 정념이 원시의 순수성을 영원히 파괴해 버린 나와 같은 인간들은 이제는 풀이나 도토리로 살아갈 수 없고 법률이나 통치자 없이 살아갈 수 없다."[30]

이런 점에서 나는 자연을 '사실적 자연'과 '의미적 자연'으로 구분할 것을 제안한다. '만들어지는 자연'(소산적 자연)과 '만드는 자연'(능산적 자연)이라는 스피노자의 분법에 따르면, 사실적 자연은 소산의 그것이고, 의미적 자연은 능산의 그것이다. 그러나 여기에 신도 절대자도 개입하지 않는다. 사람이 만들지 않은 자연과 사람이 만드는 자연으로 나뉠 뿐이다. 사실적 자연은 자연 그대로의 생태계를 말한다. 그러나 의미적 자연은 사람들이 상상하고 희구하고 해석하는 이상 속의 자연이다. 사람은 사실적 자연 속에 살면서도 의미적 자연을 창출한다. 평화의 자연이

---

29) 볼테르 등.
30) 루소 지음, 고봉만 옮김, 『인간 불평등 기원론』(서울: 책세상, 2003 · 2009), 저자 주, 177~178쪽.

나 순수의 자연을 비롯해서 도덕적 자연이나 미적 자연이 그것이다. 사랑스러운 자연, 어머니 품 같은 자연, 거룩한 자연도 의미적 자연에 속한다. 자연성은 이처럼 철학적으로 진화하고 있다.

제2장 노자와 진리

─도와 X: 노자철학의 이론학

1. 변수와 상수

수학에서 일반적으로 변수는 x와 y로, 상수는 a와 b로 표시된다. $y=x^2$이라 했을 때, x와 y의 값이 고정적인 것은 아니다. x와 y가 그러한 관계를 맺고 있다는 것이지, 어떤 값을 정해 놓고 x와 y를 이야기하는 것은 아니다. 따라서 우리는 x와 y를 변수變數 또는 미지수未知數라고 부른다. x가 2일 때 y는 4이고, x가 3일 때 y는 9이고, x가 4일 때 y는 16이다. 이때 x와 y는 일정한 값을 갖는다. 그래서 그 값을 상수常數 또는 해解라고 부른다.

오늘날 도덕의 뜻은 윤리와 비슷한 의미로 쓰이며, 주로 도덕은 '모랄리스'(moralis)에 어원을 둔 '모랄'(moral)의 번역어에, 윤리는 '에티코스'(ethicos)에 어원을 둔 '에티칼'(ethical)의 번역어에 상응하여 쓰이면서, '윤리'(ethics)는 '도덕'(morals)보다 좀 더 엄격하고 치밀하며 학문적인 뜻으로 쓰인다. 그런 점에서 현대어의 도덕은 윤리보다는 광의적이다. 다시 말해, 현대어에서 도덕은 도의道義, 우의寓意, 품행品行, 풍기風氣 등을 포함하는 반면, 윤리는 특정 개인이나 집단의 선악에 대한 원리를 가리키므로 이른바 기업 윤리, 공직자 윤리, 교육자 윤리 등과 같이 일정한 사회의 기준을 지시한다. 그런데 한자적 어원에서 '도덕道德'과 '윤리倫理'의 어원은 위와는 상당한 차이를 갖는다.

도덕은 본디 도와 덕으로 연용되어 쓰이던 것이 아니었다. 도가 진리라면 덕은 그 기능, 도가 이론이라면 덕은 그 실천이라는 뜻으로, 도와 덕은 도가의 중심 개념이었다. 노자의 『도덕경道德經』은 오늘날과 같은 뜻에서 '도덕에 관한 경전'이 결코 아니라, '도와 덕에 관한 경전'인 것이다. 실제적으로도 『도덕경』은 전경前經인 「도경」과 후경後經인 「덕경」으로 이루어져 있어, 도경은 보았으되 덕경은 보지 못했다거나 또는 그 역의 진술이 가능하다. 한대漢代 마왕퇴馬王堆 분묘에서 나온 백서『노자』가 『덕도경』의 형태로 출토된 것은 그 결정적인 증거인 셈이다.

윤리는 기본적으로 유가의 언설에 속한다. 윤倫은 인륜人倫과 천륜天倫을 가리키는 것으로, 이 세상의 벼리 즉 강륜綱倫을 뜻한다. 이른바 삼강오륜三綱五倫은 이와 같은 유가적 맥락에서 나온 것이다. 윤리적 세계가 정치, 경제, 사회, 문화를 모두 포섭할 수 있는 이상적 모습이 유가들이 바라던 세계이다. 그 윤리는 혈연을 기반으로 하고, 부자상속을 원칙으로 하는 주周나라의 종법제宗法制에서 비롯되고 있다.

그런데 도덕이 왜 윤리와 같은 뜻으로 쓰이게 되었는가? 그렇게 된 것은 한대에서부터 그 징조가 보이나, 윤리와 연용될 만한 의미부여가 확실하게 이루어진 것은 위진魏晉시대로 볼 수 있다. 이른바 '도덕道德'과 '인의仁義'가 병렬되어 쓰이면서 철학적으로 본말本末이나 일다一多의 관계에서 설명되는 것은 위진의 철학자에 의해 자리 잡기 때문이다. 따라서 나는 이 시절을 '도덕의 수립', 다시 말해 '도덕'이라는 말이 오늘날과 같은 의미에서 수립되었다고 말한다.

도가들에 의해 '진리와 그 효용'이나 '이론과 그 실천'이라는 의미로 구체적인 내용 없이 형식적인 개념으로 상용되었던 도와 덕이, 실제적인 답안으로서의 인과 의와 더불어 쓰인 것이다. 이른바 x와 y로서의 도와 덕은 a와 b로서의 인과 의를 갖게 된다.

그러나 x와 y는 변수이다. 유가적 체계 내에서 인과 의와 같은 상수가 대입되어 역사적으로 거의 절대적인 권위를 지니게 되었지만, 도와 덕에는 아직도 다른 상수를 대입할 수 있는 것이다. 그런 점에서 산업자본주의 체제 아래 유가적 윤리는 '인의도덕'이 아닌, 정보사회와 신용사회를 가리키는 '지신智信도덕'으로 개편되어야 할는지도 모른다.

나는 이 글에서 도와 덕, 특히 도의 본디 뜻을 도가 가리키는 것과 도가 뜻하는 것을 중심으로 서술코자 한다. 이른바 '진리론' 또는 '이론학'으로서의 도론道論이다. '진리란 무엇인가'에 대한 보편적 질문이며, '이론이란 이런 것이다'라는 일반적 소개이다. 이때, 우리의 의론은 메타적인 물음이지, '진리란 이것이다'라든지 '내 이론은 이것이다'라는 단선적이거나 일면적 진리 또는 이론을 결정적으로 말하고 있지 않음을 잊지 말아야 한다.

2. 왜 x인가

왜 도가 변수이자 미지수인가? 노자는 『도덕경』 첫머리에서부터 "도라 말할 수 있으면 늘 그러한 도가 아니다"[1]라고 잘라 말하고 있다. 이는 언설로 표현할 수 없다는 뜻으로, 도의 언어적 정의불가능성을 가리킨다. 그럼에도 불구하고 노자는 여전히 '도'라는 표현으로 도를 말하고 있는데, 이는 도가 일반적인 언어처럼 어떤 대상을 지시하는 것이 아니라 이미 메타언어적인 성격을 띠고 있음을 나타낸다. 우리는 알 수 없는 것을 '알 수 없다'고 앎을 표현하며, 말할 수 없는 것을 '말할 수 없다'고 말로 묘사한다. 이른바 '형용할 수 없다'는 표현도 형용의 일종인 것이다. 그런 점에서 도는 말할 수 없다는 점에서 '말할 수 없는 도'(不道之道)라고 소극적으로 말할 수 있으며 그것이 적극적으로 개념화된 것이 바로 '상도常道'이다.

현대의 수학적 용법에서 도는 '변도變道'이지만, 당시의 개념으로는 '상도'라고 표현된 것이다. 변도가 음적陰的(negative)인 관념이고 상도는 양적陽的(positive)인 관념이라는 점에서 상반적인 듯하지만, 이는 단순한 의미부여의 차이일 따름이다. 이를테면, 『도덕경』에서도 '상常'의 개념은 대체로 긍정적이어서 '지상知常'[2], '습상習常'[3], '상족常足'[4]과 같은 개념은 매우 이상적인 의미를 지니고 있지만, 가끔 "성인은 늘 그러한 마

---

1) 『老子』, 제1장, "道可道, 非常道."
2) 『老子』, 제16·55장.
3) 『老子』, 제52장.
4) 『老子』, 제46장.

음이 없어, 백성을 마음으로 삼는다"5)라고 할 때처럼 '고정된 의식'이라는 부정적인 뜻으로 쓰이는 경우도 있다.

『도덕경』은 도에 대해 줄곧 말할 수 없음을 강조한다. 그리하여 도에 대해 말하는 경우에도 상당히 애매모호하다. '……같다'든지 '……인 듯하다'든지 '아마도 ……일 것이다'라는 표현(若, 似, 或)은 노자가 매우 즐겨 사용하는 것이다. 그는 이러한 서술기법으로『도덕경』전체를 매우 신비스러운 분위기에 휩싸이게 하는데, 바로 이 점이 독자들에게 매력적으로 다가가기도 한다.

서양의 형이상학에서도 이와 같은 용례가 없는 것은 아니다. 중세적인 신비주의가 아니더라도, 서양철학자들은 '그 무엇'(etwas)이라는 표현으로 말할 수 없는 그 무엇을 말하기도 했다. 그와 같은 맥락에서 본다면 우리의 작업은 마치 더 이상 추상적일 수 없는 연구에로 치닫는 듯하다. 그러나 아니다. 비록 수학적 x의 의미가 그저 단순하지만은 않더라도 우리들은 그것을 사변적이거나 관념적인 형이상학이라고 부르지는 않는다. 그렇기 때문에 도를 우리들에게 비교적 익숙한 x로 표시하는 것은 상당히 분석적인 작업의 일환이다.

노자는 이러한 변수로서의 도를 '현玄'이라고 부르길 좋아했다. 노자는 제1장부터 무명無名과 유명有名, 유욕有欲과 무욕無欲, 나아가 유有와 무無의 개념적 대립을 현으로 설명한다. "이 둘은 같이 나왔으나 이름이 다르니, 같이 일러 현이라 한다."6) 이 검음을 뜻하는 현은 결국 유무를 통섭하고 있는데, 이와 같이 고차적인 개념으로 도를 묘사함으로써 도

---

5) 『老子』, 제49장, "聖人無常心, 以百姓爲心."
6) 『老子』, 제1장, "此兩者, 同出而異名, 同謂之玄."

의 알기 어려움을 드러낸다. 현의 이러한 용법은 "때가 긴 거울을 닦는다"[7]라고도 해석할 수 있는 문구를 제외하고는 거의 모두 도와 동격의 의미를 띤다. '현하고도 현하다'(玄之又玄)라는 구절은 도를 가장 잘 묘사한 것으로 여겨지기도 한다. 그런 점에서 우리의 도는 원래적 의미에서 변수가 아니라 '현수玄數'이며, 나아가 '현언玄言'이며 '현리玄理'이다.

비록 수학적으로 x를 미지수라 했지만 그것이 미지의 것만은 아니듯이, 도도 말하기 어려울 뿐 알 수 없는 것만은 아니다.[8] 그래서 우리는 오늘날 수학적으로 애용되는 x라는 개념을 빌려, 도의 변수적인 특성을 강조하는 것이다. 그러나 노자의 입장에서는 그 x, 즉 도를 통해 변變보다는 상常의 개념을 강조하려 했다는 점이 현대적 용법과는 많이 다르다. 그것은 '상'으로 대변될 수 있는 정확한 수학적 세계에 비하면 x라는 개념이 상당히 변화무쌍하게 인지된 결과이며, 거꾸로 '변'으로 이루어진 현실의 상대성에 비하면 도라는 개념이 오히려 영원불변하게 인식된 소이이다. 그것이 바로 수학에서 x는 '변'을, 철학에서 도는 '상'을 대변하는 까닭이다. 그럼에도 수학의 x와 철학의 도는 동가적 의의를 지워 버리지 못한다.

---

7) 『老子』, 제10장, "滌除玄覽."
8) 정세근, 「노장철학에서 도의 불가설과 불가지」, 『동양철학』 제1집(한국동양철학회, 1990) 또는 이 책 제2부 제1장을 볼 것. 나는 그곳에서 도의 不可說이 반드시 不可知를 의미하는 것은 아님을 강조했다.

3. x로서의 도: 서술적 별칭

이러한 도는 많은 이름을 갖는다. 도는 이러하다고 설명되기도 하고, 도가 무엇이라고 표현되기도 한다. 그런데 그 두 가지 모두 도를 서술하는 것이다. 나아가, 도의 변수적인 특성은 자신을 철저히 감추기 때문에 도를 이야기한 모든 칭호는 그것을 대신하여 도를 묘사하는 개념이 된다. 이를 도의 별칭別稱 또는 이칭異稱이라고 부른다. 이처럼 도를 가리키거나 일컫는 것은 매우 많다.

위에서 말한 '현'도 상당히 도와 밀접하게 쓰이고 있다. 이 현은 『노자』의 주요 판본으로 인정되는 왕필王弼 주, 화정장씨華亭張氏 원본에는 아예 '원元'으로 되어 있기도 하다. 기휘忌諱적 사실을 고려한다 할지라도, 이러한 원에 대한 강조는 이후 『주역周易』의 『도덕경』에 대한 해석적 영향을 부정하지는 못한다. 『노자』에는 원이 현과 더불어 독자적인 의미를 갖고 쓰이지 않는다. 그러나 이후 현은 원으로 단순한 문자적 치환置換을 넘어서 사상적 개편改編을 겪게 되는데, 그 까닭은 바로 위진의 철학자, 특히 하안何晏과 왕필의 『주역』에 대한 강조와 맥을 같이하고 있다. 하안은 남겨 놓은 저작물 곳곳에서 역학적 해석을 보여 주고 있고,[9] 왕필은 『노자』를 해석하는 데 『주역』을 많이 참고하고 있다.[10] 이러한 과정은 도가적 허무虛無를 유가적 실유實有에로 전환하려는 노력

---

9) 何晏, 『無爲論』 및 『論語集解』. 나는 이러한 하안의 경향을 '역학적 해석론'이라 정의한다. 그 가운데 가장 중요한 개념은 陰陽이다. 정세근, 「하안의 역학적 해석론」, 『동양철학』 제9집(한국동양철학회, 1998.7.) 또는 『도가철학과 위진현학』(서울: 예문서원, 2018), 제2부, 제4장.

10) 王弼, 『老子注』, 제38장(「德經」, 제1장) 및 『老子指略』.

에 다름 아니었다. 이에 『도덕경』 본연의 '종宗', '일一'과 같은 개념에, '리理'와 같은 새로운 개념이 덧붙여져 상용되는 것이다. 원의 개념이 바로 『주역』의 '원元, 형亨, 이利, 정貞'에서 나온다는 것은 두말할 나위도 없다. 특기할 만한 것은 노자에게 부정적인 의미로 쓰이는 '주主'가 왕필에게서는 긍정적으로 쓰인다는 점이다.[11]

  우선 '종'과 '일'을 보자. "도는 만물의 종과 같다"[12]고 노자는 말한다. 종이라는 개념은 여기서는 가장 뛰어난 우두머리를 가리킨다. 그러나 그 종조차 도의 별칭으로 분명하게 주어진 것은 아니다. 도는 심연深淵하여 만물의 종과 '비슷하다'(似)는 것이지 도가 곧 만물의 종이라고 단정적으로 말하지는 않는다. 병렬되어 쓰이는 구절도 담담湛湛하여 '아마도 있는 듯하다'[13]라고 하여 오히려 앞의 표현을 부정하는 듯도 하다. 결국 그 장의 마지막에 가서, "나는 누구의 아들인지 모르니, 어떤 제왕보다 앞서는 것 같다"[14]라고 하여 인지의 불가능을 제시하면서도 그래도 어떠할 것이라고 묘사하고 있다. 이것은 도가 곧 '허虛'[15]와 '충沖'[16]과 연관됨을 말하는 것과 다르지 않다. 허는 때로 '허극虛極'[17]이라 표현되기도 하며 충은 '중中'[18]으로 기재되기도 한다. 결국 종은 다른 표현과 마찬가지로 단정적인 어투가 아니라 매우 일정하지 않은 표현 가운데

---

11) 『老子』, 제34장, "衣養萬物. / 萬物歸焉而不爲主." 王弼, 『周易略例』, 「明象」, "夫象者何也. 統論卦之體, 明其所由之主者也. ……品制萬變, 宗主存焉."
12) 『老子』, 제4장, "似萬物之宗."
13) 『老子』, 제4장, "似或存."
14) 『老子』, 제4장, "吾不知誰之子, 象帝之先."
15) 『老子』, 제5장, "虛而不屈."
16) 『老子』, 제5장. 제4장의 道沖과 비교할 것.
17) 『老子』, 제16장, "致虛極."
18) 『老子』, 제5장, "多言數窮, 不如守中." 嚴靈峯은 이 中을 沖으로 본다.

하나임을 알 수 있다. 일이라는 개념도 마찬가지여서, 독자적으로 쓰이기보다는 '포일抱一'19)이나 '득일得一'20)과 같이 일을 얻음으로써 다음의 무엇을 할 수 있다는 수단적인 내용을 담고 있다. 이는 일 또한 매개적 개념으로 쓰임을 보여 준다. 『도덕경』은 이와 같이 가장 중요하다고 할 만한 개념조차, 비단정적이거나 매개적인 서술을 통해 도의 x성을 부각시키고 있다.

이러한 도에 대한 서술에서 가장 대표적인 예는 우리의 시청각視聽覺으로는 어떻게 도를 인지할 수 없다는 주장이다. "보아도 보이지 않아 '아스라하다'(夷)라고 하고, 들어도 들리지 않아 '어렴풋하다'(希)라고 하고, 잡아도 잡히지 않아 '조그마하다'(微)라고 한다."21) 이러한 '아스라함', '어렴풋함', '조그마함'은 무색無色, 무성無聲, 무형無形을 각각 가리킨다. 결국 도는 볼 수도, 들을 수도, 만질 수도 없는 것이라는 말이다. 이를 노자는 한마디로 '다 따질 수 없는 것'(不可致詰)22)이라고 단정적으로 말한다. 그리고 위의 셋이 '모두 뒤섞여 하나로 된 것'(混而爲一)23)이 곧 도라고 일컫기도 한다. 따라서 도는 말할 수 있는 것이 아니며, 결국 아무것도 아닌 것으로 되돌아간다.24) 『도덕경』은 이러한 도의 모습을 단적으로 '황홀恍惚'25)이라고 묘사한다. 이러한 과정을 통해 노자는 도가 하나의 개념으로 규정되는 것을 철저히 방지하고 있다. '적료寂廖'26)

---

19) 『老子』, 제10·22장.
20) 『老子』, 제39장.
21) 『老子』, 제14장, "視之不見, 名曰夷; 聽之不聞, 名曰希; 搏之不得, 名曰微."
22) 『老子』, 제14장.
23) 『老子』, 제14장.
24) 『老子』, 제14장, "繩繩不可名, 復歸於無物."
25) 『老子』, 제14·21장.

도 이러한 맥락에서 벗어나지 않는다.

위와는 다르게 노자는 좀 더 적극적인 개념으로 도를 서술하기도 한다. 이때 도는 대체로 밝은 것, 큰 것, 맑은 것으로 묘사된다. '명明'은 '밝음'을, '대大'는 '큼'을, '담淡'은 '맑음'을 대표한다. 그 밖에 '흘러넘침'(氾), '깊음'(深), '멈'(遠)이 강조되기도 하지만,[27] '흘러넘침'은 '큼'과 관련되고 '깊음'과 '멈'은 직접적으로 도를 묘사하지 않는다. '밝음', '큼', '맑음'을 차례대로 이야기해 보자.

■ **밝음**: 노자는 말한다. "늘 그러함을 아는 것이 명이다."[28] 『도덕경』에서 '상'은 좋은 개념이다. 그러한 상을 아는 것이 '명'이니, 명은 매우 도에 가깝다. 단지, 명은 '현'과 상반된다는 점에서 약간의 혼란이 있을 수 있다. 그러나 현과 명은 모두 흑백과 같이 색깔을 나타내는 것이 아니라 빛이 없는 상태에서의 무색無色과 빛이 있는 상태에서의 선명鮮明이라는 점에서 언어적 지위는 다르다.[29] 그 밖에도 '습명襲明'[30]이나 '미명微明'[31]은 도를 간직하거나 부리는 상황을 가리킨다.

■ **큼**: 『도덕경』에서 도를 가장 많이 형용하는 것은 무엇보다도 '대'이다. 대는 도와 많은 경우 연용되어, '대도大道'라고 쓰인다. 이때 대도

---

26) 『老子』, 제25장.
27) 王弼, 『老子指略』, "然則, '道', '玄', '深', '大', '微', '遠'之言, 各有義, 未盡其極者也."
28) 『老子』, 제16・55장, "知常曰明."
29) 이러한 明의 개념은 『莊子』에 가서는 '以明'으로 자리 잡는다. 『莊子』, 「齊物論」.
30) 『老子』, 제27장.
31) 『老子』, 제36장.

는 일개 주의로서의 진리가 아닌 여타의 진리를 모두 포섭하는 진리라는 점에서 메타적인 성격이 강조되는 것이다. '대도가 없어지자'(大道廢)[32] 온갖 주장들이 나타난다거나, '대도는 흘러넘쳐'(大道氾兮)[33] 좌우를 모두 아우른다고 할 때 쓰는 표현이다. 나아가, 노자는 '대도를 행하라'(行於大道)거나 '대도는 매우 쉽다'(大道甚夷)[34]는 말로 여러 이설들과는 차별화된 자신의 진리론을 설파한다. 거꾸로, 도가 이러하다고 할 때도 대는 가장 많이 쓰인다. '도를 억지로 이름 지으면 대'(强爲之名曰大)[35]라거나 '(나의) 도는 크다'(道大)[36]라고 한다. 그러나 이때의 대는 결코 대소의 상대성에 국한되어 있는 대가 아니라 그것을 넘어서 있는 대이다. 노자는 상대적으로 대소를 말할 때와 상대성을 넘어서 대를 말할 때를 잘 구별하고 있다.

■ **맑음**: '담'은 '염恬'과 더불어 쓰인다. 도를 얻은 모습을 노자는 염담이라 일컫는다. 염담은 감정이나 태도가 흥분되지 않고 평상을 유지함을 가리킨다. '염담을 최고로 친다'[37]고 할 때처럼, 마음과 몸이 동요되지 않고 고요한 상태를 일컫는다. 도를 맛으로 치자면, '아무 맛도 없는 것'(淡乎其無味)[38]이라는 이야기이다. 이 '무미'는 온갖 맛의 근원이다. 짠 것을 먹으면 단맛을 모르고, 매운 것을 먹으면 쓴맛을 모른다. 모든

---

32) 『老子』, 제18장.
33) 『老子』, 제34장.
34) 『老子』, 제53장.
35) 『老子』, 제25장.
36) 『老子』, 제25 · 67장.
37) 『老子』, 제31장, "恬淡爲上."
38) 『老子』, 제35장.

맛을 없애 버린 상태로서의 도는 마침내 모든 맛의 바탕이 되는 것이다.

이러한 적극적인 개념으로 노자가 보여 주고자 하는 바는 만물에서 도의 근본성이자 만물의 도에로의 복귀성이다. 노자는 말한다. "만물은 많지만 각기 그 근본에로 복귀한다."39) 노자는 이와 같은 주장을 통해, 각각의 주장이 아닌 메타 주장으로서의 진리에 대한 물음을 던진다. 그리하여 자신이 설파하는 진리론이 하나의 주장만을 대변하는 유극有極의 것이 아닌, 모든 주장들을 포섭하는 무극에로 복귀(復歸於無極)40)하여 '천하의 법식'(天下式)41)이 되길 희망한다. 그 법식은 "늘 그러하며(常), 따라서 포용력이 있고(容), 따라서 공평하며(公), 따라서 온전하며(全), 따라서 하늘의 길이며(天), 따라서 도이며(道), 따라서 영구하며(久), 따라서 죽도록 없어지지 않을 것(沒身不殆)"42)이다. 여기에서 노자는 도를 순수한 이론학으로 성립시키고자 하는 이상을 분명하게 드러내고 있다.

4. x로서의 도: 비유적 별칭

언어는 기본적으로 자연에 대한 유비類比이다. 게다가 노자는 직유와 은유로 자신의 도를 설명하기를 좋아한다. 그런 점에서 『도덕경』의 많

---

39) 『老子』, 제16장, "夫物芸芸, 各復歸其根."
40) 『老子』, 제28장.
41) 『老子』, 제28장.
42) 『老子』, 제16장.

은 언어는 비유적이다. 그러나 그 가운데에서도 도에 대한 비교적 명확한 비유를 꼽을 수 있으니, '풀무'(橐籥)와 '물'(水) 그리고 '어머니'(母)이다.

첫째, 풀무는 속이 비어 있으면서도 바람을 일으킨다. 도도 자신의 내용은 비워 두면서도 만물을 활동하게 한다.

노자는 말한다. "하늘과 땅 사이는 풀무와 같도다. 비어 있으나 줄 곧 이어지고, 움직이나 더욱 나온다."[43] 노자는 천지를 결코 어떤 것이라 주장하지 않는다. 오히려 천지는 비어 있음을 강조한다. 자신의 속은 비어 있지만 바람을 일으키는 풀무와 같이, 천지는 자신을 비워 두면서도 모든 것을 담을 수 있음을 말한다. 도는 이런 천지의 모습을 지닌다. 도로 대변되는 노자의 진리는 내용을 규정하지 않고 있지만 그 속에 온갖 이론들을 담을 수 있는 것이다. 그런 점에서 노자의 학은 진리론 내지 이론학으로 성립한다. 알다시피, 진리론은 어느 한 진리를 말하는 것이 아니며, 이론학도 한 가지 이론을 내세우는 것이 아니다. 노자는 그런 점에서 풀무로 도의 진리론적인 성격을 선명하게 묘사하고 있다.

둘째, 물은 낮은 데로 흐르며 가장 부드럽다. 그러나 매우 도를 닮았다.

노자는 물에 대해 상당히 좋게 그리고 있다. "가장 좋은 것은 물과 같다. 물의 좋은 점은 만물을 이롭게 하면서도 싸우지 않고, 뭇 사람이 싫어하는 곳에 머무니, 도에 가깝다."[44] 노자는 이처럼 물에 대해 직접적으로 도의 성질과 가깝다고 말한다. 물의 속성은 도의 많은 부분, 다시 말해 만물과 관계하고 있지만 대립하지 않고 뭇 사람들이 싫어하는 곳에서 만물을 기다린다. "천하에는 물보다 유약한 것은 없지만, 굳고

---

43) 『老子』, 제5장, "天地之間, 其猶橐籥乎. 虛而不屈, 動而愈出."
44) 『老子』, 제8장, "上善若水. 水善利萬物而不爭, 處衆人之所惡, 故幾於道."

센 것을 공격하는 데 이를 이길 수 없다."45) 물은 부드럽고 약하다. 그러나 물의 그러한 성질은 아무도 꺾을 수 없다. 그런 점에서 물은 온갖 굳센 것을 이길 수 있다. 『도덕경』에는 직접적으로 말하고 있지는 않지만, 도의 유약성을 강조하면서 물의 이러한 영상을 전달하는 곳이 적지 않다. 노자는 물과 도의 비슷함에서 자신의 입장이 진리론에 가까움을 드러낸다. 물은 자기 모양이 있지 않다. 이곳에서는 이런 꼴이고, 저곳에서는 저런 꼴이다. 둥근 그릇에서는 둥글고, 네모난 그릇에서는 네모나다. 진리론은 한 진리를 말하는 것이 아니다. 이곳의 진리와 저곳의 진리의 진리성을 각기 설명해 주고, 둥그렇고 네모난 진리의 같은 점과 다른 점을 해석해 주는 것이 바로 진리론이다.

셋째, 어머니는 아이를 낳고 기르며 모든 것을 껴안는다. 도는 만물을 생산하고 양육하며 포용한다.

노자는 말한다. "나는 홀로 남과 달리 젖어머니를 높인다."46) 남들은 젖어머니를 천하게 여기지만, 나는 젖어머니를 높인다. 왜냐하면 '식모'는 만물을 키우기 때문이다. 노자는 그 어머니를 '천하의 어머니'(天下母)47)라고 부르기도 한다. 이 어머니는 모든 것의 근본이 된다. 그로부터 천하가 시작된다. 도는 어머니와 같다. 모든 의견들의 어머니가 도이며, 모든 주장들의 어머니가 도이다. 이론의 이론이 곧 어머니 이론이며, 진리의 진리가 곧 어머니 진리이다. 이는 이론의 이론이 이론학이며, 진리의 진리가 진리론이라는 것과 상통한다. 노자에는 이와 유사하

---

45) 『老子』, 제78장, "天下莫柔弱於水, 而攻堅强者莫之能勝."
46) 『老子』, 제20장, "我獨異於人, 而貴食母."
47) 『老子』, 제25 · 52장.

게 아버지에 대한 설명이라고 할 만한 것도 없지는 않다. 이른바 '중보
甫'48)가 그것으로, 이때 '보'는 '아버지'(父)로 해석되기도 한다. 그럼에
도 『도덕경』은 여성의 상징이 무엇보다도 강하다. 이를테면 '골짜기의
정신'(谷神)과 '검은 암컷'(玄牝)49)과 같은 것이 대표적이다. 현대에서의 용
법과는 상당히 반대되지만, 『도덕경』의 맥락에서는 '천지의 뿌리'(天地
根)50)도 '검은 암컷의 문'(玄牝之門)을 일컫는 것으로 여성적이다. 이러한
여성성(femininity)에 대한 강조는 노자의 학이 만물의 근원으로서의 여성,
곧 이론의 이론인 이론학임을 단정적으로 상징하는 것이다.

5. 상대성

도에 대한 서술적이거나 비유적인 별칭을 만나면서, 우리는 자칫 그
언어적 표현조차 상대성에 함몰되는 것 아닌가 하는 의문을 표시할 수
있겠다. 그러나 결론부터 말해, 그렇지는 않다. 『도덕경』에서 상대적으
로 쓰이는 개념과 그 상대성을 넘어 있는 개념은 확연히 구별되기 때문
이다. 아주 단정적인 예로, 노자에게 '무無'라는 개념은 '유有'보다 선행
되는 것이어서 "유는 무로부터 나온다"51)라고 하지만, 또한 "유와 무는
서로 낳는다"52)라는 말과 같이 상대성을 강조할 때도 있는 것이다.

---

48) 『老子』, 제21장.
49) 『老子』, 제6장.
50) 『老子』, 제6장.
51) 『老子』, 제40장, "有生於無."
52) 『老子』, 제2장, "有無相生."

이러한 두 층차는 반드시 구별되지 않으면 안 된다. 대소大小의 개념에서도 마찬가지이다. 비록 도를 가장 많이 형용하는 것이 대이지만, "큰 것은 작은 데에서 나오고, 많은 것은 적은 데에서 나온다"[53]와 같이 확실히 상대적으로 쓰일 때도 있는 것이다. 노자가 도를 형용할 때 쓰는 대는 대소를 넘어서 있는 것이고, 이처럼 '대소'나 '다소'의 대립적 의미를 강조할 때는 개념의 상대성을 부각시키는 것이다.

개념의 상대성은 우리 언어와 인식의 한계이다. 이러한 한계는 인간의 가치판단에서 비롯된다. 이를테면 좋음은 싫음을, 예쁨은 미움을, 높음은 낮음을, 앞은 뒤를 예상한다. 우리 언어와 인식이 바로 이렇게 상대적인 판단을 기반으로 하여 이루어져 있는 것이다. 노자는 말한다. "천하가 모두 아름다움을 아름답다고 하니 미움이 있는 것이며, 잘한 것을 잘한 것으로 아니 잘하지 못한 것이 있는 것이다."[54] 노자는 '이렇게' 인식함은 '저렇게' 인식됨을 상정하는 것이라고 단정적으로 말한다. 인간은 자신을 기준으로 사고하고 판단하기 때문에 내 입장에서는 '이 것'이지만 남의 입장에서는 '저것'이 됨을 벗어나기란 결코 쉬운 일이 아니다. 따라서 『도덕경』은 첫머리에 이어 바로 이러한 상대성부터 인지할 것을 권고한다. "따라서 있고 없음이 서로 낳고, 어렵고 쉬움이 서로 이루어지며, 길고 짧음이 서로 꼴을 이루고, 높고 낮음이 서로 기울어지고, 가락과 소리가 서로 어우러지고, 앞과 뒤가 서로 따른다."[55]

이때 노자의 판단은 결코 자의적인 것이 아니다. 우리의 언어와 인

---

53) 『老子』, 제63장, "大小多少."
54) 『老子』, 제2장, "天下皆知美之爲美, 斯惡已; 皆知善之爲善, 斯不善已."
55) 『老子』, 제2장, "故有無相生, 難易相成, 長短相形, 高下相傾, 音聲相和, 前後相隨."

식은 바로 이렇게 이루어져 있고, 이것을 쉽게 벗어나지 못한다. 노자의 이러한 상대성의 인지는 도가철학의 골간을 이루고 있으며 이후의 철학자들에 의해 점차 심화, 체계화되기도 한다.[56] 그런데 노자가 상대성을 말했다 하여 그가 곧 상대주의적 입장을 지니고 있다고 생각하는 것은 무리이다. 그는 오히려 이와 같은 입장을 기초로 또 다른 인식의 세계를 꿈꾸고 있기 때문이다. 그러한 방향은 대체로 두 가지로 나누어진다. 첫째는 긍정적인 개념으로 상대적인 개념을 포섭하여 절대성을 획득하는 것이며, 둘째는 부정적인 개념으로 대비되는 한 개념을 희석시킴으로써 상대성에서 탈피하는 것이다. 첫째는 위에서 말한 '대소'를 넘은 '대'의 경우처럼 한 개념이 두 개념을 포섭하여 더욱 큰 개념으로 성립되는 것이고, 둘째는 "굽어야 온전하고, 휘어야 반듯하고, 패어야 차고, 낡아야 새롭고, 적어야 얻고, 많으면 걱정된다"[57]라고 하는 경우처럼 오히려 일반적으로 부정적이라 여기는 개념을 잡아 오히려 그 부정이 긍정을 얻을 수 있음을 내세움으로써 두 개념의 기존 대립을 역전시키는 것이다. 우리 언어와 인식은 말을 하자마자 또는 알기 시작하자마자 상대성에 빠질 수밖에 없기 때문에 노자는 이와 같은 이중적 층차로 자신의 주장을 펴고 있다.

노자는 이런 점에서 당시 제자백가의 학과는 대별된다. 여러 상대적인 이론 가운데 하나로 자신의 이론을 내세우겠다는 것이 아니라, "이론이란 이런 것이다"라는 주장으로 자신의 학을 순수한 이론학으로 성립시키고자 하는 것이다. 노자의 학이 역대 철학사를 거치면서 그것의

---

56) 莊子의 因是因非論은 좋은 예이다. 『莊子』, 「齊物論」.
57) 『老子』, 제22장, "曲則全, 枉則直, 窪則盈, 敝則新, 少則得, 多則惑."

지위를 굳건히 지켜 나간 것은 바로 이러한 진리론적인 순수성에 기인한다. 이는 마치 서구 논리학이 제학문 가운데 차지하는 지위에 견주어질 수 있겠다.

6. x의 새 값

도는 줄곧 무명성無名性을 내세운다. 이때 무명은 이름으로 이루어진 수많은 이론에서 벗어남을 가리키는 것이다. 이름이 주어지면 또 하나의 이론에 빠져 버리기 때문이다. 그럼에도 불구하고 노자는 표현해야 했고 그 연유로 하나의 '이름 없는 이름'을 만든다. 그것이 바로 '박樸'이다.

박을 이해할 때, 많은 경우 그것도 이름이 된 것처럼 생각되기 쉽다. 그래서 노자는 박 앞에 '이름 없는'이라는 수식을 붙임으로써 박이 '명칭'이 아니라 그러한 '상태'임을 강조한다. 이른바 '억지 이름'(强名)58)이라는 표현이 등장하는 까닭이 여기에 있다. 다시 말해, 박은 통나무 그대로를 가리키지 '통나무'라는 말이 아니며, 꾸며지지 않은 그러한 꼴을 가리키지 '꾸밈없음'이라는 말이 아니다. 그럼에도 박은 또한 '박'이라는 이름에 갇혀 버릴 수밖에 없으므로, 노자는 박은 이름이 아님을 '이름 없는 통나무'(無名之樸)59)라는 이름으로 부르는 것이다.

그러나 노자의 끈질긴 부정에도 불구하고 언어의 세계에서 박 또한

---

58) 『老子』, 제25장, "强爲之名曰大."
59) 『老子』, 제37장. 제32장에도 "道常無名, 樸"이라 한다.

이름이 아닐 수는 없는 것이다. 우리는 여기서 박이 이론학에서 실천학으로 나가는 매개역할을 수행하고 있음을 본다. 재미있게도, '이름 없는 박'이 두 번씩이나 강조되는 장이 「도경」의 마지막이라는 점에서도 그 의미는 크다. 실제로 노자의 이론학이라 할 수 있는 많은 부분은 「도경」에 집중되어 있지 「덕경」에 있지 않다. 「덕경」은 이미 유약柔弱과 같은 음적인 개념을 잡아 하나의 실천에로 나아가고 있기 때문이다. 그런 점에서 「덕경」은 실천학이긴 하지만 그 이론적인 순수성에서는 「도경」에 미치지 못한다. 결국, 그러한 특성은 노자의 주장이 정치철학화하는 데 기여하기도 한다.[60]

노자의 도는 허명虛名이다. 때로 그것은 노자를 부정적으로 평가하는 데 쓰이기도 하지만, 그것은 오히려 노자의 학이 이론학임을 단정적으로 드러내는 것에 지나지 않는다. 그런데 그 도가 값을 얻게 된다. 이는 이론학을 배경으로 하나의 인간 본성의 구체적 사실을 철학사에서 설정하는 작업이었다. 공자가 '인仁'으로 자신의 학을 내세웠을 그때, 그것은 단순히 여러 주장의 하나에 불과했지만, 노자를 얻음으로써 마침내 매우 완벽한 이론 체계를 갖춘 난공불락의 이념을 이룩해 내는 것이다. 비록 그러한 연결은 공자 자신이 아닌 후대철학자 특히 위진시대의 학자에 의해 완성되고 있지만, 공자의 주장은 더 이상 '여러 학파 가운데 하나'(諸家之一)이거나 '여러 주의 가운데 하나'(衆論之一)가 아닌 모든 학파와 주의의 결론으로서 성립되는 것이다. 그런 점에서 노자의 도

---

60) 이 책의 제1부 제4장을 보라. 노자철학의 실천학은 '덕과 Y'로 정리되는데, 이때 실천학은 순수하게 "실천이란 무엇인가"라는 질문 외에도 노자 자신의 주장이 많이 개입된다.

를 '빈자리'(虛位)로 본 송명유학 부흥의 기수인 한유韓愈의 지적은 비록
역설적이긴 하지만 옳지 않을 수 없다.[61] 공자의 인은 그 빈자리를 메
꾸는 '덩어리'(實質)의 역할을 톡톡히 하고 있는 것이다.

"도는 이름 없는 곳에 숨는다."[62] 그러나 후대 철학자들을 통해, 말
하거나 이름 지을 수 없는 노자의 도는 공자의 인을 갖추게 된다. 도는
x의 값으로 인이라는 a를 얻게 되는 것이다. 노자가 기껏 내세울 수 있
었던 것이 박이었던 데 반해, 주류 철학사가들은 인간 본성의 소극적인
면보다는 적극적인 면을 강조하는 인을 선호한 셈이다. 이러한 수동성
에 대한 능동성의 승리는 도가문화에 대한 유가문화의 우위를 역사적
으로 가능하게 했다.

그러나 인만이 x의 값이 되는 것은 결코 아니다. 오늘 우리의 현실
은, 적지 않은 경우, 인에게서 때론 긍정적이지 않고 부정적인 특성을
발견하게끔 하기 때문이다. 그렇기 때문에 우리는 인 이외의 다른 대답
을 찾고자 애쓰지 않을 수 없다. 늘 그렇듯, 철학의 시원적인 사명은
a라는 답안보다는 x라는 질문을 다시금 던지는 데 있는 것이다.

---

61) 韓愈, 『原道』, "仁與義爲正名, 道與德爲虛位."
62) 『老子』, 제41장, "道隱無名."

제3장 노자와 여성성

—여성주의와 노자철학

1. 여성성

'여성성女性性'이란 말을 내가 처음 쓴 것은 1993년이다. 〈도가철학입문〉이라는 강의를 하면서 학생들이 가장 쉽게 노자를 이해할 수 있는 방법에 대해 생각하였는데, 그때 떠오른 것이 바로 이 단어였다. 당시만 해도 여성성이란 말은 매우 어색해서 나부터 학생들에게 양해를 구해야 했었다. 이를테면 '성'에 '성' 자를 덧붙인다는 것도 민망했고, 그것이 무엇을 뜻하는지 중언부언 말하는 것도 고역스러웠다. 나는 '여성다움, 여성스러움'(Femininity)이라는 말을 '여성주의'(Feminism) 즉 여성해방의 뜻과 더불어 쓰고 싶었지만 알맞은 용어를 찾을 수 없었다. 앞의 '여성다움'이나 '여성스러움'은 우리식 표현에서 지나치게 순종적인 의미를 지워 버릴 수 없었고, '여성주의'는 오히려 너무도 강렬해서 고대의 『노자』와 현대의 여성해방론을 연결시키기 어려웠기 때문이다.

당시 강의록을 보면, 「물(水)과 여성의 철학—페미니즘」(1993년 8월)이라는 제목을 다음 해에 정리하면서 「여성과 물의 철학—여성주의」(1994

년 8월)로 바꾼 기록이 남아 있다. 첫해만 해도 물을 강조하기 위해 여성을 내세웠지만, 다음 해에는 아예 여성을 앞세워야겠다는 인식의 변화가 있었던 듯하다. 내용은 '1. 여성적 / 2. 감추는 아름다움 / 3. 여성은 남성을 이긴다 / 4. 어머니와 아기 / 5. 모성애—자애 / 6. 물의 철학'으로 되어 있어 교양과목에 알맞게 편성되었음을 알 수 있다.

오늘날 여성성이라는 개념은 자리를 잡은 것 같다. 10년 성상이 흘러서 여성성이라는 말이 우리 사회 속에서 합의된 채로 사용되고 있는 것이다. 한국철학회에서 '여성철학' 분과를 만든다고 할 때, 여러 남성 교수들의 반응이 기억난다. '철학이 보편적인 것인데 무슨 여성, 남성이 따로 있느냐'는 것이었다. 한국철학회 내에서 분석철학회, 현상학회 같은 것이 분과별로 활동할 때였음에도 불구하고, 여성분과는 그만큼 자리매김하기 어려웠다. 이후 그를 모태로 여성철학회가 창립되면서 학회지도 독자적으로 발행할 만큼 상당한 위상을 갖추었다. 게다가 학회지의 내용도 기존 철학에 대한 비판을 담고 있어 크게는 '역사의 철학', 작게는 '과학사의 철학'의 모범을 보여 줌으로써 '철학의 철학' 또는 '철학사의 철학'의 역할을 해내고 있다.

그런데 여성철학회 창립 학술대회를 하면서 내심 안타까웠던 것은 여성주의를 내세우면서 오히려 여성학자에 의한 유학론이 발표되었던 점이었다. 흔히들 유학의 여성주의를 이야기할 때 가장 많이 쓰이는 논법은 『주역』의 음양사상을 내세워 '유학도 음을 강조하지 않느냐'는 것이다. 그러나 도가적 시각에서 보았을 때 이 같은 주장은 상대적으로 설득력이 없다.

유가란 무엇인가? 유가를 이해하는 핵심어는 사실상 '인仁'도, '성性'

도, '리理'도 아니다. 거친 생각이지만, 유가를 이해하기 위해서는 '종宗' 자 하나면 된다.

종이란 현대 용어로 바꾸면 '부자상속父子相續'이다. 이 '마루 종' 자가 말하고 있는 것은 으뜸, 높음, 줄기 등이다. 산마루는 산의 꼭대기를 가리키며, 고갯마루는 고개의 가장 높은 곳을 가리킨다. 그런데 문제는 이 마루의 지위에 반드시 남성을 대입시킨다는 데에 있다. 간혹 문자학자들은, 따라서 이 종 자는 남성의 성기 모양에서 나왔다고 주장하기도 한다.[1] 이른바 왕권의 계승도 '종宗'과 '조祖'라는 평가에 따라 그들의 혈연관계를 알 수 있는 것이다. 종조를 마치 도덕(德)과 위업(功)의 내용으로 부여한다는 이해가 간혹 있는데, 도덕의 수준이나 위업의 양과 질을 획일적으로 평가할 수 없다는 명백한 사실로부터 유추하면 이는 잘못된 것임이 쉽게 설명된다. 종은 부자관계, 조는 부자가 깨진 관계로 생물학적인 기준일 뿐이다.[2]

게다가 공자가 가장 이상으로 삼았던 주周나라가 바로 종의 질서를 법제화한 '종법宗法'의 국가였다. 그리고 그것을 가장 잘 실천한 사람이 주공周公으로, 그는 어린 세자를 남겨 놓고 세상을 떠난 형 무왕武王을 대신해 섭정攝政을 하지만 결코 왕위를 찬탈하지 않고 때가 되자 훌훌

---

1) 郭末若의 예.
2) 이렇게 이야기하면 대번 나오는 예가 조선 초기 역사에 나오는 '太祖, 正宗, 太宗'의 문제이다. 정종과 태종은 형제간이므로 뒤의 태종이 '종'이 될 수 없기 때문이다. 그러나 이른바 태종의 영향력이 있었던 당시에는 존재조차 하지 않았던 임금이다. 숙종 때에서야 『정종실록』이 쓰여 삽입되는 것일 뿐이다. 『정종실록』은 그야말로 '에피소드'(episode)처럼 끼워 넣기가 된 것이다. 물론 조선조 후대에 와서는 이와 같은 구별이 권력과 연관되어 상당히 모호해지기도 하지만, 주로 아버지는 임금으로 追贈함으로써 종의 지위를 부여하는 편법을 쓴 것이다.

떠난 사람이다. 그 세자가 뒤의 성왕成王이고, 삼촌인 주공의 그런 정신은 바로 주의 제도에 대한 존숭으로부터 비롯되는 것이었다. 조선의 세조(世祖)가 왕위를 찬탈한 것과는 비견되는 것이다. 『주례周禮』는 따라서 '아들이 아니면 조가 된다'(別子爲祖)는 원칙을 담고 있는 것이고, 이를 현실 사회에서 실현하고자 했던 이가 바로 공자인 것이다. 공자는 꿈에서 주공을 뵙지 못했다고 한탄하지 않던가.[3]

그런 점에서 유가는 기본적으로 가부장적 사고에서 벗어날 수 없다. 그렇기 때문에 유가의 여성주의를 말하는 것은 노력만큼이나 결실이 나올 수 없는 한계를 태생적으로 지닌다. 여성학 학자들의 심각한 고민이 요구되는 점이다. 우리 사회가 유교적이라는 점에서 여성주의가 유학을 멀리할 수는 없는 노릇이지만 그렇다고 해서 '전공주의'를 앞세워 유학조차 여성주의의 틀로 넣는 것은 반성의 결여로 심각하게 비추어질 수 있기 때문이다.

도가라고 해서 이런 반성의 영역에서 예외 되는 것은 아니다. 고대의 노자가 분명 여성주의자였던 것은 확신해도 좋다. 그러나 내가 국내외 현대 여성 사회학자들에게 '노자는 세계에서 가장 이른 여성주의자'(the earliest feminist in the world)였음을 자주 말하고 있다고 해서, 노자가 말하는 여성성이 곧 오늘에 적용될 수 있다고 생각하는 것이 아님을 분명히 하고 싶다. 노자가 말하는 여성성은 위에서도 말했듯이 '부드러움', '감춤', '연약함'에 근거하고 있기 때문이다. 부정적으로 받아들였던 이런 개념들을 적극적으로 정면에 등장시킨 노자의 공로를 부정하는

---

3) 『論語』, 「述而」, "子曰: 甚矣吾衰也, 久矣吾不復夢見周公."

것은 결코 아니지만, 이런 것들이 또한 오늘날 이야기하는 여성주의와는 때로 상충될 수 있음을 감지하지 않을 수 없다.

2. 암호론

어떻게 하면 『노자』를 쉽고도 깔끔하게 읽을 수 있을까? 노자의 본령에 접근하는 기막힌 방도가 없을까? 노자 전체를 관통하는 일관된 태도는 과연 무엇일까? 노자는 그렇게 많은 표현과 예를 빌려 무엇을 말하고자 했는가? 이런 질문은 노자전공학자라면 누구나 한 번쯤 해 본 고민이었을 것이다. 시 같고 금언 같고, 게다가 은유와 직유가 속출하는 노자를 이해하는 것은 쉬운 일이 아니다. 정식의 체제가 존재하는 것도 아니고, 논리적 선후가 선명한 것도 아니고, 하다못해 『장자』처럼 줄거리가 있는 이야기를 자주 전하는 것도 아니다.

그런 것을 오늘날의 표현대로 하면 '암호'(code) 읽기 또는 풀기라고 할 수 있을 것이다. 그것은 책읽기의 규약이고, 약호이고, 정보이고, 부호이며, 더 나아가 법전과 같은 역할을 할 수 있는 것으로, 변환기(converter)의 기능을 담당할 수 있어야 한다. 이 변환기를 쓰면, 읽히지 않던 문자가 눈에 확연하고 명료하게 들어와야 한다. 고대 언어의 항로가 이 코드를 통해 현대 언어의 경로로 옮겨져야 한다. 저쪽 주파수가 이쪽 주파수와 만날 수 있는 채널이 열리는 것이다. 고대와 현대의 사상과 행동의 방침이 어떤 용어를 통해 마주할 수 있는 것이다.

나는 노자 읽기의 코드는 바로 '여성성'이라 단언한다. 읽히지 않는
부분은 여성적인 것을 빗대면 모두 쉽게 읽힌다. 노자 자신의 용어도
그렇거니와 숨어 있는 문맥도 그러하다. 당시에는 이런 여성성을 직접
드러내기 쉽지 않았을 것이다. 그럼에도 불구하고 '암컷', '골짜기', 그리
고 '어머니'로 노자는 자기 철학의 여성성을 드러낸다.

그런 점에서 '여성성'은 노자철학의 암호이다. 『노자비결老子秘訣』은
다름 아닌 여성성에 있는 것이다. 노자는 그것을 '골짜기'나 '부드러움'
으로 표현했으며, 그것의 총체적인 상징으로 물을 꼽았다. 낮은 데로
임할 수 있는, 사람들이 가장 싫어하는 바로 그곳으로 흐를 수 있는,
그러나 모든 것을 이기는 물을 통해 여성성의 지극함을 대변했다.

노자는 말한다. "가장 선한 것은 물과 같다. 물의 선함은 만물을 이
롭게 하나 다투지 않고 뭇사람이 싫어하는 곳에 머무르니 도에 가깝
다."4) 또 말한다. "천하에 물보다 유약한 것은 없으나 굳고 힘센 것을
공격하는 데 그만한 것이 없으니 그것을 바꿀 것은 없다."5)

과거의 통례대로라면 대체로 물의 역할을 강조함으로써 노자철학의
핵심을 설명하고 말았어야 할지도 모른다. 좋던 싫던 유가적 세례를 받
지 않을 수 없었던 노자의 독자들이, 그것도 남성적 독자들이 노자 속에
서 여성적인 것을 찾아낸다는 것은 상당한 지적 모험이었을 것으로 짐
작된다. 그렇기 때문에 수많은 노자 주석서 가운데에서도 명쾌하게 여
성성을 강조하는 일은 보기 어렵다. 그러나 노자철학에서 물은 바로 여
성성을 상징한다.

---

4) 『老子』, 제8장, "上善若水. 水善利萬物而不爭, 處衆人之所惡, 故幾於道."
5) 『老子』, 제78장, "天下莫柔弱於水, 而改堅强者莫之能勝, 以其無以易之."

실제로 중국철학사 속의 대표적인 여성주의자는 명 말의 이지李贄이다. 그러나 그는 노자주의자가 아니었다. 그는 오히려 유학자이면서도 공자에 대해서 비판적인 자세를 견지한다. 이지는 실천적 양명학자답게 『분서焚書』라는 책을 써서 당시의 사상계를 철저하게 힐난한다. 그는 「부부론夫婦論」을 지어 남녀는 생리적인 차이 외에는 대등하지 않은 것이 없음을 주장한다. 강론을 듣기 위해 찾아온 사대부집 여인들이 '절에서 외박한다'는 사실로 마침내 이지는 탄핵을 받아 옥중에 수감되고 만다. 결국 그는 혹세무민의 죄를 뒤집어쓴 채 감옥에서 76세의 노구를 스스로 죽이고 만다. 이지는 이후 유교의 반도叛徒로 낙인찍혔고, 그의 책은 출간부터 민국 초기까지 금서로 지정되고 만다. 이른바 '양명 좌파'의 대표적 인물이 바로 이지이다.

19세기 말 추용鄒容(1885~1905)의 백만 부가 팔렸다는 『혁명군』을 위시하여, 채원배蔡元培(1868~1940) 등의 인물이 여성해방을 부르짖지만 노자나 장자에 철저히 근거했던 것은 아닌 듯 보인다. 추용은 만 스무 살의 나이에 형장의 이슬로 사라지고 말았다. 한편 당시 지식인들의 화두는 오히려 '무정부주의'(Anarchism)였고 그것이야말로 노장철학에 크게 빚지고 있었다. 장병린章炳麟(1869~1936)이나 유사배劉師培(1884~1919)와 같은 일본의 중국 유학생들은 무정부 사회주의를 제창하다 투옥 후 일본으로 건너온 바쿠닌(Bakunin)의 영향을 받고 있었고, 그에 대한 중국적 근거로 노장 그리고 갈홍葛洪이 『포박자抱朴子』「힐포詰鮑」편에서 비난한 포경언鮑敬言에 매달리고 있었다.

노자에게 이미 여성성이라는 혁명의 암호가 있었음에도 중국의 지식인들은 쉽사리 그것을 찾아내지는 못했던 것이다. 청말민국초에 와

서야 노장 속의 무정부주의를 찾아냈을 뿐, 안타깝게도 여성주의는 제대로 탐색되지 못했다. 그런 점에서 노자는 다시 읽힐 가능성이 있다. 그럼에도 불구하고, 여성성이 독립적인 주제가 되어 읽히기는 아직도 어려운 듯 보인다.

3. 민족주의와 여성

노자는 기본적으로 민족주의(nationalism)와 같은 집체적 방어기제를 좋아하지 않는다. 게다가 국가와 국민과 같은 거대담론에 대해서도 '작은 나라 적은 백성'(小國寡民)6)이라는 주장으로 일소한다. 그런 점에서 노자는 민족주의, 정확히 말해, 서구의 시민사회와 더불어 형성된 유럽의 국가들이 지니고 있는 배타적 국가민족주의를 배격한다.

과연 그 민족주의가 우리의 민족주의와 얼마나 많은 공감대를 지니고 있는지는 자세히 따져볼 필요가 있겠다. 그러나 300년밖에 되지 않은 유럽의 여러 국가가 세계사에 저지른 수많은 죄악은 국가가 무엇인지를 우리들에게 곰곰이 묻게 한다. 물론, 이러한 민족주의와 우리의 식민지사에서 민족주의 곧 민족자결주의로 불리는 국가의 독립 및 자치주의는 다른 맥락을 가질 수밖에 없다. 그럼에도 불구하고 민족주의는 인종차별적인 국수주의의 형태를 띠기 쉽기 때문에 경계하지 않을 수 없는 것이다.

---

6) 『老子』, 제80장.

중국에서도 마찬가지여서 위에서 말한 장태염 같은 무정부주의자도 자기 철학 속에 '국수國粹'를 매우 강력하게 배태하고 있었다. 그는 『장자』「제물론齊物論」을 통해 평등주의적 세계관을 꿈꾸면서도, 내심으로는 한족의 만주족으로부터의 독립이라는 민족주의적 국수의 이념을 버릴 수 없었던 것이다. 무정부와 국수주의의 기묘한 만남이 그에게서 벌어지고 있다.7) 이런 민족주의적 경향은 21세기 오늘의 중국에서도 비슷하게 벌어지고 있다. 현재 중국 중앙정부의 지원 하에 벌어지고 있는 '유장儒藏'사업은 포스트 마르크스 시대의 새로운 이데올로기 작업을 느끼게 한다. 중국 정부는 1.5억 위안(200억 원)을 들여 북경대의 탕일개湯一介 교수를 중심으로 현재 유가의 경전 수집 및 정리 작업을 벌이고 있기 때문이다. 이미 공자의 고향인 곡부曲阜에는 같은 액수를 들여 공자연구원을 완공했다. 이러한 중국 공산당의 마르크스에서 공자에로의 전환은 민주주의보다는 민족주의를 내세우겠다는 심사가 짙다.8)

여성주의를 말하면서 민족주의를 말하는 것은 바로 그것이 심각하게 가부장적이기 때문이다. 민족주의는 종종 애국심이나 희생과 연관되고, 그것은 더군다나 여성에게 강요되기 때문이다. 조국에 충성하는 남성을 묵묵히 뒷바라지하는 여성상이 바로 민족주의가 바라는 것이다. 이때 떠오르는 가치란 '복종', '순응', '침묵'하는 봉건적 전통 속의 여성이기 때문에, 여성이 설 자리는 줄어들지 않을 수 없게 된다. 가장 극단적인 희생양이 바로 남성적 군인을 '위안'하도록 설정된 식민지 조선

---

7) 정세근, 「평등, 국수, 무정부: 장병린의 혁명철학」, 『공자학』 3(한국공자학회, 1998).
8) 鄭世根, 「孔子爭論」(紀念孔子誕生2555周年國際學術研討會, The 3rd Meeting of International Confucian Association, 10.8.~13. 2004. 北京, 中國).

및 일본의 여성이었다.

　프랑스혁명의 '자유', '평등', '박애'라는 3대 이념에도 여성은 철저히 배격되어 있다. 프랑스어에서의 '박애'(fraternité)는 남녀 모두에 대한 사랑 (philanthropy: 인류애)이 아니라 형제애이기 때문이다. 독일의 민족국가도 남성의 우정을 바탕으로 하는 호전성을 축으로 형성되고 있는 것이다. 이른바 우리들에게 익숙한 '전우애' 같은 것이다. 그런 점에서 서구사회 에서 근대 민족이란 많은 학자들이 지적하듯 '상상의 공동체'(Imagined Community)에 가깝다. 우리 한국과는 너무 다른 양상을 보이고 있다. 이 러한 민족주의와 여성주의의 관계는 대략 세 가지의 형국으로 간단히 정리될 수 있다.

　첫째는 민족주의가 여성주의에 앞서는 경우이다. 위에서 예를 들은 근대 유럽의 민족국가 형성이 이를 대표한다. 이때 여성은 남성적 군사 문화에 유린당하면서 도구적 가치를 넘어서지 못한다. 유신정권 때 박 정희 대통령은 한 손에는 반공이라는 시대적 가치를, 다른 한 손에는 충효라는 전통의 가치를 들고, 왼쪽을 비난하면 오른쪽을, 오른쪽을 비 난하면 왼쪽을 드는 방법으로 정권을 유지했다. 그런데 어느 손이든 여 성이 숨 쉴 공간은 없었다. 충효를 통해서는 문화라는 명목으로 직접적 으로 여성을 제압할 수 있었고, 반공을 통해서는 남성에게 위기감을 부 여함으로써 간접적으로 여성을 위축시켰기 때문이다. 유신정권 때 겨 레와 민족이란 말이 무던히도 강조되었음을 상기하자.

　둘째는 민족주의와 여성주의가 같이 가는 경우이다. 이때 민족주의 는 여성주의를 이용하여 혁명의 동반자를 얻고자 한다. 이른바 신여성 이라는 설정을 통해서 민족해방과 민주혁명을 꾀하고자 하는 것이다.

예를 들어, 핀란드에서는 자국어를 쓰는 여성교사를 통해 자주국의 위상을 높였고, 리비아는 회교국가임에도 사회주의 혁명을 위해 여성에게 베일을 벗게 만들었으며, 우리나라에서는 독립운동을 위해 여성을 교육시키기 시작했다. 핀란드는 소련과 스웨덴의 식민지로서의 흔적을 지우는 문화적 독립이 주요 과제였고, 리비아는 군사혁명을 사회주의와 연계시킴으로써 경찰 등 국가권력의 배분에 여성의 참여가 가능해졌고, 우리나라는 여성학당이 민족자결주의 운동의 구심점이 되기도 했다.

셋째는 여성주의가 민족주의에 앞서는 경우이다. 이른바 '모국론(母國論)'이 그러한데, 이때 여성성은 민족의 근원으로 강조됨으로써 이념적 우세를 갖게 된다. 이를테면, 국가를 빼앗긴 식민지인들에게 강인한 어머니와 같은 여성성에 대한 추구는 남성의 빼앗긴 역할을 여성이 다시 찾겠다는 의지를 공표하는 것이었다. 독립을 위해 설정된 '인도 어머니'(Bharat Mata)가 대표적이다.[9] 모성의 찬미는 어머니로서의 여성의 역할에 중점을 두게 되면서, 남성이 갖지 못한 여성의 특질이 강조된다. 그런데 이런 경우는 아직도 실천적이라기보다는 오히려 관념적이기 쉽다.

아울러 첫째와 셋째는 때때로 교합되거나 교차하면서 이중적인 의미를 지닐 때가 많다는 점을 지적하지 않을 수 없다. 민족의 이름으로 여성을 희생시키기도 하지만, 여성의 이름으로 민족을 고양시키기도 하기 때문이다.

이와 같은 맥락 속에서 우리는 전통철학 속의 민족 또는 반민족, 국

---

9) 최근에는 이러한 민족주의적 강조가 '마하바라다'(MahaBharata: 위대한 조국)에 대한 강조로 변질되면서 힌두교도들의 정치적 이념으로 설정되기도 한다. 현 인도의 바라트 당이 이러한 구조 속에서 정치적 위세를 펼치고 있다. 선거를 통해 집권한 방골(콜카타)의 공산당과는 철저하게 다른 입장이다.

가 또는 반국가, 정부 또는 무정부주의를 이해해야 한다. 그것들과 여성성의 만남으로 여성주의의 의미가 상승되는지 아니면 감소하는지 주의를 기울여야 한다. 특히 여성주의가 유가와 만났을 때 더욱 신중해야 한다.

4. 해체론과 여성

해체론의 철학성은 여성주의에서 곧잘 발휘된다. 해체론은 만물에 모두 적용되는 얼개에 대한 부정에서부터 시작되었다. 언어에서 문화에 이르기까지 인정되어 온 보편적 구조를 해체주의자들은 거부한다. 그 가운데에서 그들이 집중한 것은 백인의 서구철학이었다. 이를테면 데리다가 말하는 '백색 신화'(White Mythology)는 곧 백인에 의한 유럽 형이상학을 가리킨다. 덧붙여 그가 꾸준히 힐난한 것은 바로 서구철학의 남근중심적 사고였다.

데리다의 이러한 남성성에 대한 비판은 서양의 전통철학에 대한 정면 도전이었다. 남성주의적 사고에서 여성은 남성의 부속품에 불과했다. 이는 마치 남성의 갈비뼈로 여성을 만들었다는 선언과도 같은 것이었다. 그는 서구의 음성(소리)중심주의를 비난하는 동시에, 남성중심주의를 해체하고자 했다. 철학사적으로 서구의 문자는 단순히 음성의 부산물이듯이, 서구의 여성은 단순히 남성의 장식품이었다.

이때 여성은 로고스로 대변되는 진리에 대한 반反진리로 정의된다.

남성이 참이라면 여성은 거짓이다. 남성이 중심이라면 여성은 주변이다. 이성은 남성의 권력을 옹호했고 여성은 권력에 기생하여 운명을 결정짓는 존재에 불과했다. 피를 동반하는 여성의 생산은 불결한 것으로 여겨졌고, 그들의 기쁨조차 할례割禮되어야 했다.

니체가 주장했듯이, 소크라테스 이후 이성화된 비극은 죽음을 맞이한다. 비극 곧 디오니소스극은 감성의, 부활의, 포도주의, 황홀경의 경지를 담는 것이었지만, 소크라테스가 강조한 아폴론적인 지성이 그것의 극적 요소를 쇠락하게끔 했다. 때로 이러한 지적은 독일식 영웅주의 또는 민족주의로 변질되면서 히틀러의 광적인 국가사회주의(National socialism)로 증폭되기도 했지만, 서구의 계보학을 비판했던 니체는 유대인 데리다에 의해 어쩔 수 없는 해체론의 근원(Ursprung)으로 자리매김되고 있었다. 니체에 반한 히틀러가 남성적 군복으로 자신의 연약한 남성성을 과장하고 있었다면, 해체주의의 개창자인 푸코는 에이즈라는 사인을 택하고, 그의 정신적 후계자인 데리다는 동성애자를 옹호하고 있었다.

알다시피 '황홀恍惚'이란 말은 노자에 나온다.10) 노자가 바라는 정신 상태는 분석적이거나 종합적인 것이 아니라, 황홀한 것이었다. 그것은 이성으로 쌓고 또 쌓는 것이 아니라 바로 그렇게 어쩔 수 없이 얻은 것을 덜고 또 덜면서 얻어지는11) 최고의 경지였다.

가장 감성적인 것을 가장 이성적인 것으로 포장하고 있는 것이 종교이다. 과거의 문화전통 속에서 종교는 나와 남을 구별하고, 어린이와

---

10) 『老子』, 제14장, "其上不皦, 其下不昧, 繩繩不可名, 復歸於無物. 是謂無狀之狀, 無物之象; 是謂惚恍."
11) 『老子』, 제48장, "爲學日益, 爲道日損."

어른을 구별하고, 남자와 여자를 구별한다. 감성적인 배타심(exclusive mind)을 종교라는 '의례儀禮'(rite)를 통해 정례화했던 것이다. 기독교에서 그것은 '기도祈禱'라고 불리고, 유교에서는 '제사祭祀'라고 불린다. 기독교는 절대자에 대한 인간의 부족함을, 유교는 조상신에 대한 삶의 고마움을 이러한 제의祭儀 속에 담는다. 따라서 제의는 제례의 집행자와 피집행자로 나뉘어 피아구별을 하고 만다. 이처럼 종교는 어쩔 수 없는 당파성 내지 고립주의(exclusivism)를 보이게 된다. 여기에서 이른바 예식禮式('禮' 또는 'rite')의 공통성이 드러난다. 그것들은 바로 차이와 구별, 곧 차별의 기제인 것이다. 계급관계를 나누고(上命下服), 부부관계를 나누고(夫婦有別), 상하관계를 나눈다(長幼有序). 예는 곧 다름(異)이다.12)

도가가 의미 있는 것은 바로 그러한 차별을 해소하려고 애쓰기 때문이다. 비록 도교도 '초제醮祭'라는 형식의 제례가 있고 이는 조선 초기만해도 궁중에서 소격서昭格署와 같은 관아를 통해 행해졌지만, 그 제의의 대상은 하늘과 별 그리고 땅의 모든 것을 관장하는 주재자들에 대한 경외를 담고 있는 것이기 때문에 차별의 요소가 비교적 많지는 않았다. 도교는 한마디로 말해 모든 것이 신이 될 수 있는 종교이기 때문에 그런 무차별이 가능했던 것이다. 본디는 소격전(殿)이었지만 세조 12년(1430)에 서로 격하되고 임진왜란 이후에 완전히 폐지되면서, 독존 유학의 구별적 사고는 조선조 내내 심화된다.

이런 도가의 특성 때문에 해체론의 유입 이후 많은 도가철학자 또는 서양철학자들이 해체론과 노장을 비교하기 시작했다. 술의 신은 황홀

---

12) 『禮記』, 「樂記」.

경에서 자연스러움 그 자체가 되어 무위를 행한다(爲無爲).13) 이러한 노자의 정신은 해체론과 맞아떨어지는 부분이 많았던 것이다.14) 김형효, 김상환, 이승종 등이 서양철학자로 해체론과 노장을 좋아했고, 박원재, 최진석, 이종성 등이 동양철학자로 해체론과 데리다를 좋아했다.

나도 그 가운데에서 '해체론과 그것의 대상을 빌려 올 것이 아니라 해체론을 빌려 우리의 해체 대상을 제대로 찾아보자'는 요지의 발표를 하기도 했는데, 덧붙여서 나는 해체론을 해체할 수 있다면, 다시 말해, 동양적 시각에서 해체론의 서구적 입장을 비판할 수만 있다면 무엇보다도 이상적임을 주장한 바 있다. 이를테면, 동양사회는 분명 문자중심주의이지 음성중심주의가 아님에도 서구의 음성주의에 맞추어 동양을 비판하는 것은 어불성설이라는 것이다. 단정적인 예가 있다. 우리는 '내'가 '그' 앞에 '현전'함에도 도장을 가져오라는 문화이다. 도장은 문자라는 시간적 계기를 역사성 속에 담고 있기 때문에 권위를 지니는 것이고, 도장이 없는 '나'는 그저 역사 밖의 여러 존재물 가운데 하나에 불과하기 때문에 별 가치를 지니지 못한다. 왕권을 상징하는 옥쇄의 권위를 생각해 보면 쉽게 이해가 된다.

데리다와 노자는 만나는 접점이 있다. 반진리는 오히려 진리를 드러낸다. 여성은 하나의 독毒이다. 한약의 부자와 같이 독이면서도 치료제이다. 여성은 자궁처럼 비어 있다. 데리다는 플라톤의 약국15)을 차려놓았다. 그러고는 플라톤이 말하는 약이자 독인 파르마콘(pharmacon)의

---

13) 『老子』, 제3·63장.
14) 한국도가철학회 엮음, 『노자에서 데리다까지』(서울: 예문서원, 2001).
15) Jacques Derrida, "Plato's Pharmacy"(1968, Dissertation; Barbara Johnson[trans.], Chicago: University of Chicago Press, 1981).

특성을 지적한다. 그것은 코라(Χώρα)라는 '허虛'이자 '공空' 속에서 무화 無化된다. 대립은 '제3의 장르'(un troisième genre)인 빈 곳 속에서 해소된다.[16]

그런데 참으로 우연인 것은 『노자』에게서도 판본에 따라 '독毒'은 정 반대의 '양養'의 뜻으로도 쓰이는 점이다.[17] 약국의 표시로 쓰이는 뱀이 독을 지니고 있듯이, 약은 독의 다른 이름일 뿐이다.

이렇듯 우리가 노자를 통해서 얻어할 것은, 바로 서구/아시아, 외국 어/모국어, 지식/행위, 남/나의 이항적 대립의 해제이며, 어떤 꼴로도 자 신을 숨기고 있는 중심주의에 대한 해체이다. 언어의 침묵에 대한 억압, 백색의 흑색에 대한 억압, 어려움의 쉬움에 대한 억압, 전쟁의 평화에 대한 억압, 정신노동의 육체노동에 대한 억압, 이름의 이름 없음에 대한 억압, 종교의 철학에 대한 억압, 그리고 남성의 여성에 대한 억압이 바 로 우리의 주제인 것이다. 흑색철학이 가능한 것은 미국의 흑인이 무식 할 수밖에 없는 기제를 밝혀내 주고 있기 때문이다. 경제적으로 열등하 고, 문화적으로 소외되어 있는 미국 내 흑인의 관심과 상관없는 백인 부르주아의 철학에 흑인이 관심을 기울일 수는 없는 것이다. 여성주의 철학이 가능한 것도 바로 이러한 맥락과 궤를 같이한다. 그들에게 가부 장적 유교를 가르치려 들지 말고, 모성적 도가를 가르쳐라. 그들이 배우 지 못하는 것이 아니라 그들은 받아들이지 못하는 것이다. 그들이 어리 석은 것이 아니라 그들에게 그것을 가르치는 것이 어리석은 것이다.

---

16) 정세근, 「해체론과 동양」, 『철학연구』 제56집(2002 봄).
17) 『老子』, 제55장, "毒蟲不螫."(河上公本) / "蜂蠆虺蛇不螫."(王弼本) 및 『老子』, 제51장, "亭之毒之."(王弼本) / "成之孰之."(河上公本)

5. 도교와 여성

도교에서의 여성성의 존중은 세계의 어느 종교보다 뒤쳐지지 않는다. 우리의 도맥에서도 묘관妙觀이라는 여성이 등장한다. 김시습의 도맥을 잇고 있는 그는 밀양의 과부였다. 『해동전도록』 속에 드러난 계보를 이능화의 정리를 통해 보면, 아래와 같다.18)

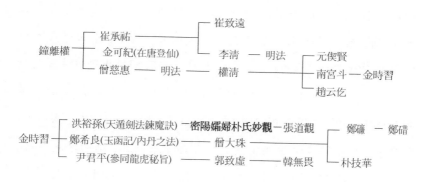

기독교에서도 여성이 성직자가 됨을 쉽게 받아들이지 못하는데, 도교에서는 일찍부터 그 가능성을 열어 놓고 있었다. 이른바 도사의 지위는 성별과는 상관없었던 것이다.

우리의 도교는 산신신앙과 더불어 발전을 하는데, 우리의 산신은 남녀가 같이 존재한다. 남성산에는 남신이, 여성산에는 여신이 맡는 형국이다. 이를테면 지리산 쌍계사의 산신탱화 등에서는 여성 산신이 등장

---

18) 정세근, 「한국신선사상의 전개와 분파」, 『시대와 철학』 제16권 3호(2005.9.; 『한국고유사상·문화론』, 한국정신문화연구원, 2000.12.11.)

한다. 음산陰山은 여성으로 상징되기 때문에 여신을 모신다.[19] 흔히 한국의 산신이 호랑이를 곁에 두고 있는 할아버지와 같은 남신만으로 이해되는데, 그건 오해이다. 산의 형질에 따라 신도 성별이 달라지는 것이다.

중국에서도 도교사원 즉 도관道觀은 경우에 따라 여신을 모시고 있는 경우도 적지 않다. 풍랑을 막아 주는 효험이 있는 '마조馬祖'는 복건성과 광동성 그리고 대만 등지에서 광범위하게 모셔지고 있다. 또한 역대의 황제들이 방문한 태산泰山의 정상의 가장 큰 도관인 벽하사碧霞祠는 태산 여신, 정식 이름으로는 '천선옥녀벽하무군天仙玉女碧霞无君'을 모시고 있다. 태산에 산재해 있는 많은 도관 가운데 진시황(秦皇)을 모시고 있거나 전통적인 관우關羽(關聖大帝)를 모시고 있는 곳도 있지만 태산의 주신이 여신인 것은 중국에서 도교의 영향력을 간접적으로 보여 주는 좋은 예이다. 알다시피, 기록에 따르면 태산의 도교는 전국戰國시기의 방사方士 황백양黃伯陽이 들어와 수련을 한 이후 당대에는 최고조에 이른다. '태산노모泰山老母'를 모시는 벽하사를 처음 지은 것은 송대 대중양부大中祥符 2년(1009: 昭眞祠; 금대: 昭眞觀; 명대: 碧霞靈佑宮; 청대: 碧霞祠)이다. 게다가 현대판일 수도 있지만 현재 도사道士들 가운데에서는 여성도 어렵지 않게 만나볼 수 있다. 현재 도사들은 속세에 가정이 있으며 월 1회 가족 면회를 하기 위해 하산한다.

우리나라에서는 이후 권력과 연계된 유교문화의 장기적인 정착에 따라 당제堂祭도 상당上堂과 하당下堂으로 나뉘어 남녀의 구별이 개입되

---

19) 산신신앙 연구와 사진 자료는 아래의 책이 독보적이다. David A. Mason, *Spirit of the Mountains: Korea's SANSHIN and Tradition of Mountain-Worship*(Seoul: Hollym, 1999).

면서, 상당은 유가의 남성만의 상류 공간으로, 하당은 남녀가 함께하는 보통 공간으로 나뉘게 된다. 이를테면, 오늘날까지도 남아 있는 강릉의 산신제도 상급유가(현재는 고급관료)의 헌주로부터 의례가 시작된다. 이 같은 유가문화의 점령은 많이 바뀌고 있지만 제사에서의 남성과 남성의 제배수가 차이가 나는 것과도 연관된다. 이렇듯 여자에게 주어지는 금지와 과부하過負荷는 철저한 차별을 강조하는 '남존여비男尊女卑'의 사고에서 비롯되는 것임을 부정하기는 어렵다.

여성의 권리가 살아 있는 종교는 정말 힘들다. 종교라는 이름으로 가부장과 권위에의 순종 그리고 남녀의 구별을 강요해 온 것이 인류의 역사이기 때문이다. 힌두교의 많은 신들 가운데에도 여성신인 디바를 비롯해서 파르바티, 두르가, 그리고 칼리[20]가 있는 것을 근거로 여성성을 말하고자 할 수도 있지만, 그것은 기본적으로 힌두신의 으뜸이 바로 남성기의 모습(Linga: 원뿔형의 돌)으로 상징되는 시바임을 생각하지 못한 결과로 보인다. 인도인들은 고대부터 남성기에 대한 신앙을 가지고 있었으며, 그곳에 우유와 꽃을 뿌리는 의식을 즐겨해 왔다. 인도에 아무리 신이 많아도 시바의 절대 권위를 넘어서지 못한다. 그렇기 때문에 남편이 죽으면 여자를 산 채로 화장하는 사티(sati)와 같은 풍습이 타골이 살

---

20) 오늘날 어둠의 여신 칼리(Kali)는 현대의 성자 가운데 가장 영향력이 있는 라마크리슈나(1836~1886)와 관련하여 의미를 갖는다. 라마크리슈나는 21세에 무서운 여신인 칼리를 모시는 뱅갈지역의 칼리사원에 들어가 영적인 체험의 절정을 맞이하기 때문이다. 그러한 그의 신성을 체계화한 사람이 바로 비베카난다이다. 기독교로 치면 비베카난다는 바울의 역할과 같은 것으로, 둘 다 지적인 체계가 있던 사람들이다. 칼리사원 바로 옆이 1979년 노벨평화상 수상자인 테레사 수녀가 마련한 안식의 집이다. 칼리, 두르가(Durga), 파르바티(Parvati) 등도 모두 포악한 파괴의 신 시바(Shiva)의 아내들이다.

던 뱅갈 지방에는 성행했었고, 오늘날도 과부는 신분에 상관없이 시댁과 친정을 떠나 평생 무채색의 삶으로 홀로 속죄하며 살아야 한다. 그런 점에서 여신이 중심부에서 살아 있는 도교의 모습은 미래의 종교상을 보여 주고 있다.

6. 암컷, 골짜기, 어머니

노자는 암컷을 숭상한다. 그것을 '현묘한 여성성'(玄牝)이라고 부른다. 노자를 처음 읽은 이들은 이 암컷 이야기에서 당황하게 되는데, 이것에 오히려 노자의 진의가 담겨 있음을 알아차려야 한다. 이 용어는 노자철학 전반에 걸쳐 전개되는 여성성에 관련된 구체적인 언사이다. 노자는 말한다. "골짜기의 정신은 죽지 않으니, 이를 검은 여성이라 일컫는다."[21)

여기서 '검은 여성'은 '현빈玄牝'을 번역한 말로, 죽지 않는 골짜기의 정신을 뜻한다. 그런데 많은 사람들에게 애용되는 것이 바로 '골짜기의 정신' 이야기이다. 이 '곡신론谷神論'은 조금의 설명이 필요한데, 왜냐하면 여기에서 '신神'은 신령스러운 것이긴 해도 오늘날 의미의 주재적 인격신이 아니라 사물의 고유한 정신성을 뜻하는 것이기 때문이다. '신'은 '귀신鬼神'의 용례에서처럼 '땅으로 돌아가고, 하늘로 펼쳐지는'(歸/伸) 것이기 때문에, 형체를 지니지 않은 영혼을 뜻한다. '혼백魂魄'도 무형과

---

21) 『老子』, 제6장, "谷神不死, 是謂玄牝."

유형으로 나누어지듯이 귀와 신은 각자의 역할과 기능이 따로 있다. 그런 점에서 곡신은 '골짜기의 정신'이지 골짜기에 사는 절대자가 아니다.

　노자는 곡신은 죽지 않는다고 선언한다. 왜냐하면 그것은 드러나지 않고 숨어 있는 곳이며, 깎이는 곳이 아니라 흘러드는 곳이며, 모든 물을 모을 뿐만 아니라 온갖 생명을 잉태하기 때문이다. 그런 까닭에 노자는 불사의 곡신을 현묘한 여성성의 상징으로 삼는다. 그래서 늘 골짜기가 되고 싶어한다. 비어도 골짜기처럼 비어야 하고, 가장 높은 덕도 골짜기 같아야 한다.[22]

　그런데 현묘한 여성성은 문을 갖는다. 그 문을 통해 천지의 온갖 생명체를 생산해 낸다. 죽지 않는 골짜기의 정신을 지닌 검은 암컷은 자기만의 문을 지니고 그 문은 곧 하늘과 땅의 뿌리가 된다. 노자는 이어 말한다. "검은 여성의 문을 천지의 뿌리라 일컫는다."[23] 이런 묘사는 우주의 시원이 검은 여성임을 가리키는 것이다. 그 검은 여성이 바로 이 세상의 뿌리가 된다.

　이러한 문의 상징성은 『노자』의 첫 장에서부터 시작되는 것으로 '온갖 오묘함의 문'[24]이 그것이다. 자연에는 문이 있다. 그 문이 열리고 닫힐 때, 여성이 되어야 한다. 그것이 하늘의 도리이다. "하늘의 문이 열리고 닫히는데, 암컷(雌)이 될 수 있겠는가?"[25] 자연은 생명을 탄생시키고 기르기 위해 문을 열고 닫는다. 이른바 '낳고 기르기'(生之畜之)[26]이다.

---

22) 『老子』, 제15장, "曠兮其若谷."; 제41장, "上德若谷."
23) 『老子』, 제6장, "玄牝之門, 是謂天地根."
24) 『老子』, 제1장, "玄之又玄, 衆妙之門."
25) 『老子』, 제10장, "天門開闔, 能爲雌乎?"
26) 『老子』, 제10장.

이때 우선권은 남성에게 있지 않고 여성에게 있다. 따라서 노자는 암컷이 되길 희망하는 것이다. 생명을 낳는 자는 암컷이다. 결코 수컷이 아니다. 수컷은 그저 도와주는 자일 뿐이다. 모든 존재의 근원은 여성이 아닐 수 없는 것이다.

노자는 말한다. "남성을 알고 여성을 지키며 천하의 골짜기가 된다. 천하의 골짜기가 되면 늘 그러한 덕이 떠나지 않아 아기로 되돌아간다."27) 여기에서는 '천하의 골짜기'(天下谿)라는 표현이 직접 나온다. 이 세상의 계곡이 되라는 권고이다. 그렇게 되면 일시적인 덕이 아니라 영원한 덕이 그곳에서 떠나지 않는다. 그리고 그 어머니는 마침내 스스로 아기와 같아질 수 있다.

이러한 천하의 골짜기는 직접적으로 천하의 암컷으로 표현되기도 한다. "천하의 암컷은 고요함으로 남성을 언제나 이기니 고요함을 아래로 한다."28) 우주의 시원인 여성성은 고요하다. 만물은 시끄럽지만 대지는 고요한 것과 같다. 인간세는 시끄럽지만 자연은 조용한 것과 같다. 그런데 바로 이러한 안정安靜과 정적靜寂으로 암컷은 수컷을 이긴다. 그것으로 남들보다 아래에 놓이면서도 남들을 이긴다.

이러한 원리는 노자가 곳곳에서 강조하던 것으로 이른바 "부드럽고 힘없는 것이 굳세고 힘센 것을 이긴다"29)는 주장에 근거한다. 중국인들이 좋아하는 태극권太極拳처럼 그것은 남의 힘을 이용하거나 남의 힘이 떨어질 때까지 기다린다. 자기의 힘도 가장 부드러운 데에서 나온다.

---

27) 『老子』, 제28장, "知其雄, 守其雌, 爲天下谿. 爲天下谿, 常德不離, 復歸嬰兒."
28) 『老子』, 제61장, "天下之牝, 牝常以靜勝牡, 以靜爲下."
29) 『老子』, 제36장, "柔弱勝剛强."

운동을 잘하고 못하는 것을 한눈에 알 수 있는 것은 힘을 얼마나 뺐는가에 있음은 누구나 잘 안다. 유가들이 강직剛直함을 강조하는 것과는 정반대이다.

위에서도 보았듯이 여성이란 아기와 떨어질 수 없는 것이다. 그렇기 때문에 노자는 여성을 어머니로 대표하여 자주 언급한다. 노자는 자신의 세상에서의 지위가 유모乳母와 같다고 말한다. "나는 남과 다르니 젖어머니를 귀하게 여긴다."[30] 노자는 남들과 다르게 젖을 먹여 주는 어머니(食母)를 귀하게 여긴다고 공언한다. 세상에서 가장 중요한 것은 생명을 길러 주는 어머니이지, 그 이상이 있을 수 없다. 죽어 가는 사나이에게 모유를 먹여 주는 여인이야말로 위대한 모성의 표상인 것이다.[31]

결국 노자는 자신이 '천하의 어머니'가 되고자 한다. "소리 없고 적료하다. 홀로 서서 바뀌지 않고 돌고 돌아도 멈추지 않으니 천하의 어머니가 될 수 있다."[32] 어머니는 홀로 서서 바뀌지 않는다. 자식이 어디를 싸돌아다녀도 그 자리에 계신다. 중심을 잡고 그 자리를 맴돌 뿐 결코 지치거나 사라지지 않는다. 이렇게 언제나 안정적이어서 위태롭지 않기 때문에 천하의 어머니가 된다. 천하의 어머니는 세계의 시원과 더불어 있는 것이며, 이 어머니 덕분에 아이도 살 수 있다. "천하에 처음이 있으니 천하의 어머니가 된다. 어머니를 얻었으니 아이를 안다. 아이를 알았으니 어머니에게 돌아가 지킬 수 있다. 죽을 때까지 위태롭지 않다."[33] 이렇듯 노자의 여성은 천하의 어머니로 귀착된다.

---

30) 『老子』, 제20장, "我獨異於人, 而貴食母."
31) 존 스타인벡의 『분노의 포도』 결말 부분을 생각해 보자.
32) 『老子』, 제25장, "寂兮廖兮, 獨立不改, 周行而不殆, 可以爲天下母."
33) 『老子』, 제52장, "天下有始, 以爲天下母. 旣得其母, 以知其子; 旣知其子, 復守其母, 沒身不殆."

더욱이 그 어머니는 개인에서 끝나는 것이 아니라 국가로까지 확대되어야 한다. "그 끝을 알지 못하니 나라가 있을 수 있고 나라의 어머니가 있으니 오래갈 수 있다."[34] 나라에도 그런 어머니가 절실하게 필요하지 않을 수 없다. 나라를 어머니로 생각해야지, 아버지로 생각해서는 안 된다.

그런데 어머니의 가장 특질이 무엇일까? 그것은 다름 아닌 자식에 대한 사랑이다. 그 사랑은 어떤 사랑보다도 위대한 '모성애'이다. 전통철학에서 '효孝'가 아랫사람이 윗사람에게 하는 사랑이라면, '자慈'는 윗사람이 아랫사람에게 하는 사랑이다. 특히 자애는 어머니가 아이에게 보여 주는 모성애를 가리킨다. 노자는 자신의 보물 가운데 첫째가 바로 이 모성애라고 천명한다. "나는 세 가지 보물이 있어 지니고 간직한다. 하나는 자애慈이고 둘은 검약儉이고 셋은 천하 앞에 서지 않는 것이다."[35] 노자는 자신이 아끼고 지켜야 할 가장 우선순위의 행동양식에 바로 이 모성애와 같은 사랑을 꼽고 있다. 부모에 대한 공양을 효라고 의무적으로 못 박을 것이 아니라, 오히려 자연세계의 원리에도 가장 잘 맞는 모성애를 인간관계의 제1의 덕목으로 삼자는 것이다. 이와 같이 우리가 세상에서 가장 지닐 만한 가치를 순차적으로 분명히 명기하는 부분은 『노자』에서 이곳이 유일하다. 이처럼 모성애는 노자철학에서 중차대한 의미를 갖는다.

모성애는 단순한 사랑으로 그치지 않는다. 모성애는 가장 강한 것이기도 하다. "자애로우니 용감할 수 있다."[36] 모성애만큼 용감한 것이

---

34) 『老子』, 제59장, "莫知其極, 可以有國, 有國之母, 可以長久."
35) 『老子』, 제67장, "我有三寶, 持而保之. 一曰慈, 二曰儉, 三曰不敢爲天下先."

있을까? 불구덩이에 뛰어들고, 천적에게 덤벼들고, 죽음으로 아기를 살리는 모성애는 무엇보다도 강인하고 처절한 것이다. 따라서 모든 싸움을 모성애로 하면 승리를 누릴 수 있다. "무릇 자애로써 싸우면 이기고, 지키면 군건하다. 하늘이 이를 구할 것이니 자애로써 막아라."37) 모성애는 하늘조차 도와주는 자연의 원리인 것이다.38)

7. 철학의 역할

초창기 여성주의자들의 무기였던 피임약과 분유는 이제는 더 이상 논란거리가 되지 않는다. 여성은 생리적으로 해방되었으며 법률적으로도 평등하다. 그러나 과연 '사회적'으로 평등한가? 결코 그렇지 않다.

한국 사회에서 여성으로 사는 것은 한국 사회에서 '혼혈로 살아가기', '장애인으로 살아가기', '외국인 노동자로 살아가기', '학별 없이 살아가기'처럼 어려운 일이다. 여성으로 그런 대로 동등한 지위를 보장받는 곳은 역시 국가기관밖에 없고, 따라서 나는 공공연하게 여학생들에게 공무원의 길을 권장한다. 교육 공무원이든 세무직 공무원이든, 하다못해 경찰이든 군인이든, 여성이 법률에 맞게 실제적으로 대우받는 공간은 자영업을 제외하면 공직밖에는 없어 보인다.

---

36) 『老子』, 제67장, "慈故能勇."
37) 『老子』, 제67장, "夫慈, 以戰則勝, 以守則固. 天將救之, 以慈衛之."
38) 노자와 여성주의에 관한 자세한 분석과 정리는 鄭世根, 「老子與女性性」(二十一世紀中華文化世界論壇, 2002.12.18~20., Hongkong(중국어))에서 발표된 글을 참조할 것.

그럼에도 불구하고 여성주의가 마주하고 있는 문제는 실로 적지 않다. 정치, 역사, 과학, 영화 등에서 여성은 왜곡되고 학대된다. 인권은 남녀를 통틀어 일컫는 말임에도, 그리고 대한민국 여성의 참정권이 민주주의의 본향인 영국과 그다지 차이가 나지 않음에도, 우리는 문화적 특색 때문에 여성을 사회로 끌어내는 데 실패했다. 양육에서 자유롭지 않은 여성이 직장을 갖는 것은, 우리말 표현에서의 '직업여성'이 가리키는 바와 같이 특정 분야만이 가능할 뿐이었다. 철학은 이런 문제에서 자유로울 수 없다.

게다가 전통철학은 여성주의의 입장에서 보면 보수반동성을 일정 부분 띠지 않을 수 없기에 처리하기가 더군다나 쉽지 않다. 특히 '자기 전공은 무조건 옳다'는 전공주의가 판을 치고 있는 우리 학계의 현실에서 성리학의 차별적 기제를 폭로한다는 것은 정말 어렵다. 그것은 여성 유학 전공자도 마찬가지여서 목숨을 건 행보에 가깝다.

그러나 생각해 보자. 민족주의도 폭넓게 반성되고 있는 오늘의 시점에서, 그리고 해체론 철학이 봇물처럼 유행하는 오늘의 현실에서, 우리는 새로운 문화 코드인 도가를 통해 얻어 낼 것이 없는가 생각해 보자. 나는 노자철학으로 우리의 여성 문제가 모두 해결될 것이라고 믿지 않는다. 그것은 노장의 자연철학을 말함으로써 우리의 환경 문제가 일소에 해결될 수 없는 것과도 같다. 그러나 나는 사유의 단초라는 점에서 일말의 희망을 엿본다.

나는 차라리 여성주의자가 자신의 관점으로 노자를 비판하는 글을 써 주기 바란다. 그래야 제3의 문제와 답안을 추구할 수 있지 않을까 싶다. 크게는 고대 사유의 현대적 적용이 어떤 철학적 지평 안에서 가능한지, 작게는 현실 문제의 해결을 놓고 여러 사고방식 가운데 하나로 그것이 선택될 수 있는지 구체적으로 물어지길 바란다. 더불어 미국 백인 중산층에 의한 여성해방론의 한계도 장차 지적되었으면 한다. 오늘의 여성주의를 볼 때, 과연 그 사유의 대상이 한국 여성인지 늘 의문되기 때문이다.

사실 우리의 여성은 육아에서 절대 자유롭지 못하다. 노자가 말하는 모성애 때문에라도 여성은 이지적인 선택을 포기하고 만다. 육아에서 자유로운 여성의 조건은 단 두 가지, 돈이 많거나 아니면 부모를 잘 만났거나 할 뿐이다. 그런 점에서 국가가 전혀 담당하고 있지 못하는 육아 문제는 우리 여성주의 논의의 첫째 공적公敵이 된다. 육아에서 자유롭지 못한 여성에게 사유하고 행동하라는 것은 어불성설이 되기 십상이다. 그런 점에서 관념적인 철학을 말하기보다 오히려 '아기 키우기'의 문제를 철학적으로 따지는 것이 먼저일 수도 있다.

우리 모두 어머니의 아이이다. 그 어머니의 시련과 고난을 생각할 때이다. 어머니의 자식 아닌 자 이 세상에 없듯이, 여성의 아들 아닌 남성은 없다.

제4장 노자와 정치
─노자의 덕과 그 정치철학적 의의

1. 덕을 보는 네 관점

노자는 도가道家이다. 따라서 노자를 논할 때 '도道'에 관한 것이 주가 된다. 노자의 책 즉 『도덕경道德經』이 유가儒家식의 '도덕'을 이야기한 글이 아니라 '도道'와 '덕德'을 나름대로 따로 떼어 말할 것임은 의심할 여지가 없다. 이때 도는 본질이고 덕은 그것이 드러남으로써 얻어지는 (得) 기능 또는 효용으로 '공능功能'이라 이해되는 것이 일반적이다. 다시 말해 덕은 도를 얻은 사람에게 주어진 능력으로서 그 효능은 덕을 얼마나 잘 길렀느냐에 달려 있다.

지금껏 이야기된 것 가운데에서 우리는 몇 가지 문제를 찾아낼 수 있다. 노자의 책의 이름이 『도덕경』이고 내용상 도와 덕이라는 두 가지 관념을 다루고 있음이 분명함에도 불구하고 우리는 '덕'에 관한 논의를 소홀히 했다는 점이 그 첫째이다. 『도덕경』은 전편이라 할 수 있는 「도경道經」과 후편이라 할 수 있는 「덕경德經」으로 이루어졌음은, 『도덕경』이 도와 덕에 관한 언설이라는 점만 이해해도 상식적으로 이해될 수 있다. 더 나아가 장사長沙의 한나라 무덤(漢墓)에서 출토된 마왕퇴馬王堆 백서帛書『노자』에서 「도경」과 「덕경」의 순서가 뒤바뀌어 있는 것만 보더라도 그만큼 두 경의 체제는 거의 상호 대등하고 병렬 가능한 독립적 모습을 지니고 있다 해도 지나치지 않다. 내용상 이론적인 「도경」이 앞에 가고 실천적인 「덕경」이 뒤에 가는 것이 일반적인 철학 책의 구성이긴 하지만 그것이 뒤바뀐다 해서 내용이 달라지진 않는다.1) 즉 「도경」과 「덕경」의 상호 관계 속에서 「덕경」의 중요성이 부각되어야 한다.

둘째로는 노자가 말하는 덕이 분명히 유가가 말하는 덕도 아니며 덕목德目이나 품덕品德 등의 덕도 아니다. 그렇다면 아닌 점만 있을까? 덕의 내용상 그 둘 간의 차이는 실로 크다 할 수 있다. 그러나 덕의 형식상 그 둘이 그렇게 다를까? 유가와 도가 철학이 무척이나 다르고 때로는 극단적인 대립양상까지 보이고 있으나 그 둘 모두 우주와 자연(天地萬物)에 대한 신뢰감을 바탕으로 하고 있는 것처럼, 덕도 마찬가지이다. 유가의 덕이 윤리적·도덕적인 것이라면 도가의 덕은 정치적·사회적인 것이지만, 그들의 덕은 모두 실천을 통해 쌓아 가거나 쌓인 것으로서 현실적으로 효능 있는 것이다. 도가의 덕을 말할 때 사용됐던 공功, 능能, 효效는 모두 어떤 힘(力)이나 쓰임(用)을 상정하고 있다. 다시 말해 효력效力, 능력能力, 공력功力, 공용功用, 효용效用을 갖고 있는 것이다. 이러한 이유로 말미암아 『도덕경』의 '덕'이 'Power'로 서양인에 의해 인식되

---

1) H. G. Creel은 老莊의 역사적 순서에 대해서 노자가 관조적(contempla-tive)이고 장자가 목적적(purposive)이라는 이유로 장자가 노자보다 앞선다고 주장하는데, 만일 우리가 그와 같은 논조에 동의하면 「덕경」은 「도경」보다 앞선다. *What is Taoism? —and Other Studies in Chinese Cultural History*(Chicago: Univ. of Chicago, 1970) 참조.

기도 한다.[2] 이와 같이 도가의 덕의 의미가 분명해질 때 유가의 그것도 명석하게 드러난다. 유가의 덕도 실제적인 내용은 도가와 다를 지라도 현실적으로 효능이 있다는 점에서, 즉 어떤 힘이나 쓰임을 상정하고 있다는 점에서 도가와 동일하다. 따라서 도가의 덕의 의미를 좀 더 깊게 살펴보아야 한다.

셋째로는 『도덕경』이 말하는 도의 공능으로서의 덕이 지향하고 있는 것이 정치적·사회적이라는 점이다. 이 점은 유가와 확연하게 달라지는 부분이다. 유가는 『논어』에서처럼, 덕은 '도덕'(爲政以德)[3]의 의미로 가장 많이 쓰이고 있고 그 밖의 것도 '은덕', '은혜'(以德報德)[4] 또는 '행위', '작풍作風', '품질'[5] 등으로 분류될 뿐,[6] 『도덕경』에서와 같이 위정자를 위한 일종의 정치술이나 사회에서의 생존을 겨냥한 처세술로서의 의미를 찾아보기 어렵다. 앞에서 예를 든 『논어』의 "덕으로 정치를 하라"라는 말은 그 또한 어떤 힘이나 쓰임을 암시하고 있다는 점에서 「덕경」과 매우 유사하나, 그 글에 뒤따르는 "(덕은) 북극성 같아, 자신은 가만히 있으나 뭇별들이 그 둘레를 맴돈다"[7]라는 말에서처럼 좀 더 적극적이지 못하고 그저 자신의 덕만 쌓으면 남들이 알아주고 따라 준다는 식으로 소극적이다. 그에 반해 『도덕경』의 덕은 도가의 기본 사상처럼 소극적임에는 틀림없지만 어떤 쓰임이나 힘을 적극적으로 활용하려는 점에

---

2) Arthur Waley, *The Way and Its Power: A Study of the Tao Te Ching and Its Place in Chinese Thought*(N.Y.: Grove Press, 1958).

3) 『論語』, 「爲政」.

4) 『論語』, 「憲問」.

5) 『論語』, 「顏淵」, "君子之德, 風; 小人之德, 草."

6) 楊伯峻, 『論語譯注』(臺北: 源流, 1982) 영인본. 부록 論語詞典을 참고할 것, 308~309쪽.

7) 『論語』, 「爲政」.

서 『논어』의 덕처럼 추상적이지 않고 오히려 구체적이다. 우리는 이 점을 너무 소홀히 해 왔다. 단지 『도덕경』이 도가의 태두泰斗인 노자가 썼고 그의 사상이 '아무것도 하지 않으나 무엇이나 이룬다'(無爲而無不爲)는 사고에 바탕을 둔 소극적, 반문명적, 은둔적, 현실도피적, 낭만적, 추상적 사상이라는 겉보기 이해만으로 그의 '덕'이란 말을 '도'의 그늘 아래에서 중요하지 않게 취급해 왔다. 그러나 그렇지 않다. '덕'이란 말은 '도'에 못지않게 중요하다. 도가 형이라면 덕은 아우이고, 도가 스승이라면 덕은 제자이고, 더 나아가 도가 이론이라면 덕은 실천이고, 도가 철학이라면 덕은 정치이다.

넷째로는 따라서 노자의 설說이 정치철학화한다는 점이다. 한漢나라 고조高祖가 정권을 잡고 번잡하고도 가혹한 법령을 없애고 간단한 법률 세 가지만으로 민생에 대한 간섭을 가능한 한 배제하고 도가의 '무위無爲'를 실천하려 했으며, 한 초부터는 전국시대 이전의 황제사상과 노자 사상을 함께 뭉뚱그려 '황로黃老' 또는 '황로학'(黃老之學)으로 불렀다[8]는 것은 우리에게 잘 알려진 사실이다. 그뿐만이 아니다. 노자의 사상과 교섭이 있었다고 믿어지는 장자莊子의 사상 중 「재유在宥」, 「천지天地」, 「천도天道」, 「천운天運」 등의 연속되어 있는 네 편이 보여 주는 황로학과 비슷한 사상을 차치하더라도, 법가法家의 이론적 근거를 보여 주는 『한비자韓非子』 중의 「해로解老」, 「유로喩老」는 그 편명이 보여 주는 바와 같이 노자를 '풀이'하고 '빗대어' 보는 과정을 통해 법가를 합리화하는 것이다. 황로학은 일정 부분 정치철학으로 이해되며 한비의 사상도 통치를

---

8) 韋政通, 『中國哲學辭典大典』(臺北: 水牛, 1983), 596쪽 참조.

전제로 한 것이다. 그런데 그 둘이 모두 노자에 사상적 기반을 두고 있다는 것은 노자의 이론이 그만큼 정치철학화할 수 있는 '가능성'을 충분히 내포하고 있음을 보여 주고 있다. 앞에서 말한 『장자』의 네 편은 외편外篇에 속하는 것으로 위작의 혐의가 짙고, 또한 『한비자』의 두 편도 예전(章炳麟의 예)과 같지 않게 남의 것으로 취급(胡適과 容肇祖의 예)되고 있지만,[9] 지금 우리가 관심을 두는 것은 다른 것이 아니라 노자사상이 황로학 등등으로 변용될 수 있다는 그 가능성 자체에 초점을 두고 있음을 잊지 말아야 한다. 사마천司馬遷은 장자, 신자(申不害), 한자(韓非子)의 이론도 원래 도와 덕의 사상에 뿌리를 두고 있지만 노자가 가장 연원이 깊다[10]고 하여 「노자한비열전老子韓非列傳」(老莊申韓列傳)에서 노자, 장자, 신불해, 한비자를 한데 엮음으로써 그들의 사상적 연관성을 나타내 주고 있다. 다시 말해 노자사상 자체가 정치철학을 명쾌하게 드러내 보이고 있진 않더라도 그 사상 속에는 분명히 정치철학화될 수 있는 가능성, 즉 '실마리'(端初)를 갖고 있음이 틀림없다.

이 글은 위에서 말한 네 가지(그러나 그것은 논리적인 순서에 의해 직렬直列될 수 있는 것이 아니고, 실질적인 내용상으로는 동시同時적인) 관점을 노자서를 통해서 드러내 보이는 데 그 목적이 있다.

---

9) 章氏, 『國故論衡』; 胡氏, 『中國古代哲學史』; 容氏, 『韓非子考證』. 邵增樺, 『韓非子今註今譯』(臺北: 商務, 1982), 887쪽 참조.
10) 司馬遷, 『史記』(臺北: 鼎文, 1982), 「老子韓非列傳」, 2156쪽, "皆原於道德之義, 而老子深遠矣."

2. 공리의 극대화

무엇보다도 먼저, 우리는 백서 『노자』로부터 확연해진 「도경」과 「덕경」이라는 분류 명칭으로 전통적이고 관습적 분류법인 '상·하편' 또는 '상·하경'을 대신하기로 한다. 그래야 도와 덕의 의미가 더욱 잘 드러날 수 있기 때문이다.

우리의 주된 관심은 따라서 「덕경」에 놓여 있으나, 그 이전에 「도경」이 보여 주고 있는 개괄적인 의미와, 「도경」과 「덕경」이 공통적으로 이상화하고 있는 성인聖人의 실제적인 의의를 「도경」을 중심으로 주제와 연관시켜 살펴보기로 하겠다.

앞에서 나는 「도경」과 「덕경」이 체제상 상호 대등하고 병렬 가능하다고 했다. 즉 두 경의 상호 관계 속에서 『도덕경』의 의미는 드러날 수 있다는 말이다. 그런데 그 둘이 체제상 등가적等價的이고 병립적竝立的이라 하여 그 둘이 내용상 완전히 이질적이고 독립적임을 뜻하는 것은 결코 아니다. 「도경」이라 해서 '도'에 관해서만 언술하고 「덕경」이라 해서 '덕'만을 설명하는 일은 분명코 있지 않다. 그럼에도 불구하고 우리가 인정하지 않을 수 없는 것은, 「도경」은 이론적 측면에 치중하여 보편적이고도 일반적인 현상을 기술하는 경향이 짙은 반면, 「덕경」은 실천적 측면을 강조하여 개별적이고도 실제적인 상황을 묘사하는 경향이 짙다는 점이다. 많은 증거가 있을 수 있겠으나, 현재 일반적으로 통용되고 있는 『도덕경』을 그 뜻(義理)에 따라 새롭게 편집한 엄영봉嚴靈峰의 『노자장구신편老子章句新篇』이 그 단적인 예이다. 그는 『도덕경』을 「도체道體」,

「도리道理」, 「도용道用」, 「도술道術」 등 네 편으로 나누었는데, 제목에서 알 수 있듯이 「도체」와 「도리」는 이론적인 내용이고 「도용」과 「도술」은 실천적인 내용이다. 그런데 그것과 기존의 『도덕경』을 비교해 보면, 「도체」편에는 「덕경」 부분의 문장이 아예 없을 뿐더러 「도리」편에서도 「덕경」의 내용이 「도경」에 비해 현저하게 적다.11) 단, 모든 문장(冊)이 잘못 엮어졌을, 즉 착간錯簡의 가능성이 있음을 잊어서는 안 된다.

다음으로 「도경」에서 이상적 인격으로 묘사되고 있는 성인聖人과 그의 이상적인 인격이 완전히 표현된 상태인 '현덕玄德'에 대해 알아보자.

성인은 보통 사람과는 다르다. 특히 유가적인 행위중심적이고 교육 중심적인 인물의 성격과는 거리가 멀다. 성인은 무엇을 해도 하지 않는 듯하며 무엇을 가르쳐도 말없이 가르친다. 그리하여 만물이 모두 이루어지게 하나 그렇게 한 것을 전혀 나타내지 않는다. "그러므로 성인은 무위無爲로 일을 처리하고 말없이 가르침을 실행한다. 만물이 자랐다고 건들지 않고, 태어났다고 갖지 않고, 해 주었다고 자랑하지 않고, 다 이루었다고 그냥 머물러 있지 않는다."12)

이와 같이 노자의 성인은 함이 없는 함(無爲之事)과 말없는 가르침(不言之敎)으로 만물을 생장화육生長化育하며, 생장화육했다 해서 잘난 체하거나 그곳에 머무르며 자신의 위업을 계속 지키려 하지 않는다. 이상에서 묘사된 성인의 모습은 노자철학에 조금이라도 접근해 보았던 사람이라면 상식적으로 알 수 있는 것인데, 지금 우리가 관심을 갖는 것은 그러

---

11) 嚴靈峯, 『道家四子新篇』(臺北: 商務, 1977), 「老子章句新篇」, 185~197쪽 참조. 그러나 「老子章句新篇」은 원칙적으로 독립된 책이다.
12) 『老子』, 제2장.

한 성인의 모습이 아니라 성인이 그러는 데에는 나름대로의 '까닭'이 있다는 점이다.

윤리학적인 용어로 말한다면, 『도덕경』 속의 성인의 행위는 무조건 적 즉 '정언적正言的'(Categorical)이지 않고 그러니까 그렇게 하라는 식의 까 닭 있는 즉 '조건적'(Hypothetical)인 것이 많다. 그것이 그렇게 반드시 조건 적이진 않더라도 많은 경우 '만물은 ……하고 ……하다' 따라서 '성인은 ……하고 ……하다'라든가, '성인은 ……하다' 따라서 '영원하다'거나 '허 물없다'는 식으로 성인이므로 갖거나 얻을 수 있는 효용이나 효과를 전 제하고 있다. 다시 말해 성인이면 성인으로 끝나는 것이 아니라 성인이 면 성인만큼의 공력과 능력을 얻게 되어, 그 능력을 쓸 수 있게 됨으로 써 어떤 힘을 갖게 된다는 것을 상정하고 있다. 그것이 바로 다름 아닌 '덕'이다.

앞에서 인용한 문장도 예외는 아니다. 성인은 "다 이루었다고 그냥 머물러 있지 않는다"라고 했는데, 바로 그 뒤를 이어 다음 문장은 '그래 야만(夫唯……) 좋다'는 것을 강조하고 있다. "머물러 있지 않기에 (그의 공적이) 없어지지 않는다."[13]

이와 같이 성인이 되거나 성인 노릇을 하면 그 대가가 반드시 보장 된다는 것이 노자의 주장이다. 아무나 성인이 될 수 있는 것은 아니며, 성인의 이상을 모두가 알 수 있는 것도 아니며, 성인 노릇은 뭇사람들에 게는 어리석고 바보 같은 것으로 보이지만, 성인은 성인 노릇을 함으로 써 영원하다든가 허물이 없다든가 하는 대가를 받게 되어 있다. 물론

---

13) 『老子』, 제2장.

성인은 그런 덕을 대가로 받기 위하여 성인 노릇을 하는 것이 아닐지도 모른다. 그러나 그 대가가 이미 예측된 것이든, 하다 보니 자연스럽게 얻은 결과이든 상관없이 어떤 효력을 얻은 것임에는 틀림없다.

사실상 성인이 정치를 할 때 '마음을 비우게 하고, 배를 채우고, 정신을 약하게 하고, 육체를 강하게 하는'[14] 까닭도 다 분명한 이유와 목적이 있다. "똑똑한 이를 우러르지 않아야 사람들이 싸우지 않고, 돈을 귀하게 여기지 않아야 사람들이 도둑질하지 않고, 욕심 가질 만한 것이 없어야 사람들의 마음이 흐트러지지 않는다."[15]

위와 같은 이유로 성인은 사람을 무지와 무욕의 상태에 있게 한다.[16] 이렇게 하면 아무것도 안 하는 것 같지만, 결국 아무것도 안 하는 것을 '함'으로써 다스려지지 않는 것이 없도록 한다.[17]

이처럼 성인은 자신의 목적을 달성했다. 무위, 무지, 무욕했지만 궁극의 것을 이루었거나 이룰 것이라 말한다. 적어도 『도덕경』은 그렇게 말하고 있다. "성인은 자기를 뒤로 함으로써 결국 자기가 앞서고, 자기를 없앰으로써 결국 자기가 있게 된다. 이는 자기가 없음으로 해서 되는 것이 아닌가? 따라서 자기를 이룰 수 있게 된다."[18] 천지가 영원무궁할 수 있는 까닭이 다름 아닌 자신을 위하지 않는 데[19] 있는 것처럼, 내가 영원무궁하기 위해서는 자기가 없어야 가능하다는 말이다. '내가

---

14) 『老子』, 제3장, "虛其心, 實其腹, 弱其志, 强其骨."
15) 『老子』, 제3장.
16) 『老子』, 제3장, "常使民無知無欲."
17) 『老子』, 제3장, "爲無爲, 則無不治."
18) 『老子』, 제7장.
19) 成玄英도 '不自榮己之生', 憨山도 '以其不自私其生'으로 풀어 그 뜻에 따라 옮겼다. 陳鼓應, 『老子今註今譯』, 64쪽.

없으니 내가 없지 않음이 없다'(無私而無不私)는 뜻을 전하려 하고 있다.

위의 글에서 볼 수 있는 바와 같이 성인이 자기를 뒤로 하거나 없애는 것은 결국 자기를 앞서게 하고 영원무궁하게 있게 하기 위해서이다. 단순한 무슨 희생정신, 그것도 무슨 완벽한 자기투신이나 봉사정신에 의해서라고 보기는 어렵다. 오히려 분명한 결과를 예측하고 목적을 설정해 놓고 시작한다.

최고의 선善이 '물과 비슷하고(上善若水) 물의 특성이 도에 가깝다(水……幾於道)는 까닭도 물이 만물을 이롭게 할 뿐 싸우지 않기 때문이다.[20] 그런데 왜 싸우지 않아야 되는가에 대한 답은 간단하다. "싸우지 않아야만 허물이 없다."[21] 싸우지 않으면 인류가 평화로워진다든가, 싸우지 않으면 문명이 발전한다든가 하는 논리가 아니다. '허물이 없다'(無尤)는 것은 자신을 위한, 즉 양생養生이나 보신保身을 위한 행위이지, 유가식의 '살신성인殺身成仁'의 태도와는 거리가 있다. 그만큼 성인은 덕이 있음으로써 효용이 있는 것이다.

그런데 『도덕경』은 왜 이와 같은 역설적 논리를 근간으로 이상적 인격인 성인을 묘사하고 있는 것일까? 그것은 자연의 원리가 그러하기 때문에 성인도 그 원리에 따라야 하는 것이다. "언제나 꽉 차 있는 것은 채우지 않은 것만 못하고, 날카롭고 뾰족한 것은 오래 간직되지 못한다. 보물이 많으면 지키기 어려운 것이고, 돈이 많아 교만하면 스스로 허물을 짓는 것이다. 공을 세웠으면 몸을 빼는 것이 하늘의 도道이다."[22] 몸

---

20) 『老子』, 제8장.
21) 『老子』, 제8장.
22) 『老子』, 제9장.

을 빼는 것은 단지 자신을 위해서 뿐만이 아니다. 자연의 원리가 곧 그러하며, 자연의 원리를 따르는 것은 곧 남과 내가 잘사는 길이기 때문이다.

자연의 원리는 잘못되어야 바로잡을 수 있고, 구부러져야 곧게 할 수 있고, 비어야 채울 수 있고, 낡아야 새로워질 수 있고, 적어야 많이 얻을 수 있고, 많아야 흩어질 수 있는 것이고, 따라서 인간사의 원리도 스스로 드러내지 않아야 밝아지고, 스스로 옳다 하지 않아야 빛나고, 스스로 자랑하지 않아야 공이 있고, 스스로 잘난 척하지 않아야 오래가는 것이다.[23] 그리하여 위에 인용한 것과 같이 성인은 '싸우지 않으므로 천하의 아무도 그와 싸울 수 없다'[24]는 원칙 아래 아무와도 다투지 않으니 결국 천하에 대항할 자가 없게 된다.

이런 능력, 다시 말해 무슨 능력이 있는 것 같지 않고 오히려 무능력해 보이지만 결국은 자신을 위한 양생이나 보신을 이루는 이런 일종의 힘을 무엇이라 할 수 있을까? 『도덕경』은 그것을 '현덕玄德'(깊은 덕)이라 일컫는다. 현덕이란 오묘하고 신비하고 상상불허의 덕이자 덕의 최고 상태, 즉 '최고덕'이다.

현덕에 대해서는 그 정치적 효용이 「덕경」 제65장에서도 강조되고 있으나 「도경」에서 정의하는 바는 만물에 대해 무엇인가 할 수 있는 능력 즉 힘과 능력 발휘 후 즉 무엇을 이루고 난 다음의 태도에 주안점이 놓여 있다. 앞에서 성인의 무위의 행위(無爲之事)와 무교육의 교육(不言之敎)을 말하면서 성인은 "만물이 자랐다고 건드리지 않고, 태어났다고

---

23) 『老子』, 제22장, "曲則全, 枉則直, 窪則盈, 弊則新, 小則得, 多則惑,……不自見, 故明, 不自是, 故彰, 不自伐, 故有功, 不自務, 故長."
24) 『老子』, 제22장, "夫不爭, 故天下莫能與之爭."

갖지 않고, 해 주었다고 자랑하지 않고, 이렇게 다 이루었다고 그냥 머물러 있지 않는다"라고 했는데, 이와 비슷하게 현덕도 정의된다. "태어났다고 갖지 않고, 해 주었다고 자랑하지 않고, 키웠다고 다스리려 하지 않는 것을 현덕玄德이라 한다."25)

내가 그것을 만들었더라도 소유하지 않고, 내가 그것을 위해 무엇을 해 주었다고 해서 자랑하지 않고, 내가 그것을 길렀다고 해서 그것의 주재자인 양 하지 않는 것이 현덕이다. 현실적으로 말해 보면 부모라 해서 자식을 소유하지 않고, 도움을 주었다 해서 도움 받은 이에게 과시하지 않고, 제자를 조종하지 않는 것이 현덕을 갖추는 길이라 할 수 있겠다.

이렇게 현덕을 가진 성인은 쓸데없는 외형이나 외모를 좇는 일이 없고, 외부보다는 내부, 눈보다는 배(爲腹, 不爲腹), 멀리 있는 것보다는 가까이 있는 것(去彼取此)을 중요시한다. 휘황찬란한 색(五色)과 찬란한 노래(五音)와 호화로운 맛(五味)에 사람들은 눈멀고 귀 멀고 입맛 없게 된다.26) 성인이 이렇게 하는 데에는 위에서 말한 바와 같이 분명한 까닭이 있다. 그렇게 하지 않으면, 즉 인위적으로 하면 국가와 사회가 바로잡히지 않는다는 인식을 도가들은 갖고 있기 때문이다. "큰 도(大道)가 무너지니 인의(仁義)가 있고, 지혜가 나타나니 큰 거짓(大僞)이 있다. 친족이 사이좋지 못하니 효도(孝)와 자애(慈)를 내세우고, 국가가 혼란하니 충신이 있다."27)

---

25) 『老子』, 제10장.
26) 『老子』, 제12장.
27) 『老子』, 제18장.

따라서 위에서 말한 지혜와 인의를 버리면 나라와 사람이 이상적인 상태로 되돌아간다. "학문을 끊고, 지혜를 버리면 사람의 이득은 백배가 될 것이며, 인의仁義를 버리면 사람은 효도와 자애로 되돌아갈 것이며, 기교를 끊고 영리함을 버리면 도적이 없어질 것이다."[28]

이와 같이 성인의 행위(그것이 무위의 행위일지라도)는 결국은 어떤 좋은 결과를 도모하는 데 있다. 그 결과에 대해 혹자는 그것이 좋긴 무엇이 좋으냐 하고 근원적인 반문을 던질 수도 있겠다. 그러나 도가식의 주장에 따르면 그것은 분명히 이득이 있는 것이고, 그렇게 살아야 이상적이고 가치 있는 삶이다.

위의 인용문에서도 '이利'에 대해 두 가지 용법을 보이고 있다. 첫째는 '이'를 버리면 도둑이 없어진다는 것이고, 둘째는 지식을 버리면 '이'가 백배나 된다는 것이다. 결국 그 문장이 말하고자 하는 바는 '쓸데없는 이익'을 좇아 헤매지 말고 그것을 몸과 마음을 다해 끊어버리면 정말로 '참다운 이득'을 얻을 수 있다는 것이다.

우리는 여기에서 성인의 덕이자 『도덕경』이 말하고 있는 덕 가운데 최고의 덕인 현덕은 궁극적으로는 이익을 추구하고 가치를 극대화하는 '공리성功利性'(Utility)[29]을 전제로 하고 있음을 알 수 있다. 성인이 아닌 보통 사람들은 그 공리성을 알지 못할 뿐만 아니라, 나름대로 이익과

---

28) 『老子』, 제19장.
29) 일반적으로 'Utilitarianism'을 윤리학에서는 '공리주의'라고 번역하는데, '공리'를 '功利'가 아닌 '公利'로 이해하는 것은 'Utility'를 'Public Welfare'로 오해함으로써 개념상의 혼란을 가져온다. 공리주의는 실용주의/유용주의/실리주의로 번역될 수 있는 효용/이익 제일주의적 관점이다. 공리주의의 이론적 맹점이 '최대 다수의 최대 행복'을 위해서라면 노예제와 같은 '소수의 불행'도 불사할 수 있다는 데 있음을 생각하자.

가치를 중대하려 하지만 공리값은 오히려 감소해 버린다. "발돋움하여 서는 오래 서 있지 못하고, 멀리 뛰듯 걸어서는 오래 걷지 못한다. 스스로 나타내려다가는 밝지 못하고, 스스로 옳다 하다가는 빛나지 못하고, 스스로 자랑하다가는 공이 없어지고, 스스로 잘난 척하다가는 오래가지 못한다."[30]

이처럼 성인은 도가적 기준에서의 최고의 공리성을 얻은 자이며 공리값을 극대화한 자이다. 또한 그런 최대의 공리값을 얻을 수 있는 능력, 그러나 그것은 신비스럽고 오묘해서 숨겨져 있는 힘이 바로 현덕이다. '현덕'의 '현'은 드러나 있지 않으나 검게 숨어 있는 상태를 묘사하는 낱말이다. 결국 현덕이란 겉보기에는 아무것도 없는 듯하나 속으로 감추어져 있는 '깊고도 깊은(玄之又玄) 덕'이다.

현덕을 지니고 있는 성인은 지금까지의 이유로 해서 가장 총명한 사람이다. 그러나 그의 명석함은 남이 버리는 것을 잘 살려 쓰거나 얻기 위해서 먼저 주는 식으로, 속으로 간직된 매우 미묘한 것이다.

"성인은 언제나 사람을 잘 쓰니 아무도 버리지 않으며, 언제나 물건을 잘 쓰니 아무것도 버리지 않는다. 이를 습명(襲明)이라 한다."[31]

"움츠리고자 하면 반드시 먼저 펴야 하고, 약하게 하려면 반드시 먼저 강하게 하고, 망하게 하려면 반드시 먼저 흥하게 하고, 빼앗으려면 반드시 먼저 주어야 하니, 이를 미명(微明)이라 한다."[32]

'습명'이나 '미명'이나 할 것 없이 모두 적극적인 총명이 아니라 속으

---

30) 『老子』, 제24장.
31) 『老子』, 제27장.
32) 『老子』, 제37장.

로 간직하고 있거나(龔) 간접적으로 살짝살짝 드러나는(微) 똑똑함(明)이다. 현덕이 검게 숨어 있는 것처럼 그것들도 한 꺼풀을 뒤집어 쓴 듯, 어디엔가 숨어들어 가 있는 듯, 너무나 미세하여 있는지 없는지도 분명치 않고, 오묘하기 이를 데 없어 깊고도 신비한 총명함이다. 현덕과 상대해서 비유적으로 말한다면, 현玄과 명明은 자의字義상 어울리지 않으므로 다소 통속적이긴 하나 '여명黎明'으로 은유될 수 있는 것이 바로 성인의 총명함이다.

여기에서 우리는 분명한 하나의 사실을 발견하게 된다. 「도경」에서 말하고 있는 이상적 인격으로서의 성인이 추구하고 있는 것은 무조건적인 사랑이나 자기희생이나 봉사정신이 아니라 오히려 분명한 공리성을 전제로 하고 있는 행동이다. 그가 무위를 이야기했으므로 그에 관련된 행동이나 행위를 말하는 것은 무의미할지도 모른다. 그러나 도가가 궁극적으로 지적하는 것은 무위의 '행위'(爲無爲)33) 또는 '다스림'(無爲之治)이라는 점을 우리는 잊어서는 안 된다. 더 나아가 무위를 하는 까닭은 확실히 무위의 이익(無爲之有益)34)을 알기 때문이다. 성인의 이러한 이익을 추구하는 행위, 즉 공리적 행위는 그만큼 목적이 있는 것이다.

성인이 개인적으로 이익을 도모하는 대표적인 예는 양생이나 보신을 목적으로 허물을 없애려는(無尤) 자세이다. 누구에게도 허물을 잡히지 않고 아무에게도 탓해지거나 나무람을 받지 않는 삶을 영위함으로써 일생을 온전히 보존한다. 그것은 한마디로 말한다면 아무에게도 욕먹지 않고 한평생 곱게 살다가는 것이 제일 좋다는 투의 생각과 완전히

33) 『老子』, 제3장.
34) 『老子』, 제43장.

동떨어지지는 않을 정도로 티 없는 삶을 꾸려 나가겠다는 태도이다.

그런데 중요한 것은 성인의 사회적인 역할이다. 그가 개인적으로 공리적이었다면 사회에 나아가서도 공리원칙에 맞추어 도모할 것임은 논리적으로 자명하다. 실제로 개인적으로 자기희생적이고 봉사적일 수는 없다. 개인적으로 이기주의를 원칙으로 한다는 것은 사회 속에서 자신의 입장을 정하는 일이지 자신 속에서 자기의 위치를 정하는 일은 아니기 때문이다. 성인이 사회 속에서 나아가서 부여받는 사업이란 바로 정치이다. 성인이기에 자신의 도가 당시 사회를 움직이는 데 가장 중요하다 할 수 있는 정치에 기여한다. 그때 성인은 공리의 극대화라는 원칙을 정치에도 적용한다. 무엇인가 할 수 있는 능력인 덕은 정치에서도 똑같이 그 위력을 발휘한다. 따라서 노자적 정치론에서 가장 필수불가결한 조건이 덕을 갖춘 성인이다. 그는 플라톤식으로는 모든 품덕을 지닌 철인(哲人)[35]이고 현대윤리학적으로는 전체를 조망하여 선악의 기준을 정할 수 있는 관찰자(Observer)[36]이다. 성인은 최고의 덕인 현덕을 지니고 있기 때문에 아무것도 하지 않으나 최대의 공리값을 정치에서도 얻을 수 있다. 「도경」에서 보여 주고 있는 정치론은 그 원칙에서 벗어나지 않는다.

"도로써 임금을 보좌하는 이는 병력으로 천하를 잡지 않는다. 그런 일은 보답이 있기 마련이다. 군대가 있던 곳에는 가시덤불만이 자라고 전쟁 후에는 반드시 흉년이 든다."[37]

---

35) Platon의 '덕'(arete: virtue)은 어떤 잠재력이 완전히 발현된 모습을 뜻하는데 이때 덕의 의미는 유가보다는 도가에 가깝다.

36) 'Observer Theory' 참조.

37) 『老子』, 제30장.

무력을 쓰지 않는 정치를 권하는 데에도 실질적인 공리성 원칙이 지켜지고 있다. 결코 무조건적이지 않다. 무력이란 강권으로 천하를 통치하려다간 천하는 황폐해지고 기근에 빠지게 된다는 매우 실질적이고 사실적인 현상을 예를 들어 무력통치를 반대하고 있다. 논리적으로도 차근차근 설명될 수 있는 근거와 이유가 저변에 깔려 있는 주장들이다. "부드러움은 강함을 이긴다"[38]는 주장도 예외는 아니다. 그리하여 마침내는 국가의 이러한 공리성 원칙조차도 드러내 보이지 않는 것이 이상적이라고 말해진다. "물고기가 못에서 벗어나지 못하듯, 나라의 통치원칙이 사람에게 드러나서는 안 된다."[39]

「도경」에서 이상화되고 있는 바와 같이 공리 극대화의 원칙 아래 위정자는 정치를 펴 나간다. 최대의 공리성을 얻었다면 그것은 도의 원리에도 부합된다. "도는 언제나 하는 일이 없으면서도 하지 않는 일이 없으니, 제후나 임금이 이를 지킬 수 있다면 만물이 스스로 이루어진다."[40] 덕은 공리값을 극대화시키는 데 쓰이는 힘으로서 숨어 있지만, 그런 덕의 운용 또한 도를 따르지 않을 수 없음을 잊어서는 안 된다. "큰 덕의 움직임은 오로지 도를 좇는다."[41]

---

38) 『老子』, 제36장, "柔弱勝剛强."
39) 『老子』, 제36장.
40) 『老子』, 제37장.
41) 『老子』, 제21장.

3. 덕의 정치철학

「덕경」의 이해에 들어가기에 앞서 우리의 논의를 분명히 하기 위해 주제와 관련된 용어의 의미를 정리해 볼 필요가 있다.

우리의 주된 관심사는 노자의 정치철학이다. 그런데 이와 같이 누구 누구의 정치철학이라 할 때 동시에 부각되는 것이 사회사상 내지 사회철학이다. 어느 한 철학자가 사회를 어떻게 보고 있는가에 대한 진술은 정치를 어떻게 해야 하는가에 대한 주장보다는 확실히 폭넓은 논의를 전제로 하고 있기 때문에 사회철학은 정치철학의 바탕이 된다. 사회를 그렇게 보기 때문에 한 사회를 이끌어 가는 정치를 그렇게 해야 한다는 식의 논법이 일반적인 순서에 맞다. 따라서 둘 사이의 관계는 떼려야 뗄 수 없는 것처럼 보인다. 그런데 80년대 이후의 '사회철학'이란 사회에 있어서의 정치적 불합리에 대한 비판을 전제로 하고 있는 '비판철학'(Critic Theory)을 바탕으로 정의되기 때문에 사회철학과 정치철학의 경계는 둘 사이의 친화력으로 말미암아 더욱 모호해졌다. 사회철학이라 하면 철학 전공자의 현실비판적 철학을, 정치철학이라 하면 정치학 전공자의 정치이론이나 체제 옹호적 또는 비판적 사상을 일컫는 경향이 많다. 철학 전공자에게 정치철학이란 말이 사회철학이란 말보다 껄끄러운 까닭은 많은 경우 정치철학이 깊지 않은 철학적 근거를 바탕으로 이루어진 정치관이나 정치술에 불과하고 사회철학에 비해 강도 높은 비판성을 갖추지 못한 데 기인한다. 좀 더 솔직히 말한다면, 현대정치학의 발달로 철학이 왈가왈부할 능력이 없어지고 접근할 수 있는 영역이 점차 사라진다는 점도 부인하긴 어렵다. 이러한 시점에서 노자의 그것은 비교적 본래적인 모습으로 정치철학의 형태를 갖추고 있음을 찾아볼 수 있다.[42]

노자도 당시 사회에 대한 비판이 자신의 정치철학의 출발점이 되고 있지만 그것은 모두 정치인, 정치술, 국가론과 전후 맥락에서 관련되어 있기 때문에 정치철학의 이름 아래 모두 포용될 수 있는 것들이다. 「도경」에서도 "큰 도가 무너지니 인의가 있고······ 국가가 혼란하니 충신이 있다"[43]라는 주장과 "가장 좋은 통치자가 있는지 없는지도 모르는 때"[44]라는 견해처럼 문명비판조의 언사도 있고, "자기 몸처럼 천하를 아끼고 사랑하는 이에게 천하를 기탁寄託하라"[45]는 전제 아래 "임금된 자는 가벼이 굴지 말아야 하며 그렇지 않으면 뿌리를 잃어 임금의 자리를 잃는다"[46]라든가 "성인은 소박함(樸)이 만물(器)이 되는 원리를 쓸 줄 앎으로써 최고의 우두머리가 된다"[47]라든가 하는 정치철학적 논술이 나온다. 이러한 주의가 '나라를 사랑하고 사람을 다스리는 데에는 무위가 으뜸'[48]이며 '가장 좋은 정치는 분할하지 않는 것'[49]이라는 기본 사상에서 나오고 있음은 당연하다. 그러나 「도경」이 보여 주고 있는 정치철학적 관점들은 「덕경」에 비해 질박(naive)할 뿐만 아니라 양적으로도

---

42) Platon도 그러한 점에서 정치철학의 본래의 면목을 보여 주고 있다.
43) 『老子』, 제18장. 주27) 참조.
44) 『老子』, 제17장.
45) 『老子』, 제13장.
46) 『老子』, 제26장.
47) 『老子』, 제28장.
48) 『老子』, 제10장.
49) 『老子』, 제28장.

위에 인용한 문구가 거의 전부일 정도로 적다. 따라서 노자의 정치철학을 실질적으로 거론하기 위해서는 「덕경」에 대한 토론이 필수적이다. 단, 우리가 결코 잊어서는 안 될 것이 있다. 「덕경」은 「도경」에서 정의되고 있는 '성인정치'의 구체적인 적용에 해당되는 것이지 「도경」과 동떨어진 이론체계를 세운 것이 아니라는 점이다. 앞의 장에서 '성인'과 그의 최고의 덕인 '현덕'을 강조하고 성인이 기본 원리로 삼고 있는 '공리 극대화'내지 '최대 공리값'에 대해 상술한 까닭도 바로 그와 같은 맥락에서 이해되어야 한다. 이미 이야기했듯이 「도경」이 이론적이라면 「덕경」은 실천적이다. 다시 말해 형이상形而上의 것을 「도경」이 많이 다루고 있다면 형이하形而下의 것은 「덕경」에서 많이 이루어지고 있으며, 「도경」에서 보여 주고 있는 성인의 이상은 「덕경」에서 현실적으로 묘사된다는 것을 잊어서는 안 된다.

「덕경」은 도와 덕의 관계를 좀 더 확실히 보여 준다. "도를 잃자 덕이 있게 되었다"50)라고 함으로써 덕이란 것도 도가 없어짐으로써 발생된 부득이한 것이란 「덕경」 첫머리의 소극적 정의와 함께 '도는 만물을 낳고 덕은 만물을 기른다'는 자연 원리의 설명으로 '도의 존엄'과 '덕의 귀중'에 대해 적극적인 필요를 강조한다.51) 도의 무위자연의 원리를 이행하는 실천적 능력으로서의 덕은 도가 제대로 실현되지 않기 때문에 우리의 자연과 사회에 필요해진 어쩔 수 없는 것이라는 이유에서는 소극적으로 정의되나, 도로 말미암아 만물이 생성된 다음부터 덕이 키워 주고 도와주지만 소유하거나 자랑하거나 다스리려 하지 않음52)을 보여

---

50) 『老子』, 제38장, "失道而後德."
51) 『老子』, 제51장, "道生之, 德畜之. / 道之尊, 德之貴."

줌은 적극적으로 덕의 실질적 내용을 강조하는 것이라 할 수 있겠다. 결국 소극적 정의에서는 덕이라는 무엇을 할 수 있는 힘 또는 언제 어디선가 필요하게 될 쓰임으로서의 공리성조차도 궁극적으로는 큰 도가 없어짐으로써(大道廢)53) 일어나게 되었다는 것이고, 적극적인 강조에서는 덕이 바로 만물을 화육생장하는 데 쓰이는 힘이며 최고의 덕(玄德)54)은 그 덕을 감추고 있음을 보여 주고 있다. 물론 현덕과 같이 덕 그 자체는 노자철학의 기본적인 소극성을 벗어나지는 않는다. 그럼에도 불구하고 덕은 노자철학 안에서 가장 활력 있고 쓸모 있는 것임은 틀림 없다.

"덕을 깊이 머금고 있는 사람은 어린 아기와 같다. 독충도 쏘지 않고, 맹수도 할퀴지 않고, 사나운 새도 낚아채지 않는다."55)

위의 비유에서 볼 수 있듯이 덕을 머금고 있는 자는 대단한 능력과 다방면의 쓸모를 얻고 있다. 정치에서도 이와 마찬가지이다. '덕을 갖고 있는' 위정자, '덕을 쓸 줄 아는' 정치, '덕이 퍼져 있는' 나라. 이것이 노자정치철학의 핵심이다. 이는, 첫째로는 위정자에 관련된 품덕이나 자세에 대한 내용과, 둘째로는 정치를 하는 방법이나 원리와, 셋째로는 국가에 대한 비판적 견해를 담고 있는 이론으로 정리된다.

---

52) 『老子』, 제51장. 제10장과 같음.
53) 『老子』, 제18장.
54) 『老子』, 제51장. 「도경」 제10장과 같은 문장이며 맥락도 비슷하다.
55) 『老子』, 제55장.

1) 위정자

「덕경」은 당시의 정치인을 비판하면서 이상적인 위정자인 성인의 정치를 꿈꾸는 내용을 담고 있다. 먼저, 정치 비판의 정도가 매우 신랄함을 아래 두 예로 알 수 있다.

"조정은 부패하고[56] 논밭은 황폐해지고 창고는 비었으나, 통치자들은 화려한 옷을 입고 날카로운 칼을 차고 음식을 물리도록 먹고 돈이 남아돌아가니, 이들을 일러 큰 도둑이라 한다."[57]

노자의 말은 도둑이라 해서 그들이 진짜 도둑이 아니고 사람들은 굶어죽는데 자신들은 경제와 무력을 장악하여 호화스럽게 사치하며 사는 통치자가 진짜 도둑(盜夸)이라는 것이다. 노자는 이런 행위가 도가 아니기(非道)[58] 때문에 옳지 않다고 함으로써 도의 사회성을 드러내 보이기도 한다.

뿐만 아니라, 사람들이 굶고 다스려지지 않고 목숨을 가벼이 여기는 것도 모두 윗사람들이 잘못하기 때문이다.

"사람들이 굶주리는 것은 통치자가 많은 세금으로 먹어 치우기 때문이니 배고플 수밖에 없다. 사람들을 다스리기 어려운 것은 통치자가 강제로 시키기(有爲) 때문이니 다스려지지 않을 수밖에 없다. 사람들이 쉽게 죽는 것은 통치자가 자신의 삶을 매우 아끼기 때문이니 가벼이 죽을 수밖에 없다."[59]

---

56) "朝甚除"에서 '除'를 王弼과 河上公은 整潔한 것으로 풀었으나, 馬敍倫과 嚴靈峰은 '汚'와 '廢로 풀어 뒤의 것을 따랐다. 陳鼓應, 『老子今註今譯』, 181쪽.
57) 『老子』, 제53장, "朝甚除, 田甚蕪, 倉甚虛, 服文綵, 帶利劍, 厭飮食, 財貨有餘, 是謂盜夸."
58) 『老子』, 제53장.

통치자들은 '살려고 하지 않는 것(無以生爲者)만이 삶을 귀히 여기는 것(貴生)보다 똑똑하다'[60]는 사실을 모르고 자신을 위하다가 사람들의 배를 곯게 하며 반항하고 자살하게끔 한다. 그리하여 이상적으로 제시되는 것이 성인에 의한 정치이다. 성인은, 즉 이상적인 위정자는 무엇보다도 먼저 자신을 낮출 수 있어야 한다. 자신을 낮춘다 하여 무조건 낮추는 것이 아니다. 그 바탕에는 높고 낮음이라는 것이 서로 상대적으로 대비된다[61]는 인식이 있다. 이것 또한 이상적 정치의 구현이라는 공리성과 무관하지 않다. "귀함은 천함을 근본으로 삼고 높음은 낮음을 바탕으로 삼으니, 임금은 고孤, 과寡, 불곡不穀이라고 자신을 낮추어 부른다. 이것이 천함을 근본으로 삼는 것이 아니겠는가?"[62]

임금이 이와 같이 자신을 비하하여 부르는 까닭은, 그것들은 '사람들이 싫어하는 것'(人之所惡)[63]이기 때문이다. 사람들이 싫어하는 것을 할 수 있기에 통치자의 자격과 권한이 부여된다. 그것은 마치 "물이 뭇사람이 싫어하는 곳에 머무를 수 있기에 도에 가깝다"[64]라는 논법과 유사하며, 한나라의 더러움을 모두 뒤집어쓸 수 있어야 한나라의 통치자가 될 수 있다는 다음의 주장과 같다. "나라의 오욕을 자신이 뒤집어써야 사회의 지도자이고 나라의 재난을 자신이 뒤집어써야 국가의 지도자이다."[65] 위정자가 자신의 공로나 업적을 자랑한다는 것은 절대 금물이

---

59) 『老子』, 제75장.
60) 『老子』, 제75장.
61) 『老子』, 제2장, "高下相傾."
62) 『老子』, 제39장.
63) 『老子』, 제42장.
64) 『老子』, 제8장, "處衆人之所惡, 故幾於道."
65) 『老子』, 제78장.

다. 그 같은 행위는 자신의 공과를 도리어 깎아내릴 뿐만 아니라 때로는 원래보다 더 못하게 될 뿐이다. 성인의 행위는 무위를 원칙으로 하기 때문이다. "성인은 이루고도 자랑하지 않고, 공을 이루었다고 머무르지 않고, 자신의 현명함을 보이려 하지 않는다."[66]

따라서 위정자에게는 자신의 광채를 숨기고 뭇사람과 같이 어둠에서 지내는 것이 요구된다. 노자는 그것을 '현동玄同'이라 부른다. 현동의 상태에서야말로 위정자는 누구와도 부딪히지 않으며 아무와도 어울릴 수 있게 된다. "날카로움을 무디게 하고 엉킨 것을 풀어헤치며, 눈부신 빛을 부드럽게 하고 먼지를 함께 뒤집어쓰는 것을 현동이라 한다."[67]

이런 경지에 든 성인은 누구와 가깝지도 않고, 누구를 이롭게도 해롭게도 하지 않고, 귀하게도 천하게도 여기지 않는다. 따라서 천하의 모든 사람이 그를 귀하게 여긴다.[68]

자신의 것을 더럽게 하여 남과 다름이 없도록 하는 것, 다시 말해 나를 없애고 남과 하나가 되는 데에는 나름대로의 명확한 이유가 있다. 노자는 그렇게 해야만 정치를 할 수 있다고 믿고 있기 때문이다. 천하는 무위로써 다스려야지 그렇지 않으면 결코 이상적인 통치가 될 수 없다고 그는 주장한다. 따라서 날마다 없애고 줄이고 덜어 나가는 것이 도를 하는 것이며, 덜고 또 덜었을 때만이 비로소 무위에 다다를 수 있다.[69]

---

66) 『老子』, 제77장. 많은 학자(奚侗, 市川匡)가 위의 문장과 맥락이 어긋나 錯簡이라 여기나, 우리의 논의와는 관련이 없기에 그냥 인용한다. 陳鼓應, 『老子今註今譯』, 230쪽.
67) 『老子』, 제56장.
68) 『老子』, 제56장, "故不可得而親, 不可得而疏, 不可得而利, 不可得而害, 不可得而貴, 不可得而賤, 故爲天下貴."

이 모두 무위로써 정치의 최대 공리값을 얻기 위해 정치인에게 요청된 바를 성인을 통하여 우리들에게 보여 주고 있는 것이라고 할 수 있다. 통치자[70]들은 자신을 겸해야 한다는 문장 바로 뒤에, "겉으로는 손해 보는 것 같지만 실제로는 이익을 얻는다"[71]라고 함으로써 자기비하의 공리성을 실제적으로 보여 주고 있다.

성인은 빚이 있다 해서 받으려 들지도 않을뿐더러,[72] 오히려 쌓아놓지 않고 남에게 모두 주어 버리나, 자신은 더욱 많이 갖게 된다(己愈有/多).[73] 공리성 증가를 위한, 일보전진을 위한 일보후퇴이다.

위정자에게는 세 가지 보물과 같은 덕이 필요하다. 하나는 자애(愛)이고 둘은 움츠리는 것(儉)[74]이고 셋은 남 앞에 나서지 않는 것(不敢爲天下先)이다. 이들은 공리성을 담보하기 위한 전제 조건이라 할 수 있다. 자애는 용기(勇)를 위한, 움츠리는 것은 더 넓게 펴기(廣) 위한, 앞에 서지 않음은 만물의 으뜸이 되기(成器長) 위한 조건들이다. 그 전제가 지켜지지 않으면 공리성은 엉망(死)이 되고 만다.[75]

그런데 마지막으로 이 성인 위정자가 반드시 갖추어야 할 것이 있는데, 공리성의 추구가 도가 사라짐으로써 일어나는 부득이한 현상이기 때문에 공리값을 극대화하기 위해 제시되는 조건이나 내용들조차 부정

---

69) 『老子』, 제48장, "爲道日損, 損之又損, 以至於無爲."
70) 侯王: 제39장, 王公: 제42장.
71) 『老子』, 제42장, "物或損之而益, 或益之而損."
72) 『老子』, 제79장, "聖人執左契, 而不責於人."
73) 『老子』, 제81장.
74) 儉을 대체로 '아낀다'는 뜻으로 푸는 경우가 많으나 廣의 뜻과 대비하여 '움츠린다'는 뜻으로 풀었다.
75) 『老子』, 제67장.

(그것이 부정되었으면 역으로 긍정)되지 않으면 안 된다는 점이다. 그리하여 성인은 무위함으로써 패하지 않고(無爲, 故無敗), 잡지 않음으로써 잃지 않고(無執, 故無失), 무욕을 바라고(欲無欲), 무식을 배운다(學不學).76) 더 나아가 성인은 흠이 없는데(不病), 그 까닭은 자기의 흠을 흠으로 여기므로(以其病病) 흠이 없어지기 때문이다.77) 앞의 두 예는 긍정(無敗/無失)을 위해 공리 조건(無爲/無執) 자체를 부정한 것이고, 뒤의 두 예는 공리 내용의 부정(無欲/不學)을 긍정적(欲/學)으로 변화시킨 것이고, 마지막 것은 단어 자체가 갖고 있는 부정성(病)을 부정(病病)함으로써 긍정적인 공리 내용(不病)을 도출하고 있다. 이러한 부정과 긍정은 위정자로서의 성인의 덕이 공리성 자체에 대한 부정으로 참다운 공리성에 대한 긍정에까지 이르는 것이어야 함을 명시하고 있다.

2) 정치술

여기서 말하는 정치술이란 통치기술뿐만 아니라 정치이념을 포괄한 정치의 이론과 방법을 뜻한다. 앞의 단원이 정치인에 대한 논술이었다면, 지금의 것은 정치 전반에 대한 토의이다. 앞의 것은 덕을 갖고 있는 위정자에 중점을 두었다면, 이 단원은 그가 어떻게 덕을 펴는가에 주안점이 달려 있다.

천하는 무엇보다도 무위로 다스려야 한다. 무위가 아니고서는 천하를 다스릴 수 없다. "천하를 다스리는 것은 일삼음이 없어야 한다. 일삼

---

76) 『老子』, 제64장.
77) 『老子』, 제71장.

기 시작하면 천하를 다스릴 수 없다."78) 일삼지 않는다(無事)는 것은 큰
일을 하려고 할 때 이것도 하려고 하고 저것도 하다가 아무것도 하지
못하는 경우와 비견될 만하다. 이로써 무위정치가 「덕경」에서 가장 이
상화되고 있는 이념임을 알 수 있다. 통치하는 이가 무위하기만 한다면
사람들은 저절로 화육되고(自化) 저절로 바르게 되고(自正) 저절로 부유해
지고(自富) 저절로 소박해진다(自樸).79)

　사람들이 소박하고 진실되게 하기 위해선 정치가 먼저 기교를 쓰지
않고 하나하나 따지듯이 되어서는 안 된다. "정치가 흐리멍덩하면 사람
들이 순박해지고, 정치가 까다로우면 사람들이 교활해진다."80) 정치가
아무것도 하지 않는 듯 있으면 사람들이 오히려 맑고 깨끗해지나, 정치
가 이것저것 다 살펴 주고 챙겨 주면 사람들이 오히려 가진 것이 없고
빈털터리가 된다는 이야기이다. 따라서 정치가는 자신이 방정하나 남
을 방정하게 만들려고 하지 않고, 자신이 예리하나 남을 상하게 하지
않고, 자신은 솔직하나 남에게 방자하지 않고, 자신은 빛나면서도 남을
눈부시게 하지 않음81)을 정치행위를 할 때 필수적으로 잊지 말아야 하
는 것이다.

　결국 정치란 자신을 낮춤으로써 사람들이 싫어하지 않게 되어 마침
내는 자신을 우러르게끔 하는 것이다. "강과 바다가 모든 골짜기의 왕
이 될 수 있는 까닭은 낮은 곳에 잘 머무르기 때문에 모든 골짜기의
왕이 될 수 있는 것이다. 따라서 성인이 사람 위에 있으려 할 때는 반드

---

78) 『老子』, 제48장.
79) 『老子』, 제57장.
80) 『老子』, 제58장, "其政悶悶, 其民淳淳, 其政察察, 其民缺缺."
81) 『老子』, 제58장, "方而不割, 廉而不劌, 直而不肆, 光而不耀."

시 말을 낮추어야 하며, 사람들 앞에 서려 할 때도 반드시 몸을 뒤로 해야 한다."82)

이렇게 함으로써 이상적인 정치가는 위에 머물러도 사람들이 부담스럽게 여기지 않고, 앞에 머물러도 사람들이 피해를 입고 있다고 느끼지 않으며, 더 나아가 천하 사람들이 그를 통치자로서 즐겁게 추대할 뿐만 아니라 언제까지나 싫어하지 않고 사랑한다.83)

성인은 어떻게 이와 같이 남의 밑에 처해 있을 수 있을까? 성인의 자기동일성(Identity)이나 자존심은 어디에 있는 것일까? 노자는 성인은 자신의 마음을 하나로 고정시키지 않고 남의 마음을 자기 것으로 할 수 있기 때문이라고 설명한다.

최고의 통치자는 어떤 고정된 생각이 있어서 그것을 남에게 강요해서는 안 되고 오히려 남의 생각을 자신의 것으로 할 수 있어야 한다. "성인은 고정된 마음이 없이 백성의 마음을 자신의 마음으로 삼는다."84) 따라서 이상적인 위정자는 자기의 생각에 백성의 생각을 받아들일 뿐만 아니라 더 나아가 천하와 혼연일체가 된다.

그렇게 세상과 어우러지기 위해서는 자신을 확대함으로써가 아니라 오히려 자꾸 줄임으로써 가능한데, 이는 노자의 여타 주장과 상통하는 '수렴정신收斂精神'이다. "성인은 천하를 다스릴 때 자꾸 오므라들게(수렴)하여 천하를 위하여 마음을 혼연하게 만든다. 백성이 모두 자신의 귀와 눈을 바라보고 있으니 성인은 그들을 아이처럼 만든다."85)

---

82) 『老子』, 제66장.
83) 『老子』, 제66장, "處上而民不重, 處前而民不害, ……天下樂推而不厭."
84) 『老子』, 제49장.
85) 『老子』, 제49장.

지금까지 성인의 정치술, 즉 이상적인 통치방법이 주로 논의되었는데, 여기에서 그것들이 왜 이상적으로 여겨졌는가를 물어야 한다. 왜냐하면 그것들 또한 다름 아닌 공리원칙에 부합되기 때문이다. 아래는 매우 좋은 예이다.

"사람을 다스리고 하늘을 섬기는 데는 아낌(嗇)만한 것이 없다. 오직 아끼는 것을 도에 빨리 돌아가는 것이라 하고, 빨리 돌아가는 것을 거듭 덕을 쌓는 것이라 하는데, 거듭 덕을 쌓으니 이기지 못할 것이 없고, 이기지 못할 것이 없으니 끝을 알지 못하고, 끝을 알지 못하니 나라를 가질 수 있다."[86]

윗글에서 '아낌'은 수렴정신의 또 다른 표현이다. 수렴함으로써 도에 일찍 복귀하거나 재빨리 준비를 해 놓을 수 있고, 이로 말미암아 부단히 덕을 쌓을 수 있다. 덕을 쌓는 행위(積德)는 결국 대단한 효용성을 가져다준다. 덕이 쌓이면 극복하지 못할 것이 없고 어떤 한계도 타파하여 한 나라의 어머니(有國之母)[87]가 될 수 있다. 덕이 거듭 쌓임으로써 공력이 줄곧 늘어나는 것이다. 덕은 이와 같이 효능 있고, 덕을 쌓는 것은 효용성을 증가시키는 것이다. 「덕경」이 강조하고 있는 덕을 쓰는 다스림(德治)을 공리성을 극대화시키는 정치로 풀이할 수 있는 까닭은 그 둘이 원칙에 있어 크게 어긋나지 않기 때문이다.

무위정치도 공리성을 위한 것임은 분명하다. 적어도 유위정치보다는 공리값이 높다는 인식에서 무위정치는 주창된다. "천하에 하지 말라는 것이 많을수록 사람들이 더 가난해지고, 정부에 통치자가 많을수록

---

86) 『老子』, 제59장.
87) 『老子』, 제59장.

국가는 혼미해지고, 사람들이 기교를 부릴수록 나쁜 일이 생겨나고, 법령이 발달할수록 도적이 많아진다."[88]

　유위정치는 위와 같이 국가와 사회를 피폐하게 만든다. 공리값을 따질 수 없을 정도로 부정적인 결과를 초래한다. 그럼으로써 성인은 무위無爲, 호정好靜, 무사無事의 정치를 실천하여 공리값을 극대화한다. 백성을 똑똑하게 만들지 않고(非以明民) 바보로 만드는(將以愚之)[89] 것도 위의 이유와 같다. 전쟁을 할 때 애처로운 마음을 갖고 싸움을 슬프게 여기는 것도 그렇게 해야 승리하기 때문이다(哀者勝矣).[90] 위정자는 민중을 속박하거나 억압하지 말아야 하는데, 그렇게 통치자가 싫어하는 짓을 하지 않아야 민중도 통치자를 싫어하지 않을 것[91]임은 당연한 귀결이다.

　「덕경」은 이러한 정치의 원리를 아는 것을 현덕玄德이라 부르고 있다. "지혜로써 나라를 다스리면 나라를 잡아먹는 것이고, 지혜로써 나라를 다스리지 않으면 나라가 행복해진다. 이 둘을 아는 것 또한 법칙이다. 언제나 이 법칙을 아는 것을 현덕이라 한다."[92] 이제 현덕은 위정자가 공리 극대화를 이끌어 내는 통치능력일 뿐만 아니라 최대의 공리값을 얻는 규범과 법칙에 대한 인지이기도 하다.

88) 『老子』, 제57장.
89) 『老子』, 제68장.
90) 『老子』, 제69장.
91) 『老子』, 제72장, "夫惟不厭, 是以不厭."
92) 『老子』, 제65장.

3) 국가론

국가론에서는 「덕경」이 보여 주고 있는 국가에 대한 견해와 국가 간에 벌어지는 전쟁에 대한 관점을 토론하기로 한다.

노자는 "큰 나라를 다스릴 때에는 작은 생선을 지지듯 하라"[93]고 한다. 작은 생선은 함부로 요리하다가는 형체도 없어질 정도로 쉽게 부서져 버리므로 곱게 다루지 않으면 안 된다. 마구 휘저어도 안 되고 함부로 뒤집어도 안 된다. 작은 생선은 곧 백성이다. 백성을 난도질해서도 안 되고 쥐어뜯어 놓아도 안 되고 이리저리 쑤셔도 안 된다. 백성을 있는 그대로 고스란히 모셔 놓고 다스려야 한다는 데 그 비유의 깊은 뜻이 숨어 있다. 우리는 그 점을 상기하면서 노자의 국가에 대한 견해를 살펴봐야 한다. 무엇보다도 중요한 것은 물고기이다. 물고기 없이 요리할 수 없는 것처럼, 사람 없는 국가는 존립할 수 없음을 잊어서는 안 된다.

따라서 나라를 다스리는 것은 어떤 정당한 원리에 의해 이루어지지 않으면 안 된다.(以正治國) 전쟁하는 것처럼 무슨 술수나 변법에 의해 이루어지는 것(以奇用兵)[94]이 아니다. 게릴라전술처럼 기습奇襲하는 것이 올바른(正) 정치일 수 없다.

그것은 첫째, 큰 나라가 작은 나라보다 아래에 있음으로써 모든 것을 받아들이는 겸하의 원리이고, 둘째, 큰 나라는 이상적이지 못하니 국가 자체가 작아야 된다는 소국과민小國寡民의 원리로 압축된다.

---

93) 『老子』, 제60장, "治大國, 若烹小鮮."
94) 『老子』, 제57장.

"큰 나라는 물줄기의 아래(下流) 같아 천하의 모든 것이 섞인다. 큰 나라는 암컷 같은데, 암컷은 언제나 고요(靜)로 수컷을 이기는 것이니, 고요하게 아래에 있다. 따라서 큰 나라는 작은 나라 아래에 있음으로써 작은 나라를 얻고, 작은 나라는 큰 나라 아래에 있음으로써 큰 나라를 얻는다. 그러므로 어떤 것은 아래에 있음으로써 얻었고, 어떤 것은 아래에 있었지만 얻었다."[95]

큰 나라나 작은 나라나 할 것 없이 '아래'에 있으면 모두 목적을 달성할 수 있다. 결국 서로 겸하하여 자신을 낮추면 평화롭게 국제 관계가 이루어진다는 말이다. 큰 나라이기 때문에 작은 나라가 느끼는 열등감을 큰 나라는 자기 겸손으로써 작은 나라의 체면을 세워 주고, 작은 나라이기 때문에 어쩔 수 없는 열세를 자신이 사실로 받아들이고 큰 나라에 겸손하면 양국 간에는 아무 일 없이 상호 친선이 이루어진다. 목적을 달성한 것은 큰 나라뿐만이 아니라 작은 나라도 마찬가지이다. 그럼에도 불구하고 더욱 중요한 것은 큰 나라가 작은 나라 아래에 있어야 한다는 점이다.

"큰 나라는 작은 나라를 거느리려 할 뿐이고 작은 나라는 큰 나라를 섬기려 할 뿐이다. 둘 다 원하는 것을 얻었으니 큰 것이 마땅히 아래에 있어야 한다."[96]

작은 것이 큰 것 앞에서 겸손하기란 어렵다. 자칫 잘못하면 비굴하게 되거나 수치심을 느끼기 때문이다. 그것이 발전되면 자존심이나 명예를 내세워 큰 것에 도전하게 된다. 따라서 큰 것도 겸손하기가 쉽진

95) 『老子』, 제61장.
96) 『老子』, 제61장.

않지만 오만을 버리고 작은 것 아래에 있으면 서로가 원하는 것을 이룰 수 있다. 큰 것이 먼저 아래에 있어야 한다는 것이 국제질서의 유지를 위해 필수적이라는 것이 「덕경」이 말하고 있는 바이다.

그러나 궁극적으로는 큰 나라는 불편하고 불합리한 점이 너무 많다. 만일 나라가 크길 바란다면 그것은 정치를 잘못하기 때문이다. "나라는 작고 백성은 적다. 각종 무기가 있어도 쓰지 않고 죽음을 무겁게 여겨 멀리가지 않는다. 배와 수레가 있어도 타지 않고 갑옷과 병기가 있어도 늘어놓지 않고 다시 새끼를 꽈서 (결승문자로) 의사소통을 하게 한다."[97] 그만큼 생활이 단순하고 전쟁과는 거리가 멀고 복잡한 문자도 필요 없다. 의사소통을 간단히 할 수 있다는 것은 옳고 그름(是是非非)을 가리거나 선과 불선(善不善)을 따질 일도, 과거 역사에 대한 복습이나 미래에 발생할 일에 대한 예측도, 공간적인 격차에서 비롯되는 주변 국가에 대한 학습도 전혀 필요하지 않음을 뜻한다.

위에서 말한 두 가지 원리에서도 공리값을 최대화하기 위한 예와 극대화된 공리성의 전형을 볼 수 있다. 겸하의 원리로 크고 작은 나라들은 모두 각국의 소망을 얻었으며, 소국과민의 원리가 실현되었을 때 사람들은 가장 단순히 자신의 생명을 지키며(養生) 아무 탈 없이(無尤) 육체를 온전히 보존하며(保身) 살게 된다.

"사람들은 달게 먹고 아름답게 입고 편안히 살고 풍속을 즐긴다. 이웃 나라와 마주 보고 있고 닭이 울고 개 짖는 소리가 서로 들리지만 사람들은 늙어 죽을 때까지 왕래하지 않는다."[98]

---

97) 『老子』, 제80장.
98) 『老子』, 제80장.

먹고 입고 자는 것(衣食居)이 완전하게 이루어지고 더 나아가 문화생활까지 누리니 사람들에게는 국가의 공리성이 최대로 파급됐다 할 수 있겠다. 이런 이상국가는 어떤 국가 간의 교역이나 왕래가 필요 없다. 그 자체로 자급자족하여 완전하다. 바로 옆이 다른 나라이지만 오갈 까닭이 없이 각기 풍족하여 여유롭다. 이야말로 성인의 덕이 실현된 국가라 하겠다. 즉 이상적인 위정자에 의해 최고의 통치가 이루어져 극대화된 공리성이 온 국민에게 고루 나누어져 있는 완전 국가이자 완전 사회이다.

노자는 국가가 있음으로 해서 벌어지는 전쟁에 대해 매우 부정적인 시각을 갖고 있었다. 전쟁뿐만 이니라, 무력 그 자체에 대해 심한 회의를 품고 있는 반전론자反戰論者였다. 나라가 있으므로 어쩔 수 없이 전쟁이 벌어지더라도 전쟁은 애달픈 일이라는 생각을 바탕으로 치러야 한다고 여기고 있다.

「도경」에서도 이미 병력으로 천하를 휘두르지 말라는 경고를 했다. '군대가 있던 곳에는 가시덤불만이 자라고 전쟁 후에는 반드시 흉년이 든다99)는 이유를 들어 무력의 궁극적인 비공리성을 구체적으로 지적했다. 「덕경」도 비슷한 논법으로 발전론을 전개시킨다. "천하에 도가 있으면 달리는 데 쓰는 말조차도 밭을 갈게 하고, 천하에 도가 없으면 새끼 밴 말까지도 싸움터로 나아가게 된다."100) 새끼 밴 암컷까지도 군마로 징발되어 전장戰場에서 새끼를 낳아야 하는 경우는 도가 없는 상태라 하여 전시戰時를 부정적으로 평가한다. 그리고 이렇게 전쟁이 발생하는

---

99) 『老子』, 제30장.
100) 『老子』, 제46장.

것은 족함을 모르기(不知足)101) 때문이라고 탓한다.

또한 전쟁은 바른 것(正)으로 하는 것이 아니라 속임수(奇)를 쓰는 것이다.102) 정상正常이 아니라 기이奇異이다. 따라서 전쟁 자체는 긍정될 수 없고 부정될 수밖에 없다. 존재근거와 존재방법이 부정적인데 어찌 그를 긍정할 수 있겠는가?

전쟁이 어쩔 수 없이 발발했다면 소극적으로 방어를 하는 것이 최상이다. 그것은 마치 '국방國防'이라는 말이 공격이 아니라 방어(defence)를 전제로 하고 있는 것처럼 전쟁의 주재자(主)가 되지 말고 전쟁을 맞는 손님(客)으로서 행동하라는 말이다. "용병술에는 이런 말이 있다. 내가 감히 싸움의 주인이 되지 말고 손님이 되라. 감히 한 치라도 나가지 말고 한 자를 후퇴하라. 이를 행렬이 있어도 없는 듯, 싸울 기개가 있어도 없는 듯, 적이 있어도 없는 듯하라. 화는 적을 가벼이 여기는 것 만한 것이 없으니, 적을 가벼이 여김은 벌써 나의 보배를 빼앗긴 것과 진배없다. 따라서 맞붙어 서로 싸울 때에는 애처롭게 보이는 이가 이긴다."103)

싸움을 해서는 안 되지만 싸움을 해야 한다면 소극적으로 해야 한다. 그러나 그렇게 한다 해서 전쟁에서 지는 것이 아니다. 오히려 그는 전쟁에 대한 부정성을 잘 인식하고 군인에 대한 자비심을 갖고 있기 때문에 전쟁에서 승리한다. 이와는 반대로, 나무가 강하면 잘리듯이(木强則兵) 무력이 강하면 이기지 못한다(兵强則不勝).104)

---

101) 『老子』, 제46장.
102) 『老子』, 제57장. 주94) 참조.
103) 『老子』, 제69장.
104) 『老子』, 제76장. 『列子』와 『淮南子』에 따라 "兵强則滅, 木强則折"의 뜻으로 해석했다. 陳鼓應, 『老子今註今譯』, 227~228쪽.

이와 같이 노자의 반전론도 반전이 곧 승전(反戰則勝戰)이라는 역설적 공리성을 바탕으로 주장되고 있다. 전쟁은 늘 그러한 자연의 도(常道)가 아니기에 근본적으로도 부정되며, 그것은 인위이지 자연이 아니기 때문에 사람을 죽이는 일과 같이 하는 일을 대신 하려다가는 스스로 다치게 된다.[105]

전쟁은 성인의 덕이 실현되지 않는 국가에 의해 발생되는 부정적인 산물일 따름이다. 전쟁 없는 나라야말로 이상국가이다. 덕이 깊게 퍼져 있는 나라는 전쟁과 같은 비효율적이고 비경제적인, 즉 공리원칙에 위배되는 일을 벌이지 않는다. 어쩔 수 없는 전쟁이 벌어졌다 할지라도 소극적으로 방어적인 태도를 취하여 결국 전쟁에서 추구할 수 있는 최고의 공리값을 얻음으로써 전쟁에서 승리한다.

4. 노자에 대한 오해

「덕경」에서 '덕'은 중요하다. '덕'이란 말이 뜻하고 있는 여러 가지 깊은 뜻을 우리는 지나치게 소홀히 해 왔다. 『도덕경』은 '도'와 '덕'에 관한 경전임이 문자적으로도 명쾌히 드러남에도 불구하고 '도'만을 중시한 경향이 짙다. 덕이 없다면 도는 자신을 '현실화'(實)시키지 못하는 '이름'(名)으로서만의 가치가 있을지도 모른다. 도는 덕으로 말미암아 '명실상부名實相符'의 길을 걷는다.

---

105) 『老子』, 제74장.

『도덕경』에는 이론뿐만 아니라 실천에 관한 논술이 매우 많다. 위에서 말했듯이 엄영봉이 사상적 전후맥락에 따라 『도덕경』을 다시 편찬한 『노자장구신편』 전54장 중에서도 이론적인 부분에 해당하는 「도체道體」와 「도리道理」는 각 4장씩 모두 8장에 불과하고 실천적인 부분에 해당하는 「도용道用」과 「도술道術」은 각 25장과 21장으로 모두 46장을 차지할 정도로, 『도덕경』에서의 실질적이자 효용적인 부분은 상당하다. 양적으로 따진다면 이론 부분이 실천 부분의 5분의 1도 되지 않을 정도이니 『도덕경』의 실제적 측면을 강조하는 것은 당연하겠다. 더욱이 「도용」과 「도술」편이 이상적인 통치자인 성인과 관련된 내용일 뿐만 아니라 나라를 다스리고(治國) 무력을 쓰는(用兵)[106] 것과 밀접한 관계를 갖고 있다는 사실에서, '정치철학'이 『도덕경』에서 차지하고 있는 막대한 비중을 어렵지 않게 알 수 있다.

특히 덕이란 공리성을 극대화하는 능력으로서 계속적으로 계발啓發될 수 있는 잠재적인 힘이다. 덕을 거듭하여 쌓으면(重積德) 만물에 대한 자신의 역량은 극복하지 못할 것이 없을 정도로(無不克) 무한하고 막대해진다(莫知其極).[107] 덕은 개인적으로는 사사로운 것이 아니라 진정한 이익과 가치를 확충시키는 능력이며, 사회적으로는 남을 자신의 사람으로 만들고 종극에 가서는 이 사회의 지도자가 되어 이상적인 다스림을 베풀 능력이다. 그만큼 덕은 효능 있고 효용 있고 효과 있는 힘이다. 쓰임을 전제로 하고 있다는 점에서 덕의 공리성은 부정될 수 없다. 그러나 공리성을 최대로 실현시키는 최고의 덕인 '현덕'은 말 뜻 그대로 검게

---

106) 『老子』, 제57장.
107) 『老子』, 제59장.

숨어 있어 드러나지 않는다. 「덕경」의 첫머리는 이를 명확히 천명하고 있다.

"최상의 덕은 덕이 없으니 덕이 있고, 최하의 덕은 덕을 잃지 않으니 덕이 없다."108)

도가 자기부정109)을 통해 '이름 없음'(無名)110)의 길로 나서듯이 덕도 자기부정(上德不德)을 통해 '늘 그러한 덕'(常德)111)의 바탕을 닦는다. 여기에 덕의 영원성이 있다. '……은 ……이다'라고 긍정적으로 정의했을 때 그것은 긍정성 안에서 제약받고 한정되지만, '……은 ……아니다'라고 어떤 정의도 부정적일 때 그것은 부정성 안에서 자유롭고 무한해진다. '그것은 사과이다'라고 하면 그것은 사과 외의 것이 될 수 없지만 '그것은 사과가 아니다' 하면 그것은 배도 복숭아도 감도 딸기일 수도 있는 이치를 노자는 잘 알고 있었다.

혹자는 덕과 공리성을 관련지어 설명하는 것에 대해 심한 불만을 품을지도 모른다. 그러나 그것은 덕에 대한 깊은 오해에서 비롯됨을 솔직히 고백하지 않을 수 없다. 유가의 덕도 현실적으로 효과 있는 것임은 틀림없다. 도가의 경우처럼 사회적 · 정치적으로 확대되지 않고 도덕적 · 윤리적으로 심화된다는 점은 분명히 다르나, 유가에서도 덕의 공력이 부정되진 않는다. 덕은 유가나 도가나 할 것 없이 매우 쓸모 있는 것이다. 따라서 우리가 해야 할 것은 유가나 도가가 공리주의적이냐를 따지는 일이 아니라 그 둘 사이의 공리원칙이 어떻게 다른가를 밝히는

108) 『老子』, 제38장.
109) 『老子』, 제1장, "道可道, 非常道."
110) 『老子』, 제32장, "道常無名."
111) 『老子』, 제28장.

일이다.

더 나아가 혹자에게는 노자가 '양생'이나 '보신'을 추구하기 때문에 자신의 합리적 이익이나 타당한 가치(利)를 꾀하는(功) 공리성을 넘어 자신(我)만을 위하는(爲) 이기주의자로 이해될지도 모른다. 이에 대해서는 여러 가지로 반박이 가능하다. 우선, 곱게 살다가는 것이 왜 나쁘냐고 근원적으로 반론을 제기하는 것이다. 생명은 하늘로부터 받은 하나 밖에 없는 것인데 함부로 하지 않아 일생을 끝마치는 것이야말로 하늘의 도를 다하는 것이라는 생각은 동양사상에서는 기본적이라 할 수 있다. 하늘이 준 생명을 다하는 것, 즉 천수天壽를 누리는 것은 이상적이지 않을 수 없다. 그다음으로, 이기주의자로 이해되고 있는 양주楊朱의 '위아설爲我說'이 당하고 있는 오해처럼 노자를 왜곡하는 경우가 많다. 양주의 위아설이 '사람들이 남을 위해 무엇을 한다 하다가 이 세상이 엉망이 되었으니, 나만을 위한다면 이 세상이 화평해질 것이다'라는 이타적 결과를 상정하고 있는 이기설인 것처럼, 노자의 공리성의 추구는 헛된 이익이 아니라 진정한 이득을 목적으로 하고 있음을 잊어서는 안 된다.

신불해, 한비자 등의 법가는 위에서 설명된 몇 가지 이유로 말미암아 노자를 오해했다. '공리'의 참다운 의미를 곡해함으로써 엄청난 살상을 초래했다. 현덕이 나타나는 덕의 은폐성, 상덕의 길로 들어서기 위한 공리성에 대한 자체부정을 망각했다. 공리성의 추구도 완전한 도가 없어짐으로 생겨나는 일(失道而後德)임을 그들은 소홀히 했다. 사마천은 바로 이 점을 탓하여 그들이 '노자와는 거리가 멀게 되었다'고 하는 것이다.

그러나 노자가 덕의 사상을 통하여 드러낸 공리의 극대화 내지 최대의 공리값을 추구하는 태도는 한비자를 비롯한 법가 및 그 밖의 정치가들에게 노자철학을 정치적으로 끌어다 쏨(附會) 가능성을 마련해 주었음은 부정될 수 없다. 『한비자』의 「해로解老」, 「유로喩老」편이나 황로학도 노자를 아전인수격으로 해석했다고 무턱대고 비판만 할 것이 아니라, 지금까지 토론된 것을 바탕으로 다시 근거 있게 논리적으로 비판되고 평가되어야 할 것이다.

제5장 노자와 전쟁
—노자의 반전론

1. 물과 불

전쟁이 한창이다. 전쟁은 불이다. 화염火焰, 포화砲火, 전화戰火, 화기火器, 그것도 중화기重火器와 경화기輕火器 등 모두 불로 상상된다.

꺼진 불은 연기를 동반한다. '포연砲煙이 쓸고 간 깊은 계곡'에는 발굴 작업을 통해(「태극기 휘날리며」, 2004) 죽은 영혼들을 위로한다. 우리는 맑은 햇볕 아래 하얀 천 위에다 유골을 정리하면서 50년 전의 과거사를 회상하고 기억한다. '상기하자, 육이오(6·25)'. 의대, 한의대, 수의대, 고고학과 출신의 장병들은 차출되어 할아버지 나이의, 그러나 자기 또래 청년의 유골을 정리하고 분석한다.

그러나 지구 저편에서 불은 아직도 꺼지지 않은 채 타오르고 있다. 연기 없는 불, 그것은 현재진행형인 전쟁이다. 그렇다고 남의 나라 싸움이라고 수수방관할 수도 없다. 국제정치의 저울질 속에서 우리의 젊은 이가 열사熱砂의 나라로 떠난다. 그들이 거기서 죽었다고 해서 50년 후에 발굴 작업이 이루어질지는 아무도 모른다. 죽어도 이 땅에서 죽으면 뼈라도 추스를 수 있는데, 사막 속에서는 그저 뜨거운 모래로 하염없이 날라 다녀야 한다.

오늘 전쟁의 배경에는 육이오가 아닌 구일일(9·11)이 똬리를 틀고 있다. 원한, 저주, 복수, 응징, 대가와 더불어 정의, 신념, 세계라는 상당히 추상적인 관념이 뒤에 깔린다. 특히, 구일일은 미국의 구조대인 911(우리의 119)의 숫자와 중첩되면서 이라크의 인민을 구조(rescue)한다는 복선적 의미를 지니게 하고, 게다가 폭파된 곳이 세계무역센터라서 전쟁업무가 세계(world)의 것이라는 착각을 갖게 만든다. 이제 미국은 '세계 구조 구일일'(world rescue 911)이 되고 있다.

불의 대척점에 물이 있다. 물은 불을 끈다. 화난 것을 잠재운다. 더운 것을 식힌다. 정열적이지 않고 냉정하다. 요동치기보다는 편평하길 좋아한다. 그래서 물은 낮은 데서 고요함을 지니려고 한다. 수평水平하다. 심미적으로도 단정端整하고, 심리적으로도 안정安靜하다. 도덕적으로도 순수純粹하고, 물리적으로도 투명透明하다.

노자는 이러한 물의 영상을 통해 반전을 주창한다. 또한 물의 부드러움과 낮음을 좋아하는 정신을 통해 그것의 여성성을 강조한다. 물과 여성성 그것은 노자를 읽는 암호(code)이다. 물을 좋아하는 사람은 평화를, 불을 좋아하는 사람은 투쟁을 꿈꾼다. 전쟁, 그것은 노자에게 영원히 정상正常적인 것이 될 수 없는 비상非常의 것일 뿐이다.

2. 사상의 지형도

평화를 위해 유가儒家와 도가道家를 이야기하는 자리에서 묵가墨家도 빠질 수 없다. 묵가가 비록 한대 이후 사라졌지만 당시 사상적 지형도에서는 분명 유가와 도가처럼 제 몫을 차지하고 있었다. 이른바 삼가三家가 정립鼎立하는 제자諸子의 시대이다.

유가는 전쟁에 대해 묵묵부답이다. 그것은 반대로 말해, 전쟁은 하는 것이고 생활의 일부이기 때문에 비전非戰을 말하는 것조차 어색했기 때문이다. 많은 유가들은 현실의 필요에 따라 싸우거나 화해했다. 평화란 누구든 바라는 것이다. 그러나 평화만 말하고 전쟁을 말하지 않는 것은 동전의 한쪽만을 말하는 것과 같다. 밝은 달의 건너편에는 그림자가 머문다. '대동大同'을 말하면서 그 반대어인 '소강小康'을 모르는 것이 어리석듯, 우리는 큰 같음을 이루기 위해 짧은 기쁨이라도 감수해야 한다. 평화를 이야기하는 것보다는 전쟁을 말하는 것이 더욱 실질적인 까닭이 바로 여기에 있다. 유가는 평화를 추상적이고 이론적으로 옹호할지는 몰라도 전쟁을 구체적이고 실질적으로 반대하지는 않는다. 세속의 삶은 바로 전쟁과 평화, 투쟁과 타협이기 때문에 그 현실의 원칙을 유가들은 받아들인다. 따라서 그들에게 반전론이 있다는 것이 성립되기 위해서는 상당히 우회적인 설명을 깃들여야 비로소 가능하다. "원한을 덕으로 갚아라"(以德報怨)라고 말하는 것은 공자가 아니라 노자이다. 공자는 오히려 "원한은 원한으로 갚아라"(以直報怨)라고 말한다. '귀에는 귀, 눈에는 눈'이라는 원칙에 충실하다. 한 발짝도 물러서지 않는 일대일 대응의 윤리관이다. 누군가는 원한의 고리를 끊어 주어야 할 텐데 그것을 권유하는 데 유가는 익숙하지 않다. 무엇보다도 종족중심적인 유가의 논리는 자신의 혈연을 지키기 위해 노력하는 것은 죄가 되지 않는다. 종가宗家의 발전을 위해서라면 그보다 큰 전체라도 그다지 문제 되지 않는다. 유가에게 국가는 소종小宗과 대종大宗의 확산으로 이루어진 집단체이기 때문에, 가족이 먼저이다. 하다못해 국가國家는 종사宗社(宗廟社稷)로 대치될 수 있다. 따라서 혈족은 이익의 주체로 투쟁의 중앙부를 차지한다. 이득과 분배의 주요 단위로 가문이 있고 그것을 지키기 위한 싸움은 정당하다.

묵가는 전쟁을 자주 말한다. 그러면서도 상당히 이중적인 태도를 취한다. 공격은 하지 않겠으되, 그러나 쳐들어오는 것은 확실히 막아내겠다고. 묵가의 이러한 '비공론非攻論'이야말로 현대의 국방 개념과 일치한다. 국방國防은 '국가 방위'이지 '국가 공격'이 아니다. 영어권에서도 '방위성'(Department of Defense)이지 결코 '공격성'(Department of Offense)이 아니다. 외계인과의 전쟁을 설정할지라도 '지구방위사령부'이지 '은하공격사령부'가 아니다. 흔히 공산권에서 말하는 '인민무력부'(Department of Power)와는 다른 개념으로 자유주의국가에서는 전쟁이 정의되고 있다. 공산혁명론에서 반드시 필요한 유혈의 단계를 사회주의국가에서는 과감하게 인정한 반면, 평화와 질서를 내세우는 자본주의국가는 그것을 감춤으로써 자신의 정당성을 확보하려 든다. 그럼에도 오늘날 자본주의대국은 결코 방위 개념에만 머물러 있지 않는다. 외형적으로는 '민정이양民政移讓'이라는 구실로 국가의 정체성을 공격할 의사가 없음을 강조하지만, 그들이 바라는 민정이란 실질적으로 그들의, 그들에 의한, 그들을 위한 정부이어야 한다. 빛 좋은 개살구와 같은 섭정攝政일 뿐이다. 묵가는 노동의 효율성을 극대화하기 위해 집단적 생활과 그에 알맞은 윤리체계를 구축했다. 그들이 말하는 '겸애兼愛'란 바로 공동체의 유지를 위한 윤리인 것이다. 함께 살면서 차등적 사랑인 별애別愛를 한다는 것은 곧 조직의 붕괴를 초래할 수 있었기에 평등적 사랑을 선택했다. 그러나 그 사랑은 만민에 대한 것은 아닌 듯 보인다. 겸애는 내부인의 윤리이지, 외부인에까지 무차별적으로 확대될 수 있는 것은 아니다. 이른바 내무반 윤리인 셈이다. 이런 그들의 특징과 장점 덕분에 어느 순간 공멸한다. 조직을 유지하기 위한 비공론은 자기집단을 넘어서 보편적인 승인을 현실적으로 받지 못하고 만다.

도가는 이와는 달리 적극적으로 전쟁의 폐해를 지적한다. 싸우는 것은 나쁜 것이며, 싸우지 않아야 이긴다. 싸우지 않고 이기는 것이 가장 잘 싸우는 것이며, 싸움이 벌어지면 서로 다칠 뿐이다. 싸움이라는 것도 서로의 다름 때문에 생기는 것일 뿐이다. 이쪽에서 보면 이것이고 저쪽에서 보면 저것일 수밖에 없는 것이 우리의 인식론적 한계이다. 선과 악을 나누는 것은 자기와 타인을 나누는 것일 뿐, 아무런 근거를 지니지 못한다. 나는 옳고, 남은 그를 뿐이다. 나는 이곳에서 저쪽을 바라보고, 남은 저곳에서 이곳을 바라본다. 근거 없는 자아중심적 사고는 선악을 이분법적으로 나누고 그것 때문에 싸움을 일삼는다. 자신의 선이란 곧 자신의 욕심이 투영된 결과이다. 내가 하고자 하는 것은 옳고, 남이 그것을 건드리면 그르다. 따라서 무엇보다도 중요한 것은 무욕無欲의 상태를 유지하는 것이다. 하고자 하지 말라. 하고자 하면 거스를 뿐이다. 그리고 여기에서 만족하라. 족함을 아는 것만이 최고의 경지나니. 족함에 족하라. 만족을 아는 것이 최고의 만족이다. 세상을 자기 것으로 생각하지도 마라. 이 세계는 잠깐 빌린 것이다. 세상을 잘 빌려 쓰고, 그 속에서 이루려고 하라. 진리란 바로 이렇게 세계를 빌려 쓰는 것이다.[1] 이렇게 빌려 쓰고 있는 마당에 전쟁이란 쓸데없는 것이 아닐 수 없다. 나의 명예와 금전도 이 세계에서 돌고 돌다가 잠깐 나에게 머물러 있는 것일 뿐인데, 그것을 얻고자 벌이는 전쟁은 무가치하지 않을 수 없다. 게다가 전쟁의 결과는 황폐뿐이다. 전쟁이 지나가면 세상이 쑥대밭이 되고 만다. 그러니 전쟁을 좋아하지 말고, 너 자신을 사랑하라. 너의 육신을 사랑하지 너의 이름과 돈을 좋아하지 마라. 네 이가 아플 때, 네 무릎이 아플 때, 네 허리가 아플 때, 네 머리가 아플 때, 너는 돈과 이름이 너의 육체적 고통을 상쇄해 주지 못한다는 것을 깨닫게 될 것이다. 자기를 사랑하는 자에게 세계를 맡겨야 하는 까닭이 여기에 있다.

유가들에게는 선악이 분명히 있고 그것을 고집해야(擇善而固執之) 도덕적으로 성숙한 것으로 평가된다. 그들에게 고집부리는 것은 나쁜 것이 아니다. 그러나 고집의 결과는 어쩔 수 없이 상대방과의 마찰을 가져온다. 내 고집이 이기기 위해서는 남의 고집을 꺾는 수밖에 없다. 내 고집이 꺾이는 순간 그는 악하다는 평가를 받는다.

묵가는 비록 비공론으로 현대적 방어 개념을 내세웠지만 그렇다고 해서 적극적으로 반전의 논리를 제시하지도 않는다. 현대사회에서 방위를 담당하는 국가기관이 곧 공격을 감행하는 주체가 되는 이유도 여기에 있다. '자위대自衛隊'조차 타국을 위해 파병된다. 비공주의자들은

---

1) 『老子』, 제41장, "夫唯道, 善貸且成." 이하 『老子』.

그런 점에서 용병으로 변질될 가능성이 보인다. 자국의 수호를 위해서 비록 전쟁을 벌이지 않는다고는 하지만 방어를 위해 전쟁을 잘 아는 그들을 이용해 먹을 수 있기 때문이다. 방어도 전술의 일종이고, 최선의 방어는 공격이기 때문에 더욱 그렇다.

도가는 전쟁 자체를 정상적인 것으로 보지 않는다는 점에서 철저하게 비전론非戰論에 가깝다. 유가가 말하는 선과 악도 단순한 고집의 결과이고, 묵가의 비공은 방어라는 전투 개념을 전제하기 때문에, 도가는 그 둘 모두를 받아들일 수 없다. 싸우지 말아야 한다. 싸워서 이기는 것보다는 싸우지 않고 이기는 것이 더 나은 것이다. 싸움이 났더라도 일부러 하지 말고 어쩔 수 없이 하라. 전쟁은 노자의 말처럼 '부득이不得已'하지 않으면 안 된다.

3. 싸우지 않는 것

노자에게 이 세상에서 가장 싸우지 않는 것은 물로 보였다. 물은 앞으로 싸우지 않고 옆으로 돌아간다. 남들이 높은 곳으로 가고자 할 때 자신은 아래에 머문다. 그러면서도 모든 사물을 이롭게 만든다.

가장 좋은 것은 물이다. 물은 만물을 잘 이롭게 하면서도 싸우지 않고, 뭇사람이 싫어하는 곳에 머물기에, 도에 가깝다.[2]

---

2) 『老子』, 제8장, "上善若水. 水善利萬物而不爭, 處衆人之所惡, 故幾於道."

노자가 보기에는 싸우지 않는 것만이 허물이 없다.(夫唯不爭, 故無尤) 싸움에 뛰어들어 가면 이전투구泥田鬪狗 꼴이 되지 않을 수 없다. 똥 묻은 사람과 싸우면 똥이 튀지 않을 수 없다. 자신만 멋지게 한 방 날리고 빠져나오는 싸움은 현실에서는 없다. 그런데 물은 특성상 낮은 데로 임한다. 사람들이 가장 싫어하는 시궁창이라도 마다하지 않는다. 그러니 싸움이 날 리 없다. 물은 싸우지 않는다.

더러워지는 것도 의미가 있다. 너무도 깨끗하다 보면 남에게 부담스럽다. 빛을 감추어야 한다. 먼지를 뒤집어쓸 줄 알아야 한다.

빛을 부드럽게 하고, 먼지와 함께하라.3)

빛을 온화(溫和/穩和)하게 만들어야 한다. 조용하고 부드럽게 빛을 내야 한다. 남의 눈을 부시게 하는 빛은 너무도 세다. 강한 불빛에 얼굴을 돌리지 않는 사람은 없다. 먼지를 털려고 하지 말고, 오히려 스스로 뒤집어써야 한다. 구두를 방금 닦은 사람은 진흙탕을 애써 피하려 든다. 자신의 걸음도 부자유스럽고 타인도 신경 써야 한다. 싸움이라는 것이 자신의 빛을 몰라준다고, 자기에게 먼지를 씌웠다고 벌어지는 일이다.

우리가 빛을 좋아하고 먼지를 싫어하게 된 것은 물질문명에 일정 부분 영향을 받고 있기 때문이다. 문명에 들어서면서 빛이 없는 곳이 두렵고, 더러운 곳이 싫어진다. 게다가 자본주의적 풍요는 우리에게 삶의 진정성을 잃어버리게 만든다.

---

3) 『老子』, 제4장, "和其光, 同其塵."

다섯 색깔은 사람의 눈을 멀게 하고, 다섯 소리는 사람의 귀를 먹게 하고, 다섯 맛은 사람의 입을 버리게 하고, 말달리며 사냥하는 것은 사람의 마음을 미쳐 버리게 하고, 얻기 어려운 보화는 사람의 갈 길을 어지럽게 한다. 그러므로 성인은 배를 위하지 눈을 위하지 않으니, 그것을 버리고 이것을 갖는다.[4]

현대문명은 이제 너무도 많은 색깔과 소리와 맛을 누리게 해 주었다. 그것을 유지하기 위해 문명은 앞으로 앞으로 질주한다. 그것을 방해하는 자는 적이고 동의하는 자는 벗이다. 신자유주의란 제동장치 없는 멋진 자동차이다. 우리에게 말달리고 사냥하게 만든다. 속도전을 통해 인간사냥을 벌인다. 그곳에 느린 삶은 자리 잡을 데가 없다.

그런데도 자본주의는 남는 것을 모자란 데 주려고 하지 않고, 모자란 것을 빼앗아 남는 데 채워 넣으려고 한다. 돈 있는 사람이 100원을 만들기 위해 돈 없는 사람 1원을 빼앗는 것과 같다. 이것이 영리추구를 목적으로 하는 기업에게는 선이 되고 만다.

하늘의 길은 남는 것을 덜어 모자란 데 보태 준다. 사람의 길은 모자란 것을 덜어 남는 데 보태 준다.[5]

남고 모자람은 상대적인 것이다. 빈부라는 것도 절대적으로 상대적이다. 그럼에도 절대적 부를 향해 자본주의는 치닫기 위해 전쟁을 벌인

---

4) 『老子』, 제12장, "五色令人目盲; 五音令人耳聾; 五味令人口爽; 馳騁畋獵令人心發狂; 難得之貨令人行妨. 是以聖人爲腹, 不爲目, 故去彼取此."
5) 『老子』, 제77장, "天之道, 損有餘而補不足. 人之道, 損不足而補有餘."

다. 세계의 절대 빈곤층은 신자유주의 경제체제 속에서 자꾸만 늘어 가는데, 자본주의 대국은 욕심을 멈출 줄 모른다.

옷 무늬가 빛나며, 날카로운 칼을 차며, 질리도록 먹고 마시며, 보물과 돈이 넘친다. 이를 일러 큰 도둑이라고 한다. 도가 아니도다.[6]

가난한 사람은 싸우지 않는다. 가난한 사람은 먹을 것을 위해 싸울 뿐, 옷과 칼과 빛나는 돌을 위해서 싸우지 않는다. 그러나 큰 도둑은 먹을 것을 위해 싸우지 않는다. 좀 더 나은 옷과 칼과 빛나는 돌을 위해 싸울 뿐이다. 먹는 것이 문제이면 그것만 문제이지만, 먹는 것이 해결되면 모든 것이 문제가 된다.

나를 줄이고 욕심을 적게 하라.[7]

지나친 욕심(過慾)이 문제이니 욕심을 줄이는 것(寡慾)이 중요하다. 욕심이 자기를 그르친다. 줄이고 또 줄여라. 그리고 만족함을 알아야 한다.

됐음을 알지 못하는 것보다 큰 잘못이 없고, 얻으려 함보다 큰 허물이 없다. 따라서 됐음을 아는 것이 되면 늘 된다.[8]

욕심은 끝이 없다. 욕심이 끝이 없으니 싸움이 난다. 싸우지 않기

---

6) 『老子』, 제53장, "服文彩, 帶利劍, 厭飮食, 財貨有餘; 是謂盜夸. 非道也哉."
7) 『老子』, 제19장, "少私寡欲."
8) 『老子』, 제46장, "禍莫大於不知足, 咎莫大於欲得. 故知足之足, 常足矣."

위해서는 지금의 상태에서 만족할 수 있어야 한다. 만족을 모르는 것처럼 큰 화가 없다. 만족을 앎으로써 흡족할 수만 있다면 그는 늘 충족한 삶을 영위하는 것이다. 그런 삶이 평정한 삶이다. 그렇지 않으면 위태로울 뿐이다.

됐음을 아니 욕됨이 없고 멈춤을 아니 위태롭지 않아 길게 오래갈 수 있다.[9]

전쟁을 그만두자는 장군의 시에서도 인용된 이 구절은 만족이 곧 싸우지 않는 결과를 낳을 수 있음을 가르친다. 오래가기 위해서는 싸우지 않는 길을 택해야 한다. 싸우지 않기 위해서는 만족할 수 있어야 한다.

그런데 사람이 사람을 죽이는 것은 정당한 것인가? 노자는 아니라고 생각한다. 죽음을 관장하는 것은 하늘이지 결코 사람이 아니라는 것이다. 착한 사람이든 나쁜 사람이든, 예쁜 사람이든 미운 사람이든, 하늘은 때가 되면 데려간다. 그것을 사람이 대신하는 것은 안 될 뿐만 아니라, 자칫하다가는 다치기조차 한다.

늘 죽이는 자가 있어 죽인다. 죽이는 자를 대신하여 죽이는 것을 목수를 대신하여 깎는다고 한다. 목수를 대신하여 깎는 자는 그 손을 다치지 않는 자가 드물다.[10]

---

9) 『老子』, 제44장, "知足不辱, 知止不殆, 可以長久."
10) 『老子』, 제74장, "常有司殺者殺. 夫代司殺者殺, 是謂代大匠斲. 夫代大匠斲者, 希有不傷其手矣."

현대세계 속의 전쟁은 마치 서로 나서서 목수를 대신하려는 것 같다. 내가 목수라면서 칼을 휘두른다. 거기에다 덧붙여서 남들도 칼을 갖고 와서 도와 달라 한다. 사람이 사람을 죽여서는 안 된다. 사람이 어찌 하늘을 대신하여 사람을 죽일 수 있단 말인가?

4. 부드럽게 아래로

노자에게 부드러운 것은 좋은 것이다. 여성성이 옹호되는 것도 그것의 부드러움 때문이다. 여성이 부드럽지 않으면 아이가 배 속에서 나올 수 없다. 강한 남성은 생명을 지킬 수는 있어도 생산하지는 못한다. 여성은 출산을 통해 직접적으로 창조의 기쁨을 누리지만 그렇지 못한 남성은 여타의 작업을 통해 창조를 획득하려 하고 그 과정에서 투쟁을 벌인다. 불쌍한 남성이다. 창작, 혁명 그리고 애정조차도 전쟁을 담는다. 노자에게는 남성성을 버리고 여성성으로 돌아가는 것이 훨씬 더 자연적이다.

하늘의 문이 열리고 닫히는데, 암컷이 될 수 있겠는가?[11]

여성이야말로 자연의 원리를 담고 있다. 창조는 여성으로부터 잉태되며 종말은 여성과의 단절로 이루어진다. 하늘이 열리고 닫히는 것은

---

11) 『老子』, 제10장, "天門開闔, 能爲雌乎?"

여인이 자궁을 열고 닫는 것과 동일시된다. 여성이 원리라면 남성은 그 것의 실행자일 뿐이다. 따라서 잃어버려서는 안 되는 것이 바로 여성성 이다.

> 남성을 알고 여성을 지키며 천하의 골짜기가 된다. 천하의 골짜기가
> 되면 늘 그러하나 덕이 떠나지 않아 아기로 되돌아간다.[12]

골짜기는 여성을 가리킨다. 드러나지 않고 감추어져 있는 곳이다. 밖으로 뻗지 않고 안으로 모이는 곳이다. 돌처럼 강한 것은 골짜기가 되지 못하고 봉우리로 남는다. 그것은 부드럽지 않기 때문에 녹아내리지 못하고 우뚝 서게 된다. 남보다 앞장선 듯 보이고, 남보다 강하게 보이며, 남보다 잘난 듯 보인다. 그러나 참다운 세계는 계곡 속에 숨어 있다.

> 골짜기의 정신은 죽지 않으므로, 이를 일러 검은 암컷玄牝이라 한다.
> 검은 암컷의 문을 일러 하늘과 땅의 뿌리라 한다.[13]

여기서 '곡신谷神'은 계곡의 정신을 가리킨다. 정상의 정신은 죽을지라도 계곡의 정신은 죽지 않는다. 이러한 이상적인 여성성을 노자는 '검은 여성'(玄牝)이라 불렀다. 검은 여성은 아울러 시끄럽지 않고 조용하다. 고유의 평정함으로 남성의 격동을 이긴다.

---

12) 『老子』, 제28장, "知其雄, 守其雌. 爲天下谿. 爲天下谿, 常德不離, 復歸嬰兒."
13) 『老子』, 제6장, "谷神不死, 是謂玄牝. 玄牝之門, 是謂天地根."

천하의 암컷은, 암컷은 늘 고요함으로 수컷을 이기니, 고요함으로 아래가 된다.[14]

전쟁은 격동의 산물이다. 평온함이 전쟁의 원인이 될 수 없다. 평정심에서는 어떤 분노와 흥분도 가라앉아 미망에서 벗어나게 된다. 결국 고요함은 아래에 있는 것이지만, 어떤 다른 것도 이겨 낼 수 있다. 이른바 모든 음적인 개념들, 즉 여성, 고요함, 약함은 남성, 떠들썩거림, 강함을 이긴다.

부드럽고 힘없는 것이 굳세고 힘센 것을 이긴다.[15]

이러한 여성적인 부드러움은 아래에 있는 듯하지만 결국 모든 것을 이긴다. 싸우지 않지만 싸움에서 이긴다. 이에 반해 강하려고만 들다가는 부러지고 만다.

거센 사람은 제 죽음을 얻지 못하니, 나는 이를 가르침의 아버지로 삼겠다.[16]

거센 사람은 제 목숨을 지키지 못하고 꺾이고 만다. 아래로 낮출 줄 알아야 오래간다. 낮은 데 있어야 결국 모든 것을 포용하여 세상을 접수하게 된다.

---

14) 『老子』, 제61장, "天下之牝, 牝常以靜勝牡, 以靜爲下."
15) 『老子』, 제36장, "柔弱勝剛强."
16) 『老子』, 제42장, "强梁者不得其死, 吾將以爲敎父."

강과 바다가 온갖 골짜기의 왕이 될 수 있는 것은, 그가 잘 아래로 하기 때문이니, 따라서 온갖 골짜기의 왕이 될 수 있다.[17]

낮게 하는 것이 곧 모든 것을 모으는 방법이다. 낮은 데로 높은 것들은 흐른다. 그러니 아래로 하라. 아래로 해야 왕 노릇을 할 수 있다. 게다가 아래로 하니, 어떤 것과도 싸우지 않는다. 싸우지 않으니 아무도 덤비지 않는다.

그는 싸우지 않으니, 따라서 천하가 그와 싸울 수 없다.[18]

노자에게 자연의 세계는 완벽하게 보인다. 그것을 망치는 것은 인공의 세계이다. 서로에게 덕이 되는 세계가 자연이다. 싸움은 잠시의 요동일 뿐이다. 성인聖人이라 함은 자연을 본받아 어떤 행위 속에서도 싸우지 않게 하는 능력을 지닌 이상적 인격을 가리킨다.

하늘의 길은 이롭게 하면서도 해치지 않으며, 성인의 길은 무엇인가 하면서도 싸우지 않는다.[19]

여기에서 노자가 원하는 큰 나라의 역할이 자리매김된다. 강대국일수록 자신을 약소국보다 낮추어야 한다. 작은 나라라고 자존심이 없는 것도 아니고, 화를 부리면 큰 나라도 감당하기 어렵다. 힘 있는 나라가

---

17) 『老子』, 제66장, "江海所以能爲百谷之王, 以其善下之, 故能爲百谷王."
18) 『老子』, 제66장, "以其不爭, 故天下莫能與之爭."
19) 『老子』, 제81장, "天之道, 利而不害; 聖人之道, 爲而不爭."

명분을 내세워서 전쟁을 일으킨다면, 힘없는 나라는 극단적인 행위를 통해 자신을 표현한다. 테러(terror)라는 것은 바로 힘없는 자들의 유일한 항거인 셈이다. 무고한 사람들이 죽는다는 것이 윤리적인 문제를 야기하지만, 그들에게 정식 전쟁은 자멸을 선택하는 것과 같기 때문에 생존을 내세우면서 자신들을 정당화한다.

큰 나라가 아래에 있어야 천하가 모여든다.[20]

큰 나라랍시고 위에서 군림하다가는 반발만 산다. 클수록 낮추어야 한다. 현실 속에서 큰 나라가 세계를 지배하려 들면 작은 나라는 거부하게 되어 있다. 사람도 그렇지만 나라도 때린다고 가만히 맞고만 있지 않는다. 큰 것일수록 아래로 가야 한다. 강대국이 그 지위를 유지하기 위해서는 진정 겸하謙下할 수 있어야 한다.

5. 전쟁에 대한 두 태도

노자는 전쟁에 대해 두 가지 태도를 지니고 있다. 첫째는 전쟁을 정상이 아닌 비정상으로 다루라는 것이고, 둘째는 전쟁을 부득이하게 대하라는 것이다.

먼저 노자는 전쟁의 피폐에 대해 적지 않게 언급한다. 전쟁의 참혹

---

20) 『老子』, 제61장, "大國者下流, 天下之交."

상에 대해 선진문헌에서 직접적으로 언급하는 곳은 문학적인 묘사를 제외하고는 드문 편이다. 그러나 노자는 전쟁의 참상에 대해 절절하게 표현한다.

> 천하에 도가 있으면 달리는 말로 똥을 푸고, 천하에 도가 없으면 변경에서 싸움 말로 태어난다.[21]

노자는 말을 빗대어 평화시와 전시를 말하고 있다. 평화시에는 적토마도 농마農馬가 되지만, 전시에는 새끼 밴 암말도 전장으로 징발된다. 자동차도 평화시에는 여행용이지만, 전쟁이 나면 군수품으로 분류된다. 이를테면 사륜구동 자동차는 전시의 징발 대상이었다. 같은 물건도 이렇게 상황에 따라 다르게 쓰임을 노자는 보여 주고 있다. 생물이나 물품이 문제가 아니라 전쟁이 문제를 만드는 것이다.

> 군대가 있었던 곳에는 가시덤불이 생겨난다. 큰 싸움 다음에는 반드시 흉년이 든다.[22]

군대가 머물렀던 곳에 남는 것이 있을 수 없다. 군인에게는 미래가 없다. 죽거나 죽이는 것이 일이다. 그런 군대가 자라나는 생명체에 신경을 쓴다는 것은 그것의 존재 목적에도 안 맞다. 죽이는 자가 산 것을 고려할 필요는 없는 것이다. 큰 전쟁을 겪고 흉년이 드는 것도 당연한

---

21) 『老子』, 제46장, "天下有道, 却走馬以糞; 天下無道, 戎馬生於郊."
22) 『老子』, 제30장, "師之所處, 荊棘生焉. 大軍之後, 必有凶年."

일이다. 전쟁 통에 양곡의 생산에 주의할 수도 없고, 설령 파종이 되었더라도 돌볼 사람이 없는데 생산이 제대로 될 리 없다.

따라서 노자는, 정권은 결코 군대와 같은 무력으로 수립하거나 유지하려 해서는 안 됨을 강력하게 주장한다. 무력은 계속 무력을 낳을 뿐이다.

> 도로써 임금을 돕는 사람은 병기로 천하를 억지로 만들지 않는다.[23]

여기서 '병兵'은 무기, 전쟁, 군인 등을 가리킨다. 나라를 세우면서 이러한 살상수단을 내세우면 진정한 국가로서의 안정된 체계를 갖출 수가 없다. 총칼 앞의 인민은 총칼이 없어지면 달라질 수밖에 없다.

이런 전쟁의 피해 때문에 노자는 전쟁을 정상과는 다르게 비정상으로 다루라고 한다. 이때 비정상을 말하는 까닭은 모든 것을 정상과는 반대로 함으로써 그것의 원칙이 평소와는 다름을 분명히 해야 하기 때문이다.

> 무릇 좋은 병기란 상서롭지 못한 것이다. 만물은 거의 이를 싫어하니, 도가 있는 사람은 이에 머물지 않는다. 군자는 살면서 왼쪽을 높이나, 병기를 쓸 때는 오른쪽을 높인다. 병기는 상서롭지 못한 것이니, 군자의 것이 아니다. 어쩔 수 없이 쓰더라도 담담한 것이 가장 바람직하다. 이겨도 좋아하지 않는데, 좋아하면 사람 죽이기를 즐기는 것이다. 무릇 사람 죽이기를 즐기는 사람은 천하에서 뜻을 얻을 수 없노라. 좋은

---

23) 『老子』, 제30장, "以道佐人主者, 不以兵强天下."

일은 왼쪽을 높이고, 나쁜 일은 오른쪽을 높인다. 부대장은 왼쪽에 자리하고, 대장은 오른쪽에 자리한다. 상례喪禮로 다룬다고 한다. 사람을 죽인 무리는 슬픔으로 울며 맞이한다. 전쟁에서 이기면 상례로 다룬다.[24]

노자는 여기에서 확실하게 전쟁의 원리를 밝힌다. 전쟁은 죽음을 위한 사업이다. 따라서 상례喪禮로 처해야 한다. 평소 왼쪽을 높였으면, 전쟁터에서는 오른쪽을 높여야 한다. 전시에는 모든 것을 거꾸로 하라. 그래야 지금하고 있는 싸움이 정상이 아님을 알 수 있다. 전쟁을 정상으로 여기는 것은 죽음을 즐기는 살인자이다. 승전고는 울려서는 안 된다. 개선문도 세워서는 안 된다. 울면서 승전을 맞이하라.

바름으로 나라를 다스리고, 삐뚦으로 군대를 다스리고, 일없음으로 천하를 얻어라.[25]

이렇듯 평화는 바름(正)의 시간이고, 전쟁은 삐뚦(奇)의 시간이다. 전쟁을 마치 정상의 시간으로 다루는 것조차 잘못된 것이다. 전시에 나오는 비정상적인 행위들은 전쟁이 곧 비정상이기 때문이다. 게릴라는 전시에 나온다. 법과 원칙은 평화시의 논리이다.

나아가 노자는 전쟁이 일어나면, 이를 어쩔 수 없듯이 다루라고 한

---

24) 『老子』, 제31장, "夫佳兵者, 不詳之器; 物或惡之, 故有道者不處. 君子居則貴左, 用兵則貴右. 兵者不詳之器, 非君子之器; 不得已而用之, 恬淡爲上. 勝而不美, 而美之者, 是樂殺人. 夫樂殺人者, 則不可得志於天下矣. 吉事尚左, 凶事尚右. 偏將軍居左, 上將軍居右; 言以喪禮處之. 殺人之衆, 以悲哀泣之; 戰勝以喪禮處之."
25) 『老子』, 제57장, "以正治國, 以奇用兵, 以無事取天下."

다. 이른바 '부득이'의 정신이다.

> 잘하는 사람은 끝이 있을 뿐, 힘을 가지려 들지 않는다. 끝나도 자랑하
> 지 말고, 끝나도 (남을) 치려 들지 말고, 끝나도 잘난 척하지 말라. 끝
> 나면 어쩔 수 없었듯이 하고, 끝나면 힘을 내세우지 마라.[26]

부득이란 그만둘 수 없었음을 가리키는 것으로, 한마디로 어쩔 수
없음이다. 싸움을 일부러 하지 말고, 그만두고 싶었지만 그렇지 못했다
는 태도로 임하라는 것이다. 끝을 내려고 할 뿐이지 끝났으면 힘을 가
지려고 들지도 말고, 자랑하지도 말아야 한다. 이런 부득이의 원칙은
세계통치의 원리와도 일치한다.

> 천하를 얻어 무엇인가 하려 하지만, 나는 그 어쩔 수 없음을 본다. 천
> 하는 신비로운 물건이니 어찌해서는 안 된다.[27]

이 세계는 신묘한 작용 속에서 움직이고 있다. 이것을 인간이 어찌
하고자 하면 말썽이 난다. 따라서 천하를 대하는 태도조차 부득이함에
서 출발해야 한다. 만물을 고의적으로 변화시키거나 이동시키려 할 때
는 어쩔 수 없을 때만 하라는 것이다. 천하는 신비로운 물건(神器)이지만
위에서 말한 바대로 병기는 상서롭지 못한 것(不詳之器)이다.

따라서 총칼을 쓰더라도 소극적으로 대해야 한다. 적극적으로 총칼

---

26) 『老子』, 제30장, "善者果而已, 不敢以取强. 果而勿矜, 果而勿伐, 果而勿驕. 果而不得已, 果
而勿强."
27) 『老子』, 제29장, "將欲取天下而爲之, 吾見其不得已. 天下神器, 不可爲也."

을 쓰는 것은 화 가운데의 화이다. 먼저 나서지 말고 차라리 한 발 뒤로 물러서야 한다.

> 병기를 쓰는 데 이러한 말이 있다. 내가 주인이 되지 말고 손님이 된다. 한 촌 앞으로 가지 말고 한 척 뒤로 물러선다. 이를 일러, 나가지 않게 나가고, 팔 없이 휘두르고, 없는 적을 무찌르고, 없는 병기를 잡는다고 한다. 적을 가볍게 여기는 것보다 더 큰 화는 없다. 적을 가볍게 여기다가는 나의 보물을 빼앗기고 말 것이다. 따라서 마주한 병기가 서로 부딪힐 때, 슬퍼하는 사람이 이긴다.[28]

전쟁에서는 어떤 행동도 일부러 하지 말고 어쩔 수 없이 해야 한다. 공격을 일부러 해서는 안 된다. 부득이하게 하라. 적극적으로 싸움을 벌이는 의식 속에는 적을 우습게 여기는 것이 있을 수 있다. 그러다가는 큰 코 다친다. 노자는 여기서 분명히 말한다. 전쟁을 즐기는 자는 오히려 전쟁으로 망하고, 전쟁을 슬퍼하는 자만이 오히려 전쟁에서 이길 수 있다고.

이러한 이유 때문에 싸우는 자는 어리석은 자이며, 따라서 싸우고자 하는 자는 싸움에서 지게 되어 있다. 싸우지 않는 것이 가장 잘 싸우는 것이다.

> 이를 싸우지 않는 덕이라 하고, 이를 사람을 쓰는 힘이라 하고, 이를 하늘의 끝과 짝한다고 한다.[29]

---

28) 『老子』, 제69장, "用兵有言. 吾不敢爲主, 而爲客. 不敢進寸, 而退尺. 是謂行無行, 攘無臂, 扔無敵, 執無兵. 禍莫大於輕敵, 輕敵幾喪吾寶. 故抗兵相加, 哀者勝矣."

노자는 싸우지 않는 덕(不爭之德)을 인간이 지닐 수 있는 최상의 덕으로 취급한다. 싸우지 않으면 사람을 버리지 않고 얻어 쓰는 힘(用人之力)을 가질 수 있다. 이러한 덕 곧 힘을 가질 때 하늘의 궁극적인 원리와 짝하고 있다(配天之極)고 말할 수 있다는 것이다.

노자의 전쟁에 대한 태도는 이렇게 비정상의 원칙과 부득이의 정신으로 요약된다. 평화가 '정상'(正)이면 전쟁은 '비정상'(奇)이다. 정상은 '늘 그러한 것'(常)이지만 비정상은 '늘 그렇지 않은 것'(非常)일 따름이다. 평화시 사람은 정문正門으로 다니지만, 전시에 사람은 비상문非常門으로 다닌다. 전쟁을 일상日常으로 보는 것은 죄이다. 따라서 전쟁에 임하더라도 적극적이어서는 안 되고 소극적이어야 한다. 슬픈 마음으로 부득이하게 임해야 한다.

6. 부쟁의 논리[30]

사람은 싸울 수 없는 것일까? 인류의 역사에서 전쟁은 사라질 수 없는 것일까? 우리는 여기에 대해 답할 수 있어야 한다. 사람은 싸운다. 그러나 이제 그 싸움은 제도의 발전으로 상당히 정교화되어 몸싸움을 머리싸움으로 변화시켰다. 몸은 안 되고, 머리는 된다. 주먹은 안 되고

---

29) 『老子』, 제68장, "是謂不爭之德, 是謂用人之力, 是謂配天之極."

30) 이 절은 학술대회발표를 위해 유가와 대비하여 도가의 평화사상을 노자의 반전론을 중심으로 정리하여 주어진 시간에 소개하는 데 목적이 있다. '전쟁이란 무엇인가? 또는 '전쟁을 어떻게 없앨 것인가?'를 묻는 구체적이고 논쟁적인 글도, '평화란 무엇이고, 어떻게 이룩할 것인가?'를 심도 있게 파헤치는 글도 아님을 밝힌다.

법은 된다. 이러한 변화에 대해 많은 사람들은 동의한다. 홉스 이래로 만인 대 만인의 투쟁은 만인 대 법의 투쟁으로 바뀌었다. 따라서 현대 권력에서 법의 지위는 날이 갈수록 존엄해지고 있다. 신체적 강자는 그런 계약관계를 청산하고 싶을지도 모르지만 만인들은 법 아래에서의 평화를 선택했다.

그러나 국제사회에서도 그런가? 그렇지 않다. 국제법이란 강자의 논리이고, 약자는 강자에 항거해서 수단과 방법을 가리지 않는다. 연합국이 만류할지라도 강국은 자신의 의지를 굽히지 않고, 따라서 중재와 의사표현의 통로를 잃은 소국은 테러 등의 기형적인 무력행사를 감행한다. 큰 나라가 테러는 전투요원이 아닌 민간인을 살상하기에 윤리적으로 나쁜 것이라고 아무리 말해도, 작은 나라의 입장에서는 그것만이 유일한 대항수단이다. 평화학의 창시자 요한 갈퉁(Johan Galtung)이 말했듯이, 갖은 방법으로 약소국을 공격하고 살상하고 있는 강대국이 자제해야 한다. 지도자를 공격한다는 명분의 기습공격에서 그의 손녀와 민간인이 죽은 것이 당연하다고 변명할 수 있다면 테러조차 비난하기 어려워지기 때문이다.

마치 현대의 법이 머리 좋은 사람만을 위하듯, 국제적 질서는 강대국들의 오붓한 전유물이 되고 있다. 최근 들어서는 강대국 위의 초강대국이 등장하여 세계의 정의를 좌지우지하고 있다. 그런데 더욱 큰 문제는 강대국이라 해서 자족하지 않고 타국을 조절하려드는 데 있다. 세계를 도와주더라도 다루려고 해서는 안 된다. 세계를 조작하거나 조종해서는 세계가 오히려 제대로 자라지 못한다.[31] 노자가 말했듯이 갖지 말고, 자랑하지 말고, 주인 되지 말고, 이루어지면 떠나라, 말없이.

강대국의 무기는 사실상 쓰고자 하는 것이 아니다. 군사력이란 알다시피 전시용인 것이다. 군비축소를 서로 말할 수 있는 것도 무력의 경쟁적 과시를 억제하자는 데 그 취지가 있다. 약소국은 강대국의 위력을 안다. 그럼에도 강대국이 그것을 진열조차하지 않는다면, 정말 강대국이 아닐 수 없다.[32] 좋은 무사는 굳세지도 않고, 잘 싸우려면 화내지 말아야 하고, 적을 이기려면 무리 짓지 말고, 사람을 부리려면 그 밑에 가야 한다.[33] 무기가 좋으면 오히려 이기지 못한다.[34] 강대국이 알아야 할 것은 사람을 이기는 것은 힘이 있기 때문이지만, 진정으로 자기를 이기는 자야말로 참다운 강자가 된다[35]는 점이다.

전쟁을 없애고 평화를 이룩하기 위해서 우리 앞에 놓인 선택은 역사 속에서 두 가지로 제시되었다. 하나는 고대의 노자이고, 다른 하나는 현대의 마르크스이다. 마르크스는 국가와 민족의 소멸을 통해 평화를 구현할 수 있을 것이라고 믿었다. 현재 유럽연합(EU)이 그러한 향방을 예시적으로 보여 주고 있다. 그런데 노자는 개 짓는 소리가 들려도 오고가지 않는 '작은 나라 적은 백성'(小國寡民)[36]을 꿈꿨다. 오늘날 곳곳에서 벌어지고 있는 개별 농장, 환경 부락 등이 좋은 예이다. 한쪽은 아주 크게, 다른 한쪽은 아주 작게 가고자 하고 있다. 우리는 이 두 극단적 선택 속에서 고민하고 있다.

---

31) 『老子』, 제2장, "萬物作焉而不辭."; 제34장, "萬物恃之以生而不辭."
32) 『老子』, 제80장, "雖有甲兵, 無所陳之."
33) 『老子』, 제68장, "善爲士者不武, 善戰者不怒, 善勝敵者不與, 善用人者爲之下."
34) 『老子』, 제76장, "兵强則不勝."
35) 『老子』, 제31장, "勝人者有力, 自勝者强."
36) 『老子』, 제80장.

제6장 장자와 성인

─장자의 인격론: 참다운 성인은 불구다

1. 이상 인격

무엇이 이상적인 인격인가? 동양의 제가諸家들은 나름의 기준에 따라 그것의 표준을 설정해 놓았다. 거칠게 말해, 유가는 꿈을 이룬 지성을, 도가는 신체의 불구성을, 묵가는 무조건적인 자기희생성을 그 인격의 징표로 삼는다. 춘추전국시대를 정립鼎立하고 있었던 이 3가의 사상은 매우 독자성이 강해서 이렇듯 이상인격의 표준에서부터 확연히 구별된다.

유가는 아름다운 세계가 현실에서 이루어지길 바라기 때문에 실행되지 않는 지성은 완벽한 것으로 보지 않는다. 공자의 지성은 당대에서 현실화되지는 않았다. 따라서 그는 사실상 현실화된 선대의 인물보다는 원칙적으로 낮게 평가될 수밖에 없는 것이 유가의 논리이다. 공자 자신도 자기 앞에 있었던 역사를 통해 자기의 무능력과 무기력을 곳곳에서 반성하고 있다. 그러나 이후 그의 영향력은 어떤 현실 속의 인물보다 강대했기 때문에, '왕王'의 호칭을 붙여 주면서 '비현실의 왕'이라는 의미의 '소왕素王'이라고 정의하는 것이다.

도가는 겉과 속을 구분 짓는다. 겉으로 화려한 것을 믿지 않고 속으로 진정한 것을 우러르는 것이 도가이다. 유가들은 패나 옥으로 자신의 신분을 드러내려 하지만, 도가는 오히려 빛을 죽이고 먼지를 뒤집어쓰려고 한다(和光同塵).[1] 자기가 보이는 것은 일단 보이지 않는 것보다 한 수 아래이다. 그래서 노자는 '감히 남보다 앞서지 않는 것'(不敢爲天下先)[2]을 자기가 가진 세 보물 가운데 하나라고 말하기까지도 한다. 따라서 남들이 보기에 가장 추잡해 보이거나 불구가 된 사람을 오히려 진리에 가까운 사람으로 상정한다. 겉이 망가졌기 때문에 속이 참되다는 것이다. 장자의 경우, 최고의 인격은 거의 모두 불구이다.

묵가의 지도자는 털 없기로 유명하다. 진흙탕 속에서 열심히 노동을 하다 보니, 다리에 털이 남아 있을 수 없는 것이다. 털 없음은 바로 혹독한 노동에 자기를 투사함을 상징한다. 그리하여 '장딴지의 털도 없고, 종아리의 털도 없는' 인물이나, '센바람에 목욕하고, 쏟아지는 빗줄기에 머리 빗는' 인물이 바로 이상적 인격이다.[3] 그들의 자기희생은 대단해서, 철저한 절약 생활 속에 살며, 아이가 태어나도 노래 부르지 않고 사람이 죽어도 상복喪服을 입지 않았다. 하다못해 관棺조차 오동나무로 만든 3촌짜리 덧관 없는 것으로 법식을 삼았다.[4] 노력봉사를 통한 전체적인 삶의 향상을 그들은 이룩하고자 했다.

이 글에서 나는 장자가 바라는 이상인격을 그려 내고자 한다. 당시

---

1) 『老子』, 제4·56장.
2) 『老子』, 제67장. 첫 번째가 慈이고, 두 번째가 儉이다.
3) 『莊子』, 「天下」, "腓無胈, 脛無毛. / 沐甚風, 櫛疾雨." 여기서 예시된 인물은 禹이다.
4) 『莊子』, 「天下」.

많은 제가들이 이상으로 삼던 선왕先王이 장자에게는 어떻게 비추어지
며, 그가 제시한 성인聖人은 과연 어떤 모습인가? 나아가, 장자는 과연
그 성인을 통하여 무엇을 말하고자 했는가? 분명한 점은 그의 성인이
결코 제가의 성인과는 같지 않다는 것이다.

2. 선왕

선왕先王은 중국 역사상 이상적인 인격으로 자주 상정된다. 여기서
선왕이라 함은 요순 이전의 신화적인 인물에서부터, 이후의 우禹, 탕湯,
문文, 무武를 폭넓게 이른다. 공자가 꿈에서도 그리던 주공周公은 왕의
지위에 오르지 않았을 뿐만 아니라 『장자』에서도 중요하게 언급되지
않으므로 이 자리의 선왕 항렬에서는 제외된다.5) 선왕은 유도가 나누
어지기 이전의 인물이므로 그들에 대한 평가는 곧 어떤 세계관을 반영
한다. 결론적으로 말해, 공자 등 당시의 여러 학자들이 선왕들에 대해
후한 대접을 하고 있다면, 장자의 태도는 그에 반해 자못 냉소적이다.
『장자』의 선왕은 크게 두 갈래로 나누어지는데 그 기준은 요임금에
있다. 그것은 요와 관계되지 않는 인물로서 복희伏羲나 황제黃帝 등을 꼽
을 수 있고, 요의 스승으로서의 허유許由나 설결齧缺 그리고 계승자로서
의 우, 탕을 꼽을 수 있다. 요는 순임금과 함께 일컬어지며, 많은 경우
겉으로는 요순은 성왕聖王으로 걸주桀紂는 패왕悖王으로 대비되지만 속뜻

---

5) 그러나 『莊子』 「天下」에는 음악의 예를 들면서 黃帝에서 周公까지 모두 이르고 있다.

은 오히려 요순과 걸주의 진정한 차이가 있느냐를 묻는 것이다.

『장자』에는 신화적 내지 신화화된 인물을 빌려 이 세계의 탄생 과정을 설명하기도 하는데, 이때 등장하는 것이 희위씨豨韋氏, 복희伏羲, 유두維斗, 일월日月, 감배堪坏, 풍이馮夷, 견오肩吾, 황제黃帝, 전욱顓頊, 우강禺强, 서왕모西王母, 팽조彭祖, 부열傅說 등이다. 이 가운데 팽조와 부열은 순과 무정武丁 때 인물이지만, 팽조는 그 이후로도 몇백 년 동안 살았고 부열은 나중에 별이 된다. 이 정도면 『장자』의 복희나 황제는 상당한 대접을 받고 있는 것처럼 보인다. 그러나 그들은 기본적으로 도가적 성인에게는 오히려 한 수 아래로 비추어진다.

황제가 도가적 성인인 대외大隗를 만나려고 구자산具茨山에 가는데, 황제를 비롯한 일곱 성인이 길을 잃어 말을 먹이는 아이에게 길을 묻는다. 그런데 동자는 구자산도 알고, 대외가 어디에 머무는 지도 아는 것 아닌가? 그래서 황제는 아이에게 천하를 다스리는 것을 묻는다. 그때 아이는 "무릇 천하를 다스리는 것도 말을 먹이는 것과 어찌 다르겠는가? 똑같이 말을 해치는 것을 없앨 따름이다"[6]라고 대답하니, 황제는 이에 두 번 절하고 머리를 조아리고 '하늘의 스승'(天師)이라 부르고 물러간다. 이 이야기 속에서는 아무리 황제라 할지라도 별것이 아니다. 하다못해 말 치는 소년보다도 못하다. 목동은 자연 속에서 스스로 진리를 깨달았지만, 황제는 인위를 통해 무엇인가 갈구하다 보니 길을 잃고 마는 것이다. 이른바 '하늘의 스승'이란 자연이 내려준 진리를 깨달은 스승을 가리킨다.

---

6) 『莊子』, 「徐無鬼」, "夫爲天下者, 亦奚以異乎牧馬者哉? 亦去其害馬者而已矣."

황제가 천자가 된 지 19년이 지나자 사회의 명령체계가 잡혔다. 이
때 황제는 도가의 성인인 광성자廣成子에게 자신의 정치를 물었다. 그러
자 광성자는 "그대가 묻고자 하는 것은 사물의 본질인데, 그대가 관리
하고자 하는 것은 사물의 찌꺼기이다"[7]라며 형식적인 질문과 실질적인
욕심의 괴리를 지적한다. 황제가 다스린 다음부터 "구름이 모이기를 기
다리지 않아도 비가 오고, 풀잎이 누렇게 되지 않아도 떨어지고, 해와
달의 빛이 자꾸 거칠어진다"[8]고 광성자는 한탄한다. 그 후 황제는 천하
를 다루는 일을 그만두고 광성자에게서 진리를 배운다.

이와 같은 생각은 황제가 나타나 윤리의 기준을 만들어 놓은 다음부
터 천하가 엉망이 되었다는 견해에서 비롯된다. 『장자』는 노자의 입을
빌려 말한다. "황제가 처음 인의로써 사람의 마음을 흔들어 놓자, 요순
은 이에 허벅지에 살이 빠지고 종아리에 털이 닳도록 천하의 외형을
길렀다."[9]

결국 『장자』에서 황제는 일반적인 도가의 성인 또는 그 성인에게
가르침을 받은 어떤 사람보다도 못한 인물로 묘사된다. 『장자』의 요순
에 대한 평가도 이와 비슷하다. 그런데 요순은 기본적으로 선왕의 계열
에서 이해된다. 『장자』에 따르면, 요의 스승은 허유이고, 허유의 스승은
설결, 설결의 스승은 왕예王倪, 왕예의 스승은 피의被衣이다.[10] 요, 순, 우,
탕, 문, 무는 아래로의 계승이다. 그런데 『장자』는 독자적으로 언급되는
경우가 아닌, 이러한 사승 관계 속에서 거론되는 인물에 대한 평판은

---

7) 『莊子』, 「在宥」, "而所欲問者, 物之質也; 而所欲官者, 物之殘也."
8) 『莊子』, 「在宥」, "雲氣不待族而雨, 草木不待黃而落, 日月之光益以荒矣."
9) 『莊子』, 「在宥」, "黃帝始以仁義攖人之心, 堯舜於是乎股無胈, 脛無毛, 以養天下之形."
10) 『莊子』, 「天地」.

비교적 양호하다.

요는 천하를 허유에게 맡기려 하지만 허유 또한 맡으려 하지 않는다. 요는 자신의 통치 행위가 해와 달의 빛이 내리쪼이는데도 횃불을 들고 있고 비가 오는데도 물을 대는 것과 같이 여긴다. 그리하여 모자란 것이 많다고 생각하여 허유에게 천하를 양도하려 하지만, 허유는 오히려 "요리사가 음식을 못한다고 해서 좨주가 술단지와 도마를 넘어 이를 대신하지는 않는다"[11]라고 하면서 그 제의를 거절한다. 『장자』는 여기에서 이야기를 그치고 있다. 이는 그만큼 허유의 의견에 동조함을 뜻하는 것이다.

탕은 그의 신하인 극棘에게 소요의 경지를 물어보기도 한다. 탕이 극에게 "위, 아래, 사방에 끝이 있는가?"(上下四方有極乎)라고 묻자, 극은 저 유명한 곤붕鯤鵬의 이야기로 대신한다. 이때 탕과 극은 소요의 경지를 그런 대로 이해한 사람으로 묘사된다. 요가 다른 나라를 치려하면서 석연치 않아 하자 순은 요의 덕이 태양을 능가함을 말하기도 한다. 이는 『장자』 속의 요순의 지위가 어느 정도까지는 긍정됨을 보여 주는 것이다.[12] 우에 대해서는 "비록 신령스런 우라도 알 수 없으니 나 홀로 어찌 하겠는가?"[13]라고 말하는 것으로 보아, 이미 우가 신격화되고 있음이 나타난다.

그러나 일반적으로 『장자』는 요순에 대해서 위와 같이 무비판적이지 않다. 오히려 그 의도는 요순의 이름을 빌려 뜻하는 바를 드러내는

---

11) 『莊子』, 「逍遙遊」, "庖人雖不治庖, 尸祝不越樽俎而代之矣." 「讓王」에도 許由가 받지 않음을 말하면서 子州支父에게 堯를 꾸짖게 한다.
12) 『莊子』, 「齊物論」.
13) 『莊子』, 「齊物論」, "雖有神禹, 且不能知, 吾獨且奈何哉."

것이다. 현자인 연숙連叔은 말하길, 도가의 신인神人은 "먼지와 때, 쭉정이와 겨로도 요순 같은 자를 빚어낼 수 있으니, 누구라서 만물을 사업으로 삼으려 하겠는가?"[14]라고 한다. 신인의 관점에서 보면 요순은 아무것도 아닌 셈이다.

나아가 요순과 걸주를 놓고 선악과 시비를 나누는 것은 유치한 일이 아닐 수 없다. "샘이 말라 물고기가 뭍에 서로 머물면서 거품으로 서로 적셔 주고 물기로 서로 축이는 것은 강호에서 서로를 잊느니만 못하며, 요를 명예롭게 생각하고 걸을 비난하는 것은 둘을 잊어버리고 도가 되느니만 못하다."[15] 『장자』의 입장에서는 요와 걸, 또는 순과 주가 다를 바 없다. 요순과 걸주는 때에 따라 귀천이 나누어졌을 뿐이다.[16] 가장 좋기로는 요순과 걸주를 함께 잊어버리는 것이다. 때로는 양비론兩非論적으로 나오기도 한다. "옛날 요가 천하를 다스릴 때 천하가 기뻐하여 본성을 즐겁게 했으나 이는 담담(恬恬)하지 못한 것이다. 걸이 천하를 다스릴 때 천하가 슬퍼하여 본성을 괴롭게 했으나 이는 유유(愉愉)한 것이 아니다. 무릇 담담하지 못하거나 유유하지 못한 것은 덕이 아니다. 덕이 아니면서도 오래간 것은 천하에 없다."[17]

심지어 『장자』는 요, 순, 우, 탕으로 말미암아 인간의 본성뿐만 아니라 생활의 조건조차 나쁘게 되었다고 강력하게 비난한다. 요는 총지叢枝

---

14) 『莊子』, 「逍遙遊」, "是其塵垢秕穅, 將猶陶鑄堯舜者也, 孰肯以物爲事."
15) 『莊子』, 「大宗師」, "泉涸魚相與處於陸, 相呴以濕, 相濡以沫, 不如相忘於江湖; 與其譽堯而非桀也, 不如兩忘而化其道."
16) 『莊子』, 「秋水」, "由此觀之, 爭讓之禮, 堯桀之行, 貴賤有時, 未可以爲常也."
17) 『莊子』, 「在宥」, "昔堯之治天下也, 使天下欣欣焉人樂其性, 是不恬也. 桀之治天下也, 使天下瘁瘁焉人苦其性, 是不愉也. 夫不恬不愉, 非德也. 非德也而可長久者, 天下無之."

와 서오胥敖 두 나라를, 우는 유호有扈를 쳤다. "나라는 빈집과 후세 없는 이로 가득 찼고, 몸은 형벌을 받거나 도륙됐으며, 군대를 쓰는 것이 그치지 않고 실리를 찾는 것이 멈추지 않았다. 이는 모두 이름과 실리를 찾는 것이다."[18] '명실名實'에 대한 강조는 유가의 몫이다. 유가를 대표하여, 요와 우의 명예와 실리를 도모하는 정신이 국가를 황폐하게 만들고 백성을 비탄에 빠지게 했다고 『장자』는 주장한다.[19]

『장자』에서 요는 그의 스승인 허유에게조차 말썽거리이다. 허유의 스승인 설결이 허유에게 어디에 가는가를 묻자 허유는 요를 피해 간다면서 말한다. "무릇 요는 인을 쌓고자 한다. 나는 그것이 천하의 웃음거리가 될까 걱정이다. 후세에 그것으로 사람과 사람이 서로 잡아먹게 되지 않겠는가."[20] 그는 요가 강조하는 인이 이 세상을 자꾸만 어지럽힌다는 관점을 유지한다. "인의를 버리는 자는 적고, 인의를 이용하는 자는 많다."[21] 결국 허유는 순을 놓고 "무릇 요는 현인이 천하에 이로운 것만 알지 천하에 적이 됨을 모른다"[22]라고 큰 걱정을 하고 있는 것이다. 이처럼 『장자』에서 요의 스승인 허유가 요를 비판하는 장면은 드물지 않다. 이를테면 다른 곳에서 허유는 자신의 스승을 거들먹거리면서 요의 제자인 의이자意而子에게 요가 제대로 가르쳐 주지 못했음을 지적하는 광경을 연출하기도 한다.[23]

---

18) 『莊子』, 「人間世」, "國爲虛厲, 身爲刑戮, 其用兵不止, 其求實無已. 是皆求名實者也."
19) 유가의 명실론은 名과 實이 같아야 한다는 이른바 正名論으로 名實相符의 의미를 강조한다. 인용문에서 명실은 그런 뜻이라기보다는 명예와 실리를 뜻하고 있다. 그러나 크게 보아 유가가 명실 추구라는 대전제를 받아들인다는 점에서 상통한다.
20) 『莊子』, 「徐无鬼」, "夫堯畜畜然仁. 吾恐其爲天下笑. 後世其人與人相食與."
21) 『莊子』, 「徐无鬼」, "損仁義者寡, 利仁義者衆."
22) 『莊子』, 「徐无鬼」, "夫堯知賢人利天下也, 而不知其敵天下也."

그렇다면 과연 『장자』에 나오는 노자와 장자는 선왕을 어떻게 평가하는가? 『장자』속의 노자는 황제가 천하를 다스릴 때는 '백성의 마음이하나'(使民心一)였지만, 요가 천하를 다스릴 때는 '백성의 마음에 친함'(使民心親)이 생겼고, 순이 천하를 다스리면서 '백성의 마음이 다투기'(使民心競)시작했고, 우가 천하를 다스리면서 '백성의 마음이 변했다'(使民心變)고 주장한다.[24] 그러자 유묵이 일어났다는 것이다.

『장자』 속에서 탕이 장자에게 인이란 무엇인가를 묻는다. 그때 장자는 다음과 같은 말을 인용한다. "공경으로 효도하기는 쉽지만 사랑으로효도하기는 어려우며, 사랑으로 효도하기는 쉽지만 어버이를 잊기는 어려우며, 어버이를 잊기는 쉬워도 어버이로 하여금 나를 잊게 하기는 어려우며, 어버이로 하여금 나를 잊게 하는 것은 쉬워도 두루 천하를 잊기는 어려우며, 두루 천하를 잊기는 쉬워도 천하로 하여금 두루 나를 잊게하기는 어렵다."[25] 이러한 관점에서 볼 때 요순이 제시한 덕목은 별것이 아닐 수밖에 없다.

비판의 기준이 선왕 가운데 요가 되는 까닭은, 요까지는 성왕의 다스림으로 볼 수 있지만 순부터는 조금씩 인의가 흥기하여 도가 어지러워지고 점차 인성이 타락하고 있는 것으로 보기 때문이다. 그래서 순은때로 아예 외물에 마음을 빼앗겨 몸이 고달픈 '권루(卷婁)'와 같이 평가되고,[26] 요는 그럼에도 불구하고 순에게 백성을 맡기는 것으로 그려지는

---

23) 『莊子』, 「大宗師」.

24) 『莊子』, 「天運」.

25) 『莊子』, 「天運」, "以敬孝易, 以愛孝難; 以愛孝易, 以忘親難; 忘親易, 使親忘我難; 使親忘我易, 兼忘天下難; 兼忘天下易, 使天下兼忘我難."

26) 卷婁는 暖姝와 濡需와 더불어 상당히 치욕적인 용어이다. 훤주는 남의 학설에 빠져

것이다.[27]

이와 같은 『장자』에서 드러나는 선왕들에 대한 판단 기준 및 평가는, 심지어 공자에게도 똑같이 적용된다. 선왕들에 대한 비판이 일률적이지 않고 곳에 따라 때에 따라 많은 유동성을 보이듯이, 공자에 대한 평가도 마찬가지로 상당히 탄력적으로 나타난다.[28]

3. 성인과 덕

동양에서 성인의 '성聖'은 최고의 이상적 의미를 지닌다. 따라서 성인은 학파를 막론하고 대체적으로 긍정적인 뜻을 지닌다. 맹자와 순자의 철학이 다르고 성인의 역할도 다르지만 공통적으로 성인의 의미를 결코 폄하하지 않듯이, 장자도 마찬가지이다. 그러나 그 내용은 제가들과 판이하게 다르다.

지리소支離疏의 경우를 보자. 이름에서 나타나듯 그는 몸뚱이가 이리저리 흩어져 아무 데나 박혀 있었다. 턱이 배꼽 속에 숨어 있고, 어깨가 정수리보다 높고, 딴 머리는 하늘로 치솟고, 오장은 위에 있고, 두 허벅

그것이 자기 학설인 양 여기는 모습을 일컫고, 유수는 자기의 세계 속에서 훌륭하다며 자족하는 상태를 말하고, 권루는 밖의 세상에 빠져 심신이 피로한 것을 가리킨다. 유수는 돼지 털 속의 이와 같이 가랑이나 젖통 사이에서 즐거워하다 돼지가 구워지면서 타 죽는 꼴이고, 권루는 양고기처럼 비린 맛을 풍겨 개미가 꼬임을 빗대는 것이다. 권루는 곧 순이라(卷婁者舜也) 한다. 순이 비린 맛을 풍겨 백성이 꼬이게 되었다는 말이다. 이 三者는 모두 神人이 싫어하는 바이다.

27) 『莊子』, 「徐无鬼」.
28) 이 책의 1부 「제7장 장자와 공자」를 볼 것.

지는 갈비뼈에 붙어 있었다. 이렇게 지리支離한 신체를 지닌 그였지만 너무도 살기 좋았다. 바느질이나 옷 빨래로 입에 풀칠하는 것은 지장이 없었다. 키질로 곡식을 까불어 주면 열 식구는 먹일 만했다. 그래서 전쟁이 나서 징용을 하더라도, 나라에 큰 부역이 있더라도, 그의 신체적 조건 때문에 그는 빠질 수 있었을 뿐만 아니라 활개 치고 다닐 수 있었다. 오히려 정부에서 병자에게 구호품을 배급할 때 먹을 것과 땔감을 받을 수 있었다.

장자는 그의 몸이 그러하기 때문에 "몸을 기르고 하늘이 준 목숨을 다하는 데 족하다"[29]고 평가한다. 그런데 이러한 발언은 신체만을 두고 하는 것이 결코 아니다. 궁극적으로 정신이 그러해야 함을 말한다. 장자의 표현에 따르면, 그 '덕德'이 지리한 경우는 말할 것도 없다.

여기서 우리는 장자가 말하는 파격의 성인을 만난다. 신체가 마구 갈기갈기 흩어진 사람의 비유를 통해, 정신을 일반적인 평가처럼 단아端雅하고 방정方正하게 만드는 것은 상식적인 수준일 뿐이고, 이를 해체解體하고 멸렬滅裂시킬 수 있는 사람이야말로 성인의 반열에 오를 수 있음을 장자는 지적하고 있다. 안타깝게도 지리소에 대해서는 직접적으로 성인이라는 표현을 쓰지는 않는데, 다음의 경우는 비록 공자의 입을 빌리기는 하지만, 분명히 성인이라고 일컫는다.

노나라에 죄를 지어 다리가 잘린[30] 왕태王駘라는 이가 있었다. 그의 제자는 공자의 제자 수와 비슷했다. 그러나 그는 결코 서서도 가르치지 않고, 앉아서 이야기하지도 않는다. 그럼에도 제자는 비어 왔다가 차서

---

29) 『莊子』, 「人間世」, "足以養其身, 終其天年."
30) 兀.

돌아간다. 그에게는 '말없이 가르치고, 무형으로 마음을 이루는 것'이 진실로 있다.[31] 이러한 말을 들은『장자』속의 공자는 그가 성인이라고 단정적으로 말한다. 그러면서 공자도 그의 제자가 되고 싶어하는데, 자신보다 못한 사람은 말할 것도 없다면서 그를 매우 높게 평가한다.

왕태가 다리병신인 것에 대해서 부정적인 견해를 보이는 제자가 있자, 공자는 단호하게 말한다. "죽고 사는 것도 큰 것이나 그것과 변하지 않는다. 하늘과 땅이 엎어지고 깨질지라도 그것과 함께 무너지지 않는다. 끝이 없는 데서 머물지만 사물과 옮겨 다니지 않고, 사물의 변화를 명하면서도 그 기둥을 지킨다."[32] 이러한 발언은 생사와 천지가 그를 어찌하지 못하는데 겨우 발이 잘렸다고 신경이나 쓰겠느냐고 반문하는 것과 같다. 공자는 말한다. "그 다름으로 보면 간과 쓸개가 초나라와 월나라 같고, 그 같음으로 보면 만물이 모두 하나이다. 그러할 수 있는 자는 귀와 눈이 나가야 할 바를 모르나 마음을 덕의 조화 속에 노닐게 한다. 만물의 그 같은 바를 보고 그 잃어버린 바를 보지 않으니, 그 다리를 잃은 것을 흙이 떨어진 듯 여긴다."[33]

공자의 말을 빌려 장자는 여기에서 '덕'의 조화를 강조한다. 다시 말해, 귀와 눈은 신체를, 덕은 정신을 상징하는 것이다. 신체가 가야 할 바는 모르지만 정신의 조화 속에서 노닐 수 있는 경지를 가리킨다. 따라서 왕태에게 다리가 있고 없음은 큰 같음의 입장에서 볼 때는 있으나

---

31)『莊子』,「德充符」, "立不敎, 坐不議. / 虛而往, 實而歸. / 無言之敎, 無形而心成者."
32)『莊子』,「德充符」, "死生亦大矣, 而不得與之變. 雖天地覆墜, 亦將不與之遺. 審乎無假而不與物遷, 命物之化而守其宗也."
33)『莊子』,「德充符」, "自其異者視之, 肝膽楚越也; 自其同者視之, 萬物皆一也. 夫若然者, 且不知耳目之所宜而遊心乎德之和. 物視其所一而不見其所喪, 視喪其族猶遺土也."

없으나 같은 것이다. 그리하여 발바닥에 흙이 묻었다가 떨어지는 것과 같이, 몸뚱이에 다리 한 짝이 붙었다가 떨어졌다고 생각하는 것이다.

장자는 이처럼 육체와 '덕'을 구별한다. 이는 육체는 자아라는 것에 붙었다 떨어지는 우연적인 것이지만, 덕은 오히려 자아의 핵이고 중앙이라는 생각이다. 위의 지리소의 예는 「인간세人間世」편에 나오지만, 아래 왕태의 예는 「덕충부德充符」편에 나온다. 그런데 '덕충부'라는 것은 바로 덕이 충만한 징표를 나타내는 말이다. 그래서 「덕충부」편에 나오는 인물은 한결같이 불구자이다. 「덕충부」의 두 번째 인물인 신도가申徒嘉도 다리를 잘렸고, 세 번째 인물인 숙산무지叔山无趾도 발가락이 잘렸다. 네 번째와 다섯 번째 인물은 사람이라고도 할 수 없을 정도로 추악하고 게다가 불구도 겹쳤다. 그러나 장자는 여전히 그들에게 성인의 지위를 부여한다. 결국, 장자에게 덕이 충만한 징표는 불구인 것이다.

애태타哀駘它는 위나라의 추악한 인물이다. 뿐만이 아니라, 주장하지도 않고 지식도 없다. 그럼에도 불구하고, 남녀를 막론하고 그를 따랐다. 남의 처가 되기보다는 그의 첩이 되겠다고 부모에게 간청하는 여자가 열이 넘어도 그칠 줄 몰랐다. 노애공魯哀公도 1년 안에 그를 믿게 되어 나라를 맡기게 되었다. 그러나 애태타는 슬픈 듯 떠나버렸다. 이러한 말을 들은 공자는 그가 바로 '덕을 온전히 한 사람'(全德之人)[34]이라고 말한다. 돼지 새끼가 어미의 젖을 빨다 어미가 죽은 줄 알고 놀라 달아나듯이, '어미를 사랑하는 것은 그 형체를 사랑하는 것이 아니라, 그 형체가 되게끔 하는 것을 사랑한다'[35]는 것이다. 형체를 되게끔 하는 것은

---

34) 『莊子』, 「德充符」.
35) 『莊子』, 「德充符」, "所愛其母者, 非愛其形也, 愛使其形者也."

다름 아닌 덕이다.

　인기지리무순闉跂支離無脣은 절름발이에 꼽추에 언청이가 한 몸에 있는 사람이며, 옹앙대영甕盎大癭은 목이 항아리처럼 된 사람이다. 사람의 이름이라고는 하지만, 온갖 불구의 대명사이다. 인기지리무순은 위영공에게, 옹앙대영은 제환공에게 도를 말했다. 도를 들은 그들은 인기지리무순과 옹앙대영을 좋아하는 바람에 정상적인 사람의 목을 오히려 말랐다며 싫어했다. 그 까닭은 무엇인가? 장자는 '덕이 높은 바'(德有所長)라고 한다. 덕이 높으면 '형체는 잊히는 바'(形有所忘)이다. 그런데 장자가 한탄하는 것은, '사람들은 잊어야 할 것은 잊지 않고, 잊어서는 안 될 것은 잊는 것'이다.36) 따라서 성인은 '사람의 형태를 띠고는 있지만 사람의 성정을 가지고 있지 않으며', 나아가 '시비를 몸에 지니지 않는 것'이다.37) 이러한 이야기는 마침내 성인이 '사람과 함께할 때는 매우 작고, 하늘과 함께할 때는 매우 크다'는 결론에 이른다. 장자는 말한다. "실눈을 뜨듯 작구나. 그래서 사람에 속한다. 놀란 듯 크구나. 그래서 홀로 그 하늘을 이룬다."38)

　이러한 예는 『장자』 전편을 막론하고 돌출한다. 이를테면 「지락至樂」편에는 지리숙支離叔과 골개숙滑介叔의 대화를 통해, 갑자기 몸에 생겨난 혹조차 미워하지 않고 천지자연의 변화와 동일시하는 성인의 모습을 보여 준다.

　이렇듯 장자에게 성인은 모두 불구이며 덕을 갖춘 사람이다. '하늘

---

36) 『莊子』, 「德充符」, "人不忘其所忘, 忘其所不忘."
37) 『莊子』, 「德充符」, "有人之形, 無人之情. / 是非不得於身."
38) 『莊子』, 「德充符」, "眇乎小哉, 所以屬於人也; 警乎大哉, 獨成其天."

의 소인이 사람의 군자이고, 사람의 군자가 하늘의 소인'[39]이듯, 외모에서 추악하고 절단된 모습을 갖추어야 성인이다. 그러나 그 성인들은 형체를 넘어서 덕으로 사람을 이끈다. 결국, 장자에게 성인은 '덕을 온전히 한 사람'(全德之人)으로 정의된다. 덕은 형체를 넘어서 무엇보다도 중요한 것이다.

노장철학에서 일반적으로 덕은 '득得'으로 풀이된다. 덕은 얻어지는 것이다. 다시 말해, 도가 진리라면 덕은 그 기능이요, 도가 이론이라면 덕은 그 실천이다. 장자는 성인을 통해 그 덕의 모습을 극명하게 보여주었다. 덕은 외형에서 나오지 않는다는 것, 오히려 신체가 완전하지 않을수록 덕은 더욱 온전해진다는 것, 그리하여 그 덕은 제후에서 아낙네에 이르기까지 모두에게 신뢰감을 준다는 것 등이다. 결론적으로, 성인의 '덕'은 신체의 '득'에 머물러서는 결코 나오지 않고 그것의 허울을 초극해야 나오는 참다운 '득'인 것이다. 그 형해形骸가 자연적으로 기괴하거나 인위적으로 절단되거나 하는 것조차 큰 문젯거리가 되지 않는다.

4. 상식을 넘어서

제자백가들에게 보편적으로 존경되었던 선왕이 『장자』에서는 폄하된다. 그러면서도 이상적 인격으로 '성인'이라는 용어를 쓰는 것은 장자를 포함하여 공통적이다. 그러나 분명히 다른 것은 그 성인의 표준이다.

---

39) 『莊子』, 「大宗師」, "天之小人, 人之君子, 人之君子, 天之小人也."

장자에게 성인은 곧 추악한 불구의 형상을 띠기 때문이다.

여기에서 우리는 물을 수 있다. 그렇다면 장자의 기준에서는 추악한 불구가 아니면 성인이 될 수 없다는 것인가? 『장자』 전편을 통해 보통 사람과는 다른 기인畸人[40]이 성인의 역할을 하고 있음은 부인될 수 없다. 이렇듯 장자는 정상적인 신체라는 질곡에 빠져 있는 한, 성인의 길로 나서기는 어려움을 보여 주고 있다. 결국 '몸'은 함정이다. 그것에서 탈피하거나 분해되지 않는 한, 인간은 성인의 덕을 갖출 수 없는 것이다. 이러한 역설은 『장자』 전편에 줄곧 흐르고 있다.

후대 성리학적 체계에서 주제가 되는 인욕人欲의 문제는 아예 끼어들 여지조차 없다. 육체 그 자체가 문제가 되지 않는데 인간의 욕망이 문제가 될 리 없는 것이다.

장자의 주장은 유묵이 선왕을 존숭하는 것과 견주어 볼 때, 몹시 다르다. 유가는 기본적으로 요순 같은 선왕을 '성왕聖王'이라는 호칭으로 성인의 반열에 올려놓는다. 그러나 도가는 현실적으로 왕 노릇 하는 것이 내면적으로 성인의 덕을 갖추었다고 보지는 않는다. 물론 장자도 '고요하면 성인이고, 움직이면 제왕'[41]이라고 하여 '내성외왕의 길'(內聖外王之道)[42]을 부정하지는 않는다. 그렇다고 해서 제왕이 곧 성인이라는 것은 받아 주지 않는 것이다. 묵가에게 우임금은 이상적 인격으로 비추어졌다. 왜냐하면 그의 수리관개水理灌漑 및 운하運河사업은 묵가들에게 가

---

40) 『莊子』, 「大宗師」. 사회로부터는 버림받았지만 자연과 함께하는 사람(畸於人而侔於天)을 가리킨다. 하늘의 小人은 사람의 君子이고, 사람의 君子는 하늘의 小人이다.(天之小人, 人之君子. 天之君子, 人之小人也.)

41) 『莊子』, 「天道」, "靜而聖, 動而王."

42) 『莊子』, 「天下」.

장 예증적인 것이기 때문이었다. 그러나 장자의 입장에서 그것은 단지 몸을 수고롭게 하는 작업일 뿐이었다. 묵가의 공은 어지럽히는 데는 뛰어났지만 다스리는 데는 하수에 불과했다. 따라서 성인이 아닌 재사才士에 머물 뿐이다.[43)]

『장자』에서는 지인至人, 신인神人, 진인眞人, 성인 등이 반드시 이상적 인격으로서의 우열을 지니지는 않는다. 그러나 『장자』 첫 문단의 "지인은 내가 없고, 신인은 공이 없고, 성인은 이름이 없다"[44)]라는 구절에서처럼, 성인이 궁극적 인격임에는 틀림이 없다. 그리고 그 성인은 특정한 사승師承 관계도 없다.[45)]

우리는 장자를 통해 유가와 묵가와는 다른 인격의 정형을 만난다. 재미있게도 그것은 상식 밖의 인물들이었다. 현실적인 정치에 참여한 인물은 아무리 훌륭해도 성인에 끼지 못한다. 나아가 육신은 추악하고 불구여야 비로소 고목枯木과 같이 군더더기가 없어진다. 그때 성인은 형체를 떠난 마음을 덕의 조화 속에서 노닐게 하는 것(遊心乎德之和)이다.

---

43) 『莊子』, 「天下」, "亂之上也, 治之下也."
44) 『莊子』, 「逍遙遊」, "至人無己, 神人無功, 聖人無名."
45) 장자는 南伯子葵와 女偊의 문답을 통해 師承을 말하고 있기는 하다. 疑始—參寥—玄冥—於謳—需役—聶許—瞻明—洛誦之孫—副墨之子로 이어지는 聞道의 과정이다. 그러나 이는 유가의 道統이나 불가의 傳燈처럼 사람끼리의 주고받음이 아니라, 疑始(成玄英: 不本而本, 本無所本, 亦無的可本)—參寥(成玄英: 一者節有, 二者絶無, 三者非有非無)—玄冥(郭象: 名無而非無)—於謳(宣穎: 詠歎歌吟)—需役(陳啓天: 修行)—聶許(林雲銘: 目聶而心許)—瞻明(王先慊: 見解洞徹)—洛誦(誦讀)—副墨(文字)과 같이 의미나 상징일 뿐이다.(『莊子』, 「大宗師」)

제7장 장자와 공자

—장자가 그린 공자: 도가와 유가의 만남

1. 소왕

이른바 소왕素王은 공자를 일컫는 말이다. 이는 실재 권력을 장악한 왕이 아니라 사상과 문화의 영도자로서 왕과 같은 지위에 올랐음을 상징한다. 진짜 왕이라면 홍포紅袍나 황포黃袍 등 일정한 유채색을 얻었을 터이나 공자는 그렇지 못했기 때문에 무채색으로 표현된다. 일반적으로 그것은 공자를 매우 존경하는 뜻이다. 비록 현실의 왕은 아니었지만 철학사 속에서 왕 중 왕으로 공자를 크게 대접하는 것이기 때문이다. 이러한 표현은 유가의 정통성 문제에 천착한 성리학적 세계 속에서도 용인되는 것이었다.[1]

---

1) 莊子에 대한 二程과 朱子의 성리학적인 평가는 李楠永, 「莊子의 孔子觀」(崔載喜博士 還曆紀念 論文集, 1974)을 볼 것. 그 논문은 장자와 공자를 적대적인 관계로 파악하는 역사적 논평에 대한 재인식을 권고한다. 중심 내용은 대체로 『莊子』의 「內篇」과 『論語』 위주로 연구되었다. 그러나 이 글은 『莊子』 전편을 대상으로 한다. 嚴靈峯(『道家四子新編』, 臺北, 1977), 王叔岷(『莊學管闚』, 臺北, 1978) 등에 따르면 실로 內, 外, 雜編에 대한 구분은 상당히 모호하다. 그러나 나는 魏晉의 郭象과 같은 『莊子』 주석가에 의해 전개된 '名敎'와 '自然'이라는 표준으로 장자의 기초 사상과 발전 사상을 나누어 볼 수 있다. 이를테면 '迹'의 문제가 대표적이다. 鄭世根, 『莊子氣化論』(臺北: 學生,

그런데 이 소왕이란 말은 다름 아닌 『장자』에 나오는 말이다. 『장자』는 천지의 평준(平)과 도덕의 지극(至)으로 '허정虛靜', '염담恬惔', '적막寂寞', '무위無爲'를 꼽는데, 이것은 또한 만물의 근본(本)이기도 하다. 이를 바탕으로 남면南面2)해서는 요堯가 임금이 되었고, 북면北面해서는 순舜이 신하가 되었다. "이로써 위에 있는 것이 제왕과 천자의 덕이고, 이로써 아래에 있으면 현성과 소왕의 도이다."3)

여기에서 장자는 두 가지 방향을 우리들에게 제시한다. 하나는 도의 방향이고, 다른 하나는 덕의 방향이다. 『노자』에서 볼 수 있듯이, 도가 진리라면 덕은 그 효용이고, 도가 이론이라면 덕은 그 실천이다. 이때 덕의 도가적 의미는 유가가 말하는 윤리적 덕목과는 판별된다. 이를테면 제왕과 천자는 실천을 했기 때문에 덕이라 표현되는 것이고, 현성과 소왕은 이론뿐이었기 때문에 도라고 표현되는 것이다. 이상적으로 말해, 현성과 소왕은 진리의 주창자인 반면 제왕과 천자는 그 효용성을 이루어 내는 인물이다.

후대의 철학자들은 바로 이러한 맥락 속에서 공자를 소왕으로 이해했던 것이다. 그들은 『장자』의 기준으로 공자를 평가했고, 그 의미 속에서 공자를 격상시켰다. 유가와 도가, 그 둘은 마치 만날 수 없는 길을 가고 있었던 듯싶지만 오히려 여러 시점에서 상당히 접근하기도 했다.

1993), 第二章 氣化論의背景, 第五節 莊子及其書, 31~36쪽을 볼 것. 따라서 이 글에서 말하는 장자는 『莊子』書를 중심으로 한 장자사상을 말한다. '『장자』'가 아닌 '장자'라고 일컬을 때에도 의인화되었을 뿐, 기본적으로 『장자』가 표현하는 사상적 실체를 가리킨다.

2) 원문은 南鄕.

3) 『莊子』, 「天道」, "以此處上, 帝王天子之德也; 以此處下, 玄聖素王之道也."

이른바 '안으로는 성인이며 밖으로는 제왕'(內聖外王)이라는 유가적 이상조차 『장자』의 구절을 인용한 것임은 잘 알려져 있다.4) 그런데 이 유명한 구절은 사실상 위의 소왕 문장 다음에도 나온다. 곧 "고요할 때는 성인으로, 움직일 때는 제왕으로"(靜而聖, 動而王)라는 표현으로 제왕천자와 현성소왕을 또 다른 모습으로 묘사한다.

그렇다면 과연 『장자』 속의 공자는 어떤 모습일까? 도가와 대립한다고 이해되는 유가의 종사宗師 공자를 『장자』는 어떻게 적고 있는가? 공자를 좋게 평가했다면 왜 그렇게, 나쁘게 평가했다면 또한 왜 그렇게 했을까? 그리고 철학사 속에서 그 맥락은 어떻게 이해돼야 하는가?

그러나 아쉽게도 장자가 직접 공자를 제대로 평가한 것은 두세 차례에 지나지 않는다. 그 가운데 하나도 추정일 따름이다. 장자가 노애공과 이야기를 나누면서 유가는 동그란 관모와 네모난 신발로 천시天時와 지형地形을 아는 체하지만 진정 아는 사람은 그런 복장을 하지 않는다고 하자, 애공은 "이 도가 없으면서도 이 옷을 입는 자는 죽인다"5)라고 선포한다. 그러자 닷새 만에 감히 유복儒服을 입은 자가 없었지만 오직 한 사람만이 그 복장을 하고 애공 앞에 나왔으며, 나랏일을 묻자 천변만화하여 막힘이 없었다. 장자는 이를 놓고 "노나라에는 유자가 한 사람뿐이다. 어찌 많다고 하는가?"6)라고 묻는다. 장자는 이곳에서 진정한 유가는 많지 않음을 말하고 있다. 그러나 그는 노나라의 '오직 한 사람'(獨有一丈夫)인 공자는 인정을 하는 셈이다.

---

4) 『莊子』, 「天下」.
5) 『莊子』, 「田子方」, "無此道而爲此服者, 其罪死."
6) 『莊子』, 「田子方」, "以魯國而儒者一人耳, 可謂多乎."

다른 데에서는 노애공이 장자가 아닌 안합顔闔에게 공자를 평가하도록 한다. 이때 공자는 형편없게 취급된다. 그는 공자를 국정에 기용함을 위태로운 짓이라고 일갈一喝하면서, "중니는 바야흐로 깃털을 꾸며 그림을 그리고, 일하는 데도 말을 화려하게 하고, 곁가지를 뜻으로 삼고, 본성은 참아야 하는 것으로 백성을 다루는데, 믿음을 받지 못하는 것도 모른다"7)고 혹평한다.

여기에서 과연 우리는 어떤 이해를 선택해야 하는가? 상반적인 듯 보이는 『장자』 속의 평가는 어디에서도 보인다. 대표적인 유가로서의 공자와 지말支末적인 식자로서의 공자, 우리는 그 두 모습을 어디에서도 볼 수 있다. 따라서 우리는 장자가 유가를 얼마나 받아들였는지를 먼저 묻는다. 나아가, 노자의 관계 속에서 공자가 어떻게 이해되는지 그리고 공자는 도가의 성인과 비교해서 어느 정도의 지위를 갖는가를 묻고자 한다.

2. 유가

장자는 유가를 어떻게 보고 있는가? 이때 유가는 공자를 포함한 전 유가 집단을 뜻한다. 집단이란 표현이 가능한 것은 당시 그들은 이미 집단화되어 있었으며 때로는 상대방에 대해 상당히 배타적인 태도를 취하고 있었기 때문이다. 『장자』에 나오는 유가도 예외는 아니다. 그리

---

7) 『莊子』, 「列禦寇」, "仲尼方且飾羽而畵, 從事華辭, 以支爲志, 忍性以視民, 而不知不信."

고 그러한 집단화는 다른 학파도 마찬가지여서 묵가는 유가와 더불어 당시 가장 큰 세력을 형성하고 있었다. 따라서 『장자』에서 유가를 이야기할 때 거의 모두 묵가와 더불어 일컬어진다. 이는 유가의 입장에서 묵가와 도가를 함께 비난하는 것과 마찬가지이다.8) 우리가 『장자』의 유가를 말하면서 유묵을 함께 이야기하는 까닭이 여기에 있다.

『장자』는 유묵을 시비是非에 매달려 있는 학파라고 단적으로 평가한다. "도는 조금 이루어진 데 숨고, 말은 영화로운 것 속에 숨는다. 따라서 유묵의 옳고 그름이 생김으로써 그른 바를 옳다 하고 옳은 바를 그르다 한다."9) 세상은 여러 꼴로 이루어지고 있지만 그것을 옳다 그르다 하면 이미 싸움의 마당에 서게 된다. 장자는 역사의 유구함은 긍정하면서도 그에 대한 변론을 인정하진 않는다. "『춘추』는 세상을 경영한 선왕의 뜻이며 성인은 논의만 할 뿐 변론하지 않는다."10) 따라서 "유묵과 같이 이름을 따지면 흉해지고 만다"11)면서 이름으로 말미암아 생겨나는 시비 판단을 비판한다.

『장자』는 유가의 대표적인 인물로 증삼曾參과 사어史魚를 꼽기도 한다. 이들은 인仁이 지나친 사람들이다. "인에 지나친 사람은 덕을 뽑아버리고 본성을 막음으로써 명성을 얻어 천하가 떠들썩하게 다다르지 못할 법을 따르라고 하는 것 아닌가? 증삼과 사어가 이런 사람이다."12)

---

8) 『孟子』, 「滕文公」下, "楊朱墨翟之言盈天下, 天下之言不歸楊則歸墨. 楊氏爲我, 是無君; 墨氏兼愛, 是無父也. 無父無君是禽獸也."
9) 『莊子』, 「齊物論」, "道隱於小成, 言隱於榮華. 故有儒墨之是非, 以是其所非, 而非其所是."
10) 『莊子』, 「齊物論」, "春秋經世, 先王之志. 聖人議而不辯."
11) 『莊子』, 「徐无鬼」, "至名若儒墨而凶矣."
12) 『莊子』, 「駢拇」, "枝於仁者, 擢德塞性, 以收名聲, 使天下簧鼓, 以奉不及之法, 非乎. 而曾史是已."

이와 같은 비판은 유가뿐만 아니라 묵자, 심지어는 도가로 분류되는 양주楊朱까지도 해당된다. 양묵은 변론이 지나친 사람들이다. "변론에 지나친 사람은 기와를 쌓고 새끼를 꼬아 문구나 쪼면서 (언어와 문자에 천착해) 견백과 동이의 논쟁에서 마음을 놀게 하여 잠시 무용의 말을 자랑하는 것 아닌가? 양주와 묵자가 이런 사람이다."13) 그렇다면 장자는 유가의 인과 양묵14)의 변을 매우 못마땅하게 생각하고 있음을 알수 있다. 이 같은 생각은 다른 곳에서도 나타나 "증삼과 사어의 행위를 잘라 버리고 양주와 묵적의 구변을 다물게 하고 인의를 버리면 천하의 덕은 크게 하나 되기 시작한다"15)라고 주장하기도 한다.

『장자』는 유가가 세운 종묘宗廟와 사직社稷과 같은 제도가 오히려 나라를 도둑질하게끔 한다고 비판한다.16) 달리 말해, 잘 살고 있는데 유가들이 종묘와 사직을 세워 어떤 통치 체계를 이루자 그것을 도둑질하는이가 생겼다는 것이다. 장자는 "옛날 제나라는 이웃끼리 서로 바라보기만 하고 왕래하지 않고, 그저 닭과 개의 소리를 서로 들을 뿐이었다"17)라고 말한다. 이는 노자가 말하는 이상국의 모습을 제나라에 그대로옮긴 것이다.18) 그런데 제나라가 어떤 제도를 갖추게 되면서 통치의 행위는 시작된다. "따라서 종묘와 사직을 세워 읍옥, 주려, 향곡19)을 다스

---

13) 『莊子』,「骈拇」, "骈於辯者, 累瓦結繩, 竄句遊心於堅白同異之間, 以敝跬譽無用之言, 非乎? 而楊墨是已."
14) 이때 묵자는 후기 묵자, 즉 『墨辯』을 가리키는 듯하다.
15) 『莊子』,「胠篋」, "削曾史之行, 鉗楊墨之口, 攘棄仁義, 而天下之德始玄同矣."
16) 유가가 宗法制에 기초한 이상사회 건설을 목표로 하고 있으며, 그 구체적인 상징이 宗廟로 드러남은 두말할 나위 없다.
17) 『莊子』,「胠篋」, "昔者, 齊國, 鄰邑相望, 雞狗之音相聞."
18) 『老子』, 제80장, "鄰國相忘, 鷄犬之聲相聞."
19) 기본적으로 통치단위는 屋—邑, 閭—州, 曲—鄕의 순서로 증대된다.

리는 것이 어찌 일찍이 성인을 본받지 않았는가?"[20] 그러나 그런 완벽하게 보이는 제도로 말미암아 전성자田成子와 같은 이가 나타나 한순간에 임금을 죽이고 나라를 빼앗고 성인의 지혜로 이루어진 법도 도둑질한다. 그는 도둑의 이름을 얻었으면서도 요순처럼 편하게 살았다. 이처럼 『장자』는 유가를 상징하는 종묘와 사직의 제도조차 부정해 버리는 것이다.

『장자』는 때로 양묵을 먼저 내세운 다음 유가를 비판하기도 한다. 양묵이 얻은 바는 마치 "비둘기나 올빼미가 새장 속에 있으면서도 얻었다"[21]는 것과 같다. 유가는 홀을 꽂고 띠를 늘여 그 몸을 묶어 놓고 있으니 마치 "죄인이 팔이 돌려지고 손가락이 꼬여지거나, 호랑이와 표범이 우리에 있으면서도 얻었다"[22]는 것과 같다. 양묵이나 유가가 옳다고 하는 바는 자기가 옳다고 하는 것일 뿐, 결코 한계를 뛰어넘는 것이 아니다. 그들의 주장은 기본적으로 갇혀 있거나 막혀 있는 일종의 영어囹圄의 지식이다. 유가는 '말 꾸미기'(僞辭)라는 거짓만을 일삼고 묵가는 '모두 사랑하기'(兼愛)라는 이루어지지 못할 것만을 떠든다.[23]

그렇다면 『장자』는 유가를 어떻게 평가하고 있는 것인가? 유가가 '육경六經'을 위주로 함은 이미 『장자』에서 자주 지적되었다.[24] 위에서 언급된 대로 유가는 홀을 꽂고 띠를 늘인 것, 곧 '진홀신수紳笏紳修'는 그들을 상징한다. 다른 곳에서는 유가를 아예 '추로지사鄒魯之士'[25]라는 표

---

20) 『莊子』, 「胠篋」, "所以立宗廟社稷, 治邑屋州閭鄕曲者, 曷嘗不法聖人哉."
21) 『莊子』, 「天地」, "鳩鴞之在於籠也, 亦可以爲得矣."
22) 『莊子』, 「天地」, "則是罪人交臂歷指, 而虎豹在於囊檻, 亦可以爲得矣."
23) 『莊子』, 「盜跖」, "儒者僞辭, 墨者兼愛."
24) 『莊子』, 「天運」; 「天下」 등.

현과 더불어 '진신선생縉紳先生'[26]이라고 부르기도 한다. 그런데 이때 진신선생에 대한 평가는 비교적 중립적이다. 육경으로 나름대로의 의미를 밝혔다는 서술이다. "그것(道)이 시, 서, 예, 악에 있음은 추로의 무리와 진신의 선생이 많이 밝히고 있다. 시로써 뜻을 말하고, 서로써 일을 말하고, 예로써 행동을 말하고, 악으로써 화합을 말하고, 역으로써 음양을 말하고, 춘추로써 명분을 말한다."[27] 이러한 평가는 묵자의 무리가 헛수고만 했다는 평가에 비하면 상당히 호의적이다.

그렇지만 아무리 그래 보았자 유학은 하나의 '속학俗學'이나 '속사俗思'에 불과하다. "속된 학문에서 본성을 꿰매어 그 처음으로 돌아가길 바라고, 속된 생각에서 욕심을 반드럽게 하여 그 밝음에 다다르길 바라는 것을 일러 어리석은 사람이라고 부른다."[28] 속된 학문이나 사변으로 본성과 욕심이 다스려지고 마침내는 장자가 제시하는 '복초復初'와 '치명致明'의 이상이 이루어질 수 있다고 생각하는 것은 바보 같은 짓이다. 나아가 유가들이 내세우는 예악이야말로 이 세상을 어지럽히는 주범이라고 『장자』는 주장한다. "예악이 한쪽으로 행해지니, 천하가 어지럽다."[29]

예악만이 아니다. 시詩도 마찬가지이다. 대유大儒와 소유小儒가 벌이는 도굴이 이를 단적으로 표현한다. 대유가 날이 밝아지는 것을 보며

---

25) 鄒는 맹자의 출생지이고, 魯는 공자의 출생국이다.
26) 『莊子』, 「天下」.
27) 『莊子』, 「天下」, "其在於詩書禮樂者, 鄒魯之士, 縉紳先生, 多能明之. 詩以道志, 書以道事, 禮以道行, 樂以道和, 易以道陰陽, 春秋以道名分."
28) 『莊子』, 「繕性」, "繕性於俗學, 以求復其初, 滑欲於俗思, 以求致其明, 謂之蔽蒙之民."
29) 『莊子』, 「繕性」, "禮樂偏行, 則天下亂矣."

소유에게 무덤 속에서 어떻게 되어 가고 있는가를 묻자, 소유는 『시경』을 인용하면서 입에 문 구슬을 빼내 가도 됨을 멋지게 꾸며 댄다. 결국 이는 유가들은 말 잘하는 도둑놈에 불과하다는 표현이다.[30]

『장자』에서 유가의 평가는 이처럼 매우 부정적이다. 진신선생 운운하는 구절을 제외하고는 거의 비방에 가까운 어조이다. 가장 긍정적으로 평가되는 노자와 상반되게,[31] 유묵은 주된 공격의 대상이 되고 있다. 그 가운데에서도 유가는 묵가와는 달리 조목조목 나열되면서 구체적인 형식이나 그 내용으로서의 덕목에 이르기까지 비교적 자세히 비판되고 있다.

3. 공자와 노자

역사서는 공자가 노자에게 예를 물었다고 나온다.[32] 사실 여부와 상관없이 그러한 이야기는, 첫째, 공자와 노자가 같은 시대의 인물이라는 것과, 둘째, 공자와 노자는 당시의 한 유파의 정신을 대표할 만한 사상가라는 것과, 셋째, 공자와 노자는 철학적 회우를 할 수 있을 만큼 나름대로 독특한 세계를 지녔다는 것을 알려 준다.

『장자』도 예외는 아니어서, 공자와 노자의 주요한 만남을 일곱 차례

---

30) 『莊子』, 「盜跖」, "詩固有之曰, '靑靑之麥, 生於陵陂, 生不布施, 死何含珠?" 그러나 그 시는 현본 『詩經』에는 없다. '布施'라는 말에 주의할 것.
31) 『莊子』, 「天下」.
32) 司馬遷, 『史記』, 권67, 「仲尼弟子列傳」.

에 걸쳐 비교적 빈번하게 기술하고 있다. 누가 어떤 이를 만났다는 이야기는 장자에 자주 나오는 이야기이지만, 공자가 노자를 만난 것처럼 자주 언급되지는 않는다. 표현도 여섯 차례 모두 '공자'라고 존칭을 쓰며, 나머지 하나도 '부자夫子'라고 대우를 해 준다. 부자라는 표현이 장자를 지칭하기도 함을 기억한다면, 부자는 분명 경칭이다.[33] 이는 다른 곳에서 '중니仲尼'라는 표현을 쓰는 것과는 상당히 다르다. 『장자』에서 노자는 '노자' 또는 '노담老聃'으로 적혀 있지만 공자와의 만남에서는 늘 노담으로 불린다. 그러나 공자가 노담에게 가르침을 청하거나 노담이 공자를 '구丘'라고 이름을 부르는 것으로 보아 『장자』에서 노담은 공자보다 한 층 더 높은 격이다.

아래는 공자와 노자의 문답 내용의 요약이다.

① 공자(夫子)가 노자에게 묻는다.
공자: 어떤 사람들은 '다스리는 길'(治道)은 서로 거꾸로 해야 한다면서 '불가를 가하다'(可不可) 하고 '그렇지 않은 것을 그렇다'(然不然)고 할 뿐만 아니라 '견백堅白'이 나누어질 수 있다고 하는데, 그들은 성인인가?
노자: 이는 몸을 괴롭게 하고 마음을 슬프게 하는 것(勞形怵心)이다. 너구리 잡는 개와 날쌘 원숭이는 그 잘남 때문에 사람에게 부림을 받는다. 만물을 잊고 하늘을 잊으니 그것을 나를 잊음이라 한다. 나를 잊은 사람(忘己之人)을 일러 하늘에 들어갔다고 한다.[34]

---

33) 『莊子』, 「天地」.
34) 『莊子』, 「天地」.

여기에서 공자는 노자에 비해 경지가 상당히 낮다. 공자는 '다스림'을 묻지만, 노자는 그보다는 '잊음'을 말한다. 공자의 '치도治道'는 노자의 '망기忘己'에 비해 그저 심신이 고달픈 일에 불과하다. 이는 노자의 "아무것도 하지 않으니 다스려지지 않는 것이 없다"[35]라는 대원칙 아래 '잊음'의 정신을 강조하는 것이다.

② 공자가 주나라의 서고에 책을 보관하려 하자 자로가 노자를 만나볼 것을 건의한다. 이에 공자는 그를 만나려 하지만 노자가 들어주지 않자, 공자는 12경을 설명한다.

노자: 요점만 말하라.

공자: 그 요점은 인의에 있다.

노자: 인의는 사람의 본성(人之性)인가?

공자: '모두 사랑하고 내가 없는 것'(兼愛無私)이 인의의 본질(仁義之情)이다.

노자: 비슷하다. 그러나 모두 사랑하기는 너무 멀지 않은가. 또 내가 없는 것은 곧 내가 있는 것이다. 하늘과 땅은 본디 늘 그러하고, 해와 달은 본디 그렇게 밝고, 별들은 본디 그렇게 널려 있고, 금수는 본디 그렇게 무리를 짓고, 나무는 본디 그렇게 서 있다. 그 대야말로 사람의 본성을 어지럽힌다.[36]

여기에서 공자는 유가의 인의를 강조하면서 재미있게도 묵자의 겸애와 노자의 무사를 강조한다.[37] 이 이야기의 작자는 인을 겸애로, 의를

---

35) 『老子』, 제3장, "爲無爲, 則無不治."

36) 『莊子』, 「天道」, "夫兼愛, 不亦迂乎. 无私焉, 乃私也……天地固有常矣, 日月固有明矣, 星辰固有列矣, 禽獸固有群矣, 樹木固有立矣.……"

37) 『墨子』, 「兼愛」上, "天下兼相愛則治, 交相惡則亂." 『老子』, 제8장, "非以其無私也, 故能成其私."

무사로 풀이한 듯하다. 그러나 『장자』 속의 노자는 '모두 사랑하기'는 요원해서 실현이 불가능한 것으로, '내가 없기'는 그 자체가 이미 내가 있기에 논리가 성립하지 않는 것으로 파악하고 있다.

③ 공자가 51세가 되어도 도를 얻지 못해, 노자를 찾아가 하소연한다. 공자는 5년 동안 '도수度數'를 공부해도, 12년 동안 '음양陰陽'을 연구해도 얻지 못했다고 하자, 노자는 말한다.

노자: 이름은 여럿이 쓰는 그릇이니 많이 갖지 마라. 인의는 선왕의 주막이니, 하룻밤 머무는 것은 괜찮지만 오래 눌러 살지 마라. 옛 지인至人은 인의를 빌려 썼을 뿐, 소요의 땅에 노닐고 간소의 밭에서 먹으며 대여 않는 마당에 서 있었다.[38]

공자는 천문지리의 산수를 공부했지만 아무것도 얻지 못했고, 음양으로 역을 연구했지만 그래도 아무것도 얻지 못했다. 이때 노자는 그런 것을 쓸데없는 것이라며 오히려 이름과 인의에 대한 명확한 파악부터 하라고 공자에게 이른다. 이름이라는 것이 고정적으로 붙어 있는 것이라고 생각하는 공자의 정명론에 대해 노자는 이름은 고유한 것이 아니라 여럿이 함께 쓰는 것임을 밝힌다. 나아가 인의도 선왕이 잠깐 빌려 쓴 것인데 그것을 마치 진리인 양 여기는 공자의 태도를 노자는 비판하고 있다.

④ 공자가 노자를 만나 인의를 말하자 노자는 이야기한다.

---

38) 『莊子』, 「天運」, "名, 公器也; 不可多取. 仁義, 先王之蘧廬也, 止可以一宿而不可久處……遊逍遙之墟, 食苟簡之田, 立於不貸之圃."

노자: 눈에 겨를 뿌리면 어디가 어딘지 모르고 모기나 등에가 살을 쏘면 밤새도록 잠을 못 자는 것처럼 인의가 우리의 마음을 어지럽힌다. 백조는 날마다 씻지 않아도 희고, 까마귀는 검정을 묻히지 않아도 검다. 샘이 말라 물고기가 뭍으로 서로 드러나게 되었을 때 거품으로 서로 적셔 주고 물기로 서로 축이는 것은 강호에서 서로를 잊느니만 못하다.[39]

공자: 용과 같은 사람을 만났다.

노자는 인의를 베풀어 서로 고마워하는 것은 서로를 잊어버리느니만 못하다는 내편內篇에 나오는 『장자』의 주장을 반복하고 있다. 인의를 행함은 결국 잘 보이는 눈에 티를 뿌리는 것과 같고, 멀쩡한 몸에 벌레를 쏘이게 하는 것과 같다는 주장이다. '내버려 두라'는 노자의 대원칙이 반복되고 있다. 이 글귀 다음에는 공자의 제자인 자공子貢과 노자의 문답을 실어 선왕에 대한 비판으로 이어진다.

⑤ 공자가 노자에게 묻는다.

공자: 나는 시, 서, 예, 악, 역, 춘추의 육경을 배웠으니 여러 임금이 나를 써야 할 터이나 아무도 그러지 않는다.

노자: 다행이다. 임금이 그대를 쓰지 않아야 했다. 육경은 선왕이 옛날에 펼친 자국이니 어찌 자국이 만들어진 까닭이겠는가? 그대가 말하는 것도 자국일 뿐 자국의 까닭이 아니다. 본성은 바꿀 수 없고, 운명은 옮길 수 없고, 때는 멈추지 않고, 도는 막히지 않는다.[40]

---

39) 『莊子』, 「天運」, "泉涸魚相與處於陸, 相呴以濕, 相濡以沫, 不若相忘於江湖." 若이 如로 되어 있을 뿐, 「大宗師」에도 같은 구절이 나온다.

40) 『莊子』, 「天運」, "幸矣.……夫六經先王之陳迹也, 豈其所以迹哉.……性不可易, 命不可變,

공자: (삼 개월 후) 새는 알에서 깨어나고 물고기는 물에서 태어난다. 나는 조화(化)와 벗을 삼지 못했으니 어찌 남을 조화시킬 것인가.

노자: 좋다. 그대는 깨달았다.

여기에서 육경은 쓸데없는 것일 뿐만 아니라 오히려 멀리해야 할 것이다. 그런데 노자는 육경 그 자체를 부정하기보다는 그 문자에만 매달려 있는 공자를 탓한다. 이른바 '자국'(迹)과 '자국이 되는 까닭'(所以迹)을 구별할 것을 공자에게 가르친다. 육경은 선왕이 남긴 오래된 자국일 뿐, 그것이 곧 자국이 만들어진 까닭은 아니라는 것이다. 그러면서 노자는 그 까닭이야말로 본성이고, 운명이고, 시간이고, 도라고 풀이한다. 공자는 드디어 그것과 함께 조화했어야 함을 깨닫는다. 노자는 '그렇게 되는 바'(所以然)를 중시하는 도가적인 형이상학으로 공자의 육경에의 집착을 꾸짖는 것이다.

⑥ 공자가 노자를 만나려 했을 때 노자는 머리를 말리고 있었는데 그 모습이 사람 같지 않았다.

공자: 선생의 형체는 우뚝 선 마른나무 같다.(先生形體掘若槁木)

노자: 나는 만물의 처음에서 마음을 노닌다.(吾遊心於物之初)

공자: 무슨 말인가?

노자: 음은 차고 양은 뜨겁다. 이 둘이 만나 만물이 생긴다.(兩者交通成和而物生焉) 그래서 한 번은 어둡고 한 번은 밝으며 해와 달이 바뀐다. 삶이 움트는 바 있으며 죽음이 돌아가는 바 있으니, 처음과 끝이 서로 끝없음에서 맞대고 있지만 그 막힌 바를 알지 못한

時不可止, 道不可壅."

다.(生有所乎萌, 死有所乎歸, 始終相反乎无端而莫知乎其所窮)

공자: 노닒(遊)은 무엇인가?

노자: 이를 얻으면 가장 아름답고 가장 즐겁다.(夫得是, 至美至樂也) 가장 아름다운 것을 얻어 가장 즐거운 데 노니는 것은 지인이다.(得至美而遊乎至樂, 謂之至人)

공자: 그 방법을 듣고 싶다.

노자: 풀 먹는 짐승은 풀밭을 바꾸길 두려워하지 않고, 물짐승은 물을 바꾸길 두려워하지 않는다. 작은 변화를 행하면서도 그 큰 항상성을 잃지 않으니 희노애락이 가슴속에 들어가지 않는다. 천하라는 것은 만물이 하나로 삼는 바가 있다.(夫天下也者, 萬物之所一也) 그 하나 되는 바를 얻어 하나가 되니 사지백체四肢百體를 먼지나 때로 여길 수 있어 삶과 죽음, 처음과 끝이 낮과 밤과 같을 뿐이니 얻고 잃음(得喪)이나 화복禍福이 끼어들지 못한다.[41]

노자는 음양의 원리를 설명하면서 천지만물의 운행과 그 변화를 온몸으로 하나가 되게 하는 방법을 공자에게 가르쳐 주고 있다. 그리하면 생사, 종시, 득상, 화복이 주야처럼 느껴지며 그것이 바로 소요의 상태라고 노자는 설명한다. 『노자』에서 음양은 단 한 차례 나올 뿐 철학적 개념으로 자리 잡지는 못하는데(萬物負陰而抱陽)[42], 『장자』에서는 노자의 입을 빌려 음양 개념을 자리매김하고 있다.

⑦ 공자가 오늘은 편하고 한가하다면서 노자에게 도에 대해 묻는다.

노자: 재계하는 마음으로 들어라. 하늘이 높지 않을 수 없고, 땅이 넓

---

41) 『莊子』, 「田子方」.
42) 『老子』, 제42장.

지 않을 수 없고, 해와 달이 운행하지 않을 수 없고, 만물이 창성
하지 않을 수 없는 것이 바로 도이다. 넓게 안다고 반드시 지식
이 아니고, 말 잘한다고 반드시 지혜가 아니므로 성인은 이를 끊
어 버린다. 장수와 요절, 요와 걸이 무슨 다름이 있겠는가? 성인
은 어쩌다 만나도 어긋나지 않고, 지나쳐 버리지 지키려 하지 않
는다.(聖人遭之而不違, 過之而不守) 형체가 없다가 형체가 있고, 형체
가 있다가 형체가 없는 것은 사람이 다 아는 바(不形之形, 形之不形,
是人之所同知也)라서 이는 힘쓸 일이 아니다. 도는 들을 수 없고 듣
는 것은 막느니만 못하니(道不可聞, 聞不若塞), 이를 '큰 얻음'(大得)이
라 한다.[43]

　도란 무엇인가에 대해서 노자는 천지운행과 천하만사 가운데 중요한
몇몇 이야기를 끌어들여 이야기하고 있다. 그리하여 장단과 시비를 떠나
도에게로 나갈 것을 주장한다. 아울러 상대적인 현상에 대한 인지는 당
연한 것이고, 더 나아가 '말보다는 말 없음이 낫다'[44]는 큰 얻음의 세계
를 제시하고 있다. 이때 공자는 단순한 발의자의 역할에 그치고 있다.
　이상의 예제에서 보듯이 공자는 노자에게 무엇인가 묻고, 그것을 배
우려 하며, 처음에는 깨닫지 못하지만 노자의 말을 듣고 얻어들은 바가
있는 인물로 묘사된다. 우리는 이러한 『장자』의 관계 설정 속에서 중요
한 공자의 역할을 발견한다.
　공자는 노자에게 도를 묻고 노자는 그에게 도를 가르쳐 줄 정도로
서로의 지위가 거의 동등하다는 것이다. 비록 『장자』 속의 공자는 노자

---

43) 『莊子』, 「知北遊」.
44) 『莊子』, 「知北遊」, "辯不若默."

에 비해 상대적으로 깨달음이 적은 인물로 묘사되지만, 노자와 더불어 이야기할 대상은 역시 공자인 것이다. 노자는 공자를 '구丘'라고 이름을 부르기도 하고, 공자 역시 일반적인 겸칭이기는 하나 '구'라고 자신을 일컫는다. 때로 공자는 노자를 '선생님'(先生)으로 모시기도 한다. 그러나 많은 경우 노자는 공자를 '자子'라는 호칭으로 경칭하고 있으며 노자와 공자의 문답을 기술하는 작자도 그 둘 가운에 누구를 고의적으로 비하하려는 의도는 보이지 않는다. 오히려 중니는 공자로 존칭되는 반면 노자는 노담으로 불릴 따름이다.

『장자』에서 공자와 노자 그 둘은 성인이며, 성인끼리의 문답을 통해 작자는 좀 더 변별력 있는 철학을 구축하고자 했다. 물론 『장자』는 노자를 관윤關尹과 함께 최고의 철학자로 평가하고 있지만,[45] 적어도 '노장'이라는 겸칭兼稱이 『회남자淮南子』 이후부터 이루어진 것임을 기억한다면 『장자』에서 노자가 반드시 스승으로 모셔지지 않아도 됨은 분명하다. 따라서 '공자가 노자에게 묻는다'(孔子問老子)는 이야기는 두 선사先師의 문답을 통해 자신의 철학을 펼치려는 『장자』의 의도에서 벌어지는 것이다.

4. 아성 공자

'아성亞聖'이라는 표현은 공자와 맹자를 놓고 비교할 때 주로 쓰인다.

---

45) 『莊子』, 「天下」, "關尹老子乎, 古之博大眞人哉."

공자는 으뜸 성인이지만 맹자는 그에 버금가는 성인임을 뜻하는 것이다. 도통道統의 설이 자리 잡으면서 맹자는 확고히 성인의 대열에 올라가지만, 그래도 공자에 비교하면 늘 뒤쳐지고 만다.

『장자』에서 공자는 도가의 이상 인격에 못 미치는 인물로 자주 묘사된다. 그런 점에서 공자는 도가가 말하는 이른바 '진인眞人', '신인神人', '성인聖人' 그리고 '지인至人'에 이르지는 못하는 것으로 평가된다. 『장자』에서 이들의 관계에 어떤 우열이 있어 보이지는 않는다. 그러나 "지인은 자기가 없고, 신인은 공적이 없고, 성인은 이름이 없다"[46]라고 하는 것으로 보아, 나름대로의 역할 분담은 있는 듯하다. 이를테면 진인은 근본적으로 자아를 남기지 않고, 신인은 자아가 있어도 공적을 남기지 않고, 성인은 공적이 있어도 이름을 남기지 않는 모습으로 단계적으로 그려 볼 수 있기 때문이다.

공자는 이미 이름을 남겼다. 그리고 공적도 쌓았다. 뿐만 아니라 자기의 고유한 성격을 남겼다. 그가 역사적으로 '온 세대의 표상'(萬世之表)으로 추앙받는 것이 바로 그 증거이다. 그러나 『장자』에 나오는 도가적 이상 인물은 이름도, 공적도, 인격도 없어야 한다.

『장자』에 나오는 인물은 자신의 고유한 성격 때문에 얻어진 이름이 있으나 그것은 고유명사라기보다는 일반명사에 가깝다. 이를테면, 위영공衛靈公에게 도를 설명하는 '인기지리무순闉跂支離無脤'은 '인기'가 절름발이를, '지리'가 꼽추를, '무순'이 언청이를 가리키는 말로, 그의 이름이 '절름발이꼽추언청이'라는 것이다.[47] 그 밖에도 '지리소支離疏'[48], '지리

---

46) 『莊子』, 「逍遙遊」, "至人无己, 神人无功, 聖人无名."
47) 『莊子』, 「德充符」.

숙支離叔'49)과 같이 일반적인 형태를 그리는 경우가 많다. 따라서 도가적 인물에게 성씨姓氏와 같은 이름이란 결코 중요한 것이 아니다. 공적을 남기는 것에 대한 부정적인 입장은 요순에 대한 비판에서 손쉽게 나타나고, '내가 나를 잊었다'50)는 것이야말로 득도得道의 세계임은 곳곳에서 드러난다.

그러나 공자는 『장자』에서 분명한 역할이 있다. 『장자』에서 공자는 노자의 대담 상대자로 자주 원용될 뿐만 아니라, 오히려 작자의 대변자로 자주 등장하기 때문이다. 매우 중요한 관념들이 장자가 아닌 공자의 입을 빌려 나오는 경우는 『장자』에서 쉽게 찾아진다. 그런 점에서 『장자』에서의 공자는 적어도 '아성'의 지위를 갖는다.

그 대표적인 예가 바로 '심재心齋'와 '좌망坐忘'에 대한 통찰이 나타나는 공자와 안회의 문답이다. 아래는 그 줄거리이다.

■ 심재

안회가 중니에게 하직 인사를 하고 위나라로 가려한다.

안회: 위나라의 왕이 독재를 하여 죽는 백성이 못을 메우고 있습니다. 선생님께서는 "다스려지는 나라를 떠나 어지러운 나라로 가라. 의사 앞에는 환자가 많다"(治國去之, 亂國就之, 醫門多疾)라고 하셨습니다. 말씀대로 하겠습니다.

공자: 너는 죽임을 당할 것이다. 옛 지인은 먼저 나를 존립시키고 나중에 남을 존립시켰다.(古之至人, 先存諸己而後存諸人) 이름은 서로 다치

---

48) 『莊子』, 「人間世」.
49) 『莊子』, 「至樂」.
50) 『莊子』, 「齊物論」, "吾喪我."

게 하는 것이고 앎은 싸움의 도구이다.(名也者, 相軋也; 知也者, 爭之器
也) 남을 고치려 하는 것은 나를 드러내려 함이다. 걸왕이 관용방
關龍逢을 죽이고 주왕이 왕자 비간比干을 죽였는데, 그들은 백성을
위했지만 군왕에게 밉보인 탓이기도 하지만 그 또한 그들이 이름
을 좋아하기(好名) 때문이었다. 요나 우 임금도 마찬가지이다.

안회: 단정하면서도 겸허하며(端而虛), 근면하면서도 일정하면(勉而一) 됩
니까?

공자: 안 된다.

안회: 안은 바르지만 겉은 휘고(內直而外曲), 옛말로 견주면(成而上比) 됩니
까?

공자: 안 된다.

안회: 그럼 어찌해야 합니까?

공자: 재계(齋)하라.

안회: 저희 집은 가난해서 술도 반찬도 없습니다.

공자: 그것은 제사의 재(祭祀之齋)이지, 마음의 재 곧 심재가 아니다. 심
재는 뜻을 하나로 해서 귀로 듣지 않고 마음으로 들으며, 마음으
로 듣지 않고 기氣로 듣는 것이다. 기라는 것은 빈 채로 만물을
기다리는 것(氣也者, 虛而待物者也)이다. 도를 닦는 것은 빔을 모으
는 것뿐이다.(唯道集虛) 빔이 심재이다.(虛者, 心齋也)[51]

안회: 말씀을 듣기 전에는 제가 있었지만, 이제는 제가 있지 않습니다.
(實有回也, 未始有回也) 이를 빔이라 합니까?

공자: 알아들었구나.

이 문답 속에서 공자는 상당히 주요한 개념을 내놓는다. 이른바 장
자철학의 핵심 용어라 할 수 있는 '기氣'에 대한 정의에서부터 수도의

---

51) 『莊子』, 「人間世」.

방법론으로 '비우기'(虛)를 제시하는 등,52) 여기에서 공자가 담당하고 있
는 역할은 실로 확고부동하다. 안회가 말하는 '내가 있었지만 이제는
없다'고 하는 '버림'의 경지는 '잊음'의 경지와 곧바로 연결되는데, 이때
에도 『장자』는 공자와 안회의 문답을 빌리고 있다.

■ 좌망

안회: 저는 나아졌습니다.

공자: 무슨 말인가?

안회: 인의를 잊었습니다.

공자: 좋다. 그러나 아직 안 된다.

안회: (며칠 뒤) 저는 나아졌습니다. 예악을 잊었습니다.

공자: 좋다. 그러나 아직 안 된다.

안회: (며칠 뒤) 저는 나아졌습니다. '좌망坐忘'했습니다.

공자: 좌망이란 무엇인가?

안회: 팔다리와 몸을 버리고(墮枝體) 똑똑함을 내쫓고(黜聰明) 형체를 떠
　　　나 지식을 버리고(離形去知) '크게 통함과 함께 되는 것'(同於大通)을
　　　이릅니다.

공자: 함께하니 좋아함이 없고, 변화하니 고정됨이 없다.(同則無好也, 化則
　　　無常也) 내, 네 뒤를 따르리라.53)

비록 이 글에서 좌망의 경지에 오르는 것은 안회지만 그를 인도하고
마침내 인가해 주는 역할은 공자가 맡고 있다. 더욱이 안회는 공자의

---

52) 鄭世根, 『莊子氣化論』(臺北: 學生, 1993). 특히 復初, 養氣, 平氣, 以氣靜心, 心齋, 忘 등의
　　修養論에 대해서는 「제8장 氣化修養論」(161~186쪽)을 볼 것.
53) 『莊子』, 「大宗師」.

고족제자高足弟子이다. 결국 『장자』는 공자의 권위를 빌리고 있는 것임이 명확하다. 공자에게서 유가철학의 내용인 인의를 부정하고 그 형식인 예악을 폐기하는 것은 결코 받아들일 수 없는 일임에도 불구하고, 『장자』는 공자를 등장시켜 인의도 잊고 예악도 잊은 좌망의 상태야말로 최고의 경지임을 강조한다.

이 두 대표적인 예 외에도 공자의 의연한 경지를 찬양하는 구절도 『장자』에는 여러 번 거론된다. 공자 나이 64살 때인 노나라 애공哀公 6년, 공자가 초楚나라 소왕昭王의 부름을 받아 가는데, 진나라와 채나라 사이에서 양호陽虎로 오인받아 포위되어 이레 동안 밥을 먹지 못한다. 이때의 상황에 맞추어 『장자』는 여러 모습의 공자를 그려낸다.(孔子窮圍於陳蔡之間) 대표적인 세 가지 예를 보자.54)

첫 번째, 태공太公 임任이 찾아가 죽음을 걱정하는 공자에게 일장 훈시하자 그는 교유를 끊고 제자를 버리고 호숫가에서 거친 옷과 먹거리로 지낸다. 짐승 속에 들어가도 무리가 어지럽혀지지 않고 새 속에 들어가도 가지런함이 어지럽혀지지 않았다. 새와 짐승이 싫어하지 않는데, 사람이 싫어할 리 없었다.55)

두 번째, 공자가 노래를 하자 사람의 마음을 울리는 바가 있었다. 이에 안회가 공자를 엿보자 공자는 안회를 안심시킨다. 공자는 '사람과 하늘은 하나'(人與天一也)라면서 성인의 길을 가르친다. 공자는 안회에게 굶주리거나 목마른 것, 덥고 추운 것, 막히고 묶여 있는 것은 모두 천지의 운행이니 그것과 더불어 같이 가겠노라고 한다.56)

---

54) 그 외에도 「天運」, 「山木」, 「盜跖」, 「漁父」 등에 단편적으로 나온다.
55) 『莊子』, 「山木」.

세 번째, 얼굴이 안 좋았는데도 방에서 거문고를 뜯는 공자를 보고 자로와 자공은 부끄럼이 없다(無恥)고 한다. 공자는 이들을 불러 타이른다. 도가 뚫려 있는 것은 통通이고 막혀 있는 것은 궁窮이다. 지금 내가 인의의 도를 지니고 난세의 환난을 만났는데 무슨 막힘이 있겠는가? 추위가 닥쳐오고 서리와 눈이 내려야 소나무와 잣나무의 무성함을 안다. 그러자 자공은 옛날에 도를 얻은 자는 궁해도 즐겁고, 통해도 즐겁다고 말한다.57)

여기에서 첫 번째를 제외하고는 두, 세 번째 모두 공자를 상당한 경지에까지 이끌고 있다. 첫 번째도 바로 깨닫고 호숫가로 가서 도가적 성인의 모습으로 지내는 광경을 그리고 있는 것이니 만큼, 공자에게 반드시 불리한 이야기는 아니다. 특히 세 번째의 것은 『논어』에 나오는 "해가 추워진 다음에야 소나무와 잣나무가 나중에 시듦을 안다"58)는 구절과 비슷한 이야기이다. 더욱이 인의의 도를 지킴에도 불구하고 낙낙樂樂한 모습으로 그려짐은 특기할 만하다. 그 밖에도 공자가 광匡 지방에서 포위되었을 때 '성인의 용기'(聖人之勇)를 말하는 모습을 그리는데, 이것도 같은 맥락에서 이해된다.59)

공자의 모습은 이상과 같이 성인에 가깝다. 적어도 도가의 성인에 버금가게 서술된다. 승패나 주종 관계를 떠나 도가의 성인과 맞먹는 지

---

56) 『莊子』, 「山木」.
57) 『莊子』, 「讓王」, "今丘抱仁義之道, 以遭亂世之患.……天寒旣至, 霜雪旣降, 吾是以知松柏之茂也.……古之得道者, 窮亦樂, 通亦樂.……"
58) 『論語』, 「子罕」, "歲寒然後, 知松栢之後彫也."
59) 『莊子』, 「秋水」. 공자에게 陽虎인 줄 알았다면서 사죄를 하는 것으로 보아 孔子窮圍於陳蔡之間과 같은 이야기이다.

위를 갖추고 있는 것이다.

아래는 『장자』 속에 그려진 공자의 주요 모습이다.

공자는 도가적 성인의 말을 '맹랑한 말'(孟浪之言)로 여긴다. 그러나 장오자長梧子는 "황제도 모르는데 공자가 어찌 알겠는가"[60] 하였다.

섭공자고葉公子高가 사신으로 가면서 묻자, 공자는 "사물을 타고 마음을 노니며, 어쩔 수 없음에 맡겨 중심을 길러라"[61]라고 가르친다.

공자의 문전에서 접여接輿는 "오늘날은 형벌을 면하기만 하면 된다"[62]라고 노래한다.

상계常季가 죄를 지어 다리를 잘린 왕태王駘에 대해 공자에게 묻자, 그는 성인이라고 하면서 다리 하나 버리는 것은 흙 버리듯 한다고 하면서 '만물은 하나'(萬物皆一)임을 말한다.[63]

다리 잘린 숙산무지叔山無趾가 공자에게 배움을 청하자, 거절하다 무지의 말을 듣고 제자들에게 그의 훌륭함을 칭찬한다. 그러나 무지는 노자를 찾아가 공자는 지인이 되지 못했다고 말한다.[64]

애공이 추악한 애태타哀駘它에게 여자가 꼬이는 것을 묻자, 공자는 하늘이 준 '재능이 온전'(才全)하다고 말한다.[65]

---

60) 『莊子』, 「齊物論」.
61) 『莊子』, 「人間世」, "夫乘物以遊心, 託不得已以養中."
62) 『莊子』, 「人間世」, "方今之時, 僅免刑焉."
63) 『莊子』, 「德充符」.
64) 『莊子』, 「德充符」.
65) 『莊子』, 「德充符」.

도가의 성인을 만나고 놀란 자공에게 공자는 그들이야말로 "몸뚱이를 벗어 버렸다"면서 "물고기는 강호에서 서로를 잊고, 사람은 도술에서 서로를 잊는다"는 말을 인용한다.[66]

안회가 공자에게 맹손재孟孫才가 상喪을 지내면서 울지도 않았는데 좋은 소문이 자자한 까닭이 무엇인가를 묻자, 공자는 그가 생사를 넘어섰기 때문이라면서 '하늘의 하나로 들어가고자'(入於寥天一) 한다.[67]

물동이로 물을 푸는 노인에게 자공이 기계를 쓰라고 하자 기심機心이 생긴다면서 뿌리친다. 자공이 이를 말하자, 공자는 그가 혼돈씨混沌氏의 술을 거짓으로 닦은 자라면서 "하나는 알고 둘은 모르며, 안은 다스리면서 밖은 다스리지 못한다"[68]고 혹평한다.

공자는 안연이 제나라로 간다고 하자 요순의 도리를 모르는 이에게 자꾸 말해 보아도 소용없으며 오히려 안연이 다칠 것을 걱정한다. 새에게 사람과 같은 대접을 하면 죽는 것이다. "물고기는 물에서 살지만 사람은 물에서 죽는다." 따라서 "성인은 능력을 하나로 하지 않으며 일도 똑같이 하지 않는다."[69]

공자가 매미를 잘 잡는 노인을 보고, 그는 "뜻을 씀이 나누어지지 않으니 정신이 뭉친다"[70]고 한다.

안연이 뱃사공의 놀라운 기술을 이야기하자, 공자는 그것은 '밖을 중시

---

66) 『莊子』, 「大宗師」, "外其形骸 ……魚相忘乎江湖, 人相忘乎道術."
67) 『莊子』, 「大宗師」.
68) 『莊子』, 「天地」, "識其一, 不知其二; 治其內, 而不治其外."
69) 『莊子』, 「至樂」, "魚處水而生, 人處水而死 ……先聖不一其能, 不同其事."
70) 『莊子』, 「達生」, "用志不分, 乃凝於神."

하여 안이 졸렬해지는 일'(凡外重者內拙)이 없기 때문이라고 설명한다.[71]

공자가 폭포에서 떠내려가는 자를 보고 그를 구하려 했지만 아무 일 없었다. 공자가 묻자 그는 "본성에서 자라고 천명대로 컸다"[72]라고 답한다.

자상호子桑雽는 사람이 떠나간다고 아쉬워하는 공자에게 "군자의 교류는 물과 같이 담담하고, 소인의 교류는 단술과 같이 달다"[73]고 하자 공자는 이를 받아들인다.

온백설자溫伯雪子는 "중국의 군자(사람)는 예의에는 밝지만, 사람의 마음을 아는 데에는 좁다"[74]라면서 중국(魯) 사람들의 모자란 점을 탓한다. 공자는 그를 만나고 와서 아무 말 없이 그가 도를 지니고 있는 사람임을 받아들인다.

안연이 공자에게 자신은 선생님을 따라 살고 있지만 따르지 못하고 그냥 바라보아야만 하는 점이 있다고 하면서, 그것은 말씀이 없으셔도 믿음이 가며 사적이지 않고 공적이며 벼슬하지 않아도 사람이 꼬이는 것이라고 한다. 그러자 공자는 마음이 죽는 것보다 더 슬픈 것은 없다면서 안연을 가르친다.[75]

주문왕周文王이 낚시는 하되 아무것도 낚지 않는 강태공에게 정권을 맡

---

71) 『莊子』, 「達生」.
72) 『莊子』, 「達生」, "長乎性, 成乎命."
73) 『莊子』, 「山木」, "君子之交淡若水, 小人之交甘若醴."
74) 『莊子』, 「田子方」, "中國之君子(人), 明乎禮義, 而陋於知人心."
75) 『莊子』, 「田子方」. 이러한 이야기는 문구는 다르지만 『論語』 「子罕」에도 나온다. 顔淵은 夫子께서 博我以文하고 約我以禮한다면서 "자신은 비록 좇아가고 싶지만 그렇지 못한다"(雖欲從之, 末由也已)라고 歎한다.

기고자 꿈을 빌린다. 정권을 받은 강태공은 3년 동안 어떤 법률도 고치지 않고 아무 명령도 내리지 않았지만 나라는 오히려 모든 것이 잘 돌아갔다. 안연은 문왕이 꿈을 빌린 것은 모자란 것 아니냐고 묻자, 공자는 문왕은 훌륭하다면서 사람들의 뜻을 잠깐 따른 것이라고 설명한다.

손숙오孫叔敖는 재상을 해도 영화로 생각지 않고 물러나도 근심하지 않았다. 그는 그것의 득실이 자신에게 있지 않다고 생각하기 때문이다. 공자는 이 이야기를 듣고 "옛 진인은 식자도 설득하지 못하고 미인도 꼬이지 못하고 도둑도 겁주지 못하며 복희나 황제도 벗으로 삼지 못한다"76)고 평가한다.

공자는 염구冉求에게 정신(神)으로 세계를 이해할 것을 권고하면서 "생사는 서로 기다리는 것이 아니라 모두 한 몸 되는 바가 있다"77)라고 설명한다.

안연이 공자에게 "나아가지도 않고 맞지도 않는다"는 경지를 묻자, 공자는 "옛사람은 밖은 변화해도 속은 변화하지 않았지만, 요즘 사람은 안은 변화하면서 밖은 변화하지 않는다"라고 대답한다.78)

공자가 초나라에 갔을 때 왕이 한마디 부탁하자 '말 없는 말'(不言之言)을 강조한다.79)

---

76) 『莊子』, 「田子方」, "古之眞人, 知者不得說, 美人不得濫, 盜人不得刼, 伏戲黃帝不得友."
77) 『莊子』, 「知北遊」, "死生有待邪, 皆有所一體."
78) 『莊子』, 「知北遊」, "無有所將, 無有所迎.……古之人, 外化而內不化; 今之人, 內化而外不化."
79) 『莊子』, 「徐无鬼」. 그 밖에도 作者는 不道之道, 不言之辯을 일컫는다.

제7장 장자와 공자   207

공자가 온갖 생각을 다하여 무엇인가 남기려 했다. 그러나 그것은 '하루하루가 없으면 한 해가 있을 수 없고, 안이 없으면 밖이 없음'80)을 모르는 것이다.

공자가 초나라에 갈 때 옆에 묵고 있던 가난한 사람을 놓고 그들을 성인의 종(臣妾)이라고 자로에게 설명하면서 그들은 자신을 말 많은 사람으로 여길 것이라고 한다.81)

공자가 위영공衛靈公의 시호에 불만을 갖자, 이에 대해 한 사람은 나쁘게, 다른 한 사람은 좋게, 나머지 한 사람은 그저 그렇게 설명한다.82)

노래자老萊子가 공자에게 "몸으로 잘난 체하거나 얼굴로 아는 체하지 마라"83)라고 한다.

안회가 죽은 먹을 수 있고 베옷은 입을 수 있기에 벼슬하지 않는다고 하자 공자는 '지족知足'하다면서 그를 칭송한다.84)

공자는 "사람의 마음은 산과 내보다 험하고 하늘을 알기보다 어렵다"85)라고 하면서, 군자는 아홉 시험(忠, 敬, 能, 知, 信, 仁, 節, 則, 色)에 맞아야 한다고 말한다.

---

80) 『莊子』, 「則陽」, "除日无歲, 无內无外." 그러나 이 구절은 錯簡으로 취급되기도 한다. 陳鼓應은 林雲銘의 이러한 주장에 동조하여 아예 번역을 하지 않는다. 陳鼓應, 『莊子今註今譯』 下, 724쪽.
81) 『莊子』, 「則陽」.
82) 『莊子』, 「則陽」.
83) 『莊子』, 「外物」, "去汝躬矜與汝容知."
84) 『莊子』, 「讓王」. 엇비슷한 구절이 『論語』 「雍也」에 나온다. 이른바 "一簞食, 一瓢飮" 문단이다.
85) 『莊子』, 「列禦寇」, "凡人心險於山川, 難於知天."

이상의 예에서 보듯이 공자의 권위는 쉽게 부정될 수 있는 것이 결코 아니었다. 대체로 『장자』의 저자는 공자라는 실체를 일단 긍정한 후 그를 넘어서는 방식을 취했다. 그런 점에서 『장자』의 공자는 여전히 성인인 셈이다. 그러나 공자의 인격은 도가적 성인에 비해 다소의 차등을 가짐으로써 아성에 머물고 만다. 『장자』 속의 공자로 하여금 자주 '성인聖人'이나 '옛(참)사람'(古之眞人)의 말을 빌려 자신의 입장을 표명토록 하는 까닭도 바로 여기에 있다.

5. 두 공자

『장자』에서 공자는 매우 자주 등장한다. 일반인의 상식을 뛰어넘을 정도로 『장자』는 공자를 애용한다.[86] 이를테면 『장자』의 「어부漁父」는 전편이 공자와 어부의 대화 및 자공에게 어부의 깊은 뜻을 설명하는 공자의 이야기로 꾸며져 있을 정도이다. 그곳에서 자공은 어부에게 공자의 정신이 무엇인가를 설명하며,[87] 공자를 대신하여 공자의 사상을 변론한다. 어부는 공자에게 유가적 사유가 명민明敏하지 못함을 일깨워주고 '참'(眞)이 무엇인가를 가르쳐 준다.[88] 자공이 어부에게 공경한 태

---

86) 모두 51군데로 정리된다. Harvard-Yenching Institute, *A Concordance to Chuang tzu* (Sinological Index Series, Supplements No. 20, 1966); 李楠永, 『莊子의 孔子觀』, 156쪽에서 재인용. 『莊子』에서 孔子에 대한 표현은 丘, 孔子, 孔丘, 仲尼 등이다.

87) 『莊子』, 「漁父」, "孔氏者, 性服忠信, 身行仁義, 飾禮樂, 選人倫, 上以忠於世主, 下以化於齊民, 將以利天下. 此孔氏之所治也."

88) 『莊子』, 「漁父」, "眞者, 精誠之至也, 不精不誠, 不能動人."

도를 보이는 공자에게 불만을 토로하자, 공자는 어부에 대한 존경심으로 일축한다.[89] 이처럼 공자의 위치는 어부의 의미를 상호 비교적인 입장에서 변별성 있게 드러내는 역할을 하고 있다. 공자가 다른 곳에서 『장자』의 대변자로 자주 등장하는 것도 이와 같은 맥락이다.

물론 지독스럽게 공자가 힐난 받은 경우도 있다. 이를테면 「도척盜跖」에서 보이는 것과 같이 '도둑 척'이 아닌 '도둑 구'(盜丘)로 묘사되기도 한다. 반대로 장자의 입으로 직접 공자가 극찬된 경우도 있다. 이를테면 「우언寓言」에서처럼 장자의 벗인 혜시惠施에게 공자의 잦은 사상적 전환을 설명하면서 "이익을 앞에 두고 바로 좋고 싫음이나 옳고 그름을 따지는 것은 사람의 입만을 설복시키는 것이다. 사람을 마음으로 감복시키려면 거꾸로 세우려 하지 말고 천하의 바름을 바르게만 하면 된다"[90]라는 『장자』 속의 공자의 말을 인용하여 장자 자신은 공자에 미치지 못함을 고백하고 있다.[91]

이러한 힐난과 극찬 속에서 『장자』의 공자는 아성으로서의 자리를 잡아간다. 『장자』의 공자에 대한 평가는 선왕에 대한 태도와 매우 유사하다. 선왕은 '인의'라는 덕목을 제시했고 공자는 그 윤리 표준을 자신의 철학적 좌표로 삼았다. 그런데 『장자』는 인의에 대해 상당히 회의적이기 때문에 선왕과 공자를 같은 이유로 비판하지 않을 수 없었던 것이다.

왜 장자는 공자를 빌려서 표현했나? 이는 당시 이미 공자의 지위가 상당히 안정되어 있음을 반영한다. 공자를 통해 자신의 입장을 밝히는

---

89) 『莊子』, 「漁父」, "夫遇長不敬, 失禮也; 見賢不尊, 不仁也."
90) 『莊子』, 「寓言」, "利義陳乎前, 而好惡是非直服人之口而耳矣. 使人乃以心服, 而不敢蘁立, 定天下之定."
91) 『莊子』, 「寓言」, "已乎已乎, 吾且不得及彼乎."

것은 찬양 또는 비난과 상관없이 둘 다 마찬가지로 공자의 중요성을 재확인하는 것과 다르지 않기 때문이다. 이는 전국말戰國末로 추정되는 『장자』의 완성 시기에 벌써 공자의 입지가 확고했음을 보여 주는 것이기도 하다. 동중서董仲舒의 한이 들어서면서 이러한 경향은 더욱 분명해지는데, 그런 점에서 『장자』는 공자의 절대적 권위가 확립되기 직전에 이루어진 것으로 여겨진다. 비교해 볼 때, 왕충王充의 『논형論衡』은 유가 이념으로 한이 정치적인 안정을 획득함과 더불어 나온 마지막 공자 비판서일 것이다.[92]

그렇다면 소식蘇軾(東坡)이 말한 것처럼 장자는 공자를 '겉으로는 밀치지만 속으로는 도와준 것'(陽擠而陰助)인가?[93] 『장자』에서 선왕과 더불어 공자 비판의 핵심이 되는 '인仁'을 장자는 부정하는 것일까?

『장자』는 말한다. "무릇 큰 도는 일컫지 않고 큰 말씀은 말하지 않고 큰 인은 인하지 않고 큰 청렴은 청렴하지 않고, 큰 용기는 남을 거스르지 않는다."[94] 이처럼 『장자』는 유가적 인으로는 진정한 인이 이루어질 수 없음을 천명했다. 그러나 동시에 인을 넘어선 '본성'의 진정眞情을 강조한다. 그리고 그것이야말로 '대인大仁'임을 밝힌다. 장자가 대일大一, 대음大陰, 대목大目, 대균大均, 대방大方, 대신大信, 대정大定[95] 등을 강조하는 것도 같은 논리적 귀결이다. '대大'가 『노자』에서는 도를 달리 표현하는

---

92) 王充, 『論衡』, 「問孔」. 이는 「刺孟」과 짝을 이루는데, '刺'와 달리 '問'이라는 표현은 그만큼 공자의 권위를 일정량 인지하는 것이었다.
93) 『蘇東坡全集』, 권22, "余以爲莊子蓋助孔子者, 要不可以爲法耳. / 至於詆訾孔子, 未嘗不微見其意. / 凡分章名章, 皆出於世俗, 非莊子本意." 李楠永, 「莊子의 孔子觀」(160~161쪽)에서 재인용. 그는 陰擠陽助를 '不離的 紐帶性'이라 표현하고 있다.(171쪽)
94) 『莊子』, 「齊物論」, "夫大道不稱, 大辯不言, 大仁不仁, 大廉不嗛, 大勇不忮."
95) 『莊子』, 「徐无鬼」.

제7장 장자와 공자 211

것임을 생각한다면 도가철학에서 '대'의 의미는 상당히 지고한 자리를 차지한다.[96]

그 커다람은 다름 아닌 '본성'(性)이다. 때로 본성은 '인심人心'[97]으로 표현되기도 한다. 장자가 걱정하는 것은 유가가 인이라는 미명 아래 '본성의 완전성을 막거나 꿰매 버리는 것'(素性[98]/繕性[99])이다. 그는 본성의 회복을 '처음으로 돌아가기'(復其初)[100]와 '밝음에 다다르기'(致其明)[101]라는 표현으로 대신하기도 한다. 그렇게 된다면 모든 사람은 본성에서 자라 천명대로 큰다.[102]

이와 같이 장자는 인이라는 공자의 가장 중요한 덕목을 본성을 억압하는 것으로 보고 있다. 대인이라는 말도 본성의 다른 표현에 지나지 않는다. 그러나 『장자』의 공자는 반드시 인을 대변하고 있지 않다. 오히려 '빔'(虛)의 사유를 계발시키고 있다.[103] 이는 『논어』의 공자와 『장자』의 공자, 다시 말해 '공자 자신'과 '장자의 공자'는 달리 이해되어야 함을 뜻한다. 그러므로 『장자』 속의 공자는 양면성을 띠고 철학사에 등장하게 된 것이다. 결국 소식이 본 바는 공자 자신이라기보다는 장자의 공자이었을 것이다.

그럼에도 불구하고 우리는 『장자』 속의 공자가 지니는 의미에 대해

---

96) 『老子』, 제25장, "强爲之名曰大."
97) 『莊子』, 「田子方」.
98) 『莊子』, 「騈拇」.
99) 『莊子』, 「繕性」.
100) 『莊子』, 「繕性」.
101) 『莊子』, 「繕性」.
102) 『莊子』, 「達生」, "長乎性, 成乎命."
103) 『莊子』, 「人間世」, "集虛" 및 「漁父」, "虛心" 등.

한 번 더 묻게 된다. 그것은 그들이 진정 타협할 수 없는 선을 넘어섰는가 하는 물음이다. 이미 상술한 바와 같이, 『장자』 속의 공자는 아성의 지위에 머물고 마는 것이지만, 오히려 그러한 의미 부여에 따라 후대 철학자들은 장자와 공자의 만남이 가능하리라는 믿음을 버리지 않게 되는 것이다. 『장자』가 의도하는 대로 과연 인의는 비본성적인가? 정말로 "도를 잃자 덕이 있고, 덕을 잃자 인이 있고, 인을 잃자 의가 있고, 의를 잃자 예가 있는 것"[104]일까? 참다운 인의를 찾기 위해서는 인의를 버리는 방도밖에는 없는가? 교육과 같은 제도를 통해 인의가 온 나라에 퍼지는 것은 아닌가? 이러한 문제에 대해 아쉽게도 『장자』는 명쾌히 대답하고 있지 않다. 그 문제는 유가를 중심으로 이루어지는 한대의 사상 통일을 거쳐 유학에 대한 반동을 인지하는 위진시대에 이르러서야 여러 주석가들에 의해 활발히 토론된다.[105] 나아가 도가의 본성에 대한 강조는 당말唐末의 이고李翱의 『복성서復性書』 등에 의해 유가의 한 주제로 편입되고 그 후 성리학적 체계 위에서 철학사의 중요 부분으로 자리매김된다. 그때 『장자』의 공자는 유가와 도가의 만남을 위한 매파 역할을 톡톡히 하게 되는 것이다.

---

104) 『莊子』, 「知北遊」, "失道而後德, 失德而後仁, 失仁而後義, 失義而後禮."
105) 郭象, 支遁 등의 逍遙遊에 관한 爭辯 등이 대표적이다.

제2부　도가철학과 현대

제1장 도와 언어
—도의 불가설과 불가지: 말할 수 없어도 알 수 있다

1. 인식 속의 도

많은 사람들은 도道에 대해 자기 나름대로의 견해를 갖고 있다. 이를테면 도는 '이렇고 저렇다' 또는 '이렇지도 저렇지도 않다'는 등 여러 의견을 내놓는다. 이 글도 기본적으로 그 가운데 하나이다. 그러나 이 글의 주제는 일반적인 논점과는 다소 다르다. 도에 대한 대부분의 묘사는 도의 본질, 성질, 양태, 기능 등에 관한 것이지만, 지금 나의 주제는 거기에 있지 않다.

노자와 장자 철학의 이상 속에는 확연히 주체와 대상을 나누려는 태도가 없음을 우리는 잘 알고 있다. 그러나 설명 또는 해석의 방편으로 몇 가지 개념을 사용할 수 있는데, 사실 이러한 방법조차 노장철학 자체가 지니고 있는 하나의 특징이기도 하다. 장자는 말한다. "그물은 물고기를 잡는 데 쓰이니 물고기를 잡았으면 그물을 잊어야 하며, 덫은 토끼를 잡는 데 쓰이니 토끼를 잡았으면 덫을 잊어야 하며, 말은 뜻을 옮기는 데 있으니 뜻을 알아들었으면 말을 잊어야 한다."[1]

이 글에서는 인식주체를 중시할 것이다. 따라서 인식대상의 문제를 중요한 문제로 삼지는 않을 것이다. 다시 말해, 도의 내용이나 외연外延이 어떻든 간에 상관없이, 단지 도를 이야기하거나 도를 생각하는 인식주체인 사람에 관심이 두어질 것이다.

이때 도는 더 이상 대상적인 것이 아니라 사람의 인식이라는 '그물'이나 '덫' 속의 관계로 변한다. 심지어 우리는 도가 언어('言') 가운데 지향성(intentionality: '意')이라 말할 수 있을지도 모른다. 왜냐하면 인식주체를 강조하는 입장으로 보면, 사람의 인식그물이 그 대상을 포착하지 못할 때는 그 대상이 존재하는지 그렇지 않은지 우리는 알 수 없기 때문이다. 그러나 이러한 태도가 반드시 극단적 유아주의(radical solipsism)를 표명하는 것은 아니다. 왜냐하면 우리는 결국 주체와 대상을 절대적으로 각각 고립시키거나 완전히 나누어지는 것으로 볼 수 없으며, 이미 말한 바와 같이, 주체와 대상의 분리는 단지 하나의 방편이기 때문이다.

2. 도와 언어

우리는 이미 우리의 주제를 사람, 곧 인식주체 쪽으로 가져다 놓았다. 그렇다면 사람의 인식기능 가운데 가장 중요한 역할을 맡고 있는 것은 무엇일까? 많은 대답이 있을 수 있겠으나 여기서 나는 인식에서

---

1) 『莊子』,「外物」, "筌者所以在魚, 得魚而忘筌; 蹄者所以在兎, 得兎而忘蹄; 言者所以在意, 得意而忘言."

불가결한 것은 곧 언어라고 전제하려고 한다. 왜냐하면 언어(그 밖의 상징 부호도 포함하여)가 없으면 사고가 없다고 생각할 수 있기 때문이다. 만약 언어가 없는 사고가 있을 수 있다면 그것은 지금 우리가 말하고 있는 사고가 아니라 그 외의 다른 어떤 것일 것이다. 이를테면 감각, 경험, 체험 등과 같은 것이다. 비록 노장철학이 기본적으로 일상언어의 견고성을 회의하고 있지만 '말을 잊는다'(忘言)는 이 명제조차도 언어로써 표현된 것임을 잊지 말자.

우리의 주제와 위에서 말한 문제는 깊은 관계를 갖고 있다. 도는 말해질 수 있는가? 만일 도를 말할 수 있다면, 이는 우리가 도를 알 수 있다는 것인가 아니면 알 수 없다는 것인가? 한마디조차도 말하지 않을 때야말로 우리가 도를 알았음을 나타내는 것인가, 그렇지 않은가?

이런 문제는 언뜻 노장철학과 서로 맞지 않는 것처럼 보일 수도 있으나, 이는 아마도 우리의 오해에 불과하거나 우리가 언어에 대해 너무 협소한 정의를 내릴 때 생기는 현상일 따름일 것이다.

3. 노자의 억지법

노자는 말한다. "도를 말할 수 있으면 그것은 늘 그러한 도가 아니며, 이름을 이름 지을 수 있으면 그것은 늘 그러한 이름이 아니다."[2] 알다시피, 이 말은 도에 대한 정의불가능성을 확연히 드러내 보이고 있

---

2) 『老子』, 제1장, "道可道, 非常道; 名可名, 非常名."

는 것이다. 그 뜻인즉, 언어로 말해질 수 있는 '도'는 '늘 그러한 도'가 아니며, 언어로 붙여질 수 있는 '이름'도 '늘 그러한 이름'이 아니라는 이야기이다. 이러한 사유의 맥락에서 우리는 도라는 용어가 하나의 '억지'(强)라는 것을 알 수 있다.

"나는 그 이름을 모르기에 억지로 도라 일컬으며 억지로 큼(大)이라 부른다."3) 이러한 노자의 도에 대한 묘사는 단지 '큼'뿐만 아니다. 때로는 이름 없는 순박함, 다시 말해, 태어난 그대로 꾸며지지 않은 상태를 뜻하는 '통나무'(樸)로 불리기도 한다. "도는 언제나 이름이 없기에 통나무처럼 꾸밈없다."4) 여기서 '통나무'란 결코 도의 이름이 아니다. 그것 또한 도에 대한 묘사 가운데 하나일 뿐이다. '이름 없는 통나무'(無名之樸)5)라는 것도 이와 비슷한 표현이다.

이러한 예 가운데 우리는 노자가 줄곧 언어의 완벽성을 회의하고 있음을 발견할 수 있다. 그러나 우리는 여기에서 노자가 정말로 언어 자체를 완전히 부정하고 있는가에 주의해 볼 필요가 있다. 결론부터 말하면 그렇지 않다. 무엇보다도 먼저, 노자는 비록 도의 정의불가능성을 말하고 있지만 그는 여전히 '억지법'(勉强/强制法)을 그 사상의 표현방법으로 삼고 있다. 더욱이 '큼'이나 '통나무' 등의 개념으로 도라는 말을 대체하고 있다. 이는 분명히 노자가 언어 자체의 기능을 부인하고 있지

---

3) 『老子』, 제25장, "吾不知其名, 强字之曰道, 强爲之名曰大." 通行本인 王弼本에는 "字之曰道, 强爲之名曰大"라 하여 앞 구절에 '强'字가 없으나 아래 구절에 대구하여 '强'字를 집어넣어 번역했다. 傅奕本, 李約本, 范應元本 및 劉師培와 易順鼎의 說도 모두 '字'字 앞에 '强'字를 넣고 있다. 陳鼓應, 『老子今註今譯』(臺北: 商務, 1985), 114쪽 참조.
4) 『老子』, 제32장, "道常無名, 樸."
5) 『老子』, 제37장.

않음을 보여 준다.

이뿐만이 아니다. 사실상 노자가 배척하고 불만족하게 여기는 것은 바로 우리들의 언어남용이다. 언어남용은 많은 문제를 일으키기 때문이다. 따라서 때로 가장 좋은 방법은 곧 침묵이다. 그래서 노자는 말한다. "말이 많으면 자주 말이 막히니 조용함을 지키니만도 못하다."[6]

상식적으로도 우리는 말이 지나치게 유창한 사람의 신용도가 오히려 떨어짐을 적지 않게 느낄 수 있는데, 물론 말하는 것과 신용도 사이에는 결코 어떤 일정한 상관관계가 있는 것은 아니지만, 말이 너무 분명하고 명확할 때는 그 실천이 오히려 어렵게 되기에 그 말의 신용도는 떨어질 수 있는 것이다.

"믿음직한 말은 아름답지 않고 아름다운 말은 믿음직하지 못하며, 일 잘하는 사람은 말 잘하지 않고 말 잘하는 사람은 일 잘하지 못하며, 깊게 아는 사람은 넓게 알지 못하고 넓게 아는 사람은 깊게 알지 못한다."[7] 위의 이러한 예는 노자가 언어 자체를 배척하는 것은 아니며 단지 언어의 한계와 폐단을 주장하는 것임을 의미하고 있다. 노자는 이처럼 '억지법'으로 도를 드러내고 있는 것이다.

---

6) 『老子』, 제5장, "多言數窮, 不如守中." '中'은 '沖'과 통한다. 아래와 비교하라. 『老子』, 제4장, "道沖而用之, 又不盈"; 제42장, "沖氣以爲和"; 제45장, "大盈若沖, 其用不窮." 특히 제45장에서는 '沖'과 '窮'이 음을 맞추고 있으며, 이처럼 제5장도 같은 용법으로 쓰이고 있다. 嚴靈峯은 '守中'이라 하면 유가의 말이 되어 노자의 本旨에서 벗어나며, 고대에서는 '中'과 '沖'이 통용됨을 밝히고 있다. 『老子四子新編』(臺北: 商務, 1977), 41쪽.
7) 『老子』, 제41장, "信言不美, 美言不信; 善者不辯, 辯者不善; 知者不博, 博者不知."

4. 장자의 말 없는 말

장자도 같은 정황이라 말할 수 있다. "정말로 작음(精)이란 작고도 작은 것이며, 정말로 큼(垺)이란 크고도 큰 것이다. (그럼에도) 정말로 작거나 거친 것(精粗)은 형체에 갇혀 있다. (그러나) 꼴이 없는 것은 셈하여도 나누어질 수 없으며 둘레가 없는 것은 셈을 다할 수 없다. 말(言)로 할 수 있는 것은 사물의 거침이고, 뜻(意)이 다다를 수 있는 것은 사물의 작음이다. 말로 할 수 없거나 뜻이 다다를 수 없는 것은 정말로 작음이나 거침에도 갇혀 있지 않다."8)

이 글은 '셈'(數), '말'(言), '뜻'(意)의 한계를 나타내고 있다. '정말로 작거나 거친 것'(精粗者)이라 할지라도 '형체가 있는 것'(有形者) 속에서만 자기를 드러낼 수 있으니 '작거나 거친 것'은 그저 물체의 있고 없음에 따라 그것의 있고 없음이 결정된다. 그러므로 시간적이거나 공간적인 한계에 갇혀 있다(期). 그러나 '꼴이 없는 것'(無形者)이나 '둘레가 없는 것'(不可圍者)은 셈과 말과 뜻으로는 '나눌'(分) 수도, '다다를'(致) 수도 없다. 말로 할 수 있는 것은 그저 물체의 '거침'(粗)이고 뜻이 다다를 수 있는 것은 그저 물체의 '작음'(精)뿐이다. 꼴이 없거나 둘레가 없는 것은 '작음'이나 '거침' 속에 갇히지 않는다. 다시 말해, 말과 뜻이란 것은 꼴도 없

---

8) 『莊子』, 「秋水」, "夫精, 小之微也; 垺, 大之殷也. 夫精粗者, 期於形者也. 無形者, 數之所不能分也; 不可圍也, 數之所不能窮也. 可以言論者, 物之粗也; 可以意致者, 物之精也. 言之所不能論, 意之所不能致者, 不期精粗焉." 마지막 '致'字 위에 원래 '察'字가 있으나 馬敍倫과 嚴靈峯의 說을 따라 없앴다. 이해를 돕기 위해 서양철학적 개념으로 설명하면 '精'은 本質(essence)이나 實體(substance)로, '粗'는 形狀(shape)이나 屬性(attribute)으로 설명될 수 있다. 우리말로 하자면, 精은 사물의 알맹이를, 粗는 사물의 껍데기를 가리킨다.

고 둘레도 없는 도에 미칠 수 없다는 이야기이다.

여기에서 우리는 장자도 언어의 완벽성을 회의하고 있음을 볼 수 있다. 그러나 장자도 여전히 나름의 방법을 써서 자신의 사상을 드러내려고 한다. '빗대어 하는 말'(寓言)이나 '옛 말씀을 빌린 말'(重言)이나 '사람에 맞추어 하는 말'(卮言)9)이 바로 그것이다. 심지어 장자는 '극히 오묘한 말'(極妙之言)10)과 '말 없는 말'(不言之言)이나 '말 없는 말로 말싸움'(不言之辯)11)을 하자고 주장한다.

이렇듯 장자의 이상도 노자와 마찬가지로 '말을 하지 말자'는 데 있는 것이 결코 아니고 '참말을 하자'는 데 있다. 많은 말이 한 번 나왔다 하면 곧 '편견과 선입견'(成見)으로 가득 찬 주장이 되어 버리기 때문에 장자는 우리에게 그러한 언어를 '말하지 말라'고 '말한다'.

"말을 하지 않으니 가지런하다. 가지런함(齊)에 말을 덧붙이거나 말에 가지런함을 덧붙이면 가지런하지 못하게 되므로 말 없는 말을 해야 겠다. 말 없는 말을 하니 죽을 때까지 말해도 말한 것이 없고, 죽을 때까지 말을 하지 않아도 말하지 않은 것이 없다."12)

---

9) 『莊子』, 「寓言」. 장자는 "자기의 말 가운데 寓言이 열의 아홉이고, 重言이 열에 일곱이고 卮言은 날마다 쓴다"(寓言十九, 重言十七, 卮言日出)고 한다.

10) 『莊子』, 「秋水」.

11) 『莊子』, 「徐无鬼」.

12) 『莊子』, 「寓言」, "不言則齊, 齊與言不齊, 言與齊不齊也, 故曰無言. 言無言, 終身言, 未嘗言; 終身不言, 未嘗不言." '齊'가 萬物의 齊一性(uniformity)을 뜻한다고 본다면 이때 장자는 언어와 사물의 對應性(correspondence)을 의심하고 있으며, 齊가 언어의 一貫性(coherence)을 뜻한다고 본다면 이때 장자는 언어와 일관성이라는 표준 자체가 일관될 수 없음을 주장하고 있다. 通行本(郭慶藩 集釋本: 郭象 注, 成玄英 疏, 陸德明 音義)은 "終身言, 未嘗不言; 終身不言, 未嘗不言"(臺北: 漢京, 1983, 949쪽)이라고 적고 있으나, 馬敍倫과 王叔岷의 說을 따라 윗 구절의 '未嘗不言'의 '不'자를 빼고 번역했다. 馬敍倫, 『莊子義證』(臺北: 弘道文化事業, 1960), 737쪽; 王叔岷, 『莊子校釋』(臺北: 臺聯國風, 1978), 권4, 50~51쪽.

5. 언어에 대한 언어

우리는 정말 도를 말할 수 없는가? 위에서 나는 노장철학이 줄곧 언어의 완벽성을 회의하고 있지만 언어 그 자체를 부정하는 것은 아님을 강조했다. 당연하게도 가장 좋은 증거는 의심할 여지없이 『노자』의 '오천여 글자'(五千餘言)이며, 『장자』라는 방대한 양의 문자이다. 그러나 도에 대해 말하자면 우리는 아직 도를 말할 수 있는지 없는지 확정할 방법이 없다. 왜냐하면 가장 상식적인 견해로도 도는 형이상形而上의 것이며 순수추상의 것이기에, 형이하形而下의 감관으로는 만질 수도 냄새 맡을 수 있는 것도 아니기 때문이다.

이와 같은 상황에서 나는 몇몇의 개념이 우리의 사고를 도와줄 수 있다고 생각한다. 무엇보다도 먼저 우리는 '언어'와 '메타언어'(meta-language: 언어에 대한 언어)를 반드시 분별해 보아야 한다. 실제로 노자와 장자 스스로도 매우 명백하게 이 차이를 알고 있었다. 이를테면 '도를 말할 수 있으면 그것은 늘 그러한 도가 아니다'라는 구절도 이미 어떤 구별을 포함하고 있는데, 하나는 '도를 말할 수 있다면 도가 아니다'라는 것이며, 또 하나는 '도는 말할 수 없다고 말할 수 있다'는 것이다. 앞의 것은 곧 일반언어이며 뒤의 것은 이른바 메타언어이다.

이렇게 본다면 문제는 비교적 간단해진다. 일반언어의 각도에서 보면 도는 말할 수 없는 것이나, 메타언어의 각도에서 보면 '말할 수 없다'는 것조차 언어로 표현된 것이다. 다시 말해, 노장은 기본적인 태도상 결코 언어의 사용을 배척하는 것이 아니다. 노자와 장자가 사용하는 언어가 부정적인 말투이거나 소극적인 언어이거나 할 것 없이 그것은 결국 언어의 한 종류일 뿐이다. 그들도 언어를 쓰지 않고는 도를 묘사할 수단을 찾을 수 없었던 것이다. 장자의 말을 빌려 보자.

"끝도 없고 멈춤도 없는 것은 말로 할 수 없으니(言之無) 그것은 사물과 이치를 함께하는 것이다. '누군가 그렇게 만들었다'(或使)라는 것이나 '아무도 그렇게 하지 않았다'(莫爲)는 것은 말로 하는 것(言之本)이니 사물과 시종을 함께하는 것이다. 도는 있을 수도 있고 없을 수도 있다. 도란 이름은 거짓으로 쓰는 것이다. 그렇게 만들었다거나 그렇게 하지 않았다는 것은 사물의 한 부분에만 매달리는 것이니 어찌 전체적인 방법이겠는가? 말이 족하면 종일토록 말해도 도를 말하는 것이고, 말이 부족하면 종일토록 말해도 사물만 말하는 것이다. 도와 사물의 끝은 언어나 침묵으로 담을 수 없으며, 언어도 침묵도 아니니 의사소통의 끝이 바로 이것이다."13)

다시 말해 보자. 우리는 자주 '언어의 신비'(mystery of language)와 '신비의 언어'(mystery in language)를 섞어 한꺼번에 다룰 때가 많다.14) 언어는 정

---

13) 『莊子』, 「則陽」, "無窮無止, 言之無也, 與物同理; 或使莫爲, 言之本也, 與物終始. 道不可有, 有不可無. 道之爲名, 所假而行. 或使莫爲, 在物一曲, 夫胡爲於大方? 言而足, 則終日言而盡道; 言而不足, 則終日言而盡物. 道物之極, 言黙不足載; 非言非黙, 議有所極." 번역상 이해의 편리를 위해, 馬其昶의 說을 따라 "有不可無"의 '有'를 '又'로 보았다.

14) Paul Ricoeur, "The Problem of the Double-Sense as Hermeneutic Problem and as Semantic Problem"이란 논문의 결론 부분에서 A. C. Gaimas, *La sémantique structurale* (paris, 1966)의 "아마도 언어의 신비는 있으며 이것은 철학을 위한 문제이지만 언어 안에는 어떤 신비도 없다"라는 글을 인용하면서, 가장 시적인 상징이나 가장 신성한 신비의 언어도 사전 속의 가장 진부한 언어가 할 수 있는 것처럼 기호변수(semic variables)로 처리될 수 있지만, '언어가 말하는, 무엇인가를 말하는, 존재에 대해 무엇인가를 말하는'(language says, says something, says something about being) 언어의 신비는 여전히 있음을 재차 강조하고 있다. Joseph M. Kitagawa and Charles H. Long(ed.), *Myths and Symbols*(chicago: Univ. of Chicago press, 1969), p.79.

말로 신비하다. 이를테면 언어는 어떻게 문법구조와 비대상적인 조사나 계사(copola)를 갖게 되었는지, 우리는 어떻게 언어로써 사상을 표현하거나 소통하게 되었는지, 참으로 모를 일이다. 이런 것 모두 언어의 신비이다. 그러나 언어의 신비와는 달리, 정말로 신비의 언어가 있는가? 물론 우리는 약간의 신비한 언어를 느낄 수 있겠지만, 사실상 그것의 언어성—언어라고 불릴 만한 까닭은 매우 박약하다. 나는 대부분의 신비한 언어는 의미가 비교적 명백한 언어로 환원(reduction)될 수 있다고 믿는다. 조금 더 철저히 말해 만약 이러한 환원이 불가능할 경우 그 같은 신비한 언어는 아마도 일종의 '헛소리'(flatus vocis)류의 것이거나, 아니면 그저 우리의 인식능력이 부족하여 일어나는 현상일 가능성이 더욱 많다. 이를테면 시는 당연히 신비한 언어이나, 그것 자체가 운용하고 있는 것은 언어의 신비이지 그것이 신비한 언어를 전달하기 위해서 쓰인 것은 아니다.

한마디로 노장은 언어의 기능을 완전히 배척하는 것은 아니며, 메타언어의 층차로 본다면 그들은 도에 대한 언어적 회의주의자일 수 없다. 그러나 그들은 언어의 신비를 확실히 인지하고 있었다. 주어가 없는 문장이나 내용을 결정할 수 없는 단락에, '……같다'(若), '……거나……이다'(或), '……인 듯하다'(似) 등의 무규정적인 표현법을 단독적이거나 혼합적으로 쓰고 있는 것은 좋은 예이다.

장자의 말을 다시 한 번 생각해 보자. "나는 어디에서 말을 잊은 사람과 만나 그와 함께 말할까?"[15]

---

15) 『莊子』, 「外物」, "吾安得夫忘言之人, 而與之言哉."

6. 노자의 늘 그러한 앎

이 세계와 그 속의 사물에 대한 체계적인 지식은 사람이 지니고 있는 주요한 특징 가운데 하나이다. 그러나 노자는 기본적으로 일반인들이 말하는 '지식'을 좋아하지 않았다. 왜냐하면 착하고 착하지 않음이나, 아름답고 아름답지 않음의 구별이 모두 우리의 지식에 의해 일어나기 때문이다. 노자는 말한다. "천하 사람이 모두 아름다움을 아름답다고 아는 것은 못남에서 비롯되고, 착함을 착하다고 아는 것은 착하지 못함에서 비롯된다."16)

이러한 구별이 사람 사는 세상(人間世)의 옳고 그름(是是非非)을 일으키며 이러한 논쟁이 우리들로 하여금 도를 인식하지 못하게 하므로 노자는 차라리 무지無知의 상태에 도달하길 원하는 것처럼 보인다. "사방에 통달하면서도 무지할 수 있을까?"17) 이렇듯 노자는 무지를 강렬히 원하고 있다. 그의 일반 백성에 대한 태도도 마찬가지이다. "언제나 백성을 무지하고 욕심 없게 하여 똑똑한 사람이 감히 어찌하지 못하게 한다."18)

그러나 노자는 다른 곳에서 분명하게 지식의 효용성을 긍정하고 있는데, 위에서 말한 지식(知)에 비해 보면 이 지식이야말로 노자가 이야기하려는 진정한 지식이다. 진정한 지식의 대표적인 예가 바로 '늘 그러함을 앎'(知常)이다. "제 명命으로 돌아가는 것을 늘 그러함(常)이라 하고, 늘

---

16) 『老子』, 제2장, "天下皆知美之爲美, 斯惡已; 皆知善之爲善, 斯不善已."
17) 『老子』, 제10장, "明白四達, 能無知乎?" 王弼本은 '知'字가 '爲'字로 되어 있으나, 河上公 및 그 외 古本은 많은 경우 '知'字로 되어 있어, 河本을 따랐다.
18) 『老子』, 제3장, "常使民無知無欲, 使夫智者不敢爲也."

그러함을 아는 것은 밝음(明)이라 한다. 늘 그러함을 모르면 허튼 짓을 하여 흉하게 된다. 늘 그러함을 아니 포용하게 되고, 포용하니 공평해지고, 공평하니 온전해지고, 온전하니 곧 하늘이고, 하늘이니 곧 도이고, 도이니 곧 오래가고, 죽음에서도 위태롭지 않다."19) 약간 다른 표현도 있다. "어울림(和)을 아는 것을 늘 그러함이라 하고, 늘 그러함을 아는 것을 밝음이라 한다."20) 늘 그러함을 아는 것은 도에 이르는 하나의 밝은 관문이다. 늘 그러함을 아는 것으로부터 시작하여 '포용성', '공평함', '온전함' 그리고 '하늘'과 '도'를 거쳐 '오래감'에 다다르게 된다. 이곳에서 '늘 그러함'(常)은 '늘 그러한 도'(常道)라 말할 때의 '늘 그러함'이다.

　　그 밖에 '머무를 줄 아는 것'(知止)21)도 '위태롭지 않음'(不殆)과 관련된 진정한 지식이며, '족함을 하는 것'(知足),22) '알지 못함을 아는 것'(知不知23))도 모두 지식의 긍정적인 면을 강조하는 것이다. 그러나 그 지식은 일반 사람들이 말하고 있는 상대적인 지식이 아니라 지식 자체와 인생의 한계에 대한 지식이다.

　　이와 같이 노자는 비록 일반적이고 상대적인 지식을 배척하고 있지만 그는 여전히 더욱더 진실한 지식을 추구하고 있음을 알 수 있다. 나는 그것을 '늘 그러한 앎'(常知)이라고 부를 수 있다고 생각한다. '늘 그러한 도'(常道)와 '늘 그러한 이름'(常名)과 같은 맥락에 있는 '늘 그러한 앎'이

---

19) 『老子』, 제16장, "復命曰常, 知常曰明. 不知常, 妄作凶. 知常容, 容乃公, 公乃全, 全乃天, 天乃道, 道乃久, 沒身不殆."
20) 『老子』, 제55장, "知和曰常, 知常曰明."
21) 『老子』, 제32·44장.
22) 『老子』, 제46장.
23) 『老子』, 제71장.

다. 다음의 두 예는 늘 그러한 앎이 어떤 것인가 보여 주고 있다.

나는 따라서 무위無爲의 유익함을 안다.[24]

문밖을 나서지 않아도 천하天下를 알고, 창밖으로 엿보지 않아도 천도
天道를 안다.[25]

여기에서 '무위의 유익'을 아는 지식이나 '천하'와 '천도'에 대한 인
식은 당연히 '늘 그러한 앎'의 하나가 아닐 수 없다.

7. 장자의 큰 앎

장자도 노자와 매우 비슷하다. 일반적 지식의 가치성에 대해서도 장
자는 노자와 같이 "똑똑함을 끊고 지혜를 버려라"[26]라는 태도를 지니고

---

24) 『老子』, 제43장, "吾是以知無爲之有益."
25) 『老子』, 제47장, "不出戶, 知天下; 不窺牖, 見天道."
26) 『莊子』, 「胠篋」과 「在宥」 그리고 『老子』, 제19장, "絶聖棄智(知)." '聖'의 뜻은 老莊書에
서 보통 두 가지 용법으로 쓰이고 있는데, 하나는 노장이 이상으로 삼고 있는 최고
인격인 聖人의 뜻이고, 다른 하나는 스스로 잘난 척하며 똑똑하다고 여긴다는 뜻이
다. 『노자』에서는 '聖人'이라고 쓰인 경우(총 32번, 중복 1회)는 전자에 속하고, '聖'이
라고 외자로 나온 경우(단 1회)는 후자에 속한다. 『장자』에서는 '聖人'이나 '聖'도 여
러 층차를 두어 설명한다. 老子書에는 '絶聖棄智'로 莊子書에는 '絶聖棄知'로 되어 있는
데 여기서 '知'는 '智'를 뜻한다.
[附記: 2001.3.30.] 1993년 郭店 楚墓 竹簡本 『노자』가 발견된 이후, '絶聖棄智'와 '絶仁棄
義'라는 문장이 '絶智棄辯'과 '絶爲棄慮'라고 되어 있어, 마치 『노자』의 사상이 유가를
반대하지 않은 듯 설명하는 기류가 있는데, 우리가 잊지 말아야 할 것은 聖과 聖人의
용법이 분명히 다르다는 점이다. 聖人은 노자의 이상인격이고, 聖은 그와는 달리 유
가의 한 덕목 가운데 하나로 보아야 할 것이다. 이를테면 유가의 子思와 孟子 학파의

있다. "그러므로 천하에 큰 혼란이 일어나는 까닭은 지혜를 좋아하는 데 잘못이 있다. 사람들은 알지 못하는 것만 알려고 하지, 아는 것을 알려고 하지 않는다. 좋지 않은 것이 아니라고 할 줄 알지, 좋은 것이 아니라고 할 줄 모른다. 따라서 큰 혼란이 일어난다."[27]

그러므로 장자는 가장 좋은 정치는 바로 성인이 천하를 다스리는 것이고, 이는 '마치 본성이 스스로 그렇게 하는 것과 같아 백성이 왜 그렇게 되는 까닭조차 모르는'[28] 상태라고 말한다. 그때 백성은 의義, 인仁, 충忠, 신信이 무엇인지도 모르면서도 누구나 '바르고'(端正), '서로 사랑하고'(相愛), '진실하고'(實), '약속을 지킬'(當) 줄 안다.[29]

그러나 장자도 비록 일반적인 지식은 받아들이지 못하나 노자와 마찬가지로 '진정한 지식'을 추구하고 있는데, 그것이 바로 '큰 앎'(大知)이다. "작은 앎은 큰 앎에 미치지 못한다."[30] 따라서 우리는 마땅히 '작은

작품으로 보이는 또 다른 죽간인 『五行』에서는 다섯 德行 곧 '仁, 義, 禮, 智, 聖에 대한 설명이 나오는데, 現本 『노자』의 '聖'은 곧 五德 가운데 하나를 가리킨다. 다시 말해, 죽간본이 통용될 당시에는 비록 仁, 義, 聖, 智를 직접적으로 비판하지 않았으나, 戰國 中後期에 이르러서야 『노자』가 仁, 義, 聖, 智를 반대하기 시작했음이 드러난다. 이때 智는 보아 아는 것이고 聖은 들어 아는 것(楚簡 『五行』 25號簡: 見而知之, 智也; 聞而知之, 聖也)이다. 그리고 仁, 義, 聖, 智를 내세우는 思孟學派에 대한 정면적인 비판은 『莊子』 「胠篋」에서 나타난다. 이처럼, 용례의 전후관계가 다소 고증되어야 하지만, 어디에도 『노자』가 유가의 사상을 반대하지 않았다는 증거는 나오지 않는다. 위에서 말했듯이, 가장 큰 문제는 '聖'과 '聖人'을 나누어 보지 않는 데서 발생한다. 이러한 나의 의견과 대립되는 주장으로는 裵錫圭, 「郭店 『老子』簡初探」(『道家文化硏究』 17, 1999.8. 정확히는 43쪽)이 있고, 같은 태도로는 초기의 문장(「初讀郭店竹簡 『老子』」, 『中國哲學』 20, 1999.1.; 2000.1. 第2版)은 분명하지 않았지만 최근의 입장은 개인적으로도 나에게 많은 점을 시사한 許抗生, 「再讀郭店竹簡 『老子』」(『곽점초간본 도가자료 연구』, 서울: 동국대, 한국도가철학회, 2000.12.9.)가 있다.

27) 『莊子』, 「胠篋」, "故天下每每大亂, 罪在於好知. 故天下皆知求其所不知而莫知求其所已知者, 皆知非其所不善而莫知非其所已善者, 是以大亂."
28) 『莊子』, 「天地」, "若性之自爲, 而民不知其所由然."
29) 『莊子』, 「天地」.

앎'(小知)을 버린 다음에야 비로소 '큰 앎'을 얻을 수 있다. "작은 앎을 버리면 큰 앎이 밝아 온다."[31]

장자는 진정한 지식을 알려고 한다. 장자의 표현으로 말하면, 그것은 곧 '큼'(大)이다. "사람이 아는 것은 얼마 없기에 알지 못함을 알고서야 하늘이 무엇인지 안다. 큰 하나됨(大一)과 큰 고요함(大陰)과 큰 안목(大目)과 큰 어울림(大均)과 큰 넓이(大方)와 큰 믿음(大信)과 큰 정해짐(大定)을 아니, 모두 지극한 것이다. 큰 하나됨으로 통하고 큰 고요함으로 풀고 큰 안목으로 보고 큰 어울림으로 맺어지고 큰 넓이로 몸을 삼고 큰 믿음으로 헤아리고 큰 정해짐으로 유지한다."[32] 이처럼 장자가 요구하는 지식은 '큰 것' 즉 진정한 지식이다.

그러므로 우리는 장자가 모든 지식을 완전히 배척하고 있다고 말할 수는 없다. 더욱이 그가 말하는 '큰 앎'은 적극적인 지식의 의미와 그 지식이 마땅히 다다라야 하는 이상적 목표를 명백히 내함하고 있다.

8. 불가지론이 아니다

'늘 그러한 앎'과 '큰 앎'은 각기 노장이 이상으로 삼고 있는 지식의 형태를 대표한다. 여기에서 메타언어와 마찬가지로 '메타지식'(meta-knowlegde:

---

30) 『莊子』, 「逍遙遊」, "小知不及大知."
31) 『莊子』, 「外物」, "去小知而大知明."
32) 『莊子』, 「徐无鬼」, "人之於知也少, 雖少, 恃其所不知而後知天之所謂也. 知大一, 知大陰, 知大目, 知大均, 知大方, 知大信, 知大定, 至矣. 大一通之, 大陰解之, 大目視之, 大均緣之, 大方體之, 大信稽之, 大定持之."

지식에 대한 지식)이라는 것도 상정해 볼 수 있다. 이를테면 "알지 못하는 데에서 앎을 멈춘다"(知止其所不知)33)는 언명은 지식에 대한 메타적인 정의인 것이다. 그렇다면 지금 우리는 도를 알 수 있는가를 물어야 한다.

물론 노장은 늘 그러한 앎과 큰 앎을 갖고 있는 사람은 도를 반드시 알고 있음을 암암리 보여 주고 있다. 왜냐하면 늘 그러한 앎과 큰 앎이란 곧 도를 아는 지식이기 때문이다. 이를테면 어떤 종류의 지식이 도를 떠나 있다면 그것은 늘 그러한 앎이나 큰 앎일 수 없는 것이다.

심지어 노자는, 도는 쉽게 알 수 있는 것일 뿐만 아니라 실천하기도 쉬운 것이라고 주장한다. 단지 천하 사람들이 도를 모르고 실천할 줄 모를 뿐이다. "내 말은 알기도 하기도 매우 쉬운데, 천하 사람들이 알지도 하지도 못한다."34) 노자의 이 말 가운데 '내 말'이란 도에 관한 언어로 볼 수 있으며, 아울러 도를 아는 방법이나 지름길이라고도 할 수 있다. 말뿐만이 아니라 도조차도 알기 쉬우나 많은 사람이 알지 못하니 노자가 애석하게 느끼는 것이다.

장자도 비슷하게 접근한다. "도는 알기 쉬워도 말하지 않기는 어렵다. 알아도 말하지 않음은 자연(天)인 까닭이고 말하는 것은 인위(人)인 까닭이다. 옛 지인(至人)은 자연적(天)이었지 인위적(人)이지 않았다."35) 이 말은 우리가 도를 알 수 있으며 더욱이 매우 쉽게 도를 알 수 있음을 분명히 보여 주고 있다. 우리는 도에 대한 지식을 알 수 있는 것이다.

---

33) 『莊子』, 「齊物論」.
34) 『老子』, 제70장, "吾言甚易知, 甚易行; 天下莫能知, 莫能行." "天下莫能知, 莫能行"은 제79장의 "天下莫不知, 莫能行"(모르지 않으나 하지 않는다)과 비교된다.
35) 『莊子』, 「列禦寇」, "知道易, 勿言難. 知而不言, 所以之天也; 知而言之, 所以之人也. 古之至人, 天而不人."

이처럼 노장은 불가지론不可知論적인 태도를 갖고 있지 않았다.

비록 장자가 바로 뒤에 이어 '알아도 말하지 않음'(知而不言)이야말로 진정하게 도를 아는 것이라 하고 있지만, 위에서 이미 말한 바와 같이, 이런 것도 도를 말하는 일종의 방식이다. 노장서에 공통적으로 나오는 "알면 말하지 않고 말하면 알지 못한다"36)는 말도 같은 경우이다.

더욱 자세히 설명해 보자. 노장은 스스로 '깊음'(玄)이나 '끝'(極)37)과 같은 문자를 거론하고 있는데, 과연 이는 무엇을 뜻하는가? 이를테면, '깊은 같음'(玄同), '깊은 덕'(玄德), '하늘의 끝'(天之極), '깊은 하늘'(玄天), '깊은 아득함'(玄冥), '끝없음'(无極), '큰 끝'(太極) 같은 것들이다. 장자는 아래와 같이 말한다.

"누가 도를 물을 때 그에 응하면 도를 알지 못하는 것이다. 도를 묻는 사람이라 해도 도를 들어 보지는 못했다. 도는 묻지도, 응하지도 않는 것이다. 묻지 않을 것을 묻는 것을 물음이 다했다(問窮)고 하고, 응하지 않을 것을 응하는 것을 속이 없다(無內)고 한다. 속이 없는 것으로 물음이 다한 것을 맞으니, 이와 같으면 밖으로는 우주도 보지 못하고 안으로는 큰 처음(太初)에 있지도 못하므로 곤륜崑崙도 넘지 못하고 큰 빔(太虛)에서 노닐지도 못한다."38)

---

36) 『老子』, 제56장 및 『莊子』, 「知北遊」, "知者不言, 言者不知."
37) '玄'이란 우리말로는 '검은', '가물거리는', '어두운', '감추어져 있는'의 뜻이고, 漢字로는 '神秘한', '測定不可한', '永遠한'의 뜻으로, 玄字가 들어가는 용례로는 '玄妙', '幽玄' 등이 있다. 여기에서는 '極'과 상대하여 '깊음'으로 번역한다. 대비적으로 極은 시간적인 무한으로, 玄은 공간적인 무한으로 이해될 수 있다. 따라서 '無極'이나 '太極' 관념은 우주의 生成消滅論을 전제하고, '玄天' 관념은 우주의 無限定說을 가정한다.
38) 『莊子』, 「知北遊」, "有問道而應之者, 不知道也. 雖問道者, 亦未聞道. 道無問, 問無應. 無問問之, 是問窮也; 無應應之, 是無內也. 以無內待問窮, 若是者, 外不觀乎宇宙, 內不乎太初. 是以不過乎崑崙, 不遊乎太虛."

윗글 가운데 '큰 처음'이니 '큰 밤'이라는 것도 '깊음'이나 '끝'과 같은 투의 말씨이다. 누군가는 이 말이 도의 알 수 없음이나 도의 말할 수 없음을 보여 주는 것이 아니냐고 물을지도 모른다. 그러나 우리는 두 가지를 주의해 보지 않으면 안 된다.

첫째로는 '큰 처음'이나 '큰 밤' 같은 용어 또한 도를 형용하는 데 쓰이는 것이고, 아울러 이런 용어로써 벌써 도를 형용했다는 점이며, 둘째로는 윗글이 표현하는 것은 도를 '알지 못한다'는 것이지 도를 '알 수 없다'는 것이 아니라는 점이다.

'알지 못한다'(不知)는 것과 '알 수 없다'(不可知)는 것 사이에는 엄청난 차이가 있다. 이를테면 그것은 '나는 그것을 안다'(我知)는 것과 '나는 그것을 알 수 있다'(我可知)는 것 사이의 차이와 마찬가지이다. 이런 예가 우리가 말하려는 도의 알 수 있음을 반박하지는 못한다. 따라서 도는 알 수 있는 것이라 줄곧 주장해도 무방할 것이다.

9. 도는 말할 수 있으며 알 수 있다

우리의 주제는 본디 '도는 말할 수 있거나 알 수 없는가'라는 것이었다. 이 문제는 선언選言적인 물음(alternative question)이나 상호배척적인 선언(exclusive or)으로 구성되어 있는 것으로 보였다. 그러나 문제의 답은 확실히 그와 같지 않으며 오히려 '도는 말할 수 있으며 알 수 있다'로 귀결된다. 더욱 분명하게 한다면 이렇게 말할 수 있을 것이다.

(1) 도는 말할 수 없다: 일반적인 언어의 맥락에서.

(2) 도는 말할 수 있다: 메타언어의 맥락에서.

(3) 도는 알 수 없다: 노장은 "도를 알 수 없다"라고 말한 적이 없으며 단지 "도를 모른다"라고만 했다.

(4) 도는 알 수 있다: 가. 메타지식의 맥락에서.

　　　　　　　　　　나. 도에 대한 많은 묘사에서.

따라서 우리의 대답은 '도는 말할 수 없거나 알 수 없다'는 선언적인 명제의 부정인 '도는 말할 수 있으며 알 수 있다'로 바뀐다. 물론 일반적인 언어의 용법으로 도는 여전히 말할 수 없는 것일 수밖에 없지만.

10. 태극논리

마지막으로 나는 두 가지를 제시함으로써 우리가 토론한 내용을 부연할까 한다.

우리는 이미 많은 인접 학문의 영향을 받아 왔다. 동양철학의 발전 과정 중 계속 확대되고 보충되는 개념이나 이론이든, 서양철학으로부터 들어온 많은 방법과 논리이든 상관없이 그것은 실제로 우리를 많이 계발시키고 도와주고 있다. 노자와 장자와 비교하여 우리가 볼 수 있는 책은 반드시 많고도 많을 것이며, 들어 볼 수 있는 학문도 반드시 넓고도 넓을 것이다. 그렇다고 해서 우리가 곧 도를 아는 것은 아니지만,

양적인 증가가 있음은 분명하다.

첫째, 노장철학이 언어와 지식을 부정하는 '깊고도 깊은'(玄之又玄)[39] 학문으로 보이기 때문에 우리는 너무 쉽게 마땅히 설명해야 할 부분 및 설명될 수 있는 부분을 자주 포기해 버리는 경우가 많은데, 이러한 태도는 우리들에게뿐만 아니라 노장철학 자체에도 어떤 좋은 점을 보태 주지 못한다.

사실상 많은 사람들이 회의주의나 불가지론의 미명 아래, 노장사상을 신비주의적인 이상한 것으로 만들고 있다. 이는 정말로 애석한 일이 아닐 수 없다. 우리는 우리가 분석할 수 없는 곳에까지 분석해야만 한다. 이것이야말로 장자가 말하는 "알지 못하는 데에서 앎을 멈춘다"(知止其所不知)[40]는 태도가 아니겠는가? 우리가 아직 알지 못하는 것도 알지 못하는 걸음마 정도의 수준임에도 불구하고, 앎과 말을 쉽게 멈추는 것은 안타까운 일이 아닐 수 없다.

둘째, 많은 사람들이 도는 번역이 불가능한 개념이라 여기고 있다. 마치 로고스(logos)처럼[41] 그것은 쉽게 정의될 수 있는 개념이 아닐 것이다. 그러나 매우 재미있는 것은 둘 다 기본 의미에서 모두 '말의 길'을 뜻한다는 점이다. 따라서 바로 이 점이 도와 로고스는 원초적 의미에서 아마도 사유의 방법이나 인식의 논리를 지시하고 있다고 암시적으로

---

39) 『老子』, 제1장.
40) 『莊子』, 「齊物論」. 주33) 참조. Wittgenstein, *Tractatus*의 마지막 명제인 "말할 수 없는 것에 대해서는 침묵해야만 한다"(New York, 1959, p.188)는 구절과 비교해 볼 것.
41) Heidegger의 경우도 道와 λογος는 번역될 수 없다고 말하고 있다. Heidegger, Joan Stambaugh(trans.), *Identity and Difference*(New York, 1969), p.36(*Identität und Differens*, s.101) 참조.

믿게 만들고 있다.

그렇다면 여기에서 우리는 이렇게 물을 수 있다. 동양철학에 가장 알맞은 논리를 발견(창조라 할 수도 있겠지만)할 수 있지 않겠느냐고. 만일 도의 원초적 의미 자체가 곧 사유의 방법이나 인식의 논리라면 동양에도 자기의 논리가 없을 수 없다. 동양에는 단지 '논리論理'(라는 번역어와 'logical'이라는 술어도 포함하여)라는 용어나 학문이 없었을 뿐이다.

이를테면 나는 태극太極이란 것이 동양적 사유와 인식의 꼴을 함축해 줄 수 있다고 믿고 있다. 지금 우리는 태극의 이론과 형상이 어떻게 이루어졌고 바뀌어 왔는지는 상관하지 않겠지만, 편한 대로 지금의 형상으로도 동양사유의 기본 꼴을 설명할 수 있을 것이다.

동양사상 가운데 가장 중요하고 훌륭한 부분을 형식논리로써는 덮거나 담을 수 없는 때가 많다. 왜냐하면 동양사상 속에는 A는 A이면서 (동시에) A는 A가 아닌 경우가 속출하기 때문이다. 만일 이렇다면 형식논리의 가장 기본이 되는 동일률과 모순율 그리고 배중률이 모두 자기 자리를 찾을 수 없게 된다.

변증법은 형식논리에 비해 비교적 동양의 사유방법에 접근한다. 그러나 소통할 수 없는 부분은 여전히 남아 있다. 변증법은 기본적으로 '정正'과 '반反'의 '모순矛盾' 관계를 가정하고 있지만, 동양철학에서는 정과 반의 '영원한' 상호 대립적인 모순관계를 거의 찾아보지 못한다. 그것이 이상으로 하고 있는 것은 거의 모두 정과 반의 '조화'(和諧)이다. 더욱이 변증법에서는 정과 반이 반드시 '지양止揚'(Aufheben) 과정을 거쳐서 계속적으로 '합合', 즉 새로운 정을 만드는 데 반해, 동양사상 가운데의 정과 반은 반드시 끊임없이 새로운 정을 만들어 내지 않으며 단지 정과 반의 균형이나 평형이 맞지 않아 그것을 조정 또는 조절해 줄 따름이다. 한마디로 동양의 사유방법에는 기본적으로 변증법에서 말하는 정과 반의 영원한 대립과 모순의 관계는 없으며, 오히려 정과 반은 대체로 서로 낳아 주고(相生) 서로 도와주는(相補) 관계이다.

비록 선진先秦 중국철학에는 대체로 태극에 대한 명확한 관념이 없었지만, 송명철학이 사용하고 있는 태극설은 선진시대로부터 줄곧 내려온 전통을 바탕으로 이루어진 것이라 할 수 있기 때문에, 나는 태극이란 개념이 중국철학의 사유방식 전체를 덮어 줄 수 있을 것이라고 생각한다. 나는 이를 '태극론太極論' 또는 '태극논리太極論理'라고 부른다. 나는 이 태극론적 사고를 통하여 동양철학을 해석한다면 설명될 수 있는 것이 더욱 많아질 것이라고 믿는다. 이를테면, 노자가 말하는 "옳은 말은 뒤집혀진 것 같다"42)는 주장도 '옳음'과 '뒤집혀짐'의 태극논리라고 볼 수 있겠다. 만일 장자의 표현으로 이러한 사유방식을 설명한다면, 태극은 '하늘의 알맞음'(天均, 天鈞)이나 '하늘의 끝'(天倪)으로 달리 불릴 수도 있다. "처음과 마지막은 고리와 같아 무엇이 먼저인지 알 수 없으니 이를 하늘의 알맞음(天均)이라 한다. 하늘의 알맞음은 하늘의 끝(天倪)이다."43)

나는 이러한 노력과 기도가 우리들에게 동양사상 스스로가 지니고 있는 '말할 수 없음'이나 '알 수 없음'에 좀 더 가까이 가게 해 주리라고 믿는다.

---

42) 『老子』, 제78장, "正言若反."
43) 『莊子』, 「寓言」, "始卒若環, 莫得其倫, 是謂天均. 天均者天倪也." 「齊物論」에는 "天鈞"으로 되어 있다. 인용문에서 '天'은 오늘날 말하는 '자연'으로 이해될 수 있다. 즉 '天均'은 자연의 균형이며, '天倪'는 자연이 균형을 이룬 마지막 상태이다.

제2장 기의 세계

—기의 정신성: 유심론과 유물론을 넘어서

1. 철학사에서 기론의 중요성

'기氣'에 대한 논의의 중요성을 새삼스럽게 강조하는 것은 불필요한 일일지도 모른다. 그러나 문제는 기론에 대한 인식이 철학사적이지 못하고 단편적이거나 일방적이라는 데 있다. 더 나아가 기론은 사람의 몸과 마음을 이해하는 데 현실적으로도 유용하며 우주와 세계에 대한 우리의 사유를 계발시키는 매우 좋은 것임에도 불구하고 어느 한쪽의 기론이 마치 전부인 것처럼 알려져 기론의 폭넓은 영역이 협소화되고 있다.

기론이 철학사에서 중요하듯이, 철학사적으로 기론을 이해하는 것은 반드시 이루어져야 할 작업이다. 철학사적인 맥락 속에서 기의 모습은 어떠한가? 과연 우리가 상식적으로 이해하고 있는 기에 대한 파악은 올바른 것인가? 도대체 기론의 원류는 어디에 있으며 그 본래적인 모습은 어떠한가? 흔히 기를 물질적인 것으로 여길 때 그러한 이해는 어디서 나오며 과연 옳은 것인가?

2. 기에 관한 여러 가지 관점

기란 개념이 중국철학사에서 각광을 받은 적은 크게 나눠 세 차례로 볼 수 있다. 처음으로는 한대의 원기元氣론자들이고, 다음으로는 청대의 박학樸學1)자들이며, 마지막으로는 현대의 유물唯物론자들이다.

한대는 서양의 중세와 견주어 전통적으로 철학의 암흑시대처럼 여겨져 왔으나 우리가 쉽게 잊는 것은 그 시기가 '과학의 시대'라는 점이다. 정치와의 결합 또는 정치 이데올로기화된 철학으로 체제옹호적인 학문의 분위기를 한대의 철학자들이 중국철학의 전통처럼 만들어 버렸고, 따라서 서양의 중세철학이 '신학의 시녀'였다면 중국의 한대철학은 '정치의 하수인'처럼 되어 버렸다. 그러나 무엇보다도 중요한 것은 한대 철학자들이 정치 옹호의 이론적 기초로 당시로서는 하나의 과학적 가설이라 불릴 만한 근거를 사용하고 있다는 점이다. 동중서董仲舒의 자연과 인간의 동일성을 주장하는 천인상응天人相應의 이론도 기본적으로는 당시의 오행五行이라는 과학적 가설을 전제하고 있는 것이다. 나아가 과학의 시대에 필수적인 물음은 우주와 인간의 실체實體 또는 기체基體가 무엇인가 하는 것이다. 한대인에게 그것은 '원기元氣'라는 형태로 이해되었다. 한대 기론의 유행은 과학적 사고를 기반으로 한 것이었다.2)

---

1) 청대의 박학은 때론 實學으로 불리기도 한다. 역사적으로 거슬러 올라가면 宋의 朱子 熹나 象山 陸九淵까지도 실학이란 의미는 가능하다. 실학은 단순히 역사적인 사건이라기보다는 오히려 유학의 이념이기 때문이다. 그러나 청대의 실학이 성리학에 대한 부정적 태도를 기본으로 하고 있다면 조선 실학은 성리학의 체계 위에서 비교적 긍정적인 입장에서 實事求是를 정립하려 했다. 그러한 맥락에서 청대의 실학은 조선의 실학과 구별되며, 따라서 이를 박학이라 하였다.

2) 揚雄, 張衡, 王充의 원기론과 그들의 과학적인 주장들을 상기할 것.

청대의 기론은 그와는 다른 관심에서 출발한다. 서양의 문명과 문물이 가져다 준 충격은 엄청났고 그를 넘어서 서양인은 이미 중국을 문화적으로 압박하고 실질적으로도 점령해 가기 시작했다. 당시 중국의 지식인들이 마주한 것은 다름 아닌 현실에 대한 강한 긍정과 전통적인 형이상학적 분위기에 대한 철저한 반발이었다. 이때 기론은 현실적이고 구체적인 모든 것을 대변하는 것이었다. 그런데 청대 철학자들에게 이해되는 기氣는 마치 '기器'같은 것으로 현실 세계의 중요성에 대한 강조였다. 진리는 현실로부터 드러난다(道由器見)[3]는 입장에서 세워진 기론적 세계관이었다. 『역전易傳』이 말하는 도道와 기器의 형이상학성과 형이하학성의 차이에서 형이하의 것을 상대적으로 강조한 기론이었다. 이는 형이상의 것이나 형이하의 것이나 할 것 없이 모두 기氣라는 주장에 기초하고 있다.[4] 한대의 기론이 우주와 세계의 기체를 찾으려는 노력에 비하면 더욱더 현실적인 물음이다. 현실을 긍정하기 위한 것이라면 기론뿐만 아니라 그 밖의 모든 것을 끌어당겨 쓸 수 있는 입장이었다. 그만큼 문제가 컸으며 해결이 시급한 시절이었다. 다시 말해 중국이 어떻게 하면 살아남을 수 있을까 하는 물음에 대한 답안으로 그들은 기론을 찾았던 것이다. 청대의 기론은 기본적으로 현실의 중요성에 대한 자각에 기초하고 있다.

현대의 기론이란 공산 중국이 벌여 왔던 작업으로 전통적인 기 개념을 마르크스가 말하는 물질로 이해하고 기를 물질 개념으로 환원시키고자 한 것이다. 공산화된 중국에서 물질 개념은 무엇보다도 중요한 사

---

3) 章學誠의 '道由器見, 理在事中'의 입장을 참고할 것.
4) 戴震의 '形而上下皆氣'의 주장을 예로 들 수 있다.

유의 기초이며 그 물질 개념을 긍정하는 것은 공산주의를 접수하는 기본이 된다. 그와 마찬가지로 물질과 상응하는 어떤 개념을 찾아 그 개념을 바탕으로 중국 철학사를 정리하는 것은 공산 이데올로기를 중국화시키는 방법이었다. 공산 중국철학사가들이 이것 아니면 저것이라는 태도로 내놓은 유물론과 유심론唯心論이라는 양단논법은 그 기준을 기론에 두고 있었다. 철저한 기론자일수록 철저한 유물론자인 것이다. 현대 중국의 기론은 이러한 점에서 이미 결론이 계산된 논의가 대부분이었다. 그들은 기는 물질적이며 기론자는 이 세계가 물질에 기초하고 있음을 주장하고 있다. 전통적으로 중요하지 않은 철학자가 기론의 중요성 때문에 부각되고 그의 철학은 위대한 우량 전통으로 부상된다.

이러한 세 번의 유행은 각기 그 시대 상황을 대변하고 있다. 그 외에도 기론은 두 가지의 다른 맥락 속에서 이해되고 있는데, 하나는 인간의 심성 이해이고 다른 하나는 인간의 신체 이해이다.

첫째, 인간은 왜 이상적인 인격(聖人)이 있는 반면에 못된 놈(小人)이 있을까? 사람의 본성은 맹자적으로는 선천적으로 선善하며 순자적으로는 후천적으로 선해질 수 있는데 왜 그 선함을 방해하는 것이 생길까? 그것을 이해하기 위해 사용된 것이 기질氣質의 기론이다. 이때 기론은 인간 심성을 이해하는 데 좋은 도구가 된다. 근본적으로는 선한 인간이 갖고 있는 지말支末적인 악함, 사람은 다 인격적으로 똑같은지 아니면 상품과 하품이 있는지, 그러한 악함을 어떻게 없애는가 하는 질문에 기질로서의 기론은 대답한다. 철학사적으로 이러한 기론에 대한 활발한 논의는 수당시기의 유가들[5]로부터 시작되어 송명의 리학자들에게는 리기理氣이원론적인 체계[6]로 이해된다.

둘째, 인간의 신체는 왜 질병이 발생하며 어떻게 그것을 치료하는가? 무병장수는 어떻게 가능하며 요절급사夭折急死는 왜 일어날까? 그와 같은 문제에 대해서도 기론은 중요한 이론적 근거를 제공한다. 이때 기는 생명을 부여하고 인체를 유지하는 가장 중요한 동력으로 기의 뚫림(通)과 막힘(塞)이 한 생명체의 양상을 결정한다. 무병과 장수는 기가 원활히 소통되는 결과이며 질병과 급사는 기가 옹색한 이유이다. 동양 의학에서 말해지는 기의 운행이 그 대표적인 예이다. 이러한 생명체에 관한 기의 용법은 의학에서뿐만 아니라 일반 철학에서도 매우 상식적으로 이해되고 있었다. 이는 인체의 이해를 넘어선 생명에 관한 기론이다.

이 두 가지 인간에 관한 기론적 이해와 더불어 위의 세 차례의 기론의 유행이 우리에게 분명하게 보여 주는 것은 기의 용법이 무척이나 다양하여 어느 한 관점으로 전체를 이해하려다가는 기에 대해 편협한 견해를 갖기 쉽다는 점이다.[7]

3. 장자의 기론

장자의 기론이 중국 기 사상의 발전사에 미친 영향은 이루 말할 수

---

5) 王通(隋), 韓愈, 柳宗元(唐)의 和氣, 靈氣, 正氣 등과 같은 稟賦之氣에 관한 이론을 참조할 것.
6) 그중 二程과 朱子가 대표적인 인물이다.
7) 그 외 호흡법—吐故納新으로서의 기론은 불교의 수양법과 관련되어 유행한다. 불교 유입 이전에도 장수를 위한 호흡법은 있었다.(彭祖의 예) 불교의 수양법은 요가(yoga)와 결부되어 있음은 쉽게 추측할 수 있다.

없을 정도로 대단하다. 이 점을 회의한다는 것은 기본적으로 불가능하다. 그러나 많은 학자들은 기론의 중요성을 철저히 인식하면서도 장자 기론의 중요성을 강조하지는 못했다.[8]

『회남자淮南子』 이후 노자와 장자는 노장으로 함께 불린다.[9] 노장 합칭合稱의 의미는 노자와 장자의 사상이 매우 친화력이 있다는 것을 확인하는 데 있는 것만이 아니다. 다른 의미에서 이는 노자와 장자가 이미 각자의 계통성을 갖게 되어 사상적인 상호 의존성을 띠게 되었음을 나타낸다. 다시 말해 장자가 노자와는 다른 독립적인 사상을 갖지 못했다면 노장 합칭은 불가능했다는 것이다. 그런데 『노자』만 해도 기에 대한 언급이 세 번씩이나 나오고 각자 인간 생명의 본원(제10장), 우주만물의 생성 원리(제42장), 인간과 만물의 보존 근거(제55장)를 뜻하지만, 노자는 우주와 세계 속에서 기의 지위를 명료하게 설명하지는 못했다. 이러한 점은 훗날 위魏 왕필王弼의 '자연의 기에 맡겨 두라'(任自然之氣)는 해석으로 기의 보편성을 강조하는 과정을 뒤따르게 하는데, 그 이전에 철저히 기론적 입장에서 도가적인 세계관을 펼치는 철학자가 바로 장자이다.

이와 같이 장자는 노자와는 다르게 철저한 기일원론적 입장(一氣說)에서 우주와 세계, 그리고 인간을 설명한다. 이제 자연自然은 무위無爲일 뿐만 아니라 하늘과 땅이라는 두 기(天地二氣) 속의 음양조화陰陽造化가 된다. 기의 움직임은 너무나도 보편적이고 필연적인 것이므로 '스스로 그렇게 될 뿐이다(自化).' 노자가 말한 절대자(道)와 유일자(一) 그리고 유무

---

8) 한마디로 필자가 아는 한, 철학계 내에서 장자의 기론을 전문적으로 다룬 독립된 저서는 아예 없을 뿐만 아니라 기의 역사 속에서 서술하는 경우도 매우 드물다. 최근에 발간된 공산 중국의 글도 예외는 아니다.
9) 武內義雄, 『武內義雄全集』(東京: 甬川, 1978), 226~228쪽.

의 전개 과정(玄)은 장자에게서 '한 기'(一氣)로서 구체적으로 드러나며 그 드러나는 과정이 다름 아닌 '기화氣化'인 것이다.

노자가 비록 기 개념을 언급했고 음양 이론을 포함하여 그런 대로 완전한 형태의 기론을 정립했다손 치더라도 그 체계 내에서 그것이 분담하는 비중은 결코 무겁지 않다. 장자에 이르러서야말로 기 개념은 철저한 환골탈태를 거쳐 비교적 완전한 철학적 관념으로 성립한다. 따라서 우리는 노자의 사상 속에서 기 개념의 원류를 충분히 볼 수 있지만 그것의 진정한 탄생은 장자철학에 있다고 하지 않을 수 없다. 무엇보다도 중요한 것은 기론의 실제적인 적용이 장자에서 이루어진다는 점이다.

장자의 기론이 이와 같이 원류적인 위치를 갖고 있음에도 불구하고 후대에 기를 말하는 철학자들은 때로는 무의식적으로 때로는 고의적으로 이러한 장자의 영향을 무시해 왔다. 기에 대한 논쟁은 송명리학자들에게 가장 광범위하게 이루어졌다. 태극太極에서 어떻게 만물萬物을 연역해 내는가 하는 문제에서부터 본래적인 세계는 완전한 선(天理)임에도 현상 세계에서 악(人慾)이 어떻게 발생하는가 하는 문제에 이르기까지 기를 논하는 것은 당연스러운 일이었다. 그러나 그들은 자신이 정통 유가라는 입장에서 기론의 도가적 연원을 언급하길 회피했다. 청대의 유가는 그 이전의 어떤 선배 유가보다도 기 개념을 중시했지만 그들 역시 유가의 신분이었으므로 기론의 원류를 공개적으로 말하지는 못했다.

우리는 송·원·명·청대의 도학자들이 대부분 불가와 도가에 출입한 적이 있으며 그중 몇몇의 학자들은 장자의 경전을 주석했음을 알고 있다. 예를 들면 송대 임희일林希逸의 『장자구의莊子口義』, 원대 오징吳澄의 『장자남화진경점교莊子南華眞經點敎』, 명대 초횡焦竑의 『장자익莊子翼』, 청대방이지方以智의 『약지포장藥地炮莊』, 왕부지王夫之의 『장자해莊子解』와 『장자통莊子通』 등 당시 유가적 지식인과 장자 사상과의 관련은 그 증거를 쉽게 찾아볼 수 있다.[10]

만일 위진시대의 현학자들조차 그들이 옹호하려는 것이 궁극적으로는 유가였으며 방법론적으로는 도가의 사상으로 유가를 해석(以道釋儒)하려는 시도였다는 점을 강조해 본다면, 그들에 의해 주석된 유가경전은 충분히 도가적 색칠이 가해진 것이며 더 나아가 장자의 기화론적인 사유는 서서히 유가 전적에 침투되고 있음을 미루어 짐작할 수 있다.[11]

실로 수많은 기론자들이 철학사의 표리에서 부침해 왔다. 정통의 정주程朱학파에 속하는 금화金華학파를 비롯하여 원·명대에는 오징, 담약수湛若水, 유종주劉宗周 등과 같은 비교적 온건한 기일원론자들이 출현했고, 청대에는 왕부지, 안원顔元, 대진戴震 같은 지식인들이 철두철미하게 기일원론으로 무장한 채로 학문적인 업적을 남긴다. 이들에게 기는 우주와 자연 현상을 설명하는 실체 개념인 동시에 인성을 설명하는 핵심 개념이다. 송대 이정二程 이후의 기론이 비교적 인간 심성의 이해에 치중한 반면, 이와는 달리 청대의 관심은 좀 더 우주론적이다. 청말 서구

---

10) 정통 유가의 대표적 인물이라 할 수 있는 주희(朱子)도 도가에 관한 비판적인 글을 남겼음을 상기하자. 嚴靈峯, 『老子宋注叢殘』(臺北: 學生, 1979)을 볼 것.

11) 위진의 철학자들이 三玄經으로 여기던 것은 『周易』, 『老子』, 『莊子』였으나 그들이 그러한 것을 바탕으로 『論語』를 주석하여 孔子를 높이고자 했다는 사실은 많은 위진현학자들이 '도가화된 유가'라는 점을 보여 준다. 竹林七賢(그 가운데에서도 嵇康과 阮籍 그리고 완적의 조카 阮咸)을 제외하면 위진현학자들이 긍정하려고 애썼던 것은 왕필이 말한 대로 '자연으로 설명되는 제도'(名教本於自然)였다.
'도가적 유가'에 대해서는 나의 「제도 옹호론과 그 반대자들」을, '名教와 自然'의 문제는 나의 「제도와 본성: 위진현학에서 제도의 자연성 논변」을 참조할 것 『도가철학과 위진현학』(서울: 예문서원, 2018), 제2부, 제1장 및 제3장.

문명의 영향을 받은 지식인들이 기를 전기(康有爲), 원질(嚴復), 공기(大氣: 譚嗣同), 에테르(以太; 그 원질은 阿屯 즉 atom: 章太炎) 등으로 이해할 수 있었던 것은 이와 같은 기론적인 세계 이해가 밑받침되었기 때문이다.

그런데 우리가 결코 잊어서는 안 될 것은 장자를 주해한 유학자들이 모두 기론적인 입장에 섰다는 매우 중요한 역사적 사실이다. 이는 장자의 기론의 영향을 단적으로 보여 주는 실례이다. 위에서 말한 오징, 방이지, 왕부지 등의 장자주(注)는 그 명백한 증거이다. 그 외에도 왕안석王安石의 『장주론莊周論』, 담약수의 『장자평莊子評』[12] 등도 역시 좋은 예이다. 그들 모두 기일원론적 입장에서 자신의 철학적 견해를 밝혔던 당대의 명사들이었다.

이와 같이 철학사적으로 중요한 기화론적 세계관을 내세운 철학자가 바로 장자인데도 왜 장자의 기론이 중요하게 여겨지지 않았는가?

4. 기에 대한 유물론적 해석

현재 공산 중국의 학자들이 기론을 무엇보다 중시함에도 불구하고 그 기론의 원류격인 장자를 소홀히 한 까닭은 너무나도 간단한 논리에서 비롯된다.

---

12) 또 다른 의미에서 담약수(1466~1560)와 비슷한 시기의 李贄(1527~1602)의 『莊子內篇解』가 주는 의미도 생각해 볼 수 있겠다. 유가 진영에 있었지만 反道學의 대표인 그가 장자사상의 영향을 받았음은 분명하다. 그는 『莊子翼』의 저자 焦竑과도 벗하고 있었다.

왜냐하면 그들에게 장자는 유심론자이다. 그리고 기는 중국 유물론의 근거이자 전통이다. 따라서 유심론자의 기는 유물론을 설명하지 못한다. 다시 말해 기는 유물론적이어야 하는데 그 기를 말하는 장자는 유심론자이기 때문에 장자의 기를 강조하는 것은 불가능했다. 이와 같이 장자의 기론은 유물론적인 해석에 부적합했으며 적당한 해답을 위해 장자의 기론은 슬그머니 생략되었던 것이다.

초창기에 몇몇 학자는 장자를 유심론자가 아닌 유물론자로 규정했던 적도 있었다.13) 그리하여 장자 자신은 유물론자인데 후기의 장학이 유심론화했다는 주장에까지 이른다.14) 그러나 이러한 주장은 현재에 이르기까지 매우 소수의 견해에 불과하다. 공산 중국의 학자가 장자에 대해 벌이고 있는 토론은 그가 유심론자이긴 한데 객관유심주의인지 주관유심주의인지를 따져볼 뿐이다.15) 좀 더 세밀하게 말하면 장자를 유물론자로 규정하는 학자는 외편과 잡편이 장자 본인의 저작이고 내편은 오히려 후기 저작(莊學)으로 여기는 반면, 일반적인 기준에 따르면 내편이 장자의 중심 사상으로 여겨지므로, 결국 장자는 유심론자의 굴레를 벗어나지 못한다.16) 따라서 유물론자로서의 장자는 일반적으로 가리켜지는 장자가 아니다.

---

13) 任繼愈, 「莊子的唯物主義世界觀」, 『新建設』(北京, 1957.1.).
14) 任繼愈, 「莊子探源─從唯物主義的莊周到唯心主義的後期莊學」, 『新建設』(北京, 1961.2.).
15) 曹礎基, 「一個博大精尖的客觀唯心主義體系」, 『哲學硏究』(北京, 1980.8.)와 李錦全, 「關於 莊子的哲學性質及其評價」, 『哲學硏究』(北京, 1981.12.) 등이 장자를 주관유심론자로 규 정하고 있는 반면에, 劉笑敢은 장자가 주관유심주의자가 아니라 객관유심론자라고 규 정하고 있다. 주관유심주의라는 말은 셸링(Schelling)이 피히테(Fichte)의 철학을 일 컬을 때 쓴 말이다. 劉笑敢, 『莊子哲學及其演變』(北京: 中國社會科學, 1987), 228~241쪽.
16) 任繼愈, 『中國哲學發達史─先秦』(北京: 人民, 1983), 379~472쪽, 특히 380~386쪽.

모순矛盾이란 진정 이러한 경우에 해당된다. 무엇이든 막을 수 있는 장자라는 방패는 무엇이든 뚫을 수 있는 기라는 무기에 찢겼다. 장자를 유심주의라 규정지음으로써 유물론으로서의 기론은 뿌리 내릴 곳을 찾지 못하게 되었다. 그들에게 기와 유심론은 모순이었다.

장자를 유심주의나 유물주의로 나누는 것은 무엇은 옳고 무엇은 그르다는 식의 판교判教적인 이분법에 불과하다. 마치 종교에서 정통正統과 이단異端을 나누듯 이데올로기적 반동反動을 찾아내는 작업일 뿐이다. 만일 철학사의 정리가 이처럼 간단하면 철학은 교리를 외우는 것과 같이 된다. 이러한 간단화 내지 분류화 작업이 우리에게 전체 철학사의 이해에 도움을 준다는 것은 쉽게 부정될 수 없지만, 이런 작업이 순수한 철학적 목적이 아닌 정치성이 내포된 것이라면 우리는 이를 쉽게 받아들일 수 없다. 장자를 유물주의나 유심주의 중 어느 것으로 본다 해서 크게 달라질 것은 없다. 그 둘 모두 환원주의(reductionism)의 오류에서 벗어나지 않는다.

기에 대해서만 유물론적으로 해석했던 것은 아니다. 초기 유물론자들에게 환영받았던『관자管子』, 그중에서도「내업內業」편은 그 사상 속의 도道조차도 기와의 관련 아래 물질로서 이해되기도 했다.[17] 이런 마당에 기가 물질로 여겨지는 것은 당연하지 않을 수 없었다.

공산 중국의 학자 가운데 기에 대한 연구를 내놓는 사람이 적지 않음에도 불구하고 장자 기론의 중요성을 주의하는 저작과 논문이 적은 까닭이 바로 여기에 있다. 조금 더 솔직히 말하면 우리의 기대와는 반

---

17) 馮友蘭,「先秦道家所謂道底物質性」(光明日報, 1954.9.9.),『中國哲學史論文初集』(미상, 1957・1962), 159쪽.

대로 장자 기론의 연구는 정말로 거의 없다고 해도 지나치지 않다. 이러한 것은 바로 위에서 말한 내용과 연관되어 쉽게 이해된다. 1990년대에도 별반 달라진 것은 없다.[18]

일본도 크게 다르지 않다. 세계대전 후 일본에서 사적 유물론에 의한 중국사상의 이해가 없었던 것은 아니나 기본적으로 일본의 학자들이 유물론적 해석을 경학적 전통 앞에 세우지는 않는다. 그러나 이토 진사이(伊藤仁齊, 1627~1705)의 기일원론적 전통은 기에 대해 정주학적인 편견을 불식시키고 철학사적으로 기론을 이해하는 데 직접 또는 간접적인 영향을 끼쳤다. 그럼에도 불구하고 중국철학사의 기의 문제를 비교적 상세하고 전문적으로 다룬 공동 저서나 어느 한 철학자의 기론을 정리한 단독 저서에서도 장자의 기론이 특별히 중시되지는 않는다.[19] 장자의 기론을 전문적으로 다룬 논문은 정말 찾아보기 힘들다. 그들은 비록 유물론적 영향을 깊게 받지는 않았지만 여전히 장자 기론의 중요성을 철학사적으로 파악하지 못했던 것이다.

---

18) 方立天, 『中國古代哲學問題發展史』(上, 下)(北京: 中華, 1990); 李志林, 『氣論與傳統思惟方式』(上海: 新華, 1990); 張立文 主編, 『氣』(北京: 人民大學, 1990); 黃山文化書院 編, 『莊子與中國文化』(安徽: 人民, 1991) 등. 마지막 책은 40여 편의 논문집임에도 불구하고 단지 두 편의 氣功에 관한 글만 실려 있을 뿐이다.

19) 小野澤精一·福永光司·山井湧 編, 『氣の思想』(東京: 東京大學, 1978·1984); 平岡禎吉, 『淮南子に現おれた氣の硏究』(東京: 理想社, 1961·1968); 黑田源次, 『氣の硏究』(東京: 東京美術, 1977; 奉天醫大, 1940) 등.

5. 기와 양생설

기에 대한 정의와 용법은 실로 사람 따라 말 따라 각양각색이다. 왜 그런가? 이는 기 자체의 폭넓은 내용과 관련이 있는 것으로 매 시대와 사상가에 따라 그 의미가 다르기 때문이다. 심지어 한 철학자의 용법조차도 때론 분명하지 않고 앞뒤가 맞지 않을 때도 있다. 그중 현재에도 가장 유행하는 용법은 양생술로서의 기의 정의이다.

전체적으로 기에 대한 토론을 정리해 보면 대략 아래의 네 가지 용법을 크게 벗어나지 않는다. 우선, 기를 형이상학적인 근본 실체로 여기는 것으로 원질(archē)의 문제가 뒤따른다.

둘째, 기를 외재적인 물리 세계 속의 물질로서 파악한다. 그것은 이세계 속에 유동하고 있는 어떤 것으로 고체도 액체도 아닌 그러나 어느 곳에도 퍼져 있는 일종의 질료(stuff)이다.

셋째, 기를 호흡으로 여긴다. 사실상 호흡은 생명 있는 모든 것을 대표한다. 생명이 없는 것은 호흡할 수 없으며 따라서 이때 기는 때로 영혼(psychē)적인 것과 상관있으며 아울러 인체 중의 어떤 호흡과도 관련 있는 현상이다.

넷째, 기로써 인체와 인사人事를 설명한다. 이때 기는 인간의 성질과 인간관계가 만들어 내는 사회적 양태(mode)이다.

물론 이 같은 개략적인 분류는 상호 간의 출입이 가능한 것으로 편의적으로 말해진 것일 뿐이다. 더 간단히 말해 이 네 가지 분류는 각자 기가 말해 줄 수 있는 네 영역 즉 본체론, 우주론, 인체론, 성정론性情論

의 내용을 가리키고 있다.[20]

양생설養生說은 그중에서도 인체론과 깊은 관계를 맺고 있다. 오늘날 흔히 이야기되는 기는 위의 네 가지와 모두 상관이 있지만 이 양생과 관련된 인체에 관한 기의 이론이 가장 주가 되고 있다. 다시 말해 호흡법이다. 이러한 호흡의 기 이론은 기를 물질로서 여기는 통로가 되기도 한다. 왜냐하면 이때 기는 이미 구체적으로 존재하는 것이며 그 현실화된 기를 통해 인간은 양생의 길을 걸을 수 있기 때문이다.

과연 이러한 양생설은 제대로 이해된 것인가? 이 양생설이 일반인의 기에 대한 관심을 고조시키며 이를 바탕으로 의학에서도 기론을 체계화하는데, 그것이 본래적인 모습의 기론과 맞아떨어지는 것인가? 이른바 기공氣功이라 불리는 것은 양생설의 원형과 같은 것인가?

연기練氣나 운기運氣와 관련 있는 연단술煉丹術은 양생의 요체처럼 여겨지는데 바로 이 호흡술은 실로 오래된 것이다. 장자가 도인지사道引之士라며 예를 들은 팽조彭祖가 그 대표적인 인물이다. 그들은 여러 가지 호흡법이나 체조(吹呴呼吸, 吐故納新, 雄經鳥申)를 통해 오래 살기를 꾀한다. 장자는 이러한 인물을 어떻게 볼까? 장자에게 이러한 무리들은 결코 이상적 인물이 못 된다. 왜냐하면 그들은 '양형養形'하는 이들에 불과하기 때문이다. 온전한 양생이 아닌 그저 오래 살기만 한다는 식의 것은 장자에게는 만족스럽지 못하다. 장자가 바라는 것은 양형이 아니라 오히려 '양신養神'이다.[21]

우리는 여기에서 위의 팽조와 같은 무리가 꾀한 양형과 장자가 강조

---

20) 鄭世根, 『莊子氣化論』(臺北: 學生, 1993), 11쪽을 볼 것.
21) 『莊子』, 「刻意」.

한 양신의 차이를 볼 수 있다. 신神과 형形은 고대의 용법에서는 줄곧 대비되는 관념으로, 전통적으로 본다면 '심신心身'이고 현대적으로 본다면 '마음과 몸'(mind & body)이다. 한 마음과 몸이다. 장자도 분명 양생養生을 말한다. 「양생주養生主」의 백정(庖丁)이 소 스스로도 죽는 줄 모를 정도로 죽이는 모습은 예술 그 자체이다. 이를 놓고 그가 양생의 방법을 얻은 자라고『장자』는 말하고 있다. 그렇듯 장자에게 양생은 이상적인 인간만이 할 수 있는 쉽지 않은 일이다. 그러나 우리가 말하려는 것은 장자의 양생은 양형이 아니라 양신이라는 점이다.

고대의 기론과 양생설은 분명 매우 깊은 관계를 갖고 있었다. 그리하여 기론의 원류격인『장자』에서도 '양기養氣'를 수양론으로 제시한다. 그러나 그 양기는 양형이 아닌 양신으로 오늘날 우리가 생각하고 있는 연단술과는 분명한 거리가 있었다. 생명을 연장하고(延壽) 쉬 늙지 않는(難老) 방법을 구체적으로 강조한 것은『포박자抱朴子』에 이르러서이다. 장자가 슬퍼하는 것은 양형으로 양생이 이루어진다고 믿는 자들이다.(悲夫, 世之人 以爲養形足以存生) 양형으로는 양생이 불가능하다.[22] 장자에게는 요순堯舜이 정강이의 털도 다 빠지면서 이 인간과 사회의 외형을 꾸미려는 것(養天下 之形)조차 안타까운 일로 비추어진다.[23] 육체적인 것은 정신적인 것에 비해 부차적이며 외형적인 것은 내면적인 것에 비해 비본질적이다.

송명리학에도 영향을 미쳤다고 여겨지는 장자의 복초(復初)[24]의 주장

---

22) 『莊子』,「達生」, "養形不足以存生." 達生 또는 達命은 養生의 구체적인 논의이다.
23) 『莊子』,「在宥」.
24) 福永光司는, 장자의 復初의 주장은 노자의 復命, 復性과 동류의 개념이라 여기고 있다. 宋의 范應元(『老子道德經古本集註』)도 주돈이(濂溪)의 主靜說을 인용하여『노자』제16 장을 해석하고 있는데, 이와 같이『노자』의 그 장은 宋學(性理學)의 復性說의 원류가

은 한마디로 "본래의 성정을 되찾고 처음으로 돌아가자"[25]는 것이다. 그 내용은 다름 아닌 '순수한 기를 지키는 것'(純氣之守)[26]으로 그 방법이 바로 양기이다. 이러한 양기의 과정[27]을 통해 만물의 본연성으로 돌아가게 된다. 이럴 수 있으면 천부적인 본성이 온전해지고 본래의 정신성이 사라지지 않고 외물이 간섭할 수 없게 된다.[28] 이와 같이 양기의 목적이 신체에만 있지 않음은 분명하다. 달리 말하면 양기란 사람의 어지럽혀진 기(人之雜氣)를 버리고 하늘의 깨끗한 기(天之純氣)를 회복하는 것인데,[29] 이러한 양기가 물질을 기초로 하고 있다고 보이진 않는다. 오히려 성리학의 근본이념이었던 '천리를 지키고 인욕을 없앤다'(存天理而去人慾)는 도덕적 주장과 비견된다. 기는 도덕적인 본성을 되찾기 위한 매우 좋은 매체이기도 한 것이다.

후대의 주석가들이 장자의 문헌을 후기 도가적으로, 또는 의학을 기초로 하여 해석했던 것은 사실이다. 『장자』에서 문제가 되는 것은 "연과 독이 경이 된다"(緣督以爲經)라는 구절인데, 그같이 함으로써 양생을 할 수 있다[30]는 문장이다. 인용문 중 '독'은 의학적인 용어로서, 몸 앞에 있는 맥을 임任이라 하는 반면에 몸 뒤에 있는 맥을 독督이라 하는 것이다.[31] 왕부지는 이러한 의학적 관점에서 위의 구절을 해석한다. 따라서

되고 있다고 한다. 福永光司, 『老子』(東京: 朝日新聞社, 1978·1982), 132쪽.
25) 『莊子』, 「繕性」, "反其性情而復其初."
26) 『莊子』, 「達生」.
27) 『莊子』, 「達生」, "壹其性, 養其氣, 合其德."
28) 『莊子』, 「達生」, "其天守全, 其神無却, 物奚自入焉."
29) 王夫之, 「莊子解」, 『莊子通·莊子解』(臺北: 里仁, 1984), 157쪽.
30) 『莊子』, 「養生主」, "緣督以爲經, 可以保身, 可以全生, 可以養親, 可以盡年."
31) 陳九如, 『黃帝內經今譯』(臺北: 國立編譯館, 1986), 奇經八脈, 157~161쪽.

'연독'이란 맑고 고운 기가 빈 곳을 따라 움직이는 것(以淸微纖妙之氣循虛而行)[32]이다. 위와 같은 해석은 『장자』가 연단이나 기공과 관련되어 설명될 수 있는 가능성을 보여 준다.

그런데 문제는 그리 단순하지 않다. 위의 구절은 그러한 해석이 아니고도 넉넉히 설명되기 때문이다. 명明의 감산대사憨山大師는 독을 리理로 해석하여 마음을 가라앉히고 천리로서의 자연을 따르는 것으로 설명한다.[33] 『장자』에서 문제되는 또 다른 구절인 "진인眞人은 발뒤꿈치로 숨을 쉬고 보통 사람은 목구멍으로 숨을 쉰다"[34]는 것도 진인은 "마음이 크게 안정되어 있어 외물에 움직이지 않는다"(眞人心泰定而不爲物動)라고 해석함으로써 불교의 일용심日用心의 철학을 강조한다.[35] 이와 같이 해석의 여지가 많음에도 불구하고 장자를 반드시 기공이나 연단술과 관련시켜 보는 태도는 회의적이지 않을 수 없다.

6. 기로 닦는 마음

기로 말해질 수 있는 것은 많다. 한대인처럼 우주의 근원을 기로 생각할 수도 있고 도학자들처럼 악의 근원으로 볼 수도 있고 청대인들

---

32) 王夫之, 「莊子解」, 30~31쪽.
33) 憨山, 『老子道德經憨山解·莊子內編憨山註』(臺北: 琉璃經房, 1985), 권3, 3쪽, "緣, 順也; 督, 理也; 經, 常也. 言但安心順天理之自然以爲常, 而無過求馳逐之心也."
34) 『莊子』, 「大宗師」, "眞人之息以踵, 衆人之息以喉."
35) 眞人은 '心定而不亂'이고 衆人은 '心浮而妄動'이다. 憨山, 『老子道德經憨山解·莊子內編憨山註』, 권4, 9쪽.

처럼 현실 긍정의 근거로 내세울 수도 있다. 그러나 우선 우리의 주제와 관련되어 있는 물질과 상반된 것, 즉 관념 또는 정신과 연결시켜 생각해 보자.

기론의 본래적 모습을 보여 주고 있는 장자는 분명히 정신을 기르는 방법(養神之道)을 말했다.[36] 더 나아가 장자는 '신기神氣'라는 표현을 씀으로써 기와 정신의 깊은 관계를 드러내고 있다.[37] 때론 '형해形骸'라는 물질적인 것과 대조하여 '신기'라는 말을 사용하여 기의 원초적인 모습이 정신적인 것과 뗄 수 없는 관계임을 매우 잘 나타내고 있다.[38]

그와 더불어 장자가 기와의 관련 하에 언급하는 '마음'(心)의 문제가 뒤따른다. 마음은 유물론자가 말하는 물질과 대비되는 것이다. 공산 중국의 용어에 따르면 중국철학사에서 유물주의에 반대되는 것은 다름 아닌 유심주의이다. 물질(物)에 상반되는 마음(心)이다. 그런데 장자는 마음을 고요히 하기 위해 즉 정심靜心을 위한 '수양의 조건으로 기를 내세운다. 성인의 마음은 물같이 고요함으로써 천지와 만물의 거울이 된다.[39] 이와 같은 고요함의 전제 조건이 기를 평온하게 하는 것이다.[40] 아울러 기를 마모시키지 않아 마음을 고요히 만들어야 한다.[41]

그러면 어떻게 기로써 정심을 달성하는가? 장자의 대답은 바로 '가지런히 함'(齊一齋)이다. 무엇을 가지런히 하는가? 몸도 중요하지만 마음

---

36) 『莊子』, 「刻意」, "純粹而不雜, 靜一而不變, 惔而不爲. 動而天行, 此養神之道也."
37) 『莊子』, 「田子方」.
38) '精氣'라는 말에 반해, 『莊子』에서는 오히려 '神氣'라는 말이 쓰이고 있다는 점은 주목해 볼 만하다.
39) 『莊子』, 「天道」, "水靜猶明, 而況精神, 聖人之心靜乎! 天地之鑑也, 萬物之鏡也."
40) 『莊子』, 「庚桑楚」, "欲靜則平氣, 欲神則順心."
41) 『莊子』, 「達生」, "未嘗敢以耗氣也, 必齊以靜心."

이 무엇보다도 우선이다. 그것이 곧 심재心齋이다.

장자가 말하는 재는 제사의 가지런함이 아니라 마음의 가지런함이다.[42] 마음의 재는 귀로 듣는 것을 그만두고 마음으로 들을 뿐만 아니라 한 걸음 더 나아가 마음으로 듣는 것을 그만두고 기로써 듣는 것을 일컫는다.[43] "소리란 귀에서 맴돌고, 마음이란 대상에서 맴돌 뿐이다."[44] 소리가 없으면 귀는 아무것도 들을 수 없고, 대상에 대한 이미지가 없으면 마음은 아무것도 생각할 수 없다. 따라서 기로써 인식하는 것이야말로 가장 이상적인, 세계에 대한 인간의 자세이다.

장자에게 마음이란 무엇인가? 장자에게 마음은 그다지 이상적인 것이 아니다. 성인의 마음(聖人之心), 인심人心 그리고 수양된 마음 이외에는 장자가 말하는 마음은 아직도 대부분 수양을 거쳐야만 할 것들이다. 심재가 가리키는 뜻이 바로 그것이다. 장자가 말한 '마음이란 대상에서 맴돌 뿐이다'라는 명제는 그가 인식에 있어 물상성을 떠나 보려는 강한 의지를 엿볼 수 있는 증거이다. 감각에 주어진 바(感覺所與: sense-data)를 벗어나 만물과 나와의 함수(對待)적 관계를 청산하고 싶은 것이다.

기라는 것은 몸의 감각성(聽止於耳)과 마음의 대상성(心止於符)을 벗어나 '텅 빔'으로 세계를 받아들인다.[45] 이 '텅 빔'(虛)은 '무조작'이라는 무위無

---

42) 『莊子』, 「人間世」, "是祭祀之齋, 非心齋也."
43) 『莊子』, 「人間世」, "无聽之以耳而聽之以心, 无聽之以心而聽之以氣."
44) 『莊子』, 「人間世」, "聽止於耳, 心止於符." 符를 대상으로 번역하는 데는 나름대로의 이유가 있다. 『장자』라는 책(Text)의 가장 좋은 사전(Lexicon)은 『장자』 자체라는 번역의 첫째 원칙에서 「胠篋」편의 '符璽'의 의미를 살렸다. 도장의 뜻인 만큼 符應, 符合의 내용이 들어 있다. 成玄英은 疏에서 符는 잘라 두 쪽을 낸 다음 하나로 맞추는 것이라 하여 信符의 뜻을 강조했다. 다시 말해 心이 있으면 象이 있고 象이 있으면 影이 있는 마음의 인식론적인 일대일 대응 관계를 뜻한다.
45) 『莊子』, 「人間世」, "氣也者, 虛而待物也."

爲적인 내용과 '무관심/무이익'이라는 심미적 관조[46]를 포함한다. 진리란 이러한 텅 빔을 모으는 것일 뿐이다.[47] 이렇게 텅 비우는 것이 심재이다.[48]

이때 기는 궁극적으로는 몸과 마음의 한계를 벗어나 참된 인식을 얻게 하는 매개이다. 장자의 이러한 기는 정신적인 것이라 아니할 수 없다.[49] 감관을 넘어선 이 인식은 진정으로 고차원적인 기를 바탕으로 하고 있다. 기는 몸을 넘어선 마음, 그리고 때로는 마음을 넘어선 그 무엇인 것이다.

그러나 기는 마음의 수양을 위해서는 필수불가결하게 요청된다. 기는 마음의 고요함이 이루어지도록 하기 위해, 다시 말해 편견과 거짓으로 이루어진 마음(成心)을 없애고 늘 그러한 자연의 마음(常心)을 회복시켜 주기 위해 언제나 관계하고 있다. 이러한 기가 과연 물질적일 수 있겠는가?

7. 기의 세계

기는 물질로 해석될 요인도 충분히 가지고 있다. 그러나 그것이 전

---

46) 이것은 Kant의 무관심(ohne Interesse: 무관계/무이익)에 관한 이론과 비교될 수 있다. 장자는 虛에서 심미적 태도를 얻는다. 이를테면 逍遙(遊)는 심미적 판단이자 경험이다. 『莊子』, 「大宗師」, "遊乎天地之一氣"; 「知北遊」, "遊乎太虛" 등은 좋은 예이다.
47) 『莊子』, 「人間世」, "唯道集虛."
48) 『莊子』, 「人間世」, "虛者, 心齋也."
49) 이강수, 『도가사상의 연구』(서울: 고대민족문화연구소, 1984), 113쪽.

부일 수는 없다. 기가 말하고 있는 것은 오히려 하나의 세계관이다. 우리는 중국철학의 초창기에 나타난 기론자들이 기로써 표명하려는 것은 유물론적인 세계관이거나 양생술만이 아님을 살펴보았다.

기론은 장자의 것만이 아니다. 공자에게도 혈기血氣[50] 등과 같이 『장자』에게서 보이는 용법을 찾아볼 수 있을 정도로 기론은 상식적이었다. 맹자가 호연지기浩然之氣[51]를 말할 때 그는 유가의 도덕론을 바탕으로 하고 있기에 장자와는 다른 내용을 갖게 되나 이 글에서 이야기된 장자의 양신지도養神之道와 완전히 무관할 수는 없다. 그 외의 여러 철학파(諸家)에서 말하고 있는 기론도 기본적으로 『장자』에서 보여 주는 여러 가지 의미와 용법에서 완전히 분리될 수 있는 것은 아니다.

기가 물질의 근원이 된다 하여 기론을 유물론으로, 기를 정신에 대한 물질로, 심心에 대한 물物로 치환하는 공산 중국의 유물론적 태도는 원래적 의미에서의 기 및 기론과는 거리가 있다.[52] 그리고 서양식의 정적인 물질 개념이나 물리적인 실재물들과만 관련 있는 에너지 개념과도 사이가 있다.[53]

나는 기가 물질적일 수 있다는 것을 반대하는 것이 아니라 기를 오로지 물질로 보는 것을 반대하는 것이며, 양기설을 무시하는 것이 아니라 양생의 내용을 정신적인 것(養神)보다는 육체적인 것(養形)으로 인식하

---

50) 『論語』, 「季氏」; 『莊子』, 「在宥」.

51) 『孟子』, 「公孫丑上」.

52) 이에 대한 지적으로는 山井湧의 견해를 볼 것. 日原利國 編, 『中國思想辭典』(東京: 硏文, 1984), 65쪽.

53) 서구학자 스스로의 지적으로는 Benjamin I. Schwartz, *The World of Thought in Ancient China*(Cambridge: Harvard Univ., 1985), pp.179~184를 참조할 것.

는 것을 비판하는 것이다. 한 걸음 더 나아가, 이러한 기에 대한 철저한 이해를 바탕으로 해야만 한국의 동양철학적 발전, 다시 말해 기론의 한국적 전개가 이루어질 수 있을 것이라고 나는 믿는다.

제3장 기술과 인성

—도와 기技: 현대문명과 노장철학

1. 문명의 의미

우리는 '문명'의 시대에 살고 있다. 그리고 문명화되지 않은 것을 '야만'이라고 일컫는다. 우리는 분명히 문명을 좋아하고 야만을 싫어한다. 우리의 머릿속에 들어와 있는 그 둘에 대한 정의定義는 문명인은 교양 있고 공손하며 질서를 지키는 문화인이고 야만인은 더럽고 포악하며 무자비한 원시인이라는 것이다. 더 나아가 문명은 도시를 기반으로 하는 시민(civilian)을 떠올리게 하고 야만은 자연을 배경으로 하는 미개인(barbarian)을 가리킨다.

서양적 의미에서 야만이란 말이 그리스어에 기초하고 있음이 확실하다면, 도시국가를 이루고 있는 자신들은 문명적이고 그렇지 못한 것은 야만적이라는 기준에서 나온 것이다. 그 말(βαρβαροσ)은 그리스적이 아닌 모든 것, 특히 메데스적이고 페르시아적인 것을 뜻한다. 히브리어에서 그 말이 비유태적인 것(gentiles)을 뜻하고 있는 것과 같다. 사전적 의미에 따르면 그 말은 로마 아우구스투스 황제 시대부터 그리스나 로

마적인 소양을 갖고 있지 못한 모든 종족을 가리켰다. 때로는 그 말이 페르시아 전쟁 이후 이방인의 뜻을 갖게 되었다고도 한다.[1]

이것은 동양에서 중국인이 중국적이지 않은 모든 집단을 동서남북으로 나누어 '동이東夷', '서융西戎', '남만南蠻', '북적北狄'이라고 한 것과 별반 다르지 않다. 야만이라는 말도 바로 위의 '남만'에서 나온 것이다. 남쪽 곧 월나라의 남쪽(越南) 미개인들이 의관衣冠도 갖추지 못하고 짐승처럼 사는 모양을 보고 이르는 말이었다. 중국인들에게 '중국中國'이란 곧 세계를 뜻했고[2] 그 표현을 즐겨 쓴 중국인은 자신들이 세계의 중심일 수밖에 없었다.

우리도 그런 방식을 빌려, 중국과 같이 일본을 '왜倭' 또는 '구寇'라고 부르기도 했으며, 근대에 서양 문명이 함정艦艇을 이끌고 몰려들어왔을 때 '임금을 높이고 오랑캐를 몰아내자'(尊王攘夷) 즉 전통을 살리고 외세를 몰아내자는 구호로 개화開化의 물결을 물리치고 수구守舊의 길을 걷기도 했다. 미국과 프랑스가 오랑캐(夷)가 된 것이다. 그때 우리가 과거의 역사서(「東夷傳」)에서 오랑캐였던 사실史實[3]은 중요하지 않았다. 우리는 이제 '서양 오랑캐'(洋夷)라는 적을 가짐으로써 민족적으로 규정된 오랑캐에서 벗어나 문명적인 민족이 되고 있었으며, 서양을 다시 나름대로의 표준에 의해 오랑캐라고 일컬음으로써 그들에게 배울 것이라고는 없는

---

1) Liddel and Scott, *An Intermediate Greek-English Lexicon*(Oxford: Oxford Univ. Press, 1889/1972), p.146.

2) 『莊子』 등의 문헌을 볼 것.

3) 『三國志』, 「魏書」, 卷三十, '東夷傳'. 중국이 禮를 잃었을 때 四夷에게 信과 같은 것을 구했다고는 하지만 夫餘, 高句麗, 東沃沮, 挹婁, 濊, 韓의 末尾에 倭를 덧붙였다는 것을 잊어서는 안 된다. 『後漢書』라 해서 다르지 않다. 卷八五, 「東夷列傳」을 볼 것.

것으로 단정지었다. 그들과 싸우지 않고 화해하면 곧 나라를 팔아먹는 것과 같았다.[4]

이와 같이 문명이란 너무도 제멋대로의 정의가 가능하다. 자신의 것은 문명이고 그렇지 않은 것은 야만이라는 등식은 동서를 막론하고 성립한다. 그러나 문명은 야만보다는 분명히 무엇인가 세련되고 복잡하고 능숙하다. 따라서 문명은 야만을 무시하고, 야만은 문명을 동경한다. 이는 마치 도시 사람이 시골 사람을 촌스럽다고 얕보고 시골 사람들이 도시를 부러워하는 것과 다름이 없다. 그 까닭은 어디에 있을까? 그것은 다름 아닌 과학기술에 익숙해져 있고 그렇지 못함에 일차적이고 외면적인 이유가 있다. 도시 사람은 차를 몰 줄 알며 엘리베이터를 탈 줄 아는 등 기계 조작에 숙련되어 있는 폭넓은 뜻에서의 기술자이다. 사람에 따라 깊이의 차이는 있지만 그 기술은 과학적인 이해를 바탕으로 하고 있기 마련이다. 그러나 시골 사람은 그렇지 못하다.[5]

현대 과학기술이 창출해 낸 문명은 도시인에게 편리하고 합리적이지만 시골 사람에게는 두렵고 머릿속에 들어오지 않는다. 왜 그럴까? 그리고 과연 어느 것이 우리를 진정으로 행복하게 하는 것일까? 우리의 물음은 바로 거기에 있다.

---

4) 斥和碑: 洋夷侵犯, 非戰則和, 主和賣國, 戒吾萬年子孫. 丙寅作, 辛未立.
5) 아파트 건설이 막 활발해질 무렵, 나는 아파트의 입구(北向)를 찾지 못해 몹시 당황한 적이 있다. 대문은 정면에 있고 마루 쪽(南向)에 있다는 나름대로의 당연스러운 생각 때문에 뒤로 돌아갈 줄 몰랐던 것이다. 이는 새로운 문명과 보수적 사고 사이의 간격이 아니었을까?

2. 반문명적 사고

문명의 야만에 대한 여러 가지 의미에서의 우위성에도 불구하고 몇 몇의 철학자들은 문명에 대해 반문명적 사고를 진작, 고취시키기도 했다. 그것은 동서양이 마찬가지였다. 그들에게 문명이란 오히려 인간성을 말살抹殺시키는 것으로 비쳐졌다.

니체는 이성적인 사고로부터 탈출하여 감성의 세계관을 제시한다. 그가 이야기한 '애꾸눈의 거인'이라는 것은 이성적인 사고 즉 지성을 대표하는 빛의 신인 아폴론만을 강조하고 감성의 세계 즉 술의 신인 디오니소스를 무시한 소크라테스를 비난한 말이다. 문명의 필요조건은 이성이다. 지혜는 이성에서 나온다. 술은 비이성적이다. 따라서 술은 반문명에 취하게 만든다. 이성에 의해 만들어 낸 문명은 인간의 억눌려진 다른 속성에 의해 다시 이루어지지 않으면 안 된다. 아폴론적인 형이상학적 관조는 디오니소스적인 의지의 황홀경에 의해 보완되어야 한다는 것이 그의 주장이다.

노자老子는 유가적인 법도와 윤리를 부정하면서 자신의 사상을 전개한다. 예禮는 위아래나 벗 사이의 믿음이 없어지면서(忠信之薄) 생겨나는 것이며 사회가 어지럽게 되는 시초가 된다. 세상에 도道가 없어지니 덕德이 일어나고, 덕이 없어지니 인仁이 일어나고, 인이 없어지니 의義가 일어나고, 의가 없어지니 예禮가 일어났다는 말이다.6) 흔히들 말하는 유가적인 제도와 윤리라는 것이 오히려 인간의 본성을 어그러뜨려 나

---

6) 『老子』, 제38장.

온 것이라는 것이 그의 입장이다. 후대의 장자는 이러한 견해를 받아들여 사회적인 문제에서 조금 더 개인적인 관심에로 나아간다. 장자에게 인간의 궁극적인 자유와 평등은 큰 주제가 된다.

니체는 칸트와 같은 경건주의자를 도덕의 광신론이라 비웃었고 노장은 공자와 같은 도덕지상주의자를 진리를 모르는 철부지로 몰아붙였다. 이와 같은 공통점 때문에 그들의 사상은 동서양이라는 차이를 넘어서 자주 비교의 대상이 된다. 그들은 한마디로 주류主流가 아니었다. 주류가 되기 위해서는 사회의 윤리질서와 정치체제를 옹호하는 입장에서 현실의 제도에 도움을 주는 철학을 해야 하는데 그들은 반체제, 반정부, 반도덕적인 입장을 견지하기 때문이다. 칸트의 철학은 서양의 인식론과 윤리학의 기초를 마련하여 그 전통은 오늘날까지도 면면히 내려오고 있으며, 공자가 제창한 유학은 줄곧 관학官學으로 통치이념화되어 한漢대를 필두로 송명에 이르기까지 정권과 밀접한 관계를 갖고 있었다. 따라서 동서양을 막론하고 전통이나 이념을 따르지 않는 철학은 영원히 비주류非主流로 남을 수밖에 없는 것이다.

그런데 우리가 주의해야 할 것은, 비록 그들이 반문명적인 사고를 갖고 있었지만 그들은 우리에게 인간성 회복이라는 명제를 던져 주었다는 점이다. 니체는 지적知的인 것만을 관장하는 아폴론의 균형 잡힘에, 살려는 의지를 부정하지 않는 디오니소스의 술에 취한 황홀함을 강조함으로써[7] 인간의 잃어버린 한 면을 찾기를 바랐다. 노자는 예의범절에 의해 어그러지고 꾸며진 인간에 맞서 원래 그대로의 순진純眞과

---

7) 惚恍 또는 恍惚이란 말이 『老子』에 나옴을 기억하자. 제14장, "是謂惚恍" 또 제21장, "道之爲物, 惟恍惟惚."

소박素朴8)을 주장함으로써 그 상태야말로 '스스로 그러한 것'(自然)이며 '바탕으로 되돌아온 것'(復歸)이라 천명한다.9) 장자는 한 걸음 더 나아가 궁극적인 이상을 제시, 동양적 의미에서의 자유와 평등인 '소요逍遙'와 '제물齊物'의 관념을 우리들에게 가르쳐 주었다. 소요와 제물이 서양적 의미의 자유와 평등과 다른 점이 있다면, 서구의 자유와 평등은 사회적인 속박이나 제한이 없는 것을 우선적으로 의미한다면 장자의 소요와 제물은 더욱 적극적으로 개인의 평화와 해방을 꿈꾸고 있다는 점이다.

반문명적 사고가 주류로 끼어들긴 어렵다. 아니, 인류의 발전과 사회의 안정을 위해서 그래서는 아니 될는지도 모른다. 따라서 반문명적 사고는 영원히 비주류일 수밖에 없다. 과거의 히피(Hippie)가 그러했고 오늘의 펑크(Punk)족이 그러하다. 그러나 우리는 히피 이후로 많은 변화를 겪을 수 있었다. 남녀노소 없이 청바지를 입는 것이 문제가 되지 않듯이, 옷이 대표하는 자유정신은 전 세계로 퍼져 나갔다. 간단히 생각해 보자. 100년 전까지만 해도 세계의 인류는 각자의 전래 복장 속에서 전통의 사고를 유지했다. 옷은 신분이고 계급이며 빈부의 차이였다. 그러나 오늘날은 그렇지 않다. 의관衣冠만을 보고 그가 귀족인지 천민인지를 나누지 못하고 주인인지 피고용자인지 알지 못한다. 히피는 주류의 역할을 하지는 못했지만 비주류로서의 영향은 매우 컸다. 물론 실질적인 반문명이나 반전反戰론자와 때론 단지 그것의 겉보기 흉내인 히피와 펑크는 무척이나 다르다.

반문명론자는 문명이 인간성을 그릇되게 유도하고 있으며 참다운

---

8) 『老子』, 제19장, "見素抱樸, 小私寡欲." 樸은 朴과 같다.
9) 『老子』에서 '自然'과 '復歸'라는 말은 매우 자주 나오는 중심 개념이다.

인간성은 그것을 뛰어넘어야 한다고 주장한다. 인간성의 회복은 탈문명에 있다는 것이 그들의 주장이다. 그리고 그런 상태야말로 인간이 어떠한 구속도 없이 가장 행복하게 살 수 있다고 여긴다. 그들에게 '인간다움'은 문명적인 것이 아니라 탈문명적인 것이다. 반문명론은 왜 일어났으며 그 이론적 기반은 어디에 있으며 실천적 가능성은 얼마나 되는가? 과연 어떠한 선택이 나를 평화롭게 하며 해방시키는 것인가?

3. 과학기술과 문명

현대 문명의 상징인 '과학기술', 그리고 그것의 총화總和로서의 '문명'. 그런데 우리는 과연 과학기술과 문명을 동일시할 수 있는가? 그것을 논하기 전에 우리는 위에서 말한 것을 따져 보아야 한다. 우리는 위의 토론에서 두 가지 문제를 얻었다.

첫째, 많은 경우 문명과 비문명의 기준이 자기중심적이며 배타성을 띠고 있다는 점이다. 심지어 그것은 '우리'와 '그들'을 가르는 종족적인 언어이기도 하다. 나는 문명적이고, 남은 야만적이다. 나는 사랑이 넘치지만 남은 흉폭하다. 우리가 그들을 따르면 야만화되는 것이고 그들이 우리를 따르면 문명화되는 것이다. 그런데 아무리 희랍인들이 도시국가를 건립하고 그를 바탕으로 찬란한 문명을 꽃피웠다 해서 희랍적이지 않은 것은 모두 야만적일 수 있을까? 이는 마치 도회지에 살면 문명적이고 고향산천에 살면 비문명적이라는 편견과 같지 않을까? 내 생각으로는 도시적인 것은 희랍적인 것이고, 희랍적인 것은 문명적이라는 등식은 성립되지 않는다. 중국은 곧 문명이고, 그 가운데(中原)를 둘러싸고 있는 모든 민족은 오랑캐라는 정의가 옳지 않은 것과 같다.

둘째, 반문명적 철학이 바탕으로 하고 있는 것은 다름 아닌 '사람' 즉 인간성의 회복이라는 점이다. 비록 반문명적 철학은 그 부정성과 소극성 때문에 영원한 비주류로서 당시 체제와 대립되고 있지만, 그것이 결국 더욱 나은 현실에로의 개혁을 도와주고 있으며 인간들에게 궁극적인 이상을 제공해 주었다. 『인간적인, 너무도 인간적인』10) 데로 나아가 보고자 하는 것이 반문명론자들의 공통된 특징이다. 문명, 특히 그것이 대표하고 있는 모든 제도는 인간의 본연성本然性을 억누르거나 비뚤어지게 했다. 따라서 그것을 벗어나는 것이야말로 참다운 사람의 삶을 사는 길이다. 따라서 반문명론자가 바라는 것은 문명의 파괴가 아니다. 반문명론자는 대체로 인본주의(Humanism)의 길을 걷고 있다는 것이 나의 생각이다.

이 두 관점은 오늘 우리가 문명을 보는 두 가지 표준을 마련해 준다. 처음의 것은 문명의 다원주의이다. 문명의 우열을 제멋대로 정하는 일은 지나간 역사로서 족하다. 현대에서 그것을 되풀이함은 정말로 야만적인 일이 아닐 수 없다. 그러나 문명은 다양하기 때문에 서로 영향을 주고받는다. 따라서 그 문명의 술잔을 주고받음(酬酌)은 언제나 열려 있어야 한다. 좋은 술의 양조법을 배우는 것은 당연하지 않을 수 없다. 그러나 술을 마실 사람은 나다. 다음의 것은 반문명론의 창조적 가치이

---

10) Nietzsche의 書名.

다. 반문명론은 인간중심주의이다. 그것은 제도에 의해 희생된 개인에게 평화와 해방을 가져다준다. 뿐만 아니라, 반문명론은 새로운 문명의 개척에 또 하나의 깊은 성찰을 던져 줌으로써 나름대로의 창조적 기틀을 마련한다. 따라서 반문명론은 문명론만큼이나 중요하고 가치 있다. 문명의 모든 기성질서를 무시하는, 그러나 그 오만은 새로운 세계의 창조를 꿈꾸고 있다.[11]

이와 같이 본다면 문명은, 첫째, 서로가 도움을 주고받아야 하며(문명다원주의), 둘째, 끊임없는 자기반성을 통해 새로움을 만들어 내지 않으면 안 된다(반문명론의 창조성). 이때, '문명다원주의'는 국가와 민족끼리의 다양하고 부단한 접촉과 이해를 전제하고, '반문명론의 창조성'은 문명에 대한 비판 세력을 긍정적이고 적극적으로 수용하여 발전시키는 것을 기반으로 한다.

앞에서 말했던 논의와 더불어 이야기한다면 공자와 주변 국가의 관계에 대한 역사가의 평이 좋은 예가 될 수 있겠다. 실증적인 면에서의 부정적인 면을 차치하고 『후한서後漢書』의 내용과 맥락만 충실하게 본다면 그 사가史家는 위와 같은 두 기준을 받아들이고 있는 듯하다. 그는 공자의 "아홉 오랑캐와 살고 싶다"[12]는 말을 기자箕子와 위만衛滿 조선설을 끌어들여 제도의 타락과 연결시킨다. 기자가 조선朝鮮에 가서 8조법을 시행하여 사람들로 하여금 하지 말아야 될 것을 알게 하니 성범죄와 도적(淫盜)이 없어지게 되어 밤에도 문을 닫지 않아도 되었다. 이처럼 관

---

11) 잘 알다시피 문명비판가들은 거의 모두 理想的 인물이나 공간을 전제한다. Nietzsche의 超人의 삶이라든지 莊子의 無何有之鄕이라든지 하는 것 등이다.
12) 『論語』, 「子罕」, "欲居九夷."

대하고 간략한 법(寬略之法)이 지속되니 다스림이 펼쳐지는 곳에는 도의가 있게 되었다(苟政之所暢, 則道義存焉). 공자가 그런 말을 한 것은 이러한 까닭에서이다. 그 후로 위만이 그 풍속을 어지럽혀 엉망이 되었다. 노자는 "법령이 늘어나면 도적이 많아진다"(法令滋影, 盜賊多有)고 했는데, 기자가 문건과 조리를 줄이고 신의信義를 쓴 것은 성현聖賢이 법률을 만드는 원의를 안 것이다.[13] 사가는 이곳에서 두 가지 이야기를 하고 있다. 첫째, 오랑캐라도 충분히 문명화될 수 있다는 것이다. 공자가 살고 싶어 했을 정도이니 성현의 법이 오히려 그곳에서 잘 시행될 수 있음을 긍정한다. 이는 문명의 기준이 단지 종족적이지 않음을 보여 준다. 『삼국지 三國志』에서도 오랑캐(四夷)에게서 중국이 예를 잃어버렸을 때 믿음(信)을 구할 수 있다고 적고 있다.[14] 둘째, 노자가 말한 바와 같은 반문명적 비판을 수용하지 못했을 때, 또 성현이 말한 제도를 줄이고 믿음으로 법률을 시행해야 한다는 원리를 무시했을 때 그 문명은 망함을 지적한다. 사가는 이와 같이 문명의 두 원칙을 알고 있었다.

과학기술이 오늘의 문명을 일으켰음은 어느 누구에 의해서도 부정될 수 없는 사실이다. 결국 과학기술은 문명을 대변하고 있다. 그러나 과학기술이 곧 문명의 척도인가?

첫째, 위에서 제시한 문명의 다원주의라는 기준에 따르면 과학기술은 문명 간의 교류를 전제하고 있고 다양하게 발전하고 있다. '신칸센' (新幹線)은 그것대로, '테제베'(T.G.V.)는 그것대로, '이체'(I.C.E.)는 그것대로 과학적 이론을 바탕으로 기술을 개발하고 있다. 각각의 차이는 있지만

---

13) 『後漢書』, 「東夷列傳」, 第七十五. 范曄, 『後漢書』(臺北: 鼎文, 1983), 757(2823)쪽.
14) 『三國志』, 「魏書」, 卷三十, '東夷傳'.

장단점의 평균치는 엇비슷하다. 그러나 문제는 우리와의 관계에 있다. 우리는 20세기 말에 '자기부상열차'의 모형만을 내놓을 수 있을 뿐, 그러한 경쟁에 끼어들진 못하고 있다. 과학기술의 상담이나 교환은 불가능하고 오히려 전수 또는 매입이라는 주종 관계만이 가능하다. 또 다른 문제는 과학기술의 독점화 경향이다. 다시 말해 명주名酒 양조의 비법은 가르쳐 주지 않는다. 술은 줘도 술 담는 법은 가르쳐 주지 않는다. 돈 내고 사 먹으라는 셈이다. 줄곧 이와 같다면 우리는 계속 돈을 내고 사 먹기만 할 뿐 그 양조법을 배워 더 좋은 술을 만들기는 쉽지 않다. 이것이 바로 과학기술의 독점이고 그에 따른 종속의 문제이다.

둘째, 반문명적 사고의 창조성은 너무나도 무시되고 있다. 우리 주위에는 '과학기술의 창조'라는 사명감은 있어도 '반문명론의 창조적 가치'에 대한 공감대는 없다. 문명에 대한 비판이 있어야 그 문명이 바른 길을 갈 수 있다는 인식에는 너무도 소홀하다. 문명의 감시자야말로 과학기술의 진정한 발전 곧 인간중심적인 세계를 위해 반드시 필요한 것임에도 불구하고, 많은 과학자들은 그것에 대한 강조를 인간의 가치와 깊게 관련지어 생각하지 못한다. 과학을 하는 자도 사람이고, 과학을 누리는 자도 사람이고, 과학에 많은 것을 잃어버리는 자도 사람이니 만큼, 과학의 중심은 사람이 되지 않으면 안 된다. 그러나 오늘의 과학기술 앞에 인간은 무력하다. 때로 그 과학기술은 자본주의의 단순한 도구적 의의만을 갖고 있기도 하다.

과학기술이 곧 문명은 아니다. 과학기술이 문명 척도의 한 방편적인 기준이 되는 경우가 있을는지는 몰라도 과학기술의 발달로 그 집단의 문명도를 저울질할 수는 없다. 최고급의 무기를 만들 수 있다 해서 그

나라의 인권상황이 곧 최상이 아닌 것과 같다. 자동차 생산량과 보급률이 세계 수위首位라 해서 그곳이 교통질서에서도 세계 수위는 아니다. 그렇다면 한 문명을 위대하게 만드는 것은 무엇인가? 정신인가, 아니면 기술인가? 노자와 장자는 그것을 어떻게 보았는가?

4. 정신의 위대성과 한계

오늘날 문명을 상징하는 것이 과학기술임은 틀림없다. 그러나 문명이란 말은 반드시 과학기술만을 뜻하지는 않는다. 우리는 '황하黃河문명', '유프라테스(Euphrates)문명', '갠지스(Ganges)문명', '나일(Niles)문명'을 이야기하면서 그들의 과학기술만을 일컫지는 않는다. 적어도 그들의 문명이 갖고 있었던 어떤 위대한 '정신'을 생각한다. 따라서 기술과 대칭되어 쓰일 수 있는 말은 정신이다. 문명에는 과학기술뿐만 아니라 정신문화도 포함되어 있는 것이다. 문명이 단순히 기술만을 뜻한다면 그것은 문명이라기보다는 차라리 건축이나 조형에 가깝다.

우리는 결국 정신의 위대성을 강조한 철학자에게로 돌아가 보아야 한다. 그 말은 돌려 말해 인간성의 회복을 꾀한 철학을 찾아보아야 한다는 것이다. 오늘 우리가 말하고 있는 정신은 정신과 물질이라는 대립구조 속의 정신을 뜻하는 것이 아니라 문명을 이끌어 나가는 폭넓은 의미에서의 정신을 뜻한다. 전통적인 표현대로 한다면 진리를 뜻하는 '도道'를 일컫는다. 도에 대한 유가와 도가의 입장 차이에도 불구하고 도를 인식의 최고 자리에 놓는 것은 그들 모두의 전통이다.

그런데 노장철학에서 도를 깨닫는 것은 진리를 깨우침이고 도를 얻는다는 것은 스스로 그러함을 본받을 수 있음이다. 노자의 원리는 "사람은 땅을 본받고, 땅은 하늘을 본받고, 하늘은 도를 본받고, 도는 스스로 그러함을 본받는다"[15]는 것인데, '도는 스스로 그러함을 본받는다'(道法自然)라는 말은 곧 도는 스스로 그러하다는 뜻으로 진리는 억지로 꾸미거나 일부러 만든 것이 아니라 태어난 그대로의 그러함이라는 것이다. 그것이 노장철학의 핵심이자 유가철학과 크게 나누어지는 점이다.

무엇보다도 먼저, 우리는 노장철학이 유가를 비판하면서 나온 반문명적 철학임을 인식하지 않으면 안 된다. 다시 말해 노장의 많은 주장은 반유가적 언어라는 것을 알면 그들의 이야기가 무엇을 가리키고 있는가를 쉽게 알 수 있다. 노자는 성인聖人은 '아무것도 하지 않는다'(無爲)고 한다. 바로 이 '무위'는 '자연'과 더불어 노자철학의 핵심을 이루고 있는 사상이다. 왜 노자는 무위를 주장하는가? 그것은 유가의 '무엇인가 하려 한다'(作爲)는 것에 정면적으로 반기를 든 것이다. 유가는 고의적이고 인위적으로 무엇인가 하려고 하고 맞추려 한다. 따라서 유가에게 교육이란 필수적이다. 그러나 노자와 같은 도가는 교육의 가치를 짐짓 부정한다. 노자는 말한다. "따라서 성인은 무위의 일에 머물고 말 없는 가르침을 행한다."[16]

왜 그런 주장을 해야만 했을까? 그 이유는 간단하다. 사람들은 잘 살고 있는데 괜스레 성현을 존경하라고 하고 얻기 힘든 물건을 귀하다

---

15) 『老子』, 제25장.
16) 『老子』, 제2장, "是以聖人處無爲之事, 行不言之敎."

고 하기 때문이다. 노자의 생각으로는 '현인을 우러르지 않아 사람이 싸우지 않게 하고, 얻기 어려운 재화를 귀하게 여기지 않아 사람이 도둑이 되지 않게 함[17]이 무엇보다도 중요하다. 그에 따르면 사람들이 싸우고 도둑질하는 것은 무엇인가 되려 하는 명예욕이나 무엇인가 얻으려 하는 소유욕에서 생기는 것이니 만큼 근본적인 것은 바로 명예와 소유의 욕심을 없애는 것이다. 따라서 이상적인 상태란 가장 단순한 인간의 욕구가 실현되는 것이다. 마음을 비우고(虛其心) 배를 채우고(實其腹) 뜻을 약하게 하고(弱其志) 뼈를 강하게 함(强其骨)이야말로 인간의 일차적인 요소이지,[18] 이름 얻고 돈 버는 것이 기본이 될 수 없다.

우리는 이와 같은 이유에서 진리의 표준(道紀)[19]을 세우고 그것에 따라 살지 않으면 안 된다. 그것이야말로 인간을 인간답게 살게 하는 것이고 인간의 본성에 맞게 사는 것이다. 따라서 도는 화려하거나 찬란한 것이 결코 아니다. 도를 맛으로 따지자면 담백하여 무미한 것[20]이다. '크게 이루어진 것은 모자란 듯하니 그 쓰임이 막히지 않고, 크게 차 있는 것은 빈 듯하니 그 쓰임이 끝이 없다.'[21] 이것은 도의 특성이기도 하다.

노자에게 진리와 함께하는 삶은 결코 자랑하거나 무엇을 쌓아 놓거나 남 앞에 서는 것이 아니다. 그의 세 보물은 '자애'(慈)와 '검소'(儉)와 '천하 앞에 서지 않음'(不敢爲天下先)이다.[22] 따라서 노자는 "성인은 베옷을

---

17) 『老子』, 제3장, "不尙賢, 使民不爭; 不貴難得之貨, 使民不爲盜."
18) 『老子』, 제3장.
19) 『老子』, 제14장.
20) 『老子』, 제36장, "道之出口, 淡乎其無味."
21) 『老子』, 제45장, "大成若缺, 其用不弊; 大盈若沖, 其用不窮."

입고 그 속에 옥을 품고 있다"23)고 한다.

그렇다고 해서 노자가 아무것도 하지 않는다는 것은 아니다. 오히려 아무것도 하지 않는 듯 해야만 모든 일이 다 이루어진다는 것이다. 이러한 까닭에서 노자의 '무위'라는 진리의 대원칙이 성립된다. 노자는 말한다. "도는 언제나 아무것도 하지 않으나 하지 않는 것이 없다."24) 일부러 하는 것이 사람을 망가지게 하고 나라를 어그러지게 한다.

노자는 인간 본성의 '자연'을 바탕으로 그것을 '무위'로써 지켜나가길 원한다. 그것이 바로 자신의 뿌리로 되돌아가는 것이다.25) 때로 그 본성을 통나무와 같이 다듬어지지 않은 것(樸)으로 보기도 한다. 노자는 이처럼 '무위자연'이라는 정신을 우리에게 던져 주었다. 사람의 본성을 긍정하고 삶의 진정眞情을 파악한 인간주의라 아니할 수 없다.

그러한 노자를 이은 장자는 '소요'와 '제물'의 사상을 바탕으로 참다운 자유와 평등을 꿈꾼다. 그것은 '쓰임 없음'(無用)과 '옳고 그름 없음'(無是非)에 의해서 이루어진다. 쓰임 없음은 궁극적으로 '쓰임 없음의 쓰임'(無用之用)설로, 옳고 그름 없음은 결과적으로 '물화론物化論'으로 논리적 결론을 내리고 있다.

소요란 노니는 것인데 그 노닒이 어떤 목적이나 의도를 갖고 있는 것이 아니다. 그저 노니는 것으로 사람은 그때 바로 진정한 자유를 얻는다는 것이 장자의 생각이다. 따라서 소요는 쓰임 없음을 사상적 배경으로 한다. 왜 무용해야 하는가? 만일 자신의 행위가 어떤 것에 특정한

---

22) 『老子』, 제67장.
23) 『老子』, 제70장, "聖人被褐懷玉."
24) 『老子』, 제36장, "道常無爲, 而無不爲."
25) 『老子』, 제16장, "復歸其根."

목적이나 특별한 관심이 있을 때 우리는 그것에서 결코 완전히 벗어나 있지 못한다. 그것은 곧 우리 자신이 완벽하게 자유롭지 못하다는 말이다. 우리가 궁극적인 자유로움을 얻기 위해서는 우리는 어떤 쓰임에서 벗어나야 한다. 그것이 바로 장자의 '쓰임 없음의 쓰임'(無用之用)설이다. 박(朴)이 너무 커서 쓸 수 없다는 혜시惠施는 장자에게 불평한다. 그릇으로 쓰려 해도 너무 무거워 들 수 없고 바가지로 쓰려 해도 너무 넓어 쓸 수 없어 그것을 부수어 버렸다고 말한다. 장자는 이에 왜 그것을 배(大樽)로 여겨 강호江湖에 띄울 생각은 못하느냐고 반문한다. 이것은 마치 손 트지 않는 약방문으로 누구는 그것을 팔아 빨래 가게를 면하나 그것을 산 누구는 그것을 수전水戰에 써서 제후에 봉해지는 것과 같다고 한다.26) 쓰는 데가 다름(所用之異)에서 벌어지는 일이다. 쓸데없는 것이야말로 참으로 쓸데 있는 것이라는 인식은 장자가 줄곧 주장하는 것이다. 혜시가 장자의 말을 쓸데없다고 하자, 장자는 아래와 같이 묻는다. "하늘과 땅은 넓고 사람이 쓰는 것은 발이 서 있는 땅일 뿐이라서 발 옆의 나머지 땅을 모두 땅 끝(黃泉)까지 파 놓으면 사람은 쓸데 있는가"라고.27) 하늘 아래 너른 땅이 마치 쓸데없는 듯해도 그것이 없다면 우리는 살 수가 없다는 이야기이다. 그래서 '쓰임 없음의 쓰임'(無用之爲用)28)은 증명된다. 쓸데없는 나무가 도끼에 베어지지 않고 오래 살고29) 병신이 징집되지도 않고 생활보조를 받으면서 전시에도 활개치고 나다니고 먹고사는 것을 걱정하지 않는 것30)과 같다.

---

26) 『莊子』, 「逍遙遊」.
27) 『莊子』, 「外物」.
28) 『莊子』, 「外物」.
29) 『莊子』, 「逍遙遊」; 「人間世」; 「山木」.

제물이란 만물을 평등하게 여기는 것으로 이른바 '하나로 가지런히 보는 것'(齊一)이다. 제물의 제齊의 상형象形은 보리밭이나 밀밭 같은 것으로 개개의 보리와 밀의 키와 모양이 같지는 않지만 하나의 수평水平과 등고等高를 볼 수 있듯이 만물을 그렇게 평등하게 본다는 것이 바로 제물의 주제이다. 그러기 위해서 무엇보다도 먼저 자신의 입장으로 남을 논하는 것은 없어져야 한다. 그것이 바로 '옳음에서 잘못이 나오고, 잘못에서 옳음이 나온다'(因是因非)는 지적이다. 따라서 '옳고 그름 없음'은 무인설無因說이라고도 할 수 있을 것이다. 내가 보면 그가 남이 되지만 그가 내가 되면 내가 남이 된다는 이것과 저것의 짝됨(其偶)을 우리는 벗어나지 않으면 안 된다. 그것을 장자는 '도의 지도리'(道樞) 곧 진리의 축軸, 또는 '돌아가는 가운데'(環中) 곧 만물 변화의 중앙이라고 일컫는다.31) 이때 바로 천지는 하나의 손가락(天地一指)이고 만물은 한 마리 말(萬物一馬)이라는 비유32)도 가능하게 된다. 천지와 손가락 하나, 만물과 말 한 마리, 그리고 너와 내가 나누어지지 않고 하나가 된다는 '만물일제萬物一齊'33)의 장자철학의 대전제는 여기에서 성립된다. 따라서 제물은 근원적이고 영원한 평등이다. 그를 위해서 장자는 '물화설物化說'을 제시한다. 물화는 너와 나를 구분 짓지 않는 물아일체物我一體 사상의 장자적 표현이다. 그 유명한 '나비의 꿈'의 이야기에서 물화의 정의가 나온다. 꿈속에서 나비의 꿈을 꾸었는데 그때는 나비같이 훨훨 날면서 나인 줄

---

30) 『莊子』, 「人間世」.
31) 『莊子』, 「齊物論」.
32) 『莊子』, 「齊物論」. 여기에서 惠施와 장자철학의 유사성을 찾아볼 수 있다. 그들은 切親한 벗이자 論敵이었다.
33) 『莊子』, 「秋水」.

몰랐다. 그런데 꿈에서 깨어나니 나는 나였다. 나의 꿈에서 나비가 된 것인지, 나비의 꿈에서 내가 된 것인지 알 수가 없다. 그러나 나와 나비는 반드시 분별이 있을 터이다. 이것을 '물화'라고 한다.[34] 나와 나비는 다르지만, 나는 네가 될 수도 있고 너는 내가 될 수도 있으니 이를 장자는 물화라고 하는 것이다. 만물과 함께하는 것이 곧 물화이다.[35] 장자는 말한다. "천지는 나와 함께 살아가며 만물은 나와 하나이다."[36]

이 정도면 노장에 의해 정리된 인간이 바랄 수 있는 자유와 평등의 이념은 그 내용이 분명하다. 그들은 사회적 관계의 구속 없음(be free from)이나 차별 없음(non-apartheid) 뿐만 아니라 정신적인 평화와 해방을 추구한다. 그들은 그것이야말로 도에 따르는 것이라고 했다. 그러면 우리는 정신의 소요와 제물을 얻는다. 그리고 그때 우리는 진정으로 행복해질 수 있는 것이다. 『장자』의 표현을 빌리자면 그것이 바로 '하늘이 준 즐거움'(天樂)[37]이다. 여기에서 '하늘'은 '자연'을 빗대어 하는 말이다. "하늘의 즐거움을 아는 사람은 살아서는 하늘과 함께 나가고 죽어서는 만물과 더불어 있다."[38]

더 나아가 많은 도가의 성인이 온갖 추악醜惡과 불구不具를 지니고 있는 것[39]도 바로 이와 같은 정신의 위대성을 드러내기 위해서이다. '괴

---

34) 『莊子』, 「齊物論」.
35) 『莊子』에 끊임없이 나오는 '……與物化'의 표현이 바로 그것이다.
36) 『莊子』, 「齊物論」, "天地與我並存, 而萬物與我爲一."
37) 『莊子』, 「天道」; 「天運」.
38) 『莊子』, 「天道」, "知天樂者, 其生也天行, 其死也物化."
39) 『莊子』, 「大宗師」. 다리가 잘렸으나 성인인 王駘, 申徒嘉, 叔山無趾나, 못생겼지만 여인들이 남의 처가 되기보다는 그의 첩이 되길 바라는 哀駘它나, 온갖 흉측한 것은 다 지니고 있는 闉跂支離無脣과 甕㼜大癭을 생각해 보자. 특히 闉跂支離無脣는 절름발이, 꼽추, 언청이 모두를 갖고 있는 사람이라는 뜻으로 쓴 고유명사이다.

짜'(畸人: 奇人)는 뭇사람들이 이상스럽게 보지만 하늘은 그들을 기이하게 보지 않는다. 오히려 '하늘의 소인이 사람의 군자이고, 사람의 군자가 하늘의 소인이다.'40) 가장 사람다운 것은 바로 하늘이 준 스스로 그러한 본성에서 사는 것이다. 장자는 말한다. "물고기는 물에서 서로를 잊고, 사람은 도술에서 서로를 잊는다."41)

이와 같이 노장은 정신의 위대성을 극명하고 명료하게 드러냈다. 그럼에도 불구하고 그들의 소극성은 어쩔 수 없는 문제로 남는다. 아무리 '도는 언제나 아무것도 하지 않으나 하지 않는 것이 없다'(道常無爲, 而無不爲)고는 하지만, 또한 일부러 하는 것이 사람을 망가지게 하고 나라를 어그러지게 하기 때문에 그만두지 않으면 안 된다고는 하지만, 그들은 문명에 대해서 실질적으로 어떤 구체적인 대안을 제시하거나 실질적인 모형을 구축하진 못했다. 도리어 그것이 정치적으로 이용된 것은 그 후의 노자와 황제黃帝 사상이 결합한 '황로학黃老學'이나 노자철학을 정치학적으로 해석한 한비자韓非子를 위시한 법가들에 의해서였다.42) 비록 노자 자신도 '덕德' 개념을 통해 정치 철학적 의의를 암시하고는 있지만,43) 제도를 부정하고 정치에 염증을 낸 노자의 철학이 법가들에 의해 통치술로 변형되는 것은 역사의 얄궂은 만남이 아닐 수 없다.

---

40) 『莊子』, 「大宗師」, "天之小人, 人之君子; 人之君子, 天之小人."
41) 『莊子』, 「大宗師」, "魚相忘乎江湖, 人相忘乎道術."
42) 漢代의 黃老術과 『韓非子』의 「解老」, 「喩老」를 보면 노자와 정치학의 결합은 쉽게 드러난다.
43) 拙稿, 「노자의 덕과 그 정치철학적 의의」, 『중국의 사회사상』(서울: 형설, 1992), 58~59쪽 또는 이 책 제1부 제4장을 볼 것. 나는 기본적으로 司馬遷의 懷疑와 肯定을 함께 받아들이고 있다. 莊子, 申不害, 韓非子의 道와 德의 사상이 노자와는 거리가 있지만 결국 「老子韓非列傳」이라 하여 그들을 한데 묶고 있다. 『史記』(臺北: 鼎文, 1982), 卷六十三, 569~573(2139~2156)쪽.

이와 같은 정치적 변용 이외에도, 그들은 논리적인 완벽성을 기반으로 막강한 비판세력으로 성립했으나 때로는 논리적 완벽성에서 발생하는 순환성 때문에 더욱 새로워지는 데 끊임없이 성공했다고 보기는 힘들다. 단적인 예를 들자면 '스스로 그러하다'는 것의 기준과 같은 것이다. 도대체 어디까지가 스스로 그러하고 어디까지가 그렇지 않은가? 어디까지가 본성이고 어디까지가 아닌가? 그들은 체제의 비인간성을 꼬집어 내는 데는 탁월했지만 거꾸로 문명의 합리성을 보는 데는 실패했다. 문명이라 해서 무턱대고 비본성적인 것은 아니기 때문이다. 같은 이유에서 후대 위진魏晉에 이르면 노장철학을 바탕으로 한 제도옹호론자들이 등장하게 된다.

5. 기술의 편리와 맹목

기술은 편리하다. 그 편리함은 인간을 이와는 다른 의미에서 해방시키고 있다. 육체노동의 중량감에서, 가사노동의 번잡함에서, 정신노동의 낭비성에서 우리를 자유롭게 했다. 포클레인과 냉장고와 컴퓨터는 며칠의 일을 하루에 할 수 있도록 해 주었다. 말로는 아무리 기술문명을 비난한다 할지라도 스스로는 그것과 떨어질 생각을 하지 않는 것이 오늘의 인류이다. 노동자에게 삽을 주고 땅을 파라 하여 힘센 그들이 하겠으며, 냉장고 없이 매일 반찬을 하라 하여 아름다운 그들이 하겠으며, 컴퓨터 없이 원고지에 손으로 쓰라고 해서 젊은 그들이 하겠는가?

그들에게 이런 권고는 터무니없는 이야기처럼 들릴 것이다. 아니, 그들은 그대부터 기계를 빌리지 않고 걸어 다닐 것을 요구할 것이다.

기술은 필요하다. 그러나 내가 따지는 것은 기술의 원리인 과학과 그 적용인 현실에서 우리 인간이 잊지 말아야 할 여러 가치이다. 그리고 그것은 가장 이상적인 기술의 내용이기도 하다. 노장은 이러한 가치와 내용을 제시하는 데 매우 독보적이다. 한마디로 그들은 기술 곧 그들의 낱말로는 '기技'라고 부르는 것을 무척이나 인간성을 타락시키고 인간사회를 오염시키는 것으로 보고 있다. 그것은 단순히 기술에 대한 부정이라기보다는 분명히 '자본의 논리'와 '통치의 허위'에 강렬히 항의하는 것이었다. 자본의 논리란 재화를 중심적으로 생각하는 것이고 통치의 허위란 신분 질서에 따르는 귀천의 결정이다. 기술은 바로 이러한 자본과 통치의 기반이 되기 때문에 노장은 그것을 받아들일 수 없었던 것이다.[44]

따라서 노자는 근본적으로 기교와 이익을 버려야 한다(絶巧棄利)고 주장하며 그러기 위해서 명예나 지식도 먼저 버려야 한다(絶聖棄智)고 말한다.[45] 그러면 오히려 도적도 없어지고 사람의 이익도 백배가 된다는 것이다. 따라서 노자는 말한다. "사람들이 기교가 많아지니 이상한 것이 많이 일어난다."[46] 이는 위에서 말한 바 있는 "법령이 늘어나면 도적이 많아진다"[47]는 원리와 대구되는 것이다. "문을 잘 닫는 사람은 빗장을

---

44) 오늘날의 '정보는 곧 통제'라는 논리를 생각해 보자. 정보의 독점은 과학기술의 발전으로 가능하고, 그것은 결국 모든 사람을 쉽게 통제할 수 있게 한다.
45) 『老子』, 제19장.
46) 『老子』, 제57장, "人多技巧, 奇物滋起."
47) 『老子』, 제57장, "法令滋彰, 盜賊多有."

채우지 않아도 열 수 없고, 끈을 잘 묶는 사람은 매듭을 짓고 꼬지 않아도 풀 수 없다"[48]는 역설은 바로 이러한 원리와 상통된다.

그렇다면 노자는 기술의 원리가 과연 무엇이라고 생각하고 있는가? 재미있게도 그것은 '무無'이다. 그것은 무를 잘 씀에 달려 있다. 노자는 말한다. "서른 개의 바큇살이 하나의 바퀴통에 꼽혀 있는데 (바퀴 중앙의) 그 무가 바로 수레의 쓰임이다. 흙을 빚어 그릇을 만드는데 (그릇의) 그 무가 그릇의 쓰임이다. 문과 창을 뚫어 방을 만드는데 (방의) 그 무가 방의 쓰임이다. 따라서 유有의 이로움은 무의 쓰임에 있다."[49] 바퀴는 바큇살을 꽂을 수 있는 바퀴 중앙의 빈 중심이 없으면 결코 돌아갈 수가 없고, 그릇은 우리가 흙을 구어 먹으려는 것이 아니라 그릇의 빈곳을 쓰려는 것이고, 방을 만드는 것은 방이라는 빈 공간을 쓰려는 것이다. 쓰임의 근원은 이처럼 무에 기초한다. 우리가 기술이라고 하는 것도 마찬가지의 근원을 갖고 있다. 기원전 3500~3000년 사이에 발명됐다고 하는 바퀴를 기원후 2000년인 오늘에까지 쓰고 있고, 그릇은 아마도 인류와 영원히 함께할 것이고, 아무리 좋은 문과 창을 만들지라도 우리가 쓰는 곳은 빈 공간일 뿐이다. 기술은 나무바퀴를 고무바퀴로, 질그릇을 법랑琺瑯으로, 창호지를 유리로 바꿨어도, 그것의 근원이 되는 회전축이나 중력의 분할이나 공간의 점유라는 개념은 변한 것이 없다. 그리고 그 모두 무에 바탕을 둠으로써 유를 쓰게 하는 것이다. 이는 기술에 대한 하나의 깊은 통찰이다.

---

48) 『老子』, 제27장, "善閉無關楗, 而不可開; 善結無繩約, 而不可解."
49) 『老子』, 제11장, "三十輻, 共一轂, 當其無, 有車之用. 埏埴以爲器, 當其無, 有器之用. 鑿戶牖以爲室, 當其無, 有室之用. 故有之以爲利, 無之以爲用."

더 나아가 노자는 기술이라는 것이 아주 간단한 곳에서 시작된다고 한다. "한 아름의 나무도 털끝 같은 것에서 태어나고, 아홉 층의 탑(臺)도 흙을 싸서 일어나고, 천리 걸음도 발밑에서 시작한다."50) 위에서 말한 무와 연관시켜 말한다면, 모든 유의 이로움이 무의 쓰임에서 시작된 것과 같이 문명의 근원도 무슨 대단히 거창한 것에서 시작된 것이 아니라 어떤 근본에서 시작되고 있음을 밝히고 있다.

　　노자는 이처럼 무와 같은 모든 유의 근원으로 돌아가길 바라고 있다. 결국 기술은 그것의 본원으로 돌아가지 않으면 안 된다. 이것은 바로 위에서 말한 바 있는 "모두 뿌리로 되돌아가자"51)는 사상이다. 유는 무에서 나왔듯이,52) 기技는 도道에로 되돌아가지 않으면 안 된다. 노자가 바라는 이상국은 '작은 나라에 적은 사람'(小國寡民)으로서, 문명의 이기가 있어도 쓰지 않는 상태이다. 배가 있어도 탈 바가 없고, 무기가 있어도 늘어놓지 않고, 새끼 꼬는 것(結繩文字)으로 뜻을 전한다. 왜일까? 노자가 바라는 이상국이란 자급자족적인 경제로 재화의 유통이 없어도 되고, 영세적인 중립으로 전쟁에 관여하지 않고, 문자가 많아 법률이나 계약으로 사람을 통제하지 않는 나라이기 때문이다. 이런 상황에서 위에서 말한 것과 같은 자본의 논리나 통치의 허위가 통할 리가 없다.

　　장자의 입장도 노자와 크게 다르지 않다. 그가 바라는 이상향도 길도 없고 굴도 없고 배와 다리도 없는 소박한 세상이다.53) 도끼, 톱, 먹줄, 송곳도 불필요한 사회이다.54) 도둑을 방지하려고 금고를 만들면 큰

---

50) 『老子』, 제64장.
51) 『老子』, 제16장, "各復歸其根."
52) 『老子』, 제40장, "有生於無."
53) 『莊子』, 「馬蹄」.

도둑이 생길 뿐이다.[55] 설사 나라에 그런 과학기술이 있다 해도 뭇 사람에게 보여 주는 것이 아니다 라는 원칙을 노자의 말을 빌려 장자도 주장한다.[56] 그런 것을 가르쳐 주면 사람들이 끊임없이 더 좋은 것을 만들어 내 사회를 어지럽힐 것이기 때문이다. 이는 마치 물고기가 못에서 벗어나면 안 되는 것과 같다.

장자는 왜 이처럼 기술에 대해 반감을 갖고 있는 것일까? 밭 일구는 늙은이와 자공子貢의 이야기는 그것을 잘 말해 주고 있다. 자공이 여행을 하다 우물을 파고 물동이로 힘들게 물을 푸는 한 늙은이를 만나 좋은 마음에서 매우 편한 기계(械)가 있으니 그것을 쓸 것을 권고하자 이 늙은이는 버럭 화를 내려다 웃으면서 말한다. "나는 나의 선생의 말을 들었다. 기계機械라는 것이 있으면 반드시 기계의 일(機事)이 있고, 기계의 일이라는 것이 있으면 기계의 마음(機心)이 있다. 기계의 마음이 가슴 속에 남아 있으면 순백純白을 갖출 수 없고, 순백이 갖추어지지 않으면 정신의 생기(神生)가 안정되지 않고, 정신의 생기가 안정되지 않으면 도가 실릴 곳이 없다. 내가 모르는 것이 아니고 부끄러워서 하지 않는 것이다."[57] 기술을 싫어하고 일부러 쓰지 않는 것은 다름 아닌 살아 있는 정신을 보전하여 도를 받아들이려 하기 때문이다. 기계는 사람의 마음을 어지럽혀 인간의 진정한 본성을 잃어버리게 하기 때문이다.

장자는 따라서 기와 도를 명확하게 구별한다. 그 유명한 소 잡는

---

54) 『莊子』, 「在宥」.
55) 『莊子』, 「胠篋」.
56) 『莊子』, 「胠篋」과 『老子』, 제36장, "國之利器, 不可以示人."
57) 『莊子』, 「天地」, "吾聞之吾師, 有機械者必有機事. 有機事者必有機心, 機心存於胸中, 則純白不備. 純白不備, 則神生不定. 神生不定者, 道之所不在也. 吾非不知, 羞而不爲也."

백정(庖丁)의 이야기가 그러하다. 처음에 눈에 보이는 것은 소였으나 삼
년 후에는 소가 보이지 않았다. 감관으로 보지 않고 정신으로 만난다.
그래서 뼈와 뼈 사이로 칼이 지나가는데 큰 뼈에 칼이 부딪힐 수 없다.
좋은 요리사는 일 년에 한 번 칼을 바꾸고 평범한 요리사는 한 달에
한 번씩 칼을 바꾼다. 좋은 요리사는 자르지만(割), 평범한 요리사는 부
수기(折) 때문이다. 내가 쓰는 칼은 열아홉 해나 되고 몇천 마리의 소를
잡았지만 아직도 막 숫돌에 간 칼 같다. 모든 마디마디에는 사이가 있
으니 그것을 따라갈 뿐이다. 그러면 소의 몸뚱이가 모두 풀어지는데,
마치 흙이 땅에 떨어지는 듯하다. 그는 분명히 말한다. "내가 좋아하는
것은 도로서 기보다 낫다"58)라고. 일반적으로 기는 도에 비하면 낮은
것이다. 도로 하지 않으면 아무리 좋은 기라 할지라도 따라오지 못한다.
결과적으로 장자가 말하는 것은 도와 기의 합일적 상태이다.

　이와 같이 장자는 기술을 완전히 부정하는 것만은 아니다. 도를 떠
난 기를 비판하고 기가 도를 지닐 것을 희망하고 있다. 하다못해 허리
띠의 고리를 만드는 여든 살의 늙은이도 하나의 도를 실천하고 있는
것으로 표현한다.59) 더 나아가 아무리 활을 잘 쏘는 이도 내기를 하면
잘못하는 까닭이 외물外物에 정신을 빼앗겨서 그렇다고 하면서 기술의
순수성을 강조하기도 하며,60) 재빠른 원숭이가 활을 잡았다고 자랑하다
집중 공격으로 목숨을 잃는 것을 보며 기술적 오만을 경고하고 있다.61)
그 외에도 목공들의 이야기는 기술과 도의 합일을 꾀하고 있다.62)

---

58) 『莊子』, 「養生主」, "臣之所好者, 道也, 進乎技矣."
59) 『莊子』, 「知北遊」.
60) 『莊子』, 「達生」.
61) 『莊子』, 「徐無鬼」.

노장은 줄곧 기술의 편함보다는 맹목성을 강조한다. 편리한 기술은 우리의 정신을 멍들게 한다는 주장이다. 그러나 참다운 기술은 있다. 그것은 도와 합일된 기술로서 최고의 경지에 오른 상태이다. 그때 그는 한평생 끊임없이 해 온 기술을 통해 진리의 세계에 진입한 경우이다. 아무리 칠십 평생 수레바퀴만을 깎던 사람이라도 자신의 기술적 경험으로 임금의 어리석음을 깨우쳐 줄 수 있는 것이다.[63] 단지 기에만 머물지 않고 도에로 나아가는 사람은 그의 기술이 무엇이든지 하나의 세계관을 이룬다. 단순히 신분적 질서에 의해 귀천이 이루어지는 것이 아니라 기술의 완성도에 따른 평가의 기준이 이루어진다. 그리고 그는 기를 통해 도를 완성시킨 성인이다. 도가는 유가보다 명분名分에 의한 신분적 질서로부터 자유롭기 때문에 실질적인 자기완성을 꾀하는 것을 한 인간의 목표로 삼고 있다. 이는 달리 말해 기술은 기술에서만 끝나는 것이 아니라 궁극에 가서는 자기완성과 직결됨을 밝히는 것이기도 하다.

6. 문명과 인간

노장철학에 따르면 기술은 우리의 정신을 황폐화시킨다. 그렇다고 해서 우리는 옛날로 되돌아갈 수 있겠는가? 그것은 현실적으로도 불가

---

62) 『莊子』, 「達生」. 한 목수는 氣로 한다 하고 다른 목수는 物化한다고 한다.
63) 『莊子』, 「天道」. 그러나 그 문장의 주요 의의는 言意之辯에 있다.

능하고, 설령 가능하다 할지라도 그 길을 택할 사람은 거의 없다. 현대 과학기술문명의 지지도는 무척이나 높다. 도를 높이고 기를 버리는 식(尊道攘技)의 수구를 고집하다가는 일본이 아닌 다른 나라에 의해 또다시 '정한론征韓論'이 제기될지도 모른다. 총 앞에 칼은 무력하다. 그리고 총 앞에 유린당한 역사는 남의 고대사도 아닌 바로 우리의 근대사이다. 그러므로 결국 반문명을 말하는 것은 나에 대한 위안이거나 남에게 주는 위로에 불과할지도 모른다.

그러나 우리는 비록 과학기술이 인간의 정신적, 물질적 욕구를 만족시켜 주고 있다 할지라도 인간의 끝이 없는 욕심이 마침내 끝장을 볼 수 있다고는 생각하지 않는다. 오늘날 현실적으로 대두되는 많은 정치적인 요구는 환경론적인 입장을 띠고 있는 것이 전 세계의 경향이다. 그것은 우리가 부수어 버린 것을 되찾자는 것이다. 노장의 말을 빌리면 우리의 '소박'하고 '순진'한 본성으로 되돌아가는 것이다. 그와 같이 되면 우리는 노자가 말한 세 보물 가운데 하나인 '검소'(儉)를 얻을 수 있을는지도 모른다. 검소는 이제 미덕이다. 산업자본주의의 초창기에는 소비가 미덕이었고 아직도 그 자본주의라는 크나큰 바퀴를 돌리기 위해서는 소비가 필요하겠지만, 이제는 환경론적인 입장에서 검소는 또다시 큰 미덕이 아닐 수 없다.

위에서 말한 '문명의 다원주의'와 '반문명의 창조적 가치'는 절대로 지켜져야 한다. 하얀 바지저고리가 검은 연미복燕尾服으로, 굼벵이 기어다니는 초가지붕이 폐암을 유발하는 슬레이트로 바뀌는 것이 문명일 수는 없다. 그것은 문명의 다원화를 말살시키고 만다. 그리고 문명을 비판하는 세력을 억압해서는 결코 안 된다. 그것은 한 문명의 자멸을 꾀할 뿐이다. 노장철학이 과거에서와 마찬가지로 현대에서도 가치를 갖는 까닭이 바로 여기에 있다.

서구기술의 습득은 자칫 잘못하면 노자가 비판한 것처럼 '자본의 논리'와 '통치의 허위'에 빠지고 만다. 기술의 이전은 자본의 종속을 가져오고, 정보통신의 발달은 인간의 통제로 이어진다. 과학문명이라는 허울 속에서 우리는 희생양犧牲羊이 되는 것이다. 그러나 그 과학문명은 결국 그것의 창조자까지도 제물로 쓰게 될 것이다.

과연 어떤 삶이 행복한 것인가? 문명인가 아니면 자연인가? 우리는 과학기술만을 좇다 인간성을 잃고 인간성을 찾고자 했을 때는 이미 늦는 경우를 맞는 것은 아닐까? 장자가 말한 대로, 수릉壽陵 땅의 젊은이처럼 서울 한단邯鄲의 걸음걸이를 배우려다 그것도 배우지 못하고 본디의 걸음도 잊어버려 결국 기게 되는(匍匐) 것[64]은 아닐까? 더 나아가 완전한 이 자연을 이런다 저런답시고 결국 엉망으로 만드는 것은 아닐까? 장자가 이야기했듯이, 구멍이 없는 혼돈混沌에게 은혜를 갚는답시고 숙儵과 홀忽처럼 하루에 하나씩 이레 동안 구멍을 뚫어 결국 혼돈을 죽이는 것[65]은 아닐까? 혼돈은 혼돈 그대로 내버려 두어야 하는 것 아닌가? 사람의 입장에서 자연을 위한다는 말이 정말로 성립될 수 있겠는가?

우리는 자족自足할 수 있어야 한다. 족함을 알지 못하면 인간의 욕심이란 한이 없다. 그리고 욕심은 도적을 만든다. 법이 많아지면 법을 이용한 떳떳한 법치주의자로서의 '법도法盜'가 나오고, 기술이 발전하면 기술을 이용한 똑똑한 과학도로서의 '기도技盜'가 나온다. 따라서 욕심을

---

64) 『莊子』, 「秋水」.
65) 『莊子』, 「應帝王」.

줄이는 가장 근원적인 방법은 다름 아닌 족함을 아는 것이다. 노자는 말한다. "족함을 알지 못하는 것보다 더 큰 화는 없고 얻고자 하는 것보다 더 큰 잘못은 없다. 그러므로 족함을 아는 것으로 족하니 언제나 족하다."[66] 그때 우리는 참다운 행복을 얻을 수 있을 것이다.

내가 즐겨 쓰는 말이 있다. 우리가 아무리 잘났다고 해도 개미 한 마리 만들지 못하고 호박씨 하나 이루지 못한다. 나는 인류의 끝에 가도 개미와 호박을 어떻게 다르게 만들 수는 있어도 개미와 호박을 무에서 유로 창조(creatio ex nihilo)할 수 있다고는 생각하지 않는다. 개미가 본능적으로 보여 주는 질서의 위대함과 호박씨에 잠재적으로 내재되어있는 열매 맺는 능력은 최고의 과학기술이라 해서 만들 수 있는 것이 아니다. 그것에 바로 자연적 본성의 완전성이 있다. 사람도 그 자연적 본성에 바탕을 두고 살고 있다. 그것이 문명의 시공時空을 넘어서 도도히 흐르는 인간성이다.

---

66) 『老子』, 제46장, "禍莫大於不知足, 咎莫大於欲得, 故知足之足, 常足矣."

제4장 행복의 방법

—지족과 소요: 됐다 그리고 놀자

1. 나의 행복과 너의 행복

너도 나도 행복을 말한다. 행복이 우리의 최상의 가치인지 묻기도 전에 행복은 우리 앞에 다가왔다. 나의 행복이 아닌 남의 행복을 위하는 것이 행복인지 불행인지 묻기도 전에 행복을 강요받는다. 행복의 양과 질을 따지기도 전에 나는 행복한지 회의한다. 개인의 행복이 전체의 행복인가를 셈하기도 전에 나는 행복을 추구한다.

행복에 관해서 먼저 물어야 할 것은 많다. 내가 행복하면 곧 남도 행복한가? 나의 행복이 남의 불행이 되지는 않는가? 남의 행복은 어떻게 나의 행복이 될 수 있는가?

흔히들 내가 행복하면 행복의 양이 늘어나서 우리가 행복할 것이라고 말한다. 그러나 현실은 그렇지 않다. 내가 행복할수록 남은 불행해지는 경우가 많다. 그것은 행복의 상대성 때문에라도 그렇다. 남이 행복한 것을 보면 나는 불행해진다. 남이 경제적으로 행복한 것은 물론이고 정신적으로 행복한 것도 마찬가지다. 남이 고기를 먹을 때 내가 두

부를 먹는다면 나의 두부가 초라해져서 불행해지고, 남이 자신에 차서 행복하다고 이야기할 때 나는 그렇게 말할 수 없어서 불행해진다. 두부만으로도 행복했는데 남이 고기를 먹자 불행해지고, 나도 그럭저럭 행복했는데 남이 큰 목소리로 행복하다고 떠들자 불행해진다면, 현실에서의 행복은 어쩔 수 없이 상대성을 벗어날 수 없을 것으로 보인다.

잘살고 못사는 것이 영원히 상대적이듯이 행복이 물질적인 것에 기준을 두는 한, 우리는 '내가 행복할수록 우리 모두가 행복해진다'고 확신에 차서 말하기는 어려워진다. 다만 물질적인 것을 벗어나 정신만을 말한다면 상황은 달라진다. 사람들은 '아니, 저런 사람도 행복하다는데 나는 뭐야'라고 물을 것이고, 자신의 행복론이 곧 물질에 기반을 두었음을 깨닫게 될 것이기 때문이다. 그러면서 다시금 행복이란 무엇인가를 되돌이켜 생각해 보게 될 것이다.

밥을 먹는다는 것과 남들에게 인정받는다는 것은 마르크스(하부구조)와 그 스승 격인 헤겔(인정투쟁)이 말했듯이 영원한 인류의 숙제다. 나도 밥을 먹지만 지게미가 아닌 쌀밥을 먹고 싶으며, 나도 인정받지만 무시당하는 것을 넘어 대접받고 싶어한다. 그러나 경제는 언제나 빈부로 나누어져 있으며, 계급은 언제나 상하로 나뉜다. 만일 '소고기를 먹을 능력', '해외여행을 갈 여유', '맘 놓고 쉴 권리'라는 인간의 원초적인 욕구를 채우는 것을 표준으로 삼는다면, 이것도 못 미치는 부류와 이것이 지겨운 부류로 우리는 어쩔 수 없이 나뉠 수밖에 없다. 한편에서는 자유를 누리고 한편에서는 빼앗긴다는 점에서 행복이 계급과 관련을 갖는다는 점을 부인하기 어렵다.

만일 어떤 수준 이상이면 비슷하다고 할 경우 그 표준은 이른바 '중산층'의 표준과 연결된다. 집과 차가 있고, 한 달에 몇 번 외식을 하고, 어떤 취미가 있고, 등등을 따지는 것인데 이것도 하나의 기준으로 설정하기는 너무 어렵다. 그리고 그 표준도 늘 변할 뿐만 아니라 나라마다 차이가 있기 때문에 여전히 상대적이다.

그렇다고 해서 이 상대성에서 벗어나기 위해 정신이라는 절대성을 제시하더라도 여전히 행복이 객관화되기는 어렵다. 게다가 그런 행복은 '내가 좋으면 끝'이기 때문에 학문적인 논의가 쉽지 않다. 달리 말해, 주관적 행복론이란 하나하나의 독립적인 표준이라서 공통된 가치나 입장이 되기 어렵다는 것이다.

이러한 상대성과 주관성 속에서도 우리가 여러 철학자들의 행복론을 듣고 싶은 것은 왜일까? 그것은 '진정한 행복'을 추구하려는 인간의 욕구와 결부된다. 과거에는 행복했지만 오늘은 그렇지 않은 행복, 남은 행복하지만 나는 그렇지 않은 행복, 여럿일 때는 행복하지만 홀로 있을 때는 그렇지 않은 행복을 어떻게 설명할 것인가? 거꾸로, 아침에는 행복했지만 저녁에는 그렇지 않을 것 같은 무서움, 나는 행복하지만 남들 때문에 그렇지 않을 것 같은 두려움, 홀로 있을 때 행복하지만 함께하면 그렇지 않을 것 같은 슬픔은 어떻게 설명할 것인가?

그래서 우리는 철학에서 말하는 행복을 엿봄으로써 과연 내가 올바른 행복의 길로 가고 있는가를 묻게 되는 것이다. 철학도 여러 행복의 길을 보여 주고 있다. 올바르고 올바르지 않은 생각을 명쾌하게 제시하지는 못한다. 그럼에도 우리가 철학자의 주장을 살펴보는 것은 단순한 행복론은 너무도 위태하기 때문이다. 그래서 철학자들은 생각하지 못한 행복의 뒷면을 찾아 그 논리적 박약함, 주장의 모순, 공동 실천의 불가능성, 사회적 무책임성, 변화의 여지를 두루 살펴보는 것이다.

이 글은 여러 주장 가운데 노장을 중점적으로 토의한다. 그에 앞서 이전의 논의를 되짚어 보자.

2. 동서의 행복관

서양의 경우, 에피쿠로스적인 전통으로 '즐거운 것이 좋은 것'으로 여기는 경향이 짙게 있었다. 그런데 이런 즐거운 것(pleasure)이 좋은 것(good)이라는 논법은 동양과는 차이가 있다. 우리는 이 자리에서 선善을 논하는 것이 아니지만, 서양적 맥락에서는 그 둘이 일치하는 경우가 많다. 비판적으로 이해해 보자.

가) 행복이 곧 선이다: 이는 즐거운 것은 좋은 것이라는 쾌락주의적 주장을 담고 있다.(快樂卽善) 그런데 거기에 주어가 들어가면 논의는 달라진다. '내가 좋으면 선하다', '남이 좋으면 선하다' 사이에는 엄청난 마찰의 소지가 있기 때문이다. 나도 좋고 남도 좋을 수 있지만, 반대로 내가 좋으면 남이 좋지 않을 수 있다.

나) 선을 행하면 행복해진다: 크게 반발할 수 없는 일상적 도덕을 표현하는 것 같다. 그러나 선의 실천으로 불행한 사람을 우리는 쉽게 만난다. 처음에는 타인을 위해 뛰어들었지만 자기 몸만 망가지고는 후회하며 슬퍼한다. 좋은 것이 즐거움이 될 수 없는 까닭이 여기에 있다. 도덕적으로는 옳지만 도덕적 행위는 안타깝게도 불행과 직결되는 경우

도 많다. 국가를 위해 희생한 사람들의 말년의 신세를 생각해 보자.

다) 행복은 선하지도 그렇지 않지도 않다: 행복과 도덕성을 완전히 차단시키려는 의도가 보인다. 즐거운 것은 좋은 것일 수도, 그렇지 않은 것일 수도 있다. 쾌락주의자들의 해답은 육체가 아니라 정신이었다. 육체적 쾌락은 쉽게 소진되므로 그 허망함에 불행해지게 되기 때문이었다. 그래서 정신을 추구했지만 보통 사람의 정신은 위태하기는 마찬가지다. 아무리 신념에 찬 정신의 승리자들도 사고의 전환이나 세계의 격변을 맞이해서는 자신의 소신을 회의하는 경우가 없지 않다. 정신의 즐거움이 반드시 좋은 것이 아닐 수 있는 까닭이다.

즐거움과 좋은 것은 이렇게 쉽사리 연결되지 않는다. 따라서 쾌락주의적 행복론은 '즐거움'에서는 성공했을지는 몰라도 '좋음'에서는 완전하지 않다. 만일 선을 떠나 단지 쾌락만을 말한다면 쾌락주의는 성공적으로 행복을 설명한다. 그러나 그때 쾌락과 행복은 동음이의어일 뿐, 아무것도 말해 주지 못하기 때문에 무의미하다. '너는 행복해?'와 '너는 쾌락해?[1]가 같은 뜻이며, 공통 언어로는 '너는 즐거워?'로 귀결되기 때문이다.

따라서 동양에서는 행복을 즐거움과 연결시키려는 시도가 비교적 적었다. 동양권에서 행복이라는 고유한 단어가 없는 것이 이런 까닭이다. 오히려 행복은 인간의 행위와 관련되는 것이 아니라 신이 주거나 빼앗는 영역이었다. '행幸'은 다행多幸이나 행운幸運을 뜻하고, '복福'은 기

---

1) 사실 중국어에서의 '快樂'은 '쾌'와 '락'의 감정을 모두 담고 있는 '즐거움'과 완전히 같다. 우리말에서의 쾌락이 '享樂', 그것도 육체적 쾌락에 가까운 것과는 다르다. '너는 행복해?'(你很幸福嗎?)와 '너는 쾌락해'(你很快樂嗎?)를 비교해 보자.

복祈福이나 복음福音을 뜻하는 것만 보아도 쉽게 알 수 있다. 사람의 일이 아니라 하늘의 일이었던 것이다. 따라서 사람이 즐겁다는 것이 본래적 의미에서의 다행이나 불행不幸과 직접적인 연관을 맺지 않는다. 사람이 즐겁건 그렇지 않건, 하늘은 그들에게 행과 불행을 내린다. 그런 점에서 서양의 행복론이 과정적인 데 반해, 동양의 행복론은 결과적이다.2) 단적으로 말하자면 서양의 행복론이 그리스적 사유답게 인간중심적인 설정을 하고 있는 반면, 동양의 행복론은 천제天帝(『尙書』)나 귀신鬼神(『墨經』)에 의한 초월적 역할을 중시했다.

게다가 유가의 행복관은 그것이 '행幸'이건 '락樂'이건 상관없이 도덕적으로 한 번쯤은 고양된 것이다. 공자의 예를 들면, 그것은 남의 비판을 즐거워하는 고차원적인 정신의 즐거움이고3) 밥 먹고 물 먹고 팔 베고 누워 즐거워하는 안빈낙도安貧樂道의 행복이다.4) 게다가 개인적이지 않고 사회적인 경우에서 맞아떨어지는 것이지만, 오히려 즐거움은 옳지 않음에, 괴로움은 옳음에로 짝짓기를 한다. 혼자서 즐거운 것은 옳다. 그러나 여럿이 즐거운 것은 그다지 옳지 않다. 여럿이 즐거운 것은 쾌락 때문이지만, 혼자서 즐거운 것은 우려 때문이다. 공자는 '어진 사람은 걱정이 없다'(仁者不憂)고 전제하지만, 진리를 염려하는 자야말로 군자라고 주장한다.5) 훌륭한 사람은 덕과 배움과 정의와 불선不善을 걱정해야 하는 것이다.6) 괴로움과 걱정을 자신의 즐거움으로 승화시킬 때, 그

---

2) 정세근, 「행복의 상대성과 균등성」, 『철학연구』 104(철학연구회, 2014), 3쪽.
3) 『論語』, 「術而」, "丘也幸, 苟有過, 人必知之."
4) 『論語』, 「術而」, "飯疏食飲水, 曲肱而枕之, 樂亦在其中矣."
5) 『論語』, 「衛靈公」, "君子憂道不憂貧."
6) 『論語』, 「術而」, "德之不脩, 學之不講, 聞義不能徙, 不善不能改, 是吾憂也."

는 혼자 놀면서도 옳은 사람이 된다.

그런데 유가의 이런 행복관과 도가의 입장은 다소 다르다. 선악의 문제는 아예 떠나고자 하는 것이 도가이기 때문에, 옳고 그름(是非: wright &wrong)을 철저하게 상대화시킨다. 어떤 것이 옳고 어떤 것이 그르다 하기 어렵다는 것이다. 도가는 그것보다 오히려 좋고 싫음(好惡: good & bad)에 철저하고자 한다. 이른바 공자와 맹자, 그리고 주희(朱子)를 우리의 전통 사유로 보았을 때는 서양과 현격한 차이를 보이지만, 노장을 위시한 도가류의 사고에서는 서양적 헤도니즘과 일견 상통하는 부분이 없지 않다. 『논어』에서 칭찬하는 안회(顏回) 식의 사고, 곧 광주리 밥과 물통 하나로 더러운 골목길에서라도 근심이 없는 삶의 자세를 도가가 종종 보여 주기 때문이다.[7] 그러나 그것은 경제적 만족에서 그치는 것이 아니라, 정신적 경지를 추구한다. 사회에서가 아니라 자연과 우주 속에서 넓고도 깊게 그 즐거움을 탐색한다. 그 즐거움이 도가가 말하는 행복과 관련을 맺는다.

그런 점에서 여기서 말하는 행복은 종교적이거나 주술적인 내용을 담는 행복보다는 '즐거움'(樂)에 집중되어야 한다. 그것은 '낙천樂天' 곧 자연을 즐기는 것과 직결되고 있다.

---

7) 『論語』, 「雍也」, "一簞食, 一瓢飮, 在陋巷, 人不堪其憂. 回也不改其樂. 賢哉, 回也!"

3. 특수상대성과 균등성[8]

행복은 상대적이다. 그러나 일반상대성은 그 비교가 끝이 없다. 따라서 행복해지려면 특수하게 비교를 해야 한다. 이를테면 쓰나미가 훑고 지나간 곳에서 살아 있는 것만으로도 느낄 수 있는 행복감 같은 것이다. 행복하지는 않더라도 죽지 않았기에 다행이다. 무조건 비교하지 말고 특수한 경우를 정해서 비교해야 한다. 일반상대성이 아닌 특수상대성이 되려면 사회가 아니라 개인이 되어야 하고, 상향비교가 아닌 하향비교가 되어야 하고, 무한한 비교가 아니라 이분법적 비교를 해야 한다. 그래서 '행복 중 불행'이 아닌 '불행 중 다행'을 느낄 수 있다. 이것이 행복의 특수상대성이다.

행복은 균등하다. 행복한 사람이 행복을 느끼는 양은 불행한 사람이 느끼는 행복의 양을 극도로 초과하지는 못한다. 지나친 만족 속에서 느끼는 불만족을 우리말은 '행복에 겹다'는 표현으로 그려낸다. '행복에 겨운 투정', '행복에 겨운 우울', '행복에 겨운 자살' 같은 것이다. 그렇다면 행복의 양이 균등한 것이 아닌가 라고 물어보게 된다. 아무리 행복해도 사람은 그것에 지겨워지기 때문이다. 따라서 우리는 '매 개인에게 행복의 양은 일정하다'는 가정을 얻는다. 그것은 사람이 지닌 감정의 크기가 한계가 있어서 어느 선에선가는 넘쳐 버린다는 말이다. 기쁜 감정이든 슬픈 감정이든 다르지 않다. 나의 감정의 크기가 1일 때 남의

---

8) 이 용어에 대한 정의는 아래의 글에 있다. 정세근, 「행복의 상대성과 균등성」, 『철학연구』 104(철학연구회, 2014), 13~19쪽.

감정이 갑자기 10배가 되지 못한다. 달리 말하면 '성취/욕망'은 일정해서 성취가 많은 사람은 그만큼 욕망이 많고, 반대로 성취가 적은 사람은 그만큼 욕망이 적기 때문에, 그 값은 1의 주변에서 맴돈다. 이것이 행복의 절대성이다.

그렇다면 전통 경전 가운데 행복의 특수상대성을 강조하거나 행복의 절대성을 설파하는 것이 있다면 그것은 어떤 것일까? 예를 들어 보자. 『논어』의 첫 구절[9]에서 "배우고 때로 익히면 또한 기쁘지 아니한가"라고 한 것은 혼자서 만족을 느끼라는 것이고, 다음에 "벗이 먼 데서 찾아오면 또한 즐겁지 아니한가"라고 한 것은 누군가가 나를 알아주면 즐겁다는 것인데, 행복과 관련해서 가장 중요한 것은 마지막의 "남들이 알아주지 않아도 성내지 아니하니 또한 군자가 아닌가"라는 구절에 있을 것이다. 자기만족만으로도 기쁠 줄 알아야 하지만, 누군가 알아주면 즐겁다. 이것이 앞의 두 구절이라면, 마지막 구절까지 넣으면 아래와 같이 읽힌다. 자기만족만으로도 기쁠 줄 알고 누군가가 알아주면 즐겁지만, 누군가가 알아주지 않더라도 화내지 않아야 진정 군자라 할 수 있다. 흔히 앞의 두 구절에서 멈추는데, 이것은 온전한 독법은 아니다. 오히려 벗이 찾아오는 두 번째 구절은 없어도 그만이다. 유가가 아무리 사회적인 면을 중시한다고 하더라도, 나를 알아주는 벗은 현실적으로도 그다지 많지 않다. 게다가 찾아오긴 더욱더 어렵다. 따라서 때로 배우고 익히면서 스스로 만족할 수 있으면, 기쁨을 얻은 군자가 되는 것이다. 이렇듯 '군자의 행복'은 남이 알아주지 않아도 기뻐할 줄 아는 데

---

9) 『論語』, 「學而」, "學而時習之, 不亦說乎? 有朋自遠方來, 不亦樂乎? 人不知而不慍, 不亦君子乎?"

있다. 이른바 나를 위한 배움(爲己之學)10)이라는 유가의 학문관이다.

경전을 배우고 익히는 즐거움은 유가의 특권이다. 오경이라는 학문의 완물玩物이 보장되어 있는 집단이 곧 유가다. 그것을 배우고 익혀야 유가다. 그것이 공자와 그 제자인 안회의 '호학好學'정신이다. 그러나 그런 나를 누가 알아주는가? 유가들끼리도 잘 알아주지 않는데, 생판 남인 다른 학파에서는 헛수고한다고 여긴다. 그래도 화내지 않는다. 그래야 '행복한 군자'가 될 수 있다.

이것은 특수상대성과 관계한다. 오경의 학습이라는 특수한 표준이 있다. 그리고 그것을 이루어 내야 하는 직업층과 인물이 있다. 군자는 이런 일을 하는 사람들이다. 이상적으로는 군자와 소인의 구별이 인격에 근거를 두어야 하고, 나아가 공자의 선명한 주장이 바로 신분이 아닌 인격에 따른 군자와 소인의 구별에 있었지만, 현실적으로 공자가 "해석만 하지 창작은 하지 않겠다"11)라고 한 것처럼 그 군자가 하는 일은 수많은 경전에 대한 연구가 될 수밖에 없다. 그들의 행복은 경전을 연구할 수 있다는 데, 불행은 그렇게 할 수 없다는 데 있는 것이다. 그런 점에서 유가의 행복은 특수상대성에 기반한다. 유산으로서의 경전의 위대함, 경전의 해석으로 얻어지는 기쁨, 유자儒者 동무들과 함께하는 즐거움, 그것이 실현될 때의 행복이다. 경전들, 그에 대한 해석, 해석 속에서 발견하는 가치, 그 가치의 실천 등등, 이렇게 분명한 특수성이 있는 것이다. 공자는 그것을 '예禮'라고 불렀다.

그렇다면 노자에게도 그런 특수상대성이 있을까? 노자는 기본적으

---

10) 『論語』, 「憲問」, "古之學者爲己, 今之學者爲人."
11) 『論語』, 「術而」, "述而不作, 信而好古, 竊比於我老彭."

로 유가의 예를 부인한다. 뿐만 아니라 다른 가치규범도 부정한다. 만일 가능하다면 오직 하나 '자연自然'이라는 표준일 것이다. 그러나 우리가 반드시 잊지 말아야 할 것이 노자가 말하는 자연은 오늘날 말하는 외재 대상으로서의 자연계가 아니라는 점이다. 그것은 '자연스러움'을 말하는 형용사적 용법에 가깝다. 우리말로 '스스로 그러함' 그 자체이어야지 현대어에서 명사화되고 객체화된 '자연'이 결코 아니다. 그러한 자연의 용법은 『장자』를 주석한 곽상郭象에 와서야 출현한다.12) 따라서 노자에게서는 기준으로 삼을 만한 구체적인 특수성을 찾기 어렵다. 자연스러움은 추상적인 표준이지 무슨 격률格率이나 의전儀典처럼 규칙이나 절차가 아니기 때문이다. 따라서 어디까지가 자연이고 어디까지가 인위인지를 정하는 문제 곧 '하늘과 사람 사이'(天人之際)의 설정은 언제나 전통철학의 큰 주제였다.

대신 노자는 확실하게 행복의 균등성을 강조한다. 그것이 바로 '지족知足'사상이다.13) 발 족足이 왜 만족을 뜻하게 되었는지는 분명하지 않아 가차假借로 보인다.14) 그런데 '족하다'는 것은 무척이나 균등함을 전제로 한다. 서로가 만족하는 질과 양은 다를 수밖에 없지만, 만족에서는 같기 때문이다. '성취/욕망'의 기준에서도 마찬가지다. 분모가 무엇이든지 간에 성취가 되었다면 그 값은 같을 수밖에 없다. 임금의 욕망, 거지

---

12) 정세근, 『도가철학과 위진현학』(서울: 예문서원, 2018), 제2부, 제8장.
13) 우리나라에 『도덕경』이 들어온 증거로 수양제의 침입을 든다. 연개소문이 '여기서 족함을 알고 돌아가라'고 권유하는데, 바로 '족함'이 노자의 주요 사상이기 때문이다. 만족을 모르던 수양제는 결국 비운을 맞게 된다.
14) 『老子』에서 만족의 뜻이 아니라 발을 가리키는 용례는 단 한 번 나온다. 우리식의 '천 리 길도 한 걸음(발)부터'라는 구절이다. 제64장, "千里之行, 始於足下."

의 욕망도 이루어졌다면 동일한 값으로 균등하게 얻어진다. 거지는 한 술의 밥으로 1을 얻고, 왕자는 돼지 한 마리로 1을 얻는다. 그런데 거지가 돼지 한 마리를 먹기 바란다면 그 값은 1 이하로 떨어져 불행해진다. 왕자도 마찬가지여서, 천하를 얻기 바란다면 그 값 또한 1 이하로 떨어져 버려 불행해진다.

우리가 행복해지기 위해서는 바로 균등성을 체득해야 하는데, 바로 그 개념이 노자의 지족이다. 행복은 불만족에서 만족으로 가야 이루어진다. 그런데 만족을 아는 것은 다른 데 있는 것이 아니라 내 마음속에 있다. 족함을 알면 만족해져서 행복해진다. 만족하지 않으면 불만족해져서 행복하지 않다. 노자는 이것을 '족함을 아는 족함'(知足之足)15)이라고 말한다. 만족(足)이 일반적인 감정의 상태라면, 만족을 아는 것(知足)은 사람이 그 감정의 상태를 받아들이는 일종의 태도다. 밥을 먹어서 배부른 상태와 이 상태에 만족할 줄 아는 태도는 다르다. 칼국수를 먹고 배부른데도 갈비탕을 먹었으면 하고 불만족할 수도 있지만, 갈비탕을 먹지 못했어도 칼국수로도 넉넉하다고 만족할 수도 있다. 따라서 만족은 상태지만, 지족은 태도다. 따라서 지족을 하면 "늘 족할 수 있다"(常足)16)는 것이 노자의 주장이다.

"만족의 상태를 어디서도 유지할 줄 아는 지족의 태도로 늘 만족한 상족의 결과를 얻는다." 이것이 곧 노자가 말하는 행복의 원리다. 지족의 방법으로 상족이라는 행복을 누리는 것이다. 상족은 행복의 균등성을 전제한다. 너의 쌀밥이나 나의 보리밥이 우리의 굶주린 배를 채우는

---

15) 『老子』, 제46장.
16) 『老子』, 제46장.

데는 마찬가지라는 것이다. 나의 미꾸라지와 너의 바닷가재가 우리의 특식이라는 점은 다르지 않다는 것이다. 우리의 균등성은 외부 대상에 있지 않고 우리의 육체의 내부 상태에 있음을 '알아야 한다.' 소고기와 돼지고기는 당연히 다르지만 육신의 배부름과 배고픔은 결코 다른 표준이 있는 것이 아니다. 소고기로 배가 부르고, 돼지고기로 배가 부를 뿐이다. 고기와 푸성귀는 다르지만, 육식을 하는 사람은 남의 살로 배가 부르고 채식을 하는 사람은 향기로운 나물로 배가 부를 뿐이다. 그것을 '알아야 한다.' 그래서 지족知足이다.

위에서 말한 '성취/욕망'으로 말해 보자. 욕망의 값은 밑도 끝도 없어서 무한대로 분모가 늘어날 수 있다. 그것이 커질수록 성취는 어려워진다. 여기서 성취는 현실적으로 얻은 것을 뜻한다. 욕망이 적으면 그만큼 성취는 많아져서 행복의 값은 커진다. 그렇다고 해서 그 행복의 값이 무조건 늘어나지는 않는다. 왜냐하면 성취는 바로 우리의 만족감에서 비롯하기 때문이다. 따라서 반대로 욕망의 값을 성취에 맞추어 동일한 값을 준다면 행복의 값은 일정해질 수 있다. 콩나물밥에 간장 한 종지를 먹었든 삼겹살에 소주 한 병을 먹었든, 분모를 그것과 같이 맞추면 우리는 늘 1이라는 행복의 값을 얻게 된다. 그것이 바로 노자가 말하는 상시 만족의 상태인 상족常足인 것이다.

행복의 값을 늘이기 위해서는 분모를 조정하라. 왜냐? 행복은 밖에 있지 않고 내 안에 있으므로 그것이 1을 넘지 않기 때문이다. 1로 가라. 1을 넘어서려고 하지 마라. 1이 되지 않는다고 생각하면 분모를 줄여라. 1이라는 행복의 균등성을 알아라. 불행은 그 항상성이 깨지는 데 있다.

4. 노자의 됐다

지족의 뜻은 우리말로 '됐다'에 걸맞다. 노자가 말하는 지족은 만족의 상태가 아니라 그 상태를 유지하려는 자세이기 때문에, 감정으로 끝나는 것이 아니라 지성의 역할이 개입된다. 1단계가 아니라 1단계를 지속하는 2단계의 영역이 존재하는 것이다. 그것이 앎과 관계된다. 만족이 아니라 만족을 아는 것이기 때문에, 우리말의 됐다는 이를 잘 반영한다. 설령 내가 만족하지 않더라도 됐다고 받아들이는 것으로, 불만족스러울지라도 만족하는 것이다. 바로 '이만하면 됐다'고 생각하여 자기를 '보듬고 쓰다듬는' 것이다. 됐다는 것은 족함을 알기 때문에 나오는 말이다. 심지어 안 됐어도 됐다고 여기는 것이다. 여러 언어에서 '좋다'(하오[好]; good)가 반드시 좋지 않아도 완료를 뜻하는 말이 된 것과 비슷하다.[17]

어떻게 해야 우리는 언제나 됐다고 할 수 있을까? 경전의 첫 장에 거의 모든 것을 담듯이 『노자』제1장도 무욕無欲을 가르친다. 이때 무욕은 성리학적으로 제거해야 할 인욕人慾 또는 욕심慾心이 아닌, 무언가를 하고자 하는 의욕意慾에 가깝다. '욕欲'에 마음 심心이 들어간 '욕慾'이 되는 데에는 천리에 대한 인욕의 폄하가 개입되어 있기에, 노자와는 오랜 시간의 거리를 갖는다. 노자 식으로 그 의욕은 인간의 강한 의지이자 욕망이다. 노자는 이렇게 말한다. "마음을 비우고 배를 채우라. 뜻을 약

---

17) 우리말에서도 '좋아'는 네 뜻을 알아들었다는 뜻으로도 많이 쓰인다. '그래 좋아. 그러나 나는……' 이렇게 자주 쓴다.

하게 하고 뼈를 강하게 하라."18) 여기서 말하는 '심心'과 '지志'가 우리가 없애야 할 욕심인 것이다. 자연스러운 의도를 넘어서는 인공적인 의지가 노자에게는 제거 대상으로 지목된다. 그리하여 욕심이 없을 때는 이 세계의 오묘함을 볼 수 있지만, 욕심이 있을 때는 세계의 현상만이 보인다. '드러남'(徽)에만 머물지 말고 '야릇함'(妙)까지 얻어야 진정한 세계의 모습을 보게 된다. 그것이 곧 노자가 말하는 늘 그러한 세계다.19)

노자는 곳곳에서 무욕을 말한다.

늘 사람들을 앎이 없게 하고 '하고자 함이 없게 하며', 머리 좋은 놈들 이 어떻게 하지 못하게 한다.20)

늘 '하고자 하는 것이 없으니' 작다고 이름 부를 수 있고, 만물이 돌아 가는 곳이면서도 주인 되려 들지 않으니 크다고 이름 부를 수 있다.21)

이름 없는 통나무조차도 '하고자 함이 없을 것'이다. '하고자 하지 않 아' 고요하니, 천하가 스스로 고요해질 것이다.(뒤의 구절은 '不欲'임)22)

나는 '하고자 함이 없지만 사람들이 스스로 통나무가 된다.23)

위의 세 번째 예처럼 무욕에 곧이어 말하는 불욕까지 포함하면, 노

---

18) 『老子』, 제3장, "是以聖人之治, 虛其心, 實其腹, 弱其志, 强其骨."
19) 『老子』, 제1장, "故常無欲以觀其妙, 常有欲以觀其徼."
20) 『老子』, 제3장, "常使民無知無欲, 使夫智者不敢爲也."
21) 『老子』, 제34장, "常無欲, 可名於小, 萬物歸焉, 而不爲主, 可名爲大."
22) 『老子』, 제37장, "無名之樸, 夫亦將無欲. 不欲以靜, 天下將自靜."
23) 『老子』, 제57장, "我無欲, 而民自樸."

자가 무욕을 무척이나 강조하고 있음을 쉽게 알 수 있다. 불욕은 무욕처럼 정식적으로 개념화되지는 않지만 문장 속에서 동사적 용법으로 자주 쓰인다.

이 길道을 갖고 있는 사람은 채우려 '하지 않는다.'[24]

성인은 '하고자 함이 없음'을 하고자 하고, 얻기 어려운 재화를 귀하게 여기지 않는다.[25]

그러므로 성인은 하면서도 자랑하지 않고, 일이 이루어지면 머물러 있지 않으니, 그렇게 똑똑함을 보이려 '하지 않는다.'[26]

위의 두 번째 예는 '하고자 하지 않음을 하고자 한다'(欲不欲)라고 하여 불욕을 상당히 개념화시킨다. 그러나 그것도 동사적 용법을 좀 더 명사화시키려는 의도에서 나온 표현법이다. 그런 점에서 여전히 노자의 사상을 말할 때는 무욕이 우선된다.

그렇다면 무욕이 잘 되지 않는다면 어떻게 해야 하나? 무욕이라는 음적인 표현 말고 좀 더 양적인 표현은 없을까? 지족으로 나가기 위한 심적 단계는 없을까? 지족이라는 결과로 나가기 위한 방법은 없을까? 노자는 그것을 염담恬淡이라고 말한다. 고요하게 옅은 것을 뜻하는데, 마음을 그렇게 이어 가라는 것이다. 기쁨과 슬픔에 울렁거리거나 깊게

24) 『老子』, 제15장, "保此道者, 不欲盈."
25) 『老子』, 제64장, "是以聖人欲不欲, 不貴難得之貨; 學不學, 復衆人之所過; 以輔萬物之自然而 不敢爲."
26) 『老子』, 제77장, "是以聖人爲而不恃, 功成而不處, 其不欲見賢."

느끼지 말고, 조용하고 담담하게 이끌라. 맛도 있는 듯 없는 듯, 사랑도 있는 듯 없는 듯하라. 이것이 바로 무미無味[27] 또는 무정無情이고, 나아가서는 불인不仁[28]을 가리킨다. 『노자』에서 오직 한 차례 나오는 염담이라는 용어가 오늘날까지도 노자를 설명하는 주요어가 된 까닭이 여기에 있다.[29]

무욕도 포함하는 한 단계 위의 범주로는 무위無爲가 있겠다. 무위라는 큰 범주 아래의 작은 목록에는 무욕을 비롯하여 무사無私[30], 무신無身[31], 무공無功[32], 무미無味[33], 그리고 무사無事[34]와 무물無物[35] 등이 속한다. 소극적인 뜻에서 무지無知[36]도 여기에 속한다. 적극적인 뜻으로 독립될 만한 범주로는 무극無極[37]이 대표적이고, 이어 무명無名[38]도 독립이 가능하다.

그런데 여기서 말하는 부정적인 뜻에서의 앎이 아닌 적극적인 뜻에서의 앎을 노자는 강조하고 있음을 잊어서는 안 된다. 이것이 바로 이

---

27) 『老子』, 제35장, "道之出口, 淡乎其無味."
28) 『老子』, 제5장, "天地不仁, 以萬物爲芻狗, 聖人不仁, 以百姓爲芻狗."
29) 굳이 거기에 하나를 덧붙인다면, '素樸'도 같은 맥락일 수 있다. 다만 박은 무명의 범주에 가깝기 때문에 여기서는 논의에서 제외한다. 『老子』, 제37장, "無名之樸." 게다가 소박에 이어 사욕을 줄이라는 표현이 나오기 때문에, 무욕의 영역으로 대체가 가능하다. 『老子』, 제19장, "見素抱樸, 少私寡欲."
30) 『老子』, 제7장.
31) 『老子』, 제13장.
32) 『老子』, 제24장.
33) 『老子』, 제35장.
34) 『老子』, 제57 · 63장.
35) 『老子』, 제14장.
36) 『老子』, 제3 · 10 · 70 · 78장.
37) 『老子』, 제28장.
38) 『老子』, 제1 · 32 · 37 · 41장.

만하면 됐음을 아는 지족이다. 지족은 나아가 멈출 줄 아는 것을 뜻하는 '지지知止'와 상통한다.

됐다. 족하다. 됐다. 멈추자. 이것이 바로 노자가 말하는 행복의 시발점이다. 그렇지 않으면 불행해진다. 노자는 말한다. "됐음을 아니(知足) 욕됨이 없고 멈춤을 아니(知止) 위태롭지 않아 길게 오래갈 수 있다"[39]라고. 지금까지의 표현으로 요약하면 아래와 같이 말할 수 있겠다.

1이라는 값(행복의 균등성)이 넘어선다고 생각되면 염담하라. 이젠 이만하면 됐다고 할 수 있는 것은 감정의 영역이 아니라 지성의 태도이니, 욕망을 부추기는 지식을 갖지 말고 욕망을 버리는 지혜를 얻어라. 세상사의 잡일에는 무지할수록 좋지만, 됐음을 알고 멈춤을 아는 지혜야말로 너희를 무욕으로 가는 한 차원 높은 단계로 이끌 것이다. 이제 됐다고 외쳐라. 그럼 너희들은 행복해질 것이다. 됐다고 여겨지지 않을 때는 담담해져라. 일희일비하지 말고 맨숭맨숭해져라. 그러고는 멈출 줄 알아라. 그럼 너희들은 행복해질 것이다.

5. 장자의 놀자

장자는 이러한 행복의 균등성 앞에서 한 걸음 더 나간다. '됐다'에서 멈추지 말고 '놀자'고 한다. 행복은 모두에게 균등하다. 그런데 그것을 느끼지 못하는 것은 노자가 말했듯이 욕심 때문이고 멈출 줄 모르는

---

39)『老子』, 제44장, "知足不辱, 知止不殆, 可以長久."

까닭도 있지만, 장자는 대상을 즐길 줄 모르기 때문이라고 주장한다.

사물을 한 방향으로만 보기 때문에 문제가 생겼다는 것이다. 사물을 '유용성'의 시각으로만 보지 말고 '유희성'의 시각으로 바라보면, 사물이 갖고 있는 고유의 균등함에 눈 뜨게 된다는 것이다. 쓸모 있는 사물과 쓸모없는 사물이 따로 있는 것이 아니다. 사물은 사람의 관점에서 유용有用과 무용無用이 나뉘지만 진리 또는 도의 관점에서는 마찬가지다. 따라서 그것을 깨닫게 된다면 우리는 사물을 평등하게 바라볼 수 있게 된다. 사물에는 사람이 바라보는 유용한 부분만 있는 것이 아니라 그 자체가 갖고 있는 고유의 성질이 있다. 그것이 사람에게는 무용하게 보이지만, 바로 그것 때문에 사물은 자신을 즐겁게 누리며 살아간다. 사람이 사물의 유용을 보는 데서 그치지 말고 사물의 무용을 바라보게 될 때, 사람도 비로소 사물과 더불어 즐거움을 누리게 된다.

장자가 보기에 행복은 그런 즐거움에서 나온다. 비교해 볼 때 노자의 행복이 소극적이었다면 장자는 적극적이다. 뭔가 하고 싶은 마음으로 인해 불행해지기 때문에 '하지 마라' 또는 '멈춰라'가 아니라, 만물의 숨겨진 면을 그것의 입장에서 '해 보라' 또는 '즐겨라'라고 한다. 인간세의 관점에서가 아니라 자연계의 관점에서 볼 때 사물은 자신의 고유한 성질을 드러낸다. 그렇게 바라볼 수 있기 위해서 필요한 것이 바로 '놀자'는 태도다.

만물은 이 세상에서 스스로 놀고 있다. 꽃을 피우며, 소리 높이 지저귄다. 숲속에서 어슬렁거리며, 물속에서 헤엄친다. 우리는 문명의 잣대 때문에 높고 낮음을 나누고, 귀천을 정하고, 잘잘못을 따진다. 그러나 우리가 태어난 것도 만물과 마찬가지로 놀기 위해서 이 땅에 태어났다.

따라서 행복의 으뜸 조건은 무엇보다도 노는 것이다. 『장자』의 첫 편이 바로 놀자 편이다.

장자는 들어서자마자 소요逍遙를 말한다. 그 편의 이름은 「소요유逍遙遊」인데, '소요'와 '유遊'는 기본적으로 같은 뜻이다. 소요는 방황彷徨과 대구로 쓰이기도 하는데, 소요는 앞뒤로 오가는 것이고 방황은 한곳을 맴도는 것이다. 소요가 왕복운동이라면 방황은 원운동이다. 그런데 소요가 소요로서 성립되기 위해서는 어떤 목적이 있어서는 안 된다. 목적을 갖고 어디로 가는 것은 답사나 행군에 속하지 소요에 해당되지 않는다. 소요는 산보나 산책 같은 것이지 행군처럼 목적지가 있어서는 안 된다. 그래야 노닐 수 있기 때문이다.

장자의 친구 혜시는 바가지란 크기가 적당해서 물을 떠먹는 호리병이거나 쌀을 씻는 그릇이 되어야 하는데 너무 크면 아무 데도 쓸 수 없었다고 말한다. 이에 장자는 다른 이야기를 꺼낸다. '손 안 트는 약방문'(能不龜手)을 가진 세탁소 주인은 그것을 어떤 이에게 백금에 팔아 세탁소를 면하는 데 그쳤지만, 그 약방문을 산 사람은 수전水戰에서 크게 이겨 봉토封土를 받았다는 것이다.[40] 그러면서 장자는 "크면 강이나 호수에 띄워 놓고 뱃놀이를 하면 되지, 왜 그것이 늘 쓰던 대로는 쓸데없다고 말하는가"라고 반문한다. 사람들에게 쓸모없이 보이는 것도 놀자는 입장에서 보면 쓸모 있다는 장자의 혜시에 대한 반론인 것이다.

쓸모없는 바가지 이야기를 하면서 혜시는 은근히 장자의 이야기가 너무 큰 것을 이죽거린 것인데, 이어지는 큰 나무(大樹) 이야기에서는 자

---

40) 『莊子』, 「逍遙遊」.

신의 의도를 아예 드러 내놓는다. 네 말은 너무 커서 쓸모없는데, 마치 울퉁불퉁한 가죽나무(樗)와 같아서 어떤 목수도 건드리지 않는 것과 마찬가지라는 것이다. 여기서도 장자는 그 나무 밑에서 왜 소요하거나 방황하면서 놀면 안 되냐고 반문을 던진다. 목수에게는 쓸모없지만, 바로 그렇게 쓸모가 없기 때문에 도끼에 잘리는 어려움에 빠지지 않는다는 것이다. 마치 하늘의 구름이 드리운 듯 엄청나게 큰 들소는 쥐 한 마리 잡지 못하지만 잘 살고, 이리저리 뛰어다니며 초싹대는 살쾡이는 마침내 덫에 치이거나 그물에 걸리는 것과 같다는 것이다.

쓸모없는 나무이기 때문에 그늘을 만들고, 우리는 그 밑에서 쉴 수 있다는 관점은 유용성이 아니라 유희성에로의 전환에서 얻어진다. 나무로 사람이 쓰려고 무언가를 만들려고 하지 말고, 나무를 그대로 남겨 두어 사람이 그 밑에서 놀자는 것이다. 노는 데 쓰이는 것이야말로 작은 쓸모가 아니라 큰 쓸모다. 이런 큰 나무 비유는『장자』의 여러 곳에서 나온다.[41] 위의 큰 박 비유는「소요유」가 유일하지만 맥락은 큰 나무 비유와 같다. 유용성이 아닌 유희성의 관점을 적용하는 순간, 큰 박이나 큰 나무는 모두 노는 데 좋은 것이 된다.

그런데 유희성의 조건으로 장자는 그것의 본성이 발현되어야 함을 은연중에 드러내고 있다. 큰 놈은 큰 대로의 본성을 실현해야 놀이가 되는 것이다. 큰 놈을 작은 놈의 관점에서 그 본성을 억누르거나 휘어버리면 놀지 못한다. 그 본성이 곧 그것의 자연이기 때문이다.

『장자』의 첫 편 첫 구절이 대붕大鵬 이야기로 시작하는 것도 마찬가

---

41)『莊子』,「人間世」;「山木」등.

지 까닭에서다. 대붕이 남극으로 가는 것을 참새는 비웃는다. 쓸데없이 왜 가느냐는 것이다. 그러나 대붕은 그렇게 크다. 크기 때문에 남극으로 간다. 가는 것 그 자체가 대붕의 본성이 구현되는 것이다. 본성이 실현되면 즐겁다. 그래서 놀이가 된다.

이렇게 본다면 사람도 마찬가지라서 사람에게 쓰이는 사람은 즐겁지 않다. 오히려 사람에게 쓰이지 않는 사람이 가장 즐겁다. 사람에게 쓰이지 않아 스스로 즐거운 사람이야말로 자연계의 제왕이다. 사람이 훌륭하다고 할수록 자연계에서는 멍청이가 된다.

"하늘의 소인이 사람의 군자요, 사람의 군자가 하늘의 소인이다."[42]

인위의 세계와 자연의 세계는 이렇게 다르다. 사람의 쓸모는 사람의 관점이지 하늘의 관점이 아니다. 사람의 관점에서 무용할수록 하늘의 관점에서는 유용하다. 인간계의 유용성에서 벗어나야 자연계의 유희성에로 들어간다. 노는 사람은 행복하다. 역사와 문명을 통해 인간은 놀지 못하도록 만들어졌고, 자연은 스스로 잘 놀아서 자신을 이루어 왔다. 인간 속에서 놀지 못해 괴롭고, 자연 속에서 놀아서 즐겁다.

『장자』는 이러한 놀 자유를 소요를 통해 선언하는데 그 근거가 바로 만물은 모두 엇비슷하다는 '제물齊物'의 이론에 있었다. 제물은 한마디로 만물평등론이다. 만물이 다 다르지만, 크게 보면 다 같아 보인다는 이론이다. 제齊는 다 자란 보리가 다 다르지만 결국은 하나의 평원처럼 보인다는 뜻에서 취한 단어다. 사람마다 다 다르게 생긴 것 같지만 크게 보면 다 같은 것처럼, 만물도 평등하게 보자는 선언이다. 사람의 피리를

---

42) 『莊子』, 「大宗師」, "天之小人, 人之君子; 人之君子, 天之小人也."

넘어, 땅의 피리를 넘어, 하늘의 피리를 들어라. 하늘에서 보면 그 많고 많은 소리를 스스로 내게 하는 것은 하나일 뿐이니. 이것이 바로 장자의 '천뢰론天籟論'43)이다.

이렇듯 「제물론齊物論」의 취지는 유묵儒墨의 시비是非를 넘어서 '도추道樞'44)의 경지에서 세상을 바라보자는 것이다. 세상사는 '조삼모사朝三暮四'45) 같은 것이니, 자연의 균형인 '천균天均'46)을 지켜 홀로 가지 말고 이쪽과 저쪽을 짝지어 걸어가는 '양행兩行'47)을 일삼아라. 분별과 차별에서 무분별과 무차별로 나아가라. 그리하여 꿈과 생시를 구별하지 못하는 경지에까지 다다르라. 시집온 어제는 울고 오늘은 어제 운 것을 후회하는 여희麗姬가 되지 마라.48) 꿈에서 좋다가 깨어나 울고, 꿈에서 울다가 깨어나 웃지 마라. 진정한 행복이란 기쁨과 슬픔 모두를 잡을 때에만 가능하다. 그래야 꿈속의 나비처럼 놀 수 있다. 내가 꿈속의 나비가 되었는지, 꿈속의 나비가 생시의 내가 되었는지 모를 정도로,49) 구분 없이 놀라.

장자는 노는 자유를 누리기 위해서 한쪽에 매이지 않는 평등한 시각을 갖으라고 하면서, 한 걸음 더 나아가 행복의 방법을 제시한다. 그것이 바로 '양생養生'이다. 양생은 장자에게 양형養形이 아닌 양신養神으로 분명하게 정의된다.50) 행복의 길은 육체에 있지 않고 정신에 있다는 것

---

43) 『莊子』, 「齊物論」.
44) 『莊子』, 「齊物論」.
45) 『莊子』, 「齊物論」.
46) 『莊子』, 「齊物論」.
47) 『莊子』, 「齊物論」.
48) 『莊子』, 「齊物論」.
49) 『莊子』, 「齊物論」.

이다.

"오는 것도 그의 때이고 가는 것도 그의 때다. 얻으면 즐기고 잃어도 따르라. 그러면 슬픔과 즐거움이 들어올 수 없다. 옛사람은 이를 하느님의 풀림(懸解)이라 했다."[51]

이 현해는 「대종사大宗師」에서도 현해縣解로 비슷하게 나온다.[52] 슬픔과 즐거움이 들어오지 않게 하는 방도는 시간의 흐름에 따르는 것이고, 그 태도가 곧 양생의 길임을 보여 준다. 현재라면 즐기고, 과거라면 보내라. 얻은 것은 즐기고, 놓친 것은 버려라. 그저 소극적으로 따라가는 것이 아니라, 적극적으로 그것을 즐기거나 버리는 것이다. 운명을 그저 바라보는 것이 아니라 운명을 사랑하는 것이다. 이런 점에서 장자의 행복관은 스토아에 매우 가깝다.[53] 육체가 아닌 정신을 강조하고, 슬픔과 기쁨이 들어오지 않는 부동심不動心(apatheia)을 이상으로 삼기 때문이다. 그때 우리는 최고의 행복인 천락天樂의 상태에 들어가며 종국에서는 정신적 쾌락(ataraxia)을 누릴 수 있게 된다.

그런 점에서 장자의 편제는 내용상 서순이 알맞게 짜여 있다. 「소요유」, 「제물론」, 「양생주」는 각기 자유론, 평등론, 행복론에 해당되기 때문이다. 게다가 현실론에 해당되는 「인간세人間世」까지 포함하면, 장자는 자기 철학의 주요 부분을 자유, 평등, 행복으로 그린 다음, 그것이

---

50) 『莊子』, 「達生」, "養形果不足以存生." 『莊子』, 「刻意」, "故曰, 純粹而不雜, 靜一而不變, 淡而無爲, 動而天行, 此養神之道也."
51) 『莊子』, 「養生主」, "適來, 夫子時也, 適去, 夫子順也, 安時而處順也, 哀樂不能入也."
52) 『莊子』, 「大宗師」, "此夫得者時也, 失者順也, 安時而處順, 哀樂不能入也."
53) 정세근, 「죽음을 넘어 사랑으로—도가의 운명애와 사생관」, 『동서철학연구』71(한국동서철학회, 2015) 또는 이 책 제2부 제5장.

사회 속에서 어떻게 실현되거나 제한되는지를 보여 주고 있는 것이다. 그리고 그 행복론의 주체는 나의 정신(神)이다.[54] 정신이 만물평등의 시각 아래 자유롭게 놀 때 우리는 행복한 것이다. 장자는 말한다.

"홀로 천지의 정신과 왕래한다."[55]

나도 정신이 있지만 천지도 정신이 있다. 나의 정신이 우주자연의 정신과 교감하면서 우리는 최고의 행복감을 느낀다. 장자의 이상적 인격인 지인至人은 그래서 행복하다. 행복할 뿐만 아니라 완미完美하다. 그는 가장 아름다운 것을 얻어, 가장 즐거운 데서 논다.

"무릇 이것을 얻으면 가장 아름답고 가장 즐겁다. 가장 아름다운 것을 얻으면 가장 즐거운 것에서 노닐게 되니 이를 지인이라고 부른다."[56]

6. 마무리

현대철학자 러셀도 행복론을 쓴다. 그만큼 행복은 철학의 주요 주제다. 아무리 수리논리의 한 분야를 개척해도, 아무리 소박실재론을 주장해도, 우리에게 남는 주제는 결국은 행복의 문제다. 우리 모두 행복하고 싶다. 그러나 어떻게 그 행복을 얻을 것인가?

러셀도 행복론의 절반을 불행에 대해서 썼다. 불행하지 않으면 행복함을 간접적으로 보여 주는 것이다. 그에게는 경쟁과 질투가 불행의 주

---

54) 정세근, 「장자의 정신론」, 『동서철학연구』 64(한국동서철학회, 2012).
55) 『莊子』, 「天下」, "獨與天地精神往來."
56) 『莊子』, 「田子方」, "夫得是, 至美至樂也. 得至美而遊乎至樂, 謂之至人."

요 요소였다.57) 반대로 행복의 주제는 열정, 사랑, 가족, 일이었다.

노장의 행복론은 유가와는 다르다. 유가의 행복론은 헤도니즘적이지 않은 반면, 도가는 스토아적 쾌락주의의 경향이 있기 때문이다. 유가가 사회 속에서의 성취를 통해 행복과 불행을 말했다면, 도가는 개인의 정신적 행복을 강조했다. 유가는 즐거움보다는 도덕적 의무, 사회적 사명감, 사업의 완성을 자신의 목표로 삼았지만, 노자와 장자는 인간이 불행해지지 않기 위한 방도를 제시한다.

공자는 군자라는 특수상대성을 설정함으로써 행복감을 얻고, 노자는 성취/욕망의 공식에서 분모를 줄임으로써 행복의 균등성을 실현한다. 장자는 여기서 더 나아가 주어진 본성을 즐기는 것이 행복이라고 말한다. 인위적인 데 속박되지 않은 본성의 실현을 위해 사물에게 주어진 자연성을 누리라고 권유한다. 자연 속의 만물은 놀 줄 알고, 놀기 때문에 행복하다는 것이다. 그러기 위해서 만물을 평등하게 보고 그 속에서 자유를 즐기라고 한다. 그것은 육체가 아닌 정신 기르기로 가능하다.

노자가 무욕을 통해 얻어지는 지족의 상태로 행복의 균등성을 말할 때, 장자는 그를 넘어서 행복의 또 다른 특수상대성을 제시하고 있다. 공자가 특수상대성을 유용有用으로 삼고 있는 반면, 장자는 그것을 정반대의 무용無用으로 삼는다. 그 무용은 대용大用이라는 한 차원 높은 유용이라는 점에서 마찬가지로 특수상대성의 성격을 갖는다. 유용을 실천하는 것은 군자이고, 대용을 실현하는 것은 지인으로, 실천의 주체가 다를 뿐이다. 공자의 특수상대성, 노자의 균등성, 장자의 또 다른 특수

---

57) 러셀 지음, 김원석 옮김, 『행복론』(서울: 춘추각, 1975).

상대성으로 그들은 우리에게 행복의 길을 가르치고 있는 것이다.

　노자와 장자로 돌아간다. 우리는 과연 이만하면 됐다고 생각하는가? 우리는 과연 본성 속에서 놀고 있는가? 됐다고 여기지 못하고, 놀자고 말하지 못한다면 우리는 어쨌든 행복으로부터 멀어지고 있는 것이다.

제5장 운명과 불멸

―운명애와 생사관: 죽음을 넘어 사랑으로

1. 운명의 뜻

운명運命이란 무엇일까? 우리는 죽음을 말하기에 앞서 운명을 떠올린다. 우리의 삶은 '태어남'(生: 誕生)과 '죽음'(死: 死亡)이라는 어쩔 수 없음에 얽매어 있다. 태어나고 싶어 태어난 사람도 없으며, 죽음을 벗어날 수 있는 사람도 없다.

우리는 태어나 있다. 선택이 아니다. 그래서 운명이다. 죽고 싶어 죽는 사람도 있다. 그러나 자살이건 타살이건 사고사이건 자연사이건 간에 우리는 죽음을 맞이할 수밖에 없다. 그래서 운명이다. 어느 날 우리는 태어났고, 어느 날 살아 있고, 어느 날 죽는다. 태어나는 날을 스스로 고른 사람은 없다. 살아 있는 것을 우리는 문득 느낄 뿐이다. 그러다가 갑자기 죽음을 맞이한다. 삶의 내용은 스스로 선택한 것일지라도, 삶의 형식은 절대적으로 주어진 것이다. 이른바 불교식의 '생로병사生老病死'라는 과정은 고통의 내용이라기보다는 살아가는 과정이다.

운명이 '운運'과 '명命'으로 이루지는 까닭이 여기에 있다. 운 좋게 태

어났지만 죽음을 명받는다. 삶도 명받지만 죽음도 명받는다. 죽음이 운
좋은 것이 아니라면 태어남도 운 좋은 것이 아니다. 바라지 않는 죽음
을 맞이할 수밖에 없음은 삶이 바라는 대로 가는 것이 아님을 보여 준
다. 명은 빼도 박도 못하는 틀이고, 운은 그 틀 안에서 벌어지는 약간의
출입이다. 생사의 과정이 명이고, 그 과정에서 들락날락하는 좋고 나쁨
이 운이다. 따라서 무게로는 '명'이 앞서고 '운'이 뒤따른다. 그래서 '명
운'[1]이라고도 부르며, 명운은 운명보다 삶의 무게가 더 나간다. 그러나
우리의 삶에서는 '명'보다는 '운'이 더욱 많이 개입한다. 명은 어차피 주
어진 것이라면 운은 그 속에서 벌어지는 편차(variation)다. 그러한 변화는
생활 속에서 쉽게 느끼기 때문에 우리는 '운명'이라고 부른다.

내가 한국인으로 태어난 것, 내가 남자인 것, 내가 이렇게 생긴 것,
내가 이런 가문에서 태어난 것, 내가 이런 부모와 형제를 갖는 것은 모
두 명이다. 그러나 살다가 좋은 사람을 만나서 재수가 좋거나 나쁜 사
람을 만나서 재수가 없는 것, 앞사람이 빠지는 바람에 내가 나서게 되는
것, 추첨으로 어디엔가 배정되는 것, 복권에 당첨되는 것은 모두 운이
다. 착한 여자를 만나 결혼한다든가 멀쩡하게 길을 가다가 차에 치인다
든가 하는 것은 어법상은 운이지만, 일생을 좌지우지하고 생명과 관련
되기 때문에 단순히 '운'이라기보다는 '운명'이라는 표현을 붙인다. '운
수運數'는 작은 것과, '운명運命'은 큰일과 관계 맺는다. '재수'는 일반적으
로 작은 일과 상관되지만 본래적으로는 '재물 운수'(財數)를 가리켰다. 손
재수損財數는 재수의 반대말로 돈을 잃는 것이다.

---

1) 전통적 조어로는 '운명'보다 '명운'이 일반적이다. 그것은 필연성을 가변성에 앞세우
   는 사고다.

사는 것은 그래서 운명이다. 태어나고 죽는 것은 운을 넘어선 명이기 때문에, 작은 운수가 아니라 큰 명운이기 때문에, 우리는 삶아 있는 모든 것을 '생명生命'이라고 부른다. '생물生物'은 '살아 있다'는 현재성이 강조되지만, '생명'은 살아 있지만 '살아 있는 것은 곧 운명적으로 죽을 수밖에 없다'는 미래성, 정확히는 전체성이 강조된다. 전 과정을 일컫는 말이 생명이고, 비록 순간순간이 이어져 전체를 뜻할 수밖에 없지만 살아 있음에 집약하여 부르는 말이 생물인 것이다. 생명은 장기적이고 반성적이라면, 생물은 즉각적이고 욕망적이다. 생물은 살기만을 원하는 반면, 생명은 삶을 죽음과 더불어 이야기한다.

죽음, 그것은 삶의 다른 이름이다. 운명, 그것은 죽음을 기억하는 삶의 다른 모습이다. 죽음을 사랑하는 것, 그리고 운명을 사랑하는 것, 그것은 모두 삶을 사랑하는 것이다. 많은 동양의 문헌이 그렇지만, 특히 도가계열의 전적에서 '명'을 말하는 까닭이 바로 여기에 있다.

가장 심하게 운명을 말해 숙명론이라고 불릴 수 있는 『열자列子』가 노老, 장莊, 열列의 순서로 정리되는 연유가 이것이다. 장자도 운명을 말하지만 그것을 통해 삶을 사랑하고자 했고, 열자는 이 세계를 모두 숙명으로 봄으로써 어쩔 수 없음을 받아들이고자 했다. 한마디로, 내 힘으로 안 된다고 슬퍼하지 말라는 것이다. 열자는 인력人力은 천명天命을 이길 수 없기에, 하늘을 먼저 내세우고 사람을 뒤로 물린다.[2] 하늘 앞에선 사람은 늘 무력하다. 설령 그것이 자연에 대한 인공이라고 할지라도 말이다.

---

2) 『列子』, 「力命」의 주제.

2. 운명애

장자를 말할 때, "세상은 싫증 냈어도 삶은 싫증 내지 않았다"(厭世而 不厭生)는 구절이 회자된다. 장자는 세상에 대한 비관적인 발언을 많이 뱉지만 그것이 곧 염세주의는 아니라는 말이다. 삶에 대해서는 낙천적 이기 때문이다. 일반적으로 염세주의는 곧 자아에 대해, 나아가 자신의 인생에 대해 비관적인 태도를 지닌다. 그러나 장자의 염세는 염생厭生이 아니라서 사회에 대해서는 비관적이어도 인간과 그 생에 대해서는 오 히려 낙관적이다. 삶을 즐기기 위해서라도 세상에 대해 일정한 거리를 유지하는 것이다. 세상은 뜻대로 되지 않지만, 마찬가지로 삶도 뜻대로 되지 않지만, 그래도 삶이 세상보다는 스스로 요리할 수 있기 때문에 장자는 삶을 즐기고자 한다. 어떻게 하면 삶을 누릴 수 있는가? 장자의 표현에 따르면 아래와 같다.

때에 편안하면서도 자리에 순응하다.[3]

'때를 따르고, 이곳을 누리라'는 것인데, 이 명제는 현재적인 시간성 과 공간성을 받아들이라는 뜻을 담고 있다. 서양식으로 말하면 '여기 이제'(here and now)이고 이른바 '즉석'(ad hoc)이다. 즉석即席은 '즉'이라는 시

---

3) 『莊子』,「養生主」, "適來, 夫子時也, 適去, 夫子順也, 安時而處順也, 哀樂不能入也.";「大宗 師」, "此不得者時也, 失者順也, 安時而處順, 哀樂不能入也." 문맥상으로는 時와 順이 대 구를 이루면서 목적격 명사형으로 각기 현재와 과거를 가리킨다. 時는 온 것이나 얻은 것(來, 得)이므로 현재라면, 順은 가거나 잃은 것(去, 失)이기 때문이다. 그러나 여기서는 時와 處를 대구로 보아 시간과 공간이라는 해석을 잠정적으로 취한다.

간성으로 공간적인 '석'을 규정하는 말로, 불교식으로 바꾸면 시간적인 '당'과 공간적인 '장'을 뜻하는 '당장當場'이다. 일은 즉석에서 해결해야 하고, 남을 도와주는 것도 당장에서 해야 한다. 깨달음도 당장의 일(當場覺悟)이고, 즉석의 마음이 곧 부처(卽心卽佛)다. 장자가 말하는 '때에 편안함'은 자기에게 주어진 시간성을 기꺼이 받아들이라는 것이며, '자리에 순응함'은 시간에 따라 주어진 공간을 누리라는 것이다.

여기서 중요한 것은 시간성 곧 현재성이다. 현재가 중요하다는 말이다. 현재가 중요해지면 공간도 이에 따라온다. 시류時流와 처소處所로 표현되는 현재에 알맞은 처신處身으로 적절성을 동반한다. '이제 여기'에 맞추는 것이다. 여기 이제에 맞추는 것은 생각보다 쉽지 않다. 따라서 동양의 철학자들은 늘 '적합適合', '적당適當', '적절適切'을 고민했다. 때를 맞추는 것을 '시중時中'이라 불렀고, 그것은 『주역』의 주제였다. 때에 따라 남지도 모자라지도 않게 알맞게 맞추는 것을 '중용中庸'이라 불렀고, 그것은 『예기禮記』의 주제였다. 그러나 상황판단의 적중이나 행동의 적실함을 넘어서, 받아들이는 사람의 자세까지 강조한 것은 역시 장자다.

장자는 사고와 실행보다 중요한 것이 다름 아닌 마음가짐임을 직시한다. 편안함과 순응함은 시간과 공간에 자신을 그저 맡기는 것이 아니다. 그것은 시간을 받아들이고 공간을 누리는 의지적인 선택이고 적극적인 자세다.

시간은 주어졌다. 그래서 마냥 좇아가는 것이 아니다. 시간을 즐긴다. 공간도 주어졌다. 그래서 그냥 널브러져 있는 것이 아니다. 공간을 즐긴다.

절대적인 시공 앞에서조차 사람은 시공을 수동적으로만 받아들이지 않고 능동적으로 자기의 세계로 끌어들여 소화하고 흡수한다. 이때 물질은 정신 앞에서 무기력해진다. 우리의 정신이 아무리 물질로 이루어지고 물질 없이 정신을 유지할 수 없지만, 정신의 위대함 앞에서는 물질이 그 위력을 잃는다. 그 정신이 곧 의도이자 의향으로, 철학적으로는 지향성(intentionality)으로도 불린다. 우리는 세계에 대한 '앎'(직관)의 자유가 보장되어 있기 때문에 의지를 가진 존재이며, 덕분에 세계에 대해 피동적이지 않고 능동적일 수 있다. 이것만이 인간이 우주의 중심에서 세계를 바라볼 수 있는 조건이며, 왜소한 자아를 천지의 만물과 더불어 교왕交往시킬 수 있는 가능성이다. 장자는 이를 '정신精神'이라고 부른다. 이것이 오늘날 정신이라는 표현의 어원이다.

홀로 천지의 정신과 왕래한다.[4]

이때 정신은 사람의 것이 아니라 오히려 천지의 것이다.[5] 따라서 인간만이 지니고 있는 정신과는 거리가 있다. 그러나 중요한 것은 나라는 주체가 천지의 정신과 왕래함으로써 자신의 자유조차 확대시킨다는 선언에 있다. 장자는 이러한 새로운 주체를 설정하면서 인간의 궁극적인 경지가 천지신명天地神明에까지 이르는 것을 상정한다. 나는 드디어 신격神格(神明)으로서의 근원성과 창조성을 획득하고 그들과의 교통을 통해 천인합일을 꾀하게 된다.

---

4) 『莊子』, 「天下」, "獨與天地精神往來."
5) 정세근, 「장자의 정신론」, 『동서철학연구』 64(2012.6.) 참조.

담연하게 홀로 신명과 머문다.[6]

인간의 지위가 이렇게까지 격상되는 것이다. 후기 양명학파인 유종주劉宗周의 용어로 말하면 이른바 '독체獨體'[7]의 완성이 이루어지는 것이다. 주체성의 확립은 더 이상 시공에 매어 있는 인간을 그리지 않는다. 온갖 걸리는 것으로부터의 벗어남인 이른바 '현해懸解'[8]의 완성으로 인간은 자유를 얻는다.

우리가 시공에 속박되는 것은 운명이다. 나는 이 시절 이 나라에서 태어났다. 그것은 운명이다. 나는 그것에 머무르고 싶기도 하고 벗어나고자 할 때도 있다. 그러나 이미 받은 몸, 말, 때는 어쩔 수 없다. 단순히 장소를 옮긴다고 해서 나라는 존재가 바뀌는 것이 아니다. 시공은 인간 이전의 것이며, 인간을 넘어 영속한다. 그렇다면 이런 시공을 어찌할 것인가? 시공을 극복하는 방법은 바로 정신의 초탈을 통해서다. 시공을 내버려 두지 않고 '사랑'한다.

운명과 운명애(amor fati)는 달라도 무척이나 다르다. 시공이 우리의 운명이라면, 그러한 때와 자리를 사랑하거나 사랑하지 않는 것은 인간의 선택이다. 우리는 죽는다. 그러나 그 죽음을 사랑하면 우리는 죽음을 넘어설 수 있게 된다. 운명애는 운명을 사랑하는 것이지만, 바뀔 수 있는 운명을 사랑하는 것이 아니다. 해도 해도 안 되는 어쩔 수 없는 운명을 사랑하는 것이 운명애다.

---

6) 『莊子』, 「天下」, "澹然獨與神明居."
7) 『劉子全書及遺稿』 下, 권38, 「大學古記約義」, "(愼獨)獨者物之本, 而愼獨者格之始事也."
8) 『莊子』, 「大宗師」.

하늘에서 떨어진 냉장고에 목숨을 잃는다면 그것은 운명이다. 그날 거기에 가지 않아도 됐는데 가서 죽었다면 그것도 운명이다. 운명은 피할 수 있는 것을 피하지 않는 것이 아니다. 피하고 싶지만 피할 수 없는 것이 운명이다. 죽음은 피하고 싶지만 피할 수 없다. 실패도 피하고 싶지만 피할 수 없다. 병도 피하고 싶지만 피할 수 없다. 우리는 그것을 운명이라고 부른다. 피할 수 있는 것을 운명이라고 부르지 않는다. 어법상 일반적으로 피하지 못한 과거의 일을 운명이라고 부른다. 그러나 미래의 일도 언젠가는 다가오고 과거의 것이 될 것이기 때문에, 운명은 미리 주어진 것이라기보다는 지금 주어지고 있고 앞으로도 주어질 것이다. 과연 이 운명을 어떻게 마주할 것인가?

운명을 그저 바라만 보지 말고 나의 것으로 만들라는 것, 어쩔 수 없는 것을 탄식하지 말고 받아들이라는 것, 멈추라는 것이 아니라 갈 때까지 가 보고 갈 수 없음을 알아차리라는 것, 그것이 바로 운명에 대한 사랑이다. 운명애는 결코 운명론이 아니다. 어쩔 수 없음에서 끝나면 그것은 숙명론이지만, 어쩔 수 없음을 사랑하는 것은 태도이고 입장이다.

우리의 일상어휘 속에서 운명애는 '낙천樂天'으로 표기된다. 하늘이 준 것을 즐기라는 것이다. 그것이 죽음이든, 만남이든, 아픔이든 즐기라는 말이다. '안신입명安身立命'의 뜻이 바로 그것이다. 몸을 편하게 하라. 어떻게? 자신의 운명이 무엇인지 제대로 세우면 된다. 운명을 세우는 것은 무엇인가? 운명을 아는 것이다. 하고 싶은 대로 해야 한다. 그러나 해도 해도 안 되는 것은 편안하게 받아들여 자신의 몸을 천명에 맡기라는 것이다. 그것이 바로 '안명安命'이다.

우리는 도가와 스토아적 사유의 유사성에 놀란다. 운명을 사랑함으로써 그들은 모두 정신적 부동심인 아파테이아(apatheia)에 다가선다. 무감정의 상태인 아파테이아가 궁극에서는 정신적 쾌락의 절정인 아타락시아(ataraxia)를 목적으로 삼듯이, 도가는 무심無心과 무정無情을 내세우면서도 궁극에서는 천락天樂을 위해 소요逍遙를 꿈꾼다. 절름발이 노예철학자 에픽테토스의 능청스러움은 주인이 다리를 부러뜨리더라도 자신의 감정이 동요되지 않음을 보여 줌으로써, 자신이 주인보다 나은 정신적 경지를 지녔음을 과시한다. "주인님, 이러시다가는 다리가 부러집니다. 거 보세요. 부러졌잖아요."9) 장자는 귀신을 보고 놀라 병든 이에게 이렇게 말한다. "당신은 스스로 다쳤군요. 귀신이 어찌 당신을 상하게 하리오!"10) 병은 자신의 감정으로부터 생긴 것이다. 설령 귀신을 보았더라도 감정이 움직이지 않았으면 문제가 없었다. 그런 무감정의 상태를 노자와 장자는 공통적으로는 '염담恬淡'11)이라고 부른다. 무미건조한 마음가짐을 가리키는 것으로 한마디로 '잿빛 마음'12)으로 상징된다. 그래서 장자에 따르면, '옛날 참사람은 잘 때는 꿈꾸지 않고, 깨어서는 걱정이 없고, 먹는 것도 맛있지 않지만, 숨은 깊다'13)고 한다. 그러나 최고의 경지는 역시 노는 것이다.

---

9) 에픽테토스, 김재홍 옮김, 『엥케이리디온』(서울: 까치, 2003) 참조.
10) 『莊子』, 「達生」, "公則自傷, 鬼惡能傷公!"
11) 『老子』, 제31장, "不得已而用之, 恬淡爲上."; 제35장, "道之出口, 淡乎其無味." 『莊子』, 「刻意」, "平易恬惔, 則憂患不能入, 邪氣不能襲, 故其德全而神不虧."
12) 『莊子』, 「齊物論」, "心固可使如死灰乎."; 「知北遊」; 「庚桑楚」, "心若死灰."
13) 『莊子』, 「大宗師」, "古之眞人, 其寢不夢, 其覺無憂, 其食不甘, 其息深深."

무릇 이것을 얻으면 가장 아름답고 가장 즐겁다. 가장 아름다운 것을 얻으면 가장 즐거운 것에서 노닐게 되니 이를 지인이라고 부른다.[14]

아름답고 즐겁게 논다. 그것은 감정의 지상상태다. 아름다움을 느낄 때 행복하고 즐겁게 놀 때 쾌락을 느낀다. 무덤덤의 상태가 최고조最高潮 (climax)의 쾌락을 가져다주는 것이다. 아파테이아가 아타락시아를 이루 듯, 염담은 지락을 이룬다. 마음 비움이 마음의 즐거움을 이루어 주는 것이다. 즐거움은 희노애락喜怒哀樂의 하나가 아니라 그 모두를 뛰어넘 는 지극한 마음의 상태다. 칠정七情의 하나로서의 즐거움이 아니라 그것 을 모두 뛰어넘었을 때 비로소 '지락至樂'을 얻는다. 여기서 말하는 아름 다움도 당연히 못남의 반대가 아니라 미추美醜를 넘어선 '지미至美'다.

어떻게 하면 이런 지극함에 도달할 수 있는가? 그것은 달리 말하면 운명을 사랑함이다. 최고 경지의 사람이 되어 느긋이 운명을 즐김이다. 장자는 그것을 '노닒'(遊)이라고 표현한다. 운명에 대한 '사랑'의 다른 표 현이다. 운명은 현실이라면, 운명에 대한 사랑은 그 현실을 초극하는 것이다. 운명은 어쩔 수 없는 것이지만, 운명에서 노닐 때 운명을 뛰어 넘는다.

---

14) 『莊子』, 「田子方」, "夫得是, 至美至樂也. 得至美而遊乎至樂, 謂之至人."

3. 노자의 섭생

노자는 장자처럼 구체적으로 양생養生을 논하지는 않는다. 그러나 양생사상의 비조라고 할 수 있을 만큼 초기적인 관념이 등장한다. 그것이 바로 '섭생攝生'이다.

> 듣자하니, 섭생을 잘하는 사람은 길거리에서도 코뿔소와 호랑이를 만나지 않는다. 전쟁에 나가서도 갑옷과 창칼을 걸치지 않고, 코뿔소도 그 뿔을 들이받을 데가 없고, 호랑이도 그 발톱을 쓸 데가 없고, 병기도 그 칼날을 집어넣을 데가 없다. 왜 그런가? 그들은 죽음의 땅이 없기 때문이다.[15]

잘 사는 사람은 길에서 맹수를 만나지도 않는다는 것은 그들에게 공격받지 않음을 뜻한다. 일단은 맹수가 나올 데를 가지 말아야 할 것이지만, 만나더라도 맹수의 성질을 잘 알고 있기 때문에 그들을 자극하지 않아 무사함을 말한다. 전쟁터에서도 무장하지 않아도 된다는 것은 공격받을 일이 없음을 가리킨다. 이를테면 적십자나 위생병은 전쟁터에서도 공격받지 않는다. 그들은 죽음의 영역에로 들어가지 않는다. 노자는 그것을 섭생이라고 부른다. 산다는 것이 여러 가지 위험 속에서 자신을 지켜 나가는 것인데, 거기에서 살아남아야 함을 일컫는다.

---

15) 『老子』, 제50장, "蓋聞善攝生者, 陸行不遇兕虎. 入軍不被甲兵, 兕無所投其角, 虎無所用其爪, 兵無所容其刃. 夫何故? 以其無死地."

삶으로 나와서 죽음에로 들어간다. 삶의 무리는 열의 셋이고, 죽음의
무리도 열의 셋이다. 사람이 살면서 죽음의 땅으로 움직이는 것도 열
의 셋이다. 왜 그런가? 그들은 살고도 (더욱) 살고자 덧붙이기 때문이
다.16)

모든 사람은 태어나고 마침내는 죽는다. 태어나서 끝까지 잘 사는
사람이 열 가운데 셋이라면, 태어났지만 제대로 살지 못하고 그냥 죽는
사람도 열 가운데 셋이다. 그런데 문제는 잘 살 수도 있었는데 자기가
죽음의 땅으로 움직이는 사람도 열 가운데 셋이라는 것이다. 나머지 열
의 하나라는 여지를 두기는 하지만, 이는 대체로 삶의 양태가 세 종류로
나뉨을 가리킨다. 태어나 살 만큼 살다 죽는 사람이 30%이고, 태어났지
만 제대로 살아 보지도 못하고 죽은 사람이 30%인데, 잘 살 수 있었는데
도 잘못하여 죽음에로 이르는 사람이 30%라는 것이다. 왜 그런 결과를
맞이하는가? 삶에 더 나은 삶을 위해 이것저것 덧붙이다가 죽음에 이르
게 된다는 것이다. 그것이 부정적 의미에서 쓰이는 '두꺼워진 삶'(生生之厚)
이다. 많이 먹어서, 욕심을 부리다가, 만족을 못해서, 권력욕이 넘쳐서,
그들의 삶은 지나치게 두꺼워지고 종국에는 죽음에 이른다. 노자의 표
현으로는 '사지에 뛰어드는 것'(動之於死地)이다. 섭생을 하지 못한 결과가
이렇다. 삶을 움켜쥐어야 하는데(攝生) 삶을 놓쳐 버린 것(失生; 失性)이다.
　　노자에게 '후생厚生'은 현대적 의미와는 달리 나쁜 뜻이다. 후생사업
厚生事業이라던가, 이용후생利用厚生이라고 할 때의 후생은 좋은 뜻이다.

---

16) 『老子』, 제50장, "出生入死. 生之徒十有三; 死之徒十有三. 人之生, 動之於死地, 亦十有三.
　　夫何故? 以其生生之厚."

그러나 노자에서는 후생이 섭생을 잘 하지 못하는 것을 뜻한다. 후생은 삶에 불필요한 것을 덧붙이고, 버려도 될 것을 쌓아 놓는 것이다.

> 사람들이 죽음을 가벼이 여기는 것은 그 위에서 삶을 두텁게 구하기 때문이다. 그러므로 죽음을 가벼이 여긴다.[17)]

여기서 삶을 두텁게 구하는 것은 윗사람들이 자신의 사리사욕을 챙기는 것을 말한다. 백성을 위한 후생이 아니라 왕과 귀족을 위한 후생인 것이다. 따라서 백성들이 '차라리 죽지'라며 죽음을 가볍게 생각한다. 생명의 존엄성이라는 것이 내 생명의 귀중함으로부터 다른 이의 생명도 귀중함을 아는 것이다. 내 생명을 가벼이 여기는데 남의 생명을 무겁게 여길 리 없다. '경사輕死'는 이처럼 나쁜 것이다. 그런데 노자의 용법에서는 '귀생貴生'도 생명을 사치스럽게 만드는 것을 말해 나쁜 뜻으로 쓰인다.

> 무릇 없음으로써 삶을 이루어 나가는 사람이 삶을 귀하게 여기는 것보다 똑똑하다.[18)]

귀생은 욕심이다. 삶을 번지르르 하게 만드는 것이다. 소박하게 살면 되지 삶을 화려하게 꾸미거나 가식을 덧붙이는 것은 현명한 일이 아니다. 삶을 죽음보다 아끼면, 죽음조차 두려워하지 않는 재물욕, 권력

---

17) 『老子』, 제75장, "民之輕死, 以其上求生之厚, 是以輕死."
18) 『老子』, 제75장, "夫有無以生爲者, 是賢於貴生."

욕, 명예욕으로 삶을 망치게 된다.

도가의 생명사상을 말하면서 '외물을 가벼이 여기고, 생명을 무겁게 여긴다'(輕物重生)는 관념을 자주 내세운다. 그러나 노자의 어법상으로는 '중생'이 맞지 않는다. 오히려 중사重死가 맞다. 『노자』는 이에 반대되는 관점을 '경사輕死'로 표현하고 있기 때문이다. 이러한 어휘의 변화는 시사하는 바가 있다. 노자의 시대는 양생을 말할 것도 없이 생명을 함부로 하는 풍조가 널리 퍼져 있음을 보여 준다. '어차피 죽는 것, 마구 살자'는 태도가 횡행했고, 따라서 죽음을 가벼이 여기고 있었다. 그렇지만 노자는 '귀생貴生'이나 '후생厚生'도 좋게 보지 않는다. 삶을 귀족스럽게 만들거나 지나치게 두껍게 만드는 것을 반대하는 것이다.

노자에는 '산다'(生)의 단어가 많이 나온다. 무엇이 무엇을 낳는다는 식이다.[19] 이런 생성론적 사고는 실체론적 사고와 대비되어 도가사상의 특징을 잘 보여 준다. 생동약진하는 세계를 받아들일 때, 우리는 생명의 고귀함도 더불어 체득한다.

도는 낳고, 덕은 기른다.[20]

삶에 도움이 되는 것을 상서롭다 한다.[21]

그 사는 바를 싫어하게 하지 말라.[22]

---

19) 『老子』, 제42장, "道生一, 一生二, 二生三, 三生萬物."
20) 『老子』, 제50장, "道生之, 德畜之."
21) 『老子』, 제55장, "益生曰祥."
22) 『老子』, 제72장, "無厭其所生."

우리는 이 세 문장에서 노자의 생명존중의 사상을 만난다. 첫째, 생명은 낳고 길러야 한다. 생명을 낳는 것이 도의 일이고, 그것을 기르는 것이 덕의 일이다. 둘째, 생명에 유익되어라. 그것은 신성한 일이다. 셋째, 사람이 못 살게끔 하지 말고 살고 싶게 하라. 성인의 정치는 백성들로 하여금 살고 싶게 하지, 살기 싫게끔 하지 않는다.

다만, 노자의 어법상 '낳고 낳는 것'(生生)은 『주역』과는 다르게 덕(生生[23]의 德)이 아니라 덧붙임(厚)이라는 것을 유의하자. 또, 사람이 못 살겠다 싶으면 삶을 가벼이 여기게 된다(輕死)는 표현도 주의하자. 중생重生사상은 후대의 표현이다.[24]

4. 장자의 사생일여

장자는 곳곳에서 '죽음과 삶이 하나'(死生一如)임을 주장한다. 재미있는 것은 '삶과 죽음'이라고 하지 않고 '죽음과 삶'이라고 하여 죽음을 더 앞세운다는 점이다. 그것은 장자가 죽음을 삶보다 더 근원적이고 본래적인 것으로 보기 때문이다. 삶은 표출된 것이지만 죽음은 그 배경이라는 입장이다. 그렇기 때문에 장자는 그 전편에서 죽음과 삶을 하나로 보자는 주장을 하고 있다. 아래는 그것과 관련된 내용을 추려본 것이다.

---

23) 『周易』, 「繫辭上」, "生生之謂易."
24) 韓非子가 爲我說을 주장하는 도가인 楊朱를 낮게 표현(輕物重生之士)할 때 나온다.

죽음과 삶이 나에게는 변화가 없다.25)

죽음과 삶이 한 가지 줄기다.26)

옛날과 지금을 없애고서야 삶도 없고 죽음도 없는 데로 들어갈 수 있다.27)

죽음과 삶, 살고 죽음이 하나 됨을 누가 알리요.28)

죽음과 삶이 한 꼴이다.29)

한 번 죽고 한 번 산다.30)

죽음과 삶은 낮과 밤이다.31)

오직 나와 너만이 죽음도 없었고 삶도 없었음을 아는구나.32)

죽음과 삶, 놀라고 무서움이 그 가슴 속에 들어오지 않는다.33)

죽음과 삶, 끝과 시작이 낮과 밤이 되리라.34)

---

25) 『莊子』, 「齊物論」, "死生無變於己."
26) 『莊子』, 「德充符」, "以死生爲一條."
27) 『莊子』, 「大宗師」, "無古今而後能入於不生不死."
28) 『莊子』, 「大宗師」, "孰知死生存亡之一體者."
29) 『莊子』, 「天地」, "死生同狀."
30) 『莊子』, 「天運」, "一死一生."
31) 『莊子』, 「至樂」, "死生爲晝夜."
32) 『莊子』, 「至樂」, "唯予與汝知而未嘗死未嘗生也."
33) 『莊子』, 「達生」, "死生警懼不入乎其胸中."

유우씨(순)는 죽음과 삶이 마음에 들어오지 않는다.[35]

삶으로 죽음을 살리려고도, 죽음으로 삶을 죽이려고도 하지 않는다.[36]

누가 있음과 없음, 죽음과 삶을 하나로 지키는지 알 수 있으리오.[37]

죽음과 삶이 떨어져 있지 않다.[38]

위로는 조물자와 노닐고, 아래로는 죽음과 삶을 벗어나고 끝과 시작이 없는 사람과 벗한다.[39]

장자만큼 죽음과 삶의 문제에 천착한 철학자가 있겠나 싶을 정도로 『장자』에는 이 주제가 '죽음과 삶은 하나다'(死生一如)라고 요약되고 있다. 죽음과 삶은 한 줄기이고 한 가닥이다. 죽음과 삶은 낮과 밤과 같이 바뀌는 것이다. 따라서 죽음과 삶이 있더라도 마음속에 들어오지 않는다. 죽음과 삶이 사람을 어쩌지 못한다는 것이다. 이는 죽음을 두려워하지 말 것을 이르는 것이다. 죽음이 두려운 것은 죽음을 피하려고 하기 때문이다. 죽음이 사람으로서 누구든 피할 수 없는 것임을 알면 사람은 죽음을 두려워하지 않을 수 있다. 죽음에 대한 제대로 된 앎(知)을 통해 죽음의 두려움(驚懼)에서 벗어날 수 있게 된다는 것이다. 장자는 죽음을

---

34) 『莊子』, 「田子方」, "死生終始將爲晝夜."
35) 『莊子』, 「田子方」, "有虞氏死生不入於心."
36) 『莊子』, 「知北遊」, "不以生生死, 不以死死生."
37) 『莊子』, 「庚桑楚」, "孰知有無死生之一守者."
38) 『莊子』, 「則陽」, "死生非遠也."
39) 『莊子』, 「天下」, "上與造物者遊, 下與外死生無終始者友."

회피하려기보다는 용납함으로써 죽음에 대한 공포가 자기 안으로 들어오는 것을 방지한다. 그래서 '자기'(己), '가슴'(胸中), '마음'(心)이라는 표현을 쓰면서, 죽음과 삶이 '한 가지'(一條), '한 몸'(一體), '한 지킴'(一守)으로 '같은 꼴'(同狀)이라고 주장한다. 그렇지만 '나'(予) 혼자만이 아닌 누군가가 그것을 알았으면 좋겠다면서, '너'(汝)를 부르고 '누군가'(孰)를 찾아 '벗'(友) 삼고 싶어한다.

이럴 수 있는 사고의 배경이 무엇인가? 무슨 논리와 근거로 삶과 죽음이 하나라고 부르짖는가? 그것이 바로 장자철학 전반에 걸쳐 깔려 있는 '기화론氣化論'이다.[40] 그것은 천지만물이 하나의 같은 기임을 주장하는 것으로 기일원적 사고다. 장자식의 어법으로는 '일기론一氣論'이다. 우리의 삶과 죽음이 기의 뭉쳐짐과 흩어짐으로 이루어졌다는 말이다.

> 삶은 죽음의 무리고, 죽음은 삶의 시작인데, 누가 그 실마리(紀: 벼리)를 알겠는가! 사람의 삶은 기의 뭉침이니, 뭉쳐지면 살고 흩어지면 죽는다. 죽음과 삶을 한 무리로 삼을 수 있다면 내 어찌 걱정이 있겠는가! 그러므로 만물은 하나다.[41]

기의 뭉쳐짐과 흩어짐(聚散)으로 삶과 죽음을 설명하는 이러한 사고는 장자에서 전형적으로 보인다. 여기에서 장자의 논리가 단순히 죽음은 다가오는 것이니 받아들이라는 것이 아님을 알 수 있다. 죽음과 삶이 이루어지는 실질적인 근저에는 기라는 생명의 원동력이 있고 그것

---

40) 鄭世根, 『莊子氣化論』(臺北: 學生書局, 1993) 참조.
41) 『莊子』, 「知北遊」, "生也死之徒, 死也生之始, 孰知其紀! 人之生, 氣之聚也; 聚則爲生, 散則爲死, 若死生爲徒, 吾又何患! 故萬物一也."

은 늘 뭉쳐짐과 흩어짐이 있으니, 내가 산다고 내가 사는 것도 아니고 내가 죽는다고 죽는 것도 아니라는 결론에 다다르는 것이다. 장자는 곧 이어 이를 한마디로 '천하의 한 기로 통한다'(通天下一氣)고 정의한다. 내가 죽어 흙이 될 수도 있고, 흙이 빚어져 내가 될 수도 있으니 모든 것은 하나다. 만물은 하나의 기인 것이다. '성인은 따라서 하나를 귀하게 여긴다'(聖人故貴一)고 장자는 이야기를 마무리한다.

　　이러한 정신의 상태를 보여 주는 것이 바로 장자의 부인이 죽었을 때의 이야기다. 장자는 세숫대야를 거꾸로 엎어 놓고 북을 치며 노래를 하고 있었다. 심하게 생각한 친구 혜시가 왜 그러냐고 물었을 때, 장자는 대답한다.

　　흐릿하고 어찔한 것 속에서 섞여 있다가 변해서 기가 있고, 기가 변해서 형체가 있고, 형체가 변해서 생명이 있는 것이네. 오늘 또한 변해 죽음에 이르렀네. 이는 봄·여름·가을·겨울 사시가 운행하는 것과 같다네.[42]

　　장자도 처음에는 울었다. 그러나 정신을 차리고 보니 울 일이 아니었다. 기화론의 관점에서 보니 모든 것이 문제가 없었고, 오히려 부인은 '천하의 한 기'(天下之一氣)로 되돌아가 편하게 쉬게 되었을 뿐이다. 그러니 노래를 불러 즐거워할 일이었다.

　　노자가 죽었을 때 벌어진 일도 『장자』에 나온다. 노자가 죽자 노자

---

42) 『莊子』, 「至樂」, "雜乎芒芴之間, 變而有氣, 氣變而有形, 形變而有生. 今又變而之死. 是相與爲春秋冬夏四時行也."

의 벗이 문상을 간다. 그런데 성의 없이 조문을 마치고 나오는 것을 보고 왜 그러느냐고 제자가 묻는다. 진일은 사람들이 아들을 잃은 양, 어미를 잃은 양 울고불고 하는 것을 보고는 노자가 사람들로부터 조문을 받고 싶어한 것이나 마찬가지라면서 이제는 벗이 아니라고 한다.

> (이 세상에) 알맞게 온 것은 선생이 올 때요, 알맞게 가는 것은 선생이
> 갈 때다.[43]

이런 태도는 불가에서도 나타나는데, 스님이 돌아가셨을 때 울지 못하게 하는 것이 그것이다. 열반의 길을 가는데 울 일이 아니다. 세속을 떠난 사람들인데 울어서는 안 된다. 감정을 넘어 진리의 길을 가고자 하면서 인연에 매어서는 안 된다. 이와 비슷하게 장자에서도 정을 남기고 간 노자의 허물을 꾸짖는다. 노자의 생사도 모르는데 정말 노자의 장례가 있었다는 것은 아무래도 허구적 설정에 가깝다. 그러나 장자가 가장 위대한 인물로 치는 노자를 빌려 하고 싶은 말은 아무리 훌륭해도 삶과 죽음을 넘어 하나로 가야 함을 가르치지 못하면 제 길을 가지 못한 것이라는 것이다.

장자는 우리의 삶을 '빌린 것'(委)이라고 한다. 나는 자연으로부터 빌린 몸을 갖고 태어났다는 말이다. 그러다가 나는 자연으로 돌아가면 될 뿐이다. 천지의 기를 얻어 태어나고 죽으면서 돌아간다. 우리는 천지로부터 위탁委託 또는 위임委任 받은 존재들이다. 나의 삶(生)은 '만남을 빌린 것'(委和)이고, 성명性命은 '이어짐을 빌린 것'(委順)이고, 자손(子孫)은 '허

---

43) 『莊子』, 「養生主」, "適來, 夫子時也, 適去, 夫子順也. 安時而處順也, 哀樂不能入也."

물을 빌린 것'(委蛻)이다.[44] 나의 삶은 하늘과 땅이 만나 이루어진 것이고, 나의 성명은 하늘과 땅의 성질과 생명을 잇고 있으며, 나의 자손은 하늘과 땅으로부터 빌려 온 껍데기이므로, 그 모두 내 것이라고 하지마라.

삶만 그러한가. 생로병사 모두가 그렇다. 병이 들어 온몸이 괴물처럼 흉측하게 변한 자여子輿는 이것이야말로 조물주의 조화라고 하면서 오히려 경탄해 마지않는다. 감정의 동요가 없는 것이다.

> 무릇 만물이 하늘의 오래됨을 이길 수 있겠는가. 나도 어찌 싫어하겠는가.[45]

장자는 이렇게 '하늘이 오래되었음'(天久)을 내세운다. 사람의 생로와 같은 작은 변화는 자연의 영속성에 비하면 아무것도 아니다. 노자가 말하는 "하늘은 길고, 땅은 오래되었다"(天長地久)[46]라는 인식과 이어진다. 인간이 감히 거기에 낄 일이 아니다. 결국 자연을 내 것으로 만들지 말고, 내가 자연이 되어야 한다. 나아가 나와 만물 사이에 구별이 있어서는 안 된다. 그것을 개념화한 말이 바로 '물화物化'이다. 『장자』에서 많이 알려진 이야기인 나비의 꿈은 '꿈속의 나비가 나인지, 꿈에서 깨어난 내가 나인지'를 물으면서, 그것이 물화라고 정의한다. 장자에게 물화는 '만물과의 동화'(與物同化)를 가리킨다.

---

44) 『莊子』, 「知北遊」.
45) 『莊子』, 「大宗師」, "且夫物不勝天久矣, 吾又何惡焉!"
46) 『老子』, 제7장.

하늘의 즐거움을 아는 사람은 그 삶도 하늘이 가는 길이요, 그 죽음도 만물과 동화하는 것이다.[47]

성인의 삶은 그 삶도 하늘이 가는 길이요, 그 죽음도 만물과 동화하는 것이다.[48]

이렇게 『장자』에서 물화는 극도로 좋은 뜻으로 쓰인다. 우리는 만물 가운데 하나다. 그런데 우리의 지혜나 제도 때문에 만물로부터 벗어나 천도를 행한다고 생각하기 쉽다. 그러나 우리는 살아서는 천도를 행할 지라도, 죽어서는 어쩔 수 없이 만물의 하나로 되돌아가야 한다. 그것을 '살아서는 천도, 죽어서는 물화'라고 일컫는 것이다.

그러나 장자의 논의를 보면서 행여나 그가 죽음을 미화하고 있다고 생각해서는 안 된다. 앞에서 보여 주었듯이, 장자는 분명히 죽음으로 삶을 죽여서도 안 된다고 말하고 있다. 그것은 삶으로 죽음을 살리려고 하지 않는 것과 같다. 위에서 언급한 장자의 말을 한 번 더 들어 보자.

삶으로 죽음을 살리려고도, 죽음으로 삶을 죽이려고도 하지 않는다.

이 논리에 따르면 죽어 가는 이를 강제적으로 살리려는 단순한 연명 치료도 안 되고, 죽음이 올 것이라 하여 미리 죽음을 택하는 것도 안 된다. 살아서는 하늘의 길을 따르고, 죽어서는 만물과 함께 되어야 한 다. 이미 말한 것처럼, 우리는 천지로부터 위탁받은 존재인 만큼 잘 살

---

47) 『莊子』, 「天道」, "知天樂者, 其生也天行, 其死也物化."
48) 『莊子』, 「刻意」, "聖人之生也天行, 其死也物化."

다 돌아가야 한다. 우리는 위형委形의 존재다.

5. 양생

'양생養生'의 어원이 장자일 정도로 『장자』에서 그것의 의의는 크다. 『장자』는 제3편으로 「양생주」를 다룰 정도로, 철학적으로 의미부여를 하고 있다. 왜 그럴까? 『장자』의 편제가 의외로 정리되어 있음을 발견할 수 있는데, 오늘날의 의미로 보자면 이렇다.

제1편 「소요유逍遙遊」는 개인의 자유를 말하면서 그것이 무한히 발전될 수 있음을 선언한다. 제2편 「제물론齊物論」은 만물의 평등을 말하면서 무차별의 세계를 지향한다. 제3편 「양생주養生主」는 사람이 어떻게 살아야 행복할 수 있는가를 말하면서 그 원리와 조건을 내세운다. 제4편 「인간세人間世」는 사회 속에서 어떻게 처신할 것인가를 설명하면서 우리가 사회 속에 제약되어 있음을 지적한다. 제5편 「덕충부德充符」는 덕이 충만한 모습이 어떤 것인가를 보여 주면서 그 특징과 증거를 현시한다. 제6편 「대종사大宗師」는 이상적인 인격을 상정하면서 그에 이르는 방법을 제시한다. 제7편 「응제왕應帝王」은 전체적으로는 제왕학의 내용을 보이면서 궁극적으로 우리는 현실정치보다 자연의 제왕이 되어야 한다고 주장한다.

이러한 편제는 한 사람의 생각과 삶으로 들어오면 이해하기 쉽다. 아래의 번호는 내칠편內七篇을 가리킨다.

1) 나의 목표는 자유다.

2) 나의 자유만큼이나 만물도 평등해야 한다.

3) 자유와 평등의 목적은 행복이다.

4) 그러나 나는 사회적 동물이다.

5) 자유, 평등, 행복을 사회 속에서 실천하는 조건이 있다.

6) 그러한 이상적 인격을 보자.

7) 마침내 나는 자연의 제왕이 된다.

양생은 이러한 체계 속 전반부의 마지막으로 자유와 평등 이후에 논의되는 주요한 주제다. 오늘날의 정신으로 바꾸면 프랑스혁명의 '자유, 평등, 박애'(정확히는 혁명적 동지애)와 같이 '자유, 평등, 행복'으로 치환된다. 자유와 평등만으로는 무언가 부족하다. 혁명을 위해서는 남아들끼리의 우정이 필요했고, 온전한 삶을 위해서는 자유와 평등이 궁극적으로 지향하는 행복이라는 주제가 필요했다. 오늘날의 관점에서의 행복론이 곧 「양생주」인 것이다.

그런데 장자의 양생을 말할 때 크게 오해하는 것이 있다. 장자의 양생론은 후대의 『포박자抱朴子』나 위진현학魏晉玄學의 죽림칠현竹林七賢이 강조하는 것과 같이 '생명연장'(延壽)[49]이나 '약물복용'(服藥)[50]의 방법을 지향하지 않기 때문이다. 장자는 오히려 '양형養形'을 지양하고 '양신養神'을 지향한다. 양형은 형해形骸에 얽매이는 것으로 몸과 뼈만 튼튼히 할

---

49) 『抱朴子』의 주제 가운데 하나다.
50) 혜강도 정신과 몸의 합일을 꾀하지만 부분적으로 복약도 긍정한다. 嵇康, 「養生論」, "修性以保神, 安心以全生身."

뿐이지만, 양신은 정신精神의 고양을 통해 얻어지는 편안함과 행복함이기 때문이다. 장자는 800년을 살았다는 팽조에 대해 의외로 부정적인 시각으로 바라본다. 단지 껍데기만 길렀을 뿐이라는 것이다.

숨을 세게 또는 천천히 고르면서 내뱉거나 마시고, 지난 것을 뱉고 새 것을 들이고, 곰처럼 움츠리거나 새처럼 펼치는 것은 오래 살려고 하는 것일 뿐이다. 이런 도인술을 하는 사람은 형체를 기르는 사람으로 팽조같이 오래 산 사람이 좋아하는 바다.[51]

이처럼 양생을 양형으로만 생각하는 것을 장자는 경계한다. 양형은 생명을 보존하는 데 결과적으로 모자를 뿐이다.[52] 이와 같은 생각은 쾌락(hēdonēs)이라는 번역 때문에 오해를 받는 에피쿠로스의 헤도니즘(hedonism)과 마찬가지다. 그들도 육체적인 쾌락이 아닌 정신적인 쾌락인 아타락시아를 지향했다. 장자는 이를 분명히 말한다.

그러므로 말한다. 순수하고 부잡하여 하나로 고요하여 변화가 없으며, 담담하여 하는 일 없지만 움직이면 하늘의 길을 간다. 이것이 정신을 기르는 길이다.[53]

이 '정신을 기르는 길'(養神之道)이야말로 장자가 가고자 하는 방향이고 목표다. 궁극적으로 육체와 정신의 합일(形神同一)의 길을 가고자 하지

---

51) 『莊子』, 「刻意」, "吹呴呼吸, 吐故納新, 熊經鳥申, 爲壽而已矣; 此導引之士, 養形之人, 彭祖壽考者之所好也."
52) 『莊子』, 「達生」, "養形果不足以存生."
53) 『莊子』, 「刻意」, "故曰, 純粹而不雜 , 靜一而不變, 淡而無爲, 動而天行, 此養神之道也."

만, 만일 둘 가운데 하나를 선택하라면 정신을 선택하라는 것이 장자다.

6. 불멸의 정신

　　장자가 '정신'을 강조한 이후로 제시된 것이 바로 그것의 불멸성이
다. 모든 것이 기화의 작용이라면서도 일기의 영속성을 강조한다. 나는
사라지거나 죽지만, 기는 하나로 있을 뿐이다. 그것을 가장 잘 표현한
것이 바로 장작의 비유다.

　　땔감을 줄곧 집어넣으면 불은 옮겨져 그 다함을 모른다.[54]

　　나무는 타도 불은 꺼지지 않는다. 나무A는 다 탔지만, 나무B가 A에
이어 탄다. 나무B가 다 탈 때, 나무C가 B를 이어 탈 것이다. 나무는 다
르지만 불은 같다. 나무는 끝이 있지만 불은 끝이 없다.

　　나는, 그 불은 '말', '생각', '짓', '옷'으로 인간의 언어, 사상, 문화, 관
습의 총체를 가리킨다고 생각한다. 우리가 철학을 하는 까닭도 여기에
있다. 우리가 문화를 배우고 가르치는 것도 이러한 연유에서다. 우리는
사고하기 전에 말을 배우며, 우리는 문명을 배우기도 전에 옷을 입는다.
사상과 문화라는 추상을 말할 필요도 없다. 말과 옷과 같은 보고 마주하
는 현상 자체도 이미 영속성 속에서 살아 움직이는 것이다. 그것이 곧

---

54) 『莊子』, 「養生主」, "指窮於爲薪, 火傳也, 不知其盡也."

불이다. 영원한 불, 우리 정신의 불, 마음속에서 활활 타고 있는 불꽃!

　　불은 우리의 삶과 죽음, 죽음과 삶을 이어준다. 불로장생은 육체에 머물 때 한계에 다다르고 영혼으로 나갈 때 도약을 이룬다. 죽음은 자연의 일이지만, 죽음을 사랑하는 것은 사람의 일이다. 앞에서 말했듯이, 운명애는 결코 운명을 곧이곧대로 받아들이라는 것이 아니다. 그것은 운명을 적극적으로 사랑함으로써 운명을 넘어서는 것이다. 서양의 맥락에서, '신의 뜻'(destiny)은 잘 짜여 있는 것인 데 반해, '비운'(fate)에는 얄궂음(irony)이 끼어든다. 동양의 맥락에서 명은 주어져 있는 것이지만, 운은 맞이할 수도 피할 수도 있는 것과 같다. 그런 점에서 자연의 명령이나 신의 뜻은 완전한 것이지만, 사람은 아무리 슬퍼도 운명에 대한 사랑을 통해 그것의 한계를 넘어선다. 그것이 바로 인간의 지력이다. 공자의 표현을 빌리자면, 지명知命 곧 '지천명知天命'[55]이다.

---

55) 『論語』, 「爲政」, "五十而知天命."

제6장 동서철학의 무*

―무의 감응: 있음에서 없음에로

나는 무를 모른다. 그것은 없기 때문이다. 그러나 나는 무를 말한다. 그것은 잘못된 것인가? 없는 것이 없음은 모두 다 있음을 말한다. 있는 것의 없음은 그저 없음이다. 그러나 모든 없음의 없음은 있는 것인가, 없는 것인가?

1. 동서의 무

동서철학에서 있음과 없음에 대한 태도는 다르다. 서양에 파르메니

---

* 이 글은 한국도가철학회 1999년 추계발표회(1997.11.27.)에서 이지훈, 「제유의 우주: 장자, 스피노자, 라이프니츠」에 대한 논평으로 일부 발표(1, 5, 6)된 다음, 온전한 논문으로 『도가철학』 제2집(2000)에 위의 글과 함께 실린 것이다. 나는 이 글이 '논평논문'(review article: 이를테면, 영국과학철학지 *The British Journal For The Philosophy of Science*는 논문[Articles], 토론[Discussions], 논평논문[review article], 논평[reviews]의 체제로 학회지가 이루어진다. 내가 예로 삼고 있는 판본은 다음과 같으며, 논문 4편, 토론 1편, 논평논문 1편, 논평[실제적으로는 모두 서평] 8편으로 이루어져 있다. Volume 51, Number 2, June 2000, Oxford University Press)의 형식으로 東西間 또는 同道間 지속적인 토론의 장을 여는 첫걸음이 되길 바란다.

데스가 있다면, 동양에는 노자가 있다. 그들의 명제는 현격히 다르다. '있는 것은 있고, 없는 것은 없다.' 아니, 없는 것은 없기 때문에 말할 수도 생각할 수도 없다. 이것이 파르메니데스이다. 그러나 노자는 '있는 것은 없는 것으로부터 나온다.' 왜냐하면 모든 것은 그것이 말미암는 바가 있기 때문이다. 자식은 부모가 있어야 하듯이, 유도 무로부터 나오지 않으면 안 된다.

하이데거의 문제도 파르메니데스의 길을 걷는다. 그는 '왜 존재자는 있고, 무는 없는가?'를 쉴 새 없이 묻기 때문이다. 그런 점에서 하이데거의 무는 노자의 무와 다르다. 하이데거의 무는 존재에 속해 있기 때문이다. 그에게 존재는 곧 무다. 그는 '순수한 존재는 순수한 무와 같다'는 헤겔의 명제를 옹호한다.[1] 일종의 질적 변환이다.[2] 그에게 '무로부터 모든 존재자로서의 존재자가 생긴다'(ex nihilo omne ens qua ens fit)는 주장은 무의 순수성으로부터 추론되는 것이지, 결코 유와의 대립관계에서 막연하게 발생되는 것은 아니다. 하이데거는 노자를 보았고 그의 명제들을 사랑했지만, 그는 단연코 서양의 존재신학에 충실했다.

노자에게 유무는 때로 상대관계 속에서 정의되기도 한다. 그러나 그에게 유무란 선후 또는 주종관계를 벗어날 수 있는 것이 결코 아니다. 노자는 "천하만물은 유에서, 유는 무에서 나온다"[3]는 원칙을 저버리지 않는다. 만일 이러한 무의 시원성(서양의 절대성이라 표현하기는 무엇하더라도)을 부인한다면 그는 도가가 아니다. 그러한 사람이 있다면, 그는 노자의

---

1) Hegel, 『논리학』 제1권(전집 제3권, S.74[Heidegger의 인용]). Heidegger, 최동희 역, 『형이상학이란 무엇인가?』(서울: 삼성, 1982), 86쪽.
2) Kierkegaard는 이 모두를 양적 변증법으로 보겠지만.
3) 『老子』, 제40장, "天下萬物生於有, 有生於無."

입장과는 벌써 달라졌다고 할 수밖에 없다. 이 무에 대한 판단이 곧 자신의 입장을 밝히는 것이기 때문이다. 노자 이후 철학자들은 이에 대해 늘 고민해야 했다.

데리다가 자꾸만 '경계'(limits) 또는 '나머지'(margins)⁴⁾에 매달리는 것은 서양철학적 전통에서 그것의 바깥에는 나갈 수 없기 때문이다. 철학과 전통 그리고 로고스중심주의를 해체한다고는 하지만 그의 해체는 변경에 집착하는 데 그친다. 소쉬르가 내세운 '기호 바깥에는 아무것도 없다'는 것이 그에게 '텍스트 바깥에는 아무것도 없다'는 말로 치환되는 까닭에는, '밖'에 대한 서양 사유의 영원한 거부감이 배어 있는 것이다. 그러니 구조를 세우지 못하고 기껏 부수는 데 애를 먹을 수밖에 없다. 해체론이 노장을 가장 잘 읽는 듯해도 진정한 무, 참다운 무, 유를 넘어서는 무를 인정하지 않는 한, 둘의 거리는 아무래도 멀다.

한의 엄준嚴遵은 "빔의 빔이 빔을 비게 하는 것을 낳고, 없음의 없음이 없음을 없게 하는 것을 낳고, 없음이 꼴이 있는 것을 낳는다"⁵⁾라는 논리적 선후를 철저히 고수한다. 도는 빔의 빔 곧 빔 중의 빔이므로 하나(一)를 낳고, 하나는 빔과 더불어 둘(二)이 되고, 둘은 없음의 없음 곧 없음 중의 없음과 함께 셋(三)을 낳고, 셋은 없음과 더불어 만물을 낳는

---

4) Jacques Derrida, Alan Bass(trans.), *Margins of Philosophy*(Brinton: Harvester, 1982).
5) 嚴遵, 『老子指歸』, 「道生一」, "虛之虛者生虛虛者, 無之無者生無無者, 無者生有形者." 王德有는 虛虛와 無無의 虛와 無가 衍字라고 한다. 『老子指歸』(北京: 中華, 1994), 19~20쪽. 그러나 내가 보기에는 그렇지 않다. '虛 중의 虛'가 '虛를 虛하게 하는 것'을 낳는 것이지, 단지 '虛한 것'을 낳는 것이 아니다. 왜냐하면 嚴君平에 따르면 同類는 결코 同類를 낳을 수 없기에 무가 유를 낳을 수 있는 것인데, 만일 '虛의 虛'가 '虛'를 낳을 수 있다면 '有의 有'도 '有'를 낳을 수 있게 되어, '다른 것이 다른 것을 낳는다'(道生一, 一生二, 二生三, 三生萬物)는 원리에 위배되기 때문이다.

다. 순서는 '빔의 빔', '빔', '없음의 없음' 그리고 '없음'이다. 이렇듯, 빔의 빔이나 없음의 없음도 없는 것이 아니라 있다.

어떻게 없는 것이 있을 수 있는가? 어떻게 없음(無)에 있음(有)이라는 술어가 따라붙는가? 유는 서양의 계사(ἔστι/is)와는 다른 용법을 지닌다. 유는 서양의 계사와는 달리 병치가 아닌, 내함을 우선으로 하기 때문이다. '동무가 먼 데서 온다'가 아니라 '동무가 (있어) 먼 데서 온다'(有朋自遠訪來)이다. 이때 있다는 것은 존재가 아닌 불특정을 가리킨다. 우리말로는 '어떤 벗'(a certain friend)의 뜻이다. 우리는 그가 누군지는 모르지만 이세계의 관계망 속에 실유함을 드러낸다. 그는 여기에 없지만 있을 수있다는 점에서 무를 유화(有化)시켜 말하는 것이다. '집에 누구 있소?'라는 물음은 '(어떤) 사람이 집에 있느냐?'(Anybody home?)를 묻는 동시에 '사람이 (있어) 집에 있느냐?'(有人在家乎?)를 묻는다. 집은 사람이 없는 곳인데 '어떤' 사람이 있느냐를 묻는 것이 아니라, 집에는 사람이 '있는'데 현재(現在) 있느냐를 묻는다. 이처럼 유는 무를 용인할 만큼 여유로운 술어이다.

유는 온갖 층차를 표현한다. 태극은 음양을 낳고, 음양은 오행을 낳는다.(太極-兩儀-五行) 태극과 음양, 음양과 오행 사이에는 독립적인 관계가 성립되지 않는다. 그들은 독자적이지 않고 종속적이다. 그들은 병렬되지 않고, 주종을 이룬다. 숫자도 그렇다. 이를테면 59는 50이 있고 9가그에 딸려 있는 것이다.(五十有九) 수도 독립적이지 않고 오히려 층차적이다. 50의 층차에 9가 딸려 있지, 59는 개별적으로 존재하지 않는다. 이모든 층차의 대명사인 유라고 층차를 갖지 않을 수는 없다. 그것이 바로 무이고, 그때 무는 유보다 앞선다. 적어도 모든 유는 무를 배경으로

깔지 않는 한 있을 수 없다. 그때 무는 유의 사라짐 또는 흩어짐이 아니라 유의 근원이다.

그런 절대무는 과연 무엇인가? 짝이 없다. 이때 절대부정은 상대로서의 부정이 아니다. 상대될 수 없기에 부정도 불가능하다. 그렇다고 이 절대부정은 절대긍정인가? 아니다. 절대부정은 절대의 세계에 있기 때문에 결코 상대의 세계를 포함하는 긍정으로 내려오지 않는다. 절대무의 세계에서 부정의 부정은 일어날 수 없으며, 나아가 부정의 부정이 곧 긍정이 되지도 않는다. 절대무는 유를 만나는 순간, 상대무로 전락하고 만다. 그러고는 유의 가상 또는 허상으로 무의 지위는 하락되고 마는 것이다. 따라서 무는 긍정의 용법으로 표현되어서는 안 된다. 무는 영원히 부정의 의미 속에서 존재하는 것이다.

무가 절대부정 속에 있다고 부정되는 것은 결코 아니다. 우리는 '없음의 없음'을 말할 수 없거나 생각할 수 없지 않다. 둥근 세모와 쥐뿔처럼. 원형에 가까운 삼각형과 뿔 달린 쥐를 생각해 보자. 다만 '없음의 없음'이라는 말이 있음의 말이기 때문에 말을 꺼려할 수밖에 없을 뿐이다. 도는 말할 수 '없다'.(不可道) 그러나 참다운 도(常道)는 '있다'.[6] 말할 수 없음은 말로만 하고자 하는 이들에게 말함이요, 말할 수 있음은 말로 할 수 없음을 아는 이들에게 말함이다. 생각할 수 없음은 있음과 없음을 생각하는 사람들에게 생각할 수 없음이요, 생각할 수 있음은 있음과 없음을 넘어서는 사람들에게 생각할 수 있음이다. 무는 이렇게 말하고 생각된다.

---

6) 『老子』, 제1장.

무는 변경을 넘어서 있으며, 유의 언저리에서 머물고만 있지 않다. 서양의 무가 유의 가장자리에 덧붙여진 가느다란 것이라면 동양의 무는 유를 에워싸고 있는 큰 덩치의 것이다. 서양의 무는 얇고 동양의 무는 두껍다. 서양의 무는 찢어질 듯 가냘프지만, 동양의 무는 푹신하면서도 널찍하다. 서양의 무는 왜소하지만, 동양의 무는 풍만하다. 서양의 무가 촉급하다면 동양의 무는 여유롭고, 서양의 무가 배타성을 띤다면 동양의 무는 포용력을 보인다. 서양의 무는 개인을 위해서라도 존재하지 않아야 하고, 동양의 무는 관계를 위하여 반드시 존재하지 않으면 안 된다.

동양에서 인간의 지각이 '허령虛靈'한 까닭은 인간의 껍데기 속에 알맹이와 같은 무의 역할을 너무도 깊게 보아 왔기 때문이다. 그런 점에서 무는 하나의 태도이다. 삶에 대한 자세, 남에 대한 숙고, 그로 말미암는 수많은 배려들이다. 무의 이름은 같으나 속이 다르기 때문에, 서양의 실존주의는 걱정(念慮: Sorge, Fürsorge, Besorge)투성이지만 이 동양의 무론은 평온平穩하고 염담恬淡한 덤덤함이다.

태도로서의 무라도 받아들일 수 있다면, 우리는 무와 유를 구별하는 것이다. 말할 수 없는 무라 하여 무가 없다고는 말하지 못한다. 무는 부정이기 때문에 부정되고 따라서 이중부정의 결과로서 유가 되지는 않는다. 무는 부정의 세계에 있지 긍정의 세계에 있지 않다. 부정의 세계에 있기 때문에 결코 긍정의 세계로 하강하거나 긍정의 세계에서 긍정되지 않는다. 노자와 장자는 부정의 부정이 긍정이라는 단순논리를 혐오한다. 그것이 노자의 도추道樞, 장자의 환중環中이라는 이름의 형이상학인 것이다. 그것들은 현실에 있지만 현실이어서는 안 되는 부정의 세계이다. 있는 것은 있고, 없는 것도 있다.

부정의 부정으로 부정을 없애지 말라. 무가 무라고 없애지 말라. 부정은 부정으로 긍정되고, 무는 무로 남게 하라. 무는 무이기 때문에 무로 없는 것이 아니라 무로 있는 것이다. 이것이 바로 도가의 형이상학이다.

이 도가의 무가 유에 의해 간섭받기는 꽤나 오래된 역사이다. 유가들이 도가의 무를 '무는 없다'[7]고 소박하게 주장한 것은 송 초에 이르러서이지만, 불가가 그 무를 빌려 쓰다 무를 다시 한 번 부정하여 유를 얻은 것은 위진 격의파 불교 이후의 명백한 사실이다. 불가나 유가 모두 '무무無無'를 말했지만, 불가는 유무를 통해 또 다른 하나(空)를 얻고자 했다면, 유가는 무의 자리에 다른 것(氣)을 집어넣기에 바빴다. 그 둘에게 모두 무의 독립적인 지위는 불가능하다. 무의 공으로의 이전, 무의 기로의 전환은 도가의 본래 이념에 적절한 것은 아니었다. 인도-유럽어로서 불교의 논리구조에서 이중부정(neti-neti/not-not)은 긍정일 수밖에 없었고, 일용후생에 집착하는 유가들에게 무는 유를 위해 봉사하는 것(위진현학의 명교파 유가 또는 도가[8])에 지나지 않았다. 그리하여 도가의 절대무는 부정으로 긍정되지 못하고, 부정이기에 처음부터 부정되거나 아예 다른 이름으로 개칭되어, 오해되거나 침몰되어 왔다.

---

7) 張載, 『正蒙』, "知虛空卽氣, 則無無."
8) 정세근, 『도가철학과 위진현학』(서울: 예문서원, 2018), 제2부, 「제2장 명교파와 죽림파 그리고 격의파—위진현학의 3대 학파」.

2. 히브리와 헬라

무를 받아들이는 서양인의 태도는 크게 보아 두 가지이다. 그것은 때로는 상반된 것이지만 마치 구렁이 담 넘어가듯 사이좋게 어물쩍 넘어가고 있다. 그렇게 된 이유는 철저하게 신학의 철학화에 기인한다. '철학은 신학의 시녀'라는 폄하에도 불구하고 서양의 철학사는 철학이 철저히 신학을 간섭하고 있음을 보여 준다. 아무리 목적이 신학에 있었다 해도 논리의 수급은 철학에 의존하지 않을 수 없었던 것이다. 중세의 교부철학이나 스콜라철학이 바로 그 단적인 예이다. 그런 점에서 서양의 철학은 신학을 위해서 봉사하는 데 그치지 않았고 오히려 신학을 철학화하는 데 기여한다.

이를테면 안젤무스 이후 중세를 좌지우지했던 존재론적 증명이란 무엇인가? "신은 가장 크다. 그것이 없다면 어떤 것이 그것보다 크다. 그러므로 신은 존재해야 한다. 왜냐하면 신보다 큰 것이 존재할 수 있기 때문이다. 그러므로 신은 존재한다." 아퀴나스는 거부하고, 데카르트는 접수하고, 칸트가 논박하고, 헤겔이 다시 부인한 이 증명은 서양철학사의 중심부에 있었다. 비록 비판적인 서양철학자들은 증명되지 않은 대전제라 비난하지 않을 수 없었지만. 그런데 이러한 논쟁은 기본적으로 삼단논법의 형식을 떠나지 못한다. "신은 완전하다. 완전한 것은 현존한다. 따라서 신은 현존한다"[9]는 너무도 분명한 연역논증인 것이다. 교부철학에서의 플라톤의 역할, 스콜라철학에서의 아리스토텔레스

---

9) Duns Scotus.

의 지위는 더 말할 필요조차 없다. 그런 점에서 중세는 오늘날과 비교할 때 결코 철학의 암흑시대는 아니다. 오히려 오늘날처럼 철학이 쓸데 없었던 적은 아마도 없었을 것이다. 오늘날은 철학의 폐기시대다. 21세기에서의 용도폐기인 것이다. 비엔나에서 벌어졌던 반형이상학의 조류는 거꾸로 말해 과학의 만능시대를 예고했던 현상이었다. 과학의 논리만을 밝혀 주는 것이 철학의 임무라는 슬픈 자포자기, 자폐자기의 선언이 바로 비엔나학단의 생존 전략이었다. 그렇기 때문에 철학의 암흑시대는 차라리 오늘이지 중세가 아니다.

그리스도교는 사실상 무를 인정한다. 이른바 '무로부터 유의 창조'(creatio ex nihilo)라는 히브리[10]적 사고는 '있는 것은 있고, 없는 것은 없다'는 헬라[11]적 사유로 신기하게도 전환된다. 과연 히브리적 사유에서 무는 존재하는 것인가? 그 물음에 답하기 전에, 우리는 여기에서 오히려 현대로 와서 우주의 탄생과 소멸에 대해 이야기할 필요를 느낀다.

빅뱅(Big Bang)은 현대물리학만의 용어는 아니다. 이는 그리스도교의 수사가 오히려 창조론의 절대성을 교의에 맞게 설명하려던 것이다. 그렇다면 블랙홀(Black Hall)은 또 무엇인가? 시간의 창조에 대비되는 종말을 설정하는 그리스도 교의와 상응하는 것 아닌가? 이 둘은 곧 시간에 대해서 아우구스티누스가 설정한 처음과 끝, 신의 조화 속에 마련된 시련과 그 극복의 결과로 보장된 천국, 예정조화의 서막과 종료가 아니던가? 이처럼 과학도 신학의 영향에서 완전히 자유롭지 못할지도 모른다. 그렇다면 과연 과학에서 말하는 처음과 끝은 유인가, 아니면 무인가? 그

---

10) 헤브류(Hebrew) 또는 유대(Jew).
11) 希臘(Hellas) 또는 그리스(Greek).

처음이란 플라톤이 주장했던 것처럼 무엇인가 있었던 것에서 또 다른 무엇인가를 주물러 만드는 데미우르고스에 의해 이루어진 것인가, 아니면 정말 아무것도 없었지만 무엇인가가 갑자기 이루어진 것인가?

그리스도교, 좀 더 정확히 말하자면, 유태교를 포함하여 여호와라는 절대자를 믿는 유일신교에는 무의 세계가 어느 정도 전제되어 있다. 없는 것에서 있는 것이 나오며, 있는 것은 없어진다. 그저 소멸이 아니라, 절대 무화無化한다. 우리가 블랙홀을 지난 세계를 상상하지 못하듯, 아무것도 없다. 하나/느님의 창조는 목수와 같이 주어진 나무토막으로 집을 만드는 '과정'(process)이 아니다. 창조는 소재素材조차 없는 완전한 무에서 일어난 일종의 '사건'(event)이다.

우리는 히브리적 설명의 최초 모습이 엉성했을 것이라고 믿어 의심치 않는다. 이는 유태교의 논리가 부족했음을 꼬집는 것이 아니라 헬라적 도움을 필요로 했음을 말하는 것이다. 그런데 그리스도교는 서양의 주류가 된 소크라테스, 플라톤, 그리고 아리스토텔레스의 노선에 자연스럽게 충실하고 말았다. 단적으로 말해, 파르메니데스의 틀로 자신을 보호하게 된 것이다. 이는 처음부터 비극적인 만남이었다. 형이상학이 아닌 과학을, 창조가 아닌 진화를 스스로 예견한 길이었다. 논리로는 영원히 동일률을 받아들이면서, 신은 '앞뒤가 안 맞으니 존재한다.'(Si fallor, ergo sum) 곧 '틀렸으니 믿는다'는 엉뚱한 논증이 시작된다. 이상한 모순율, '모순되어서는 안 된다'가 아니라 '모순되니 된다'는 그리스도교의 독단과 억견이 화형제도와 더불어 중세에 자리 잡게 되는 것이다. 사랑해선 안 될 사람과 사랑에 빠지고도 너무도 오랫동안 사랑을 한 셈이다.

과연 무엇이 히브리적인가? 우리는 그 모습을 쉽사리 복원하지 못한다. 그러나 그들 사유 속에 무가 끼어들 자리가 있었던 것만큼은 분명하다. 적어도 무가 유의 주변에서 오도 가도 못하는 신세보다 한결 낫다. 천국을 생각하면서 시간을 생각하는 잘못을 범하는 것처럼, 우리는 창조와 종말의 전후를 자꾸만 동일률적인 맥락에서 이해하려고 애쓴다. 창조와 종말의 사이를 이해하는 데 아리스토텔레스의 철학과 그로 말미암는 과학적 사고가 효율적임을 부정하려는 것은 결코 아니다. 문제는 창조 이전과 종말 이후라는 '없음'의 세계이다.[12]

3. 무아와 아트만

인도의 사유는 브라만적 사유와 비브라만적 사유로 크게 나누어 볼 수 있다. 브라만적인 사고가 오늘의 인도의 주류라면, 비브라만적인 사고는 인도에서 발생되어 동아시아에서 꽃을 피운 불교이다. 왜 이렇게 나누는가? 이는 인도적 사고와 인도의 혁명적 철학자인 싯다르타, 인도 정신의 복귀와 싯다르타 철학의 몰락으로 대별되는 문화적 현상과도 일맥상통한다. 우리가 불교를 이해하면서 줄곧 마주하는 의문점, 곧 '나'와 '나 없음'의 대비와 모순은 바로 여기에서 비롯된다.

싯다르타가 영원히 부정하려 했던 '나', 무명無明이란 그 '나'에 휩싸

---

12) 나는 Post-modernism 계열의 철학자들, 그 가운데에서도, '無의 언저리' 또는 '絕對의 他者'를 말하는 철학자들이 유대인임에 주목한다.

이기 때문인 것을. 그는 그것을 바로 '무아無我'(an-atman)라고 불렀으며, 그것은 세계의 참모습이었다. 그리하여 인도 전역을 붓다의 가르침으로 송두리째 휩싸이게 하였지만, 어찌된 일인지 인도는 그러한 '무아'를 영속적으로 받아주질 않았다.

오늘날의 힌두교에서 군건히 인정하고 있는 4계급으로 나누어져 있는 신분질서는 너무도 철저하다. 그들은 대대손손 그럴 수밖에 없다. 왜? '나'의 있음은 나의 과거와 미래를 규정하기 때문이다. 나는 나일 뿐, 나는 나 아님이 없다. 나는 있을 수밖에 없고, 없을 수 없다. 이렇듯 '나'는 처절하다. '나'는 '나'라는 것 하나 때문에 신분이며, 계급이다. 그것에 따라 언어와 행동 그리고 사회의 역할이 정해지는 것이다. 과연 싯다르타가 이를 인정했을까? 결코 아니리라. 그의 깨달음은 궁극적으로 이러한 '나'의 없앰이기 때문이다. '나'의 없어짐은 곧 자비이며, 나아가 평등이다.

중국불교는 당연히 비브라만적 사유에 치중되어 있다. 무아는 이른바 대승불교의 핵이다. 그러나 적지 않은 불교전문가는 너무도 인도전통에 심혈을 쏟다 보니 오히려 브라만적이 되고 말았다. 동아시아 불교의 황금시대의 기초를 쌓은 우리의 삼장법사 현장玄奘이 대표적인 예이다. 그가 인도를 다녀와 개창한 것이 바로 유식종唯識宗이며 이는 신라 경덕왕 때 진표율사에 의해 한국불교에도 큰 영향을 끼치는데, 이 유식종 또는 법상종法相宗이 바로 '식'이라는 '나의 있음'을 일정 부분 긍정함으로써 '나의 없음'과 충돌하게 된다. 한마디로 아트만이 무아의 세상에 자꾸만 끼어들게 된 것이다.

내부 충돌은 결국 선禪이라는 극단적인 돌출을 만든다. 선이 인도의 것임에도 중국과 일본, 그리고 한국에서 가장 깊고도 넓게 퍼지게 된 것은 이러한 자체 모순으로부터 벗어나기 위함이었다. 불립문자不立文字와 언어도단言語道斷을 내세운 선은 한마디로 불교의 탈출구였다. '백척 꼭대기에서 한 걸음 더'(百尺竿頭進一步)라든지, '때리고'(방/봉: 棒) '소리 지르는'(할/갈: 喝) 것이 깨달음의 방편이 되어 버렸다.

유식은 근대중국에서 서구의 문물이 들어올 때, 또 한 번의 공로를 세운다. 청 말의 장태염章太炎은 유식과 『장자』의 「제물론齊物論」으로 '평등平等'을 주창하고, 민국 초의 웅십력熊十力은 유학의 부흥을 위해 유식의 논리를 적극적으로 빌려 쓴다.[13] 이는 무엇을 말하는가? 서구의 자아와 타아의 구분, 정체성의 확립, 그리고 자기중심성에 대항할 논리는 결국 또 다른 자아의 인정밖에는 별 다른 묘수가 없었던 것이다. '너의 나'를 이기기 위해서 '나의 나'를 세우기 시작했다. 이른바 '오랑캐로 오랑캐를 이기자'(以夷制夷)는 정신에 '무아'가 끼어들 여지는 없었다. 무아가 어떻게 싸우고 죽이겠는가?

불교란 무의 종교이다. 무가 무의 제자리를 찾지 못할 때, 무의 종교조차 그 가치를 잃는다. 인도에서 불교가 제자리를 못 가진 것처럼, 한국에서도 제자리를 잃어버리고 마는 것이다. 초창기 불교의 유입시기에 중국의 승려들은 무로 자신을 정의하는 데 주저하지 않았다. 점차 무 이상의 무엇으로 무를 설명하기 위해 제공된 '공空'은 좀 더 철저화된 무인 것이다. 그러나 '색즉시공, 공즉시색'의 선언이 일반화되면서 공은

---

13) 章太炎, 『齊物論釋定』(저술기간: 1910~1911); 熊十力, 『新唯識論』(文言本: 1932); 『破破新唯識論』, 1933(語體本: 1940). 유식학 부흥의 역사를 좀 더 거슬러 올라간다면, 譚嗣同, 『仁學』을 꼽을 수 있겠다.

점차 진정한 의미에서의 무와 멀어지고 만다. 현실적으로는 승려의 권력화이고, 학문적으로는 제상諸相의 맹목적인 긍정이다. 유를 없애고 고쳐야지, 왜 유에 머무르란 말인가? 무야말로 해방이요, 자유요, 평등이 아닌가? 왜 자꾸만 과거를 말하고 미래를 떠들어 오늘을 제약하는가? 업보業報라는 것이 나만의 것이 아니라 나 밖의 것과 더불어 함에도 왜 나의 것으로 규정하거나 축소시키는가? 개인의 잘못도 있지만, 타자인 사회와 국가의 잘못은 없단 말인가?

무로부터의 후퇴는 불교의 고식화姑息化를 낳는다. 신분과 계급은 물론이거니와 체제와 정체에 순응하는 너무나도 종교적으로 순화된 인간을 만들어 낸다. 그는 착할지는 모르지만 때로는 어리석고, 그는 어리석지는 않을지라도 때로는 나쁘다. 남의 괴로움에 슬퍼할지는 모르지만 왜 슬퍼하는지 모르고, 스스로는 맑고 깨끗하지만 남을 모른 척한다. 한국불교의 슬픈 과거는 이렇게 무를 괄시하고 유에 만족하는 데에서 출발했다. 억눌려진 사람, 버려진 사람, 어린—슬픈 사람이 '없어야' 하지 않고 '있어도' 괜찮았던 것이다.

견성見性이란 무를 바라보는 것이고 성불成佛이란 무를 이룸이다. 무와의 만남이 바로 깨달음의 길이다. 무차별의 원융세계, 그것이 무가 아니고 무엇이란 말인가? 무심의 평등 세계, 그것은 가슴속 깊이 무를 받아들이는 것이 아니라면 무엇이란 말인가? 무념무상의 나, 그것은 무아로 나가는 첫걸음이다.

4. 무의 쓰임

무는 쓸데 있는가? 나는 무의 쓰임을 보고 놀란다. 노자는 '바퀴의 가운데', '그릇의 빈 데', '방의 빈 곳'을 말하여 무의 쓰임, 곧 '유의 이로움은 무의 쓰임이다'[14]라고 선언했다. 우리가 기원전 3천 년 전부터 써왔다는 바퀴는 결국 바큇살이 꽂히는 가운데의 없음이 없다면 불가능한 것이고, 그릇을 아무리 황금으로 만들었다고 하더라도 우리가 그릇을 쓸 수 있는 까닭은 그릇의 빈 데 때문이고, 방을 넓게 쓰려는 것은 빈 곳을 차지하려는 것 아니냐는 노자의 말은 실로 탁견이다.

그런데 어떤 이는, 이것은 단순히 허공을 가리키는 것이지 오히려 이른바 절대무와는 거리가 먼 것이 아니냐고 반문하기도 한다. 노자의 그 글에서 무는 말 그대로 '빈 것' 곧 허공이다. 이런 점에서 그러한 지적은 틀리지 않다. 그러나 노자는 그 허공을 통해 다른 것을 말하고 있음을 직시하지 않으면 안 된다. 한마디로 말해, 노자가 외표상 가리키는 것은 허공이지만, 실재적으로 뜻하고자 하는 것은 온갖 유의 근거로서의 무이다. 바퀴가 돌아가기 위한 무, 그릇이 쓰일 수 있는 무, 방으로 가두어 두는 무, 이것들은 형식상 허공이지만, 허공으로만 존재하는 것이 아니라 유를 유답게 만드는 근거적 존재로 그 위상을 분명히 하는 것이다. 다시 말해, 바퀴와 그릇과 방만이 '있는 것'이 아니라, 그것들이 쓸모 있기 위해 반드시 필요한 조건으로 무도 '있는 것'이다. 무는 그것들의 존재 근거로서의 또 다른 존재이다. 무는 유가 있기 위해 하찮게

---

14) 『老子』, 제11장, "故有之以利, 無之以爲用."

있는 것이 아니라, 무는 유가 있으려면 반드시 전제되어야 하는 거룩한 것이다. 때로는 어머니처럼, 때로는 공기처럼. 분명 어머니도 '있고', 공기도 '있다'. 그처럼 무도 '있다'. 유보다도 앞서고, 유보다도 무겁게, 무는 있다.

죽은 사람을 놓고 우리는 그가 '돌아갔다'고 한다. 죽은 그는 있다가 없어졌기 때문에 단지 사라짐에 불과한가? 아니리라.

죽음만을 놓고 보았을 때 그는 있다가 없어졌기에 사라진 듯하다. 따라서 그는 있었고 다른 방식으로 또 있지 결코 없지는 않다고 생각한다. 있는 것은 또다시 있는 것이지 없을 수 없는 것이다. 그러나 거꾸로 생각해 보자. 우리가 세상에 태어나기 전에는 있었는가, 없었는가? 있는 것은 있는 것이기 때문에 수태 이전에도 있었던 것인가? 우리는 죽음에 대해서는 쉽게 영혼이라는 이름으로 불멸을 선사하고 동일성의 유지를 긍정한다. 그러나 태어남에 대해서는 머뭇거린다. 만일 있는 것은 있을 수밖에 없다면 과연 탄생이란 의미 있는 것일까?

죽음에 대해 '돌아간다'는 표현은 상당히 삶 이전의 어떤 것을 긍정하는 것이다. 그것이 삶의 언어로 정의되거나 치환되지는 못할지라도, 삶을 넘어 죽음을 받아들이고 있음은 틀림없다. 달리 말하자면 '삶 이전에서 나와 삶 이후로 간다'는 사고인데, 이는 삶이라는 유를 죽음이라는 무가 둘러싸고 있음을 보여 주는 것이다. 좀 더 정확하게는, 그 무는 죽음을 넘어서 있는 것이며 태어남도 넘어서 있는 것이다.

우리는 영혼의 존재를 증명하기는 바라면서도, 새 생명의 근거를 설명하기는 바라지 않을 때가 많다. 아니면, 단순히 영혼의 순환을 믿어버리고 만다. 그러나 무란 무화된 어떤 것이다. 비록 유를 감싸고는 있지만 유의 방식으로 규정되지 않고 거대한 미지의 세계처럼 있는 것이다. 장자가 말한 기氣의 '모이고 흩어짐'(聚散)처럼 하나의 덩어리로 우리와 마주하고 있는 것이다. 유를 유답게 하면서.

무는 이처럼 쓰인다. 삶을 위해서, 죽음을 위해서, 태어남을 위해서. 삶은 유이지만, 태어남과 죽음의 전후는 무이다. 나의 목숨이 목숨일 수 있는 까닭은 생사라는 무의 계기가 있었기 때문이다. 돌아감은 그런 점에서 철저히 무에로 돌아가는 것이다. 귀무歸無는 곧 귀향歸鄕이요, 귀성歸省이다. 귀향은 우리의 출생지로 돌아감이요, 귀성은 우리의 출발점을 살펴봄이다. 귀무는 이렇듯 본처本處에로의 향수鄕愁와 성찰省察을 수반한다.

나는 이런 소용所用의 무를 자신의 철학체계 내에서 가장 탁월하게 해석한 작자로 왕필王弼을 꼽는다. 그러나 그는 철저하게 '유에게 봉사하는 무'를 그려 냈다. 결국 그가 걸어가고자 했던 세계는 유의 길이었지 무의 길이 아니었다. 그런 점에서 나는 왕필의 사유가 지니는 정치 지향적 내음을 과히 좋아하지 않는다. 그럼에도 내가 그에게서 발견하는 것은 무가 이다지도 쓸모가 있었느냐는 역설적 반문이다. 그래서 나는 그에게서 하나의 위안을 얻는다.

아쉽게도 왕필은 참다운 무를 만나길 거부했다. 무를 만나면 세상이 무너질 듯한 불안감을 느꼈는지도 모른다. 그의 현실은 없음이 아닌 있음을 따르는 유학이었다. 역학易學을 가학家學으로 한 그에게 유학의 실용성은 무엇보다도 중요했고, 조조의 의붓아들이자 사위인 하안(何晏15)

---

15) 曹操가 何晏의 어머니를 취하니 의붓아들이요, 의붓아들에게 자신의 딸을 주었으니 사위이다. 역사는 하안을 駙馬로 기록한다.

에 의해 발탁된 그는 정권을 무화시키고 싶지도 않았고 그럴 수도 없었을 것이다. 그러나 왕필은 노자에게서 쓸모 있는 무, 다시 말해, 현실의 실용을 위해 제시된 무를 발견하고는 노자를 자기화시키는 데 성공한다. 이른바 '무의 쓰임'(無之用)설이다.[16]

오늘 나는 무에 철두철미한 철학자를 기다리고 있다. 그 무는 확장의 논리가 아니라 수렴의 논리이며, 형식의 논리가 아니라 실질의 논리이며, 언어의 논리가 아니라 행위의 논리이며, 지성의 논리가 아니라 감성의 논리이며, 시간의 논리가 아니라 비시간의 논리이며, 유한의 논리가 아니라 무한의 논리이다. 비유적으로 말하자면, 낮이 아니라 밤이며, 하얀 것이 아니라 검은 것이며, 사랑이 아니라 덤덤함이며, 물이 아니라 술이다. 무는 흐린 밤의 검은 술이다.

서양철학이 집착했던 현존성은 '있음이 없음보다 좋다'는 맹목과도 같은 전제에서 비롯된다. 때로 있음은 하나/하느님의 있음과 결부되어 더욱 치열하기도 했다. 그러나 동양에서의 없음은 있음보다 좋은 것이다. 없음은 있음의 어머니일 뿐만 아니라, 모든 것들의 회귀처이기도 하다. 어두워 잘 보지는 않지만, 검어 칙칙하긴 하지만, 아무것도 하지 않는 듯하지만, 머물지 않고 흐르지만, 맑지 않고 흐리지만, 그것은 어떠한 있음보다도 근원적이며 본래적인 것이다. 유무는 우열優劣의 문제가 아니라 본말本末의 문제이다.

---

16) 정세근, 『도가철학과 위진현학』(서울: 예문서원, 2018), 제2부, 「제1장 제도옹호론과 그 반대자들—위진현학에 대한 정의 문제」.

5. 자연, 경지, 조화 그리고 리

■ 자연

노자의 '자연自然'은 결코 외재적 자연대상물을 가리키는 것이 아니다. 노자의 자연은 자연스러움을 가리킨다. 따라서 '자연성'과 '자연물'은 다르다. 자연성은 영원하다. 반면, 자연물은 유한하다. 유한의 자연물이 무한의 자연성을 낳을 수 있는가? 그렇지 않다. 자연성은 유한이 낳는 것이 아니라, 무한이 낳아야 한다. 자연(성)은 무한인 것이다.

절대무가 자연을 만든다. 상대무는 유에 종속되어 자연을 만들지 못한다. 내재성은 유의 사업이 아니고, 무의 영역이다. 무한하기 때문이다. 유한한 것은 영원하지 않다. 내재성은 영원성을 전제한다. 나의 내재와 너의 내재, 따라서 사람은 만날 수 있다. 유의 것은 유한할 뿐 무한하지 못하다. 그러므로 내재라는 무한의 성질은 무 속에서 찾아야 한다. 적어도 노자는 그렇다.

무한이 유한을 낳아야 한다. 내재가 시들어 버릴 수 있는가? 인간의 본성이 이랬다, 저랬다, 있었다, 없었다 하는가? 아니다. 따라서 본성은 무한성에 귀속된다. 무한성은 당연히 절대무의 것이다. 유한이 그 무한을 간섭할 수 없다. 만일 간섭할 수 있다면 그것은 벌써 유한한 존재물로 이행되었음을 말한다.

결국 자연은 무이다. 자연이 유라면 그 유는 일시적인 것일 뿐이다. 그때 자연은 자연성이 아니라 석탄, 기름과 같은 자연물에 불과하다. 자연은 자연성, 그러니까 우주의 탄생 이래 면면히 내려온 본성인 것이다. 그 자연에게 절대무의 지위를 보장해 주지 않는다면 누가 인간의 자연성에 경외심을 보내겠는가? 유한인(人)이 유한물(物)을 다룰 뿐인데.

스피노자가 "신은 모든 사물의 내재적인 원인이지 초월적인 원인이 아니다"(E1 P18)라고 한 것은 그가 내재성에서 무한성을 만났기 때문일 터이다. 그러나 능산 또는 능연(natura naturata), 그리고 소산 또는 소연(natura naturans)으로 구별되는 자연은 중국에서는 경계가 허물어질지라도(物物者與物無際[17]) 시초는 다르다(物物者非物於物[18]). 무한적인 것과 유한적인 것은 다르기 때문이다. 기(氣)와 만물의 차이와도 같다.

■ 경지

또렷하지 않은 의식을 노자는 '황홀' 또는 '홀황'이라고 부른다. 아스라함(夷), 어렴풋함(希), 조그마함(微) 또한 그러하다. 장자는 지인至人, 신인神人이라는 호칭으로 기존의 성인聖人의 격을 한층 높인다. 때로 장자의 성인은 육체의 우스꽝스러움으로 정신의 고양을 드높이기도 한다. 데카르트가 '확실하게 하는 것'(A≠−A)만을 안다고 했지만, 스피노자는 그의 '아는 것을 알기'(의식−반성)를 넘어서 신의 차원에서 볼 때 '수준 차이'가 있을 뿐이라고 주장한다. 그러나 이에 대한 완전한 설명은 라이프니츠이다. 의식 아래의 '작은 지각'(petites perceptions)으로 그는 '하부의 식'(infra-conscience)을 말했다. 알지 못하는 것은 작은 의식으로 의식되지 않음을 뜻할 뿐이다.

우리는 옳다와 그르다만을 말할 때가 많다. 그러나 이 세계는 그

---

17) 『莊子』, 「知北遊」.
18) 『莊子』, 「山木」.

양분을 넘어서 '모른다'가 있다. 옳다와 그르다는 '안다'의 영역이지만, 우리는 '모른다'의 영역도 인정하지 않을 수 없는 것이다. 그것을 우리는 또다시 무라는 이름으로 설명해야 할는지도 모른다. 사실상 20세기의 무의식도 무의 영역은 아니다. 그런데 우리가 모르는 것은 정말로 무의 것이 아닐까?

우리말의 경지境地는 중국말의 경계境界이다. 중국인에게 '계'는 영역이고 영토(territory)이지만, 우리말에서 그것은 경계이고 한계(boundary)이다. 이를테면 우리말의 '한계限界'를 중국말로 바꾸면 영역의 의미가 들어가기 때문에 그대로 옮겨지지 않고, '계한界限'으로 바꾸어야 한다. 홍콩의 '신계新界'는 새로운 경계선이 아니라, 새로운 조차지租借地이다. 지금 내가 우리말로 말하는 '모른다'의 영역은 경지이지 경계가 아니다. 서양은 경계까지만 나갔지만, 동양은 경지에 이르지 않으면 안 되는 것이다. 그것이 바로 무의 경지, 곧 서양에 의해 버려진 동양의 땅이다.

■ 조화

예정조화의 아름다움에 우리는 정말 미쳐 버리고 싶다. 그러나 문제는 싸움조차 예정조화될 수 있느냐는 것이다. 싸움이 지나치다면, 우리는 적어도 상하, 귀천에 대해서는 말하지 않을 수 없다. '여럿'이 '하나'가 될 수 있는 것은 얼마나 예쁘고, '하나'가 '여럿'이 될 수 있는 것은 얼마나 거룩한가? 그러나 그러한 접힘과 펼침은 사회 속에서 통제와 규율로 나타나고 만다. 복종, 우열, 그리고 차별이 역사를 통해 점철된다.

곽상이 「제물론」 주에서 밝히는 '천하가 한 몸이다'(天下爲一體)라는 명제는, 내가 보기에는, '하나는 전체를 위하여, 전체는 하나를 위하여'(One for all; all for one)라는 전체주의의 구호로밖에 들리지 않는다.[19) '하나'(님) 의 세계 속에서 하나가 되고 싶은 마음이야 우리 모두의 이상이지만, '말과 소가 사람에게 부림을 받는 것은 그놈들의 운명'이라고 주장하는 곽상의 사고에 나는 진저리를 친다. 그의 말은 마소에 그치지 않고, 사 람 곧 노예(臣妾)에까지 이르기 때문이다.

막연하고 관념적인 평화의 철학이 헤겔의 생성론과 마르크스의 혁 명론을 낳았다. 헤겔이 우파라면, 마르크스는 좌파로의 발전이다. 헤겔 의 사변철학은 그 방만함과 둔탁함 때문에 결국 마르크스의 과학과 실 천을 영접하지 않으면 안 되었다. 그러고는 레닌과 모택동, 그리고 주체 사상으로 이어진다. 어떤 의미에서든지 평화를 지키는 사람은 그것을 지키기 위해서라면 가장 날카로운 칼을 지니고 있지 않으면 안 된다. 평화를 폭력으로 장악하려는 사람은 늘 최고의 무기를 갖추니까.

유를 붙잡고 놓치지 않는 사람은 사회의 질서에 집착할 수밖에 없 다. 질서는 적당한 폭력과 권위를 인정한다. 폭력은 감옥으로 대표되는 체형(體刑)이요, 권위는 상명하복(上命下服)의 서열이다. 무를 잡는다는 것, 그것은 하나의 평화의 실천(擇無而固執之)이다.

■ 리理

라이프니츠를 볼 때, 나는 주희를 느꼈다. '참 하나에는 온 우주가 들어 있다'는 것은 개물이 '태극 하나'(一太極)씩을 갖고 있다는 것으로 여 겨졌기 때문이다. 물론 이러한 '리는 하나이되 만물이 나누어 가졌다'(理

---

19) 鄭世根, 「郭象與全體主義」(第12次國際中國哲學會, 臺北: 政治大學, 1999.7.).

368   제2부 도가철학과 현대

一分殊)라는 사고는 한마디로 '월인천강지곡月印千江之曲'을 부르는 것과 같은 맥락이다. 경포대에는 5개의 달이 있다. 하늘에, 바다에, 호수에, 술잔 위에, 님의 눈동자에. 님의 눈동자는 둘이라고 묻지 말자. 달이 천 개의 강 또는 만 개의 강에 찍혔다는 설명은 조선 초의 불교적 분위기를 넉넉히 반영하고 있는 것이기도 하다. 이때 리는 보편자이며, 존재한다. 이와 더불어 태극은 분유分有를 실행하는 존재(Sein)이자 존재물(Seindes)이다.

우주는 '단자의 지각방식' 때문에 '단자에 따라서 흐릿하거나 또렷하게 표현된다'. 표현-상호표현(관념적 인과성)-어떤 하나에도 종속되지 않지만, 온 우주에 종속된다-더불어 벌어지는 가능성(com-possibility)-필연성-예정조화, 그러나 그 조화는 부조화처럼 의식될 정도로 조화를 의식하지 않고 무관심하지만 결국은 조화로운 것이다. 그래서 조화(pre-established harmony)는 섭리(Divine Providence)가 아니다.

흐릿함과 또렷함은 기의 청탁淸濁이요, 상호 표현은 인온氤氳이요, 상호 종속성은 태극과 만물의 체용體用 관계요, 공共가능성과 필연성은 '운명으로 주어진 본성'(天命之謂性)이요, 조화調和는 곧 음양조화陰陽造化이다. 이때의 설명은 『주역』을 보는 성리학자의 입장과도 비슷하다. 이른바 우주와 만물을 생성론적으로 설명하기 때문이다. 그런데 그곳에 노장은 쉽사리 자리 잡지 못한다. 정조精粗, 기화氣化 정도가 개입할 수 있을 정도이다. 왜 그럴까? 그것은 어느 곳에서도 무, 무한, 무한정, 무화와 같은 개념이 끼어들 여지가 없기 때문이다. 이를테면 라이프니츠에게도 주희처럼 '무극은 곧 태극'(太極而無極)일 뿐, 그 말에 뒤따르는 "태극이 본래 무극이다"[20]라는 판단은 찾아보기 힘들다. 그렇듯 단자는 너무도 자기가 강하다. '창은 없지만 거울로 자기를 들여다보기'와 같은 관념이 노장에서는 어떻게 드러나는가?

6. 감응의 철학

이지훈의 「환유의 우주」는 은유와 환유를 넘어서 제유로 나가고자 한다. 은유는 같음의 비유법이며, 환유는 다름의 비유법이다. 그런데 제유는 부분과 전체를 보여 주는 비유법이다. 부분과 전체의 감응으로 우리는 앎을 얻는다. 『장자』의 '물고기의 즐거움' 이야기가 대표적인 예이다. 제유의 세계에서 우리는 우주와 하나 된다. 감응의 인식론이라고나 할까?

나는 그의 글에서 동서의 만남이 가까이 왔음을 느꼈다. 작은 주제가 이렇게 깊게, 그것도 수미일관되게 이루어졌음에 놀라지 않을 수 없다. 문장 하나에 서양철학사의 줄기가 하나씩 걸려 있다. 하이데거가 횔덜린의 시를 말할 때, 아니 「농부의 구두」라는 그림을 만났을 때 보여준 반응 같다. 그는 심미적이라서 존재를 말하지만, 이지훈은 인식론이라서 우주를 말하는 차이일 뿐이다. 그러나 그는 인식론으로 출발해서 형이상학으로 해답을 내렸다. 작은 우주와 큰 우주를 제유提喩로 제휴提携한다.

여기서 나는 동중서의 죄를 만났다. 천인상감天人相感을 말하면서도

---

20) 周敦頤, 「太極圖說」, "太極本無極也."

인간의 영역을 지나치게 확장한 죄, 벼는 하늘(天)이 자라게 하지만 피는 사람(人)이 뽑아 주어야 한다는 구실로 자연을 대상화시킨 죄. 그리하여 세계 속의 두 존재는 서로 느끼려고 하지 않고 베풀거나 받는 일방적 관계로 전향된 결말에 대한 책임을 그는 져야 했다.

라이프니츠의 '표현'(expression)이 우리의 '감응-感應'과 통하기 위한 전제가 있다. 이지훈도 지적하듯, 장자가 '그'(물고기)에 가까운 까닭은 입족처立足處를 무엇보다도 무의 경지에 두고 있기 때문이다. "자기를 무로 돌림으로써 온 우주를 생생하게 담는 거울이 되었고, 그 결과 만물을 살리며, 만물을 얻었다."(결론)

나는 '또 다른 그'가 무를 만나길 빈다. 나의 장황한 무에 대한 이야기는 무를 살리기 위해서였다. 그리고 그 무를 만나지 못한다면 노장, 적어도 노자와는 다른 길을 가야 할는지도 모른다. 후대의 주석가들에 의한 일정 부분의 침입에 자유롭지 않음을 시인한다 할지라도, 노자의 무가 그저 유의 사라짐에 불과하다면 노자의 철학은 그와 마찬가지로 그저 쓰레기(遺)[21]에 지나지 않겠는가?

나는 무 때문에 노자와 하이데거, 노자와 데리다의 다름을 만난다. 물론 그런 다름이 구조주의 또는 후기구조주의가 말하는 '차이'(difference) 또는 '차연'(différance)에 근거를 두는 것은 아니다. 아리스토텔레스의 종차로서의 정의, 스피노자의 부정으로서의 규정, 소쉬르의 긍정적인 용어는 없고 차이만이 존재한다(cat, bat, fat, hat)는 주장에 동조하는 것이 아니라, 혼돈混沌의 생명력을 보존코자 함이다. 그것이 『이아爾雅』에서 소

---

21) 裴頠, 『崇有論』.

리와 뜻이 비슷한 말(類音類義語)의 속출이 의미 있는 까닭이다. "사람은 사랑이다."(人, 仁也)[22]

---

22) 『論語』, 「顔淵」, "樊遲問仁, 子曰: 愛人." 또는 周敦頤, 『通書』, "聖, 誠而已矣."

『노장철학과 현대사상』 원 서지사항

서장 노장사상—인간과 자연에 대한 반성
　　원제: 「노장사상: 인간과 자연에 대한 반성」, 『대우재단소식』 No.59, 대우재단, 1997.

제1부 노자와 장자의 철학
　　제1장 노자와 자연—노자와 뜻으로서의 자연
　　　　원제: 「의미적 자연과 사실적 자연—노자의 경우」, 『한국동서철학회』 88, 한국동서
　　　　철학회, 2018.
　　제2장 노자와 진리—도와 X: 노자철학의 이론학
　　　　원제: 「도와 X: 노자철학의 이론학」, 『도가철학』 1, 한국도가철학회, 1999.
　　제3장 노자와 여성성—여성주의와 노자철학
　　　　원제: 「여성주의와 노자철학」, 『대동철학』 66, 대동철학회, 2014.(발표: 2004.11.6.)
　　제4장 노자와 정치—노자의 덕과 그 정치철학적 의의
　　　　원제: 「노자의 덕과 그 정치철학적 의의」, 『중국의 사회사상』, 형설출판사, 1992.
　　제5장 노자와 전쟁—노자의 반전론
　　　　원제: 「노자의 반전론」, 『동서철학연구』 32, 한국동서철학회, 2004.
　　제6장 장자와 성인—장자의 인격론: 참다운 성인은 불구다
　　　　원제: 「불구의 성인: 장자의 성인관」, 『범한철학』 17, 범한철학회, 1998.
　　제7장 장자와 공자—장자가 그린 공자: 도가와 유가의 만남
　　　　원제: 「장자의 공자」, 『공자학』 2, 한국공자학회, 1996.

제2부 도가철학과 현대
　　제1장 도와 언어—도의 불가설과 불가지: 말할 수 없어도 알 수 있다
　　　　원제: 「노장철학에서 도의 불가설과 불가지」, 『동양철학』 1, 한국동양철학회, 1990.
　　제2장 기의 세계—기의 정신성: 유심론과 유물론을 넘어서
　　　　원제: 「기는 물질적인가」, 『동양철학』 7, 한국동양철학회, 1996.
　　제3장 기술과 인성—도와 기技: 현대문명과 노장철학
　　　　원제: 「기술과 정신: 노장철학에서 도와 기」, 『인문학지』 14, 충북대, 1996.
　　제4장 행복의 방법—지족과 소요: 됐다 그리고 놀자
　　　　원제: 「됐다와 놀자: 노장의 행복론」, 『동양철학』 45, 한국동양철학회, 2016.
　　제5장 운명과 불멸—운명애와 생사관: 죽음을 넘어 사랑으로
　　　　원제: 「죽음을 넘어 사랑으로: 도가의 운명애와 사생관」, 『동서철학연구』 71, 한국
　　　　동서철학회, 2014.
　　제6장 동서철학의 무—무의 감응: 있음에서 없음에로
　　　　원제: 「무의 감응」, 『도가철학』 2, 한국도가철학회, 2000.

찾아보기

374

정세근鄭世根

충북대 철학과 교수. 국립대만대 박사. 대만 삼군대, 미국 워싱턴
주립대에서 강의했고, 국공립대학교수회연합회 사무총장, 교무처
장(부총장)을 지냈다. 대동철학회 회장을 세 차례 연임했고, 한국철
학상담학회 지회장, 한국공자학회 부회장, 한국서예학회 이사, 율
곡학회 이사, 그리고 5대 철학회 편집위원을 맡은 바 있다.

저서로는 『장자기화론』(莊子氣化論: 중국어), 『제도와 본성』(학술원
우수학술도서), 『노장철학』(문화부 우수학술도서), 『윤회와 반윤회』,
『노자 도덕경』이 있고, 편서로는 『위진현학』(문화부 우수학술도서)
이 있다. 서예와 관련해서는 해제와 도판이 달린 『광예주쌍집』(상,
하권)을 번역했다.

현재까지 공저를 포함하면 약 30권, 논문은 100편을 출간했다. 국
내외에서 60여 회 학술발표를 했으며, 학술상은 2회 수상했다. 등
단한 미술평론가이기도 하며, '인문학으로 세상 읽기'를 수년째 지
상연재하고, 팟캐스트에서는 '한국인의 눈으로 읽는 중국철학사'를
강의하고 있다.

예문서원의 책들

역학총서

주역철학사 (周易研究史) 廖名春·康學偉·梁韋弦 지음, 심경호 옮김, 944쪽, 45,000원
송재국 교수의 주역 풀이 송재국 지음, 380쪽, 10,000원
송재국 교수의 역학담론 — 하늘의 빛 正易, 땅의 소리 周易 송재국 지음, 536쪽, 32,000원
소강절의 선천역학 高懷民 지음, 곽신환 옮김, 368쪽, 23,000원
다산 정약용의『주역사전』, 기호학으로 읽다 방인 지음, 704쪽, 50,000원

한국철학총서

조선 유학의 학파들 한국사상사연구회 편저, 688쪽, 24,000원
퇴계의 생애와 학문 이상은 지음, 248쪽, 7,800원
조선유학의 개념들 한국사상사연구회 지음, 648쪽, 26,000원
유교개혁사상과 이병헌 금장태 지음, 336쪽, 17,000원
남명학파와 영남우도의 사림 박병련 외 지음, 464쪽, 23,000원
쉽게 읽는 퇴계의 성학십도 최재목 지음, 152쪽, 7,000원
홍대용의 실학과 18세기 북학사상 김문용 지음, 288쪽, 12,000원
남명 조식의 학문과 선비정신 김충열 지음, 512쪽, 26,000원
명재 윤증의 학문연원과 가학 충남대학교 유학연구소 편, 320쪽, 17,000원
조선유학의 주역사상 금장태 지음, 320쪽, 16,000원
한국유학의 악론 금장태 지음, 240쪽, 13,000원
심경부주와 조선유학 홍원식 외 지음, 328쪽, 20,000원
퇴계가 우리에게 이윤희 지음, 368쪽, 18,000원
조선의 유학자들, 켄타우로스를 상상하며 理와 氣를 논하다 이향준 지음, 400쪽, 25,000원
퇴계 이황의 철학 윤사순 지음, 320쪽, 24,000원
조선유학과 소강절 철학 곽신환 지음, 416쪽, 32,000원
되짚어 본 한국사상사 최영성 지음, 632쪽, 47,000원
한국 성리학 속의 심학 김세정 지음, 400쪽, 32,000원
동도관의 변화로 본 한국 근대철학 홍원식 지음, 320쪽, 27,000원
선비, 인을 품고 의를 걷다 한국국학진흥원 연구부 엮음, 352쪽, 27,000원
실학은 實學인가 서영이 지음, 264쪽, 25,000원

성리총서

송명성리학 (宋明理學) 陳來 지음, 안재호 옮김, 590쪽, 17,000원
주희의 철학 (朱熹哲學研究) 陳來 지음, 이종란 외 옮김, 544쪽, 22,000원
양명 철학 (有無之境—王陽明哲學的精神) 陳來 지음, 전병욱 옮김, 752쪽, 30,000원
정명도의 철학 (程明道思想研究) 張德麟 지음, 박상리·이경남·정성희 옮김, 272쪽, 15,000원
송명유학사상사 (宋明時代儒學思想の研究) 구스모토 마사쓰구(楠本正繼) 지음, 김병화·이혜경 옮김, 602쪽, 30,000원
북송도학사 (道學の形成) 쓰치다 겐지로(土田健次郎) 지음, 성현창 옮김, 640쪽, 32,000원
성리학의 개념들 (理學範疇系統) 蒙培元 지음, 홍원식·황지원·이기훈·이상호 옮김, 880쪽, 45,000원
역사 속의 성리학 (Neo-Confucianism in History) Peter K. Bol 지음, 김영민 옮김, 488쪽, 28,000원
주자어류선집 (朱子語類抄) 미우라 구니오(三浦國雄) 지음, 이승연 옮김, 504쪽, 30,000원

불교(카르마)총서

학파로 보는 인도 사상 S. C. Chatterjee·D. M. Datta 지음, 김형준 옮김, 424쪽, 13,000원
유식무경, 유식 불교에서의 인식과 존재 한자경 지음, 208쪽, 7,000원
박성배 교수의 불교철학강의 : 깨침과 깨달음 박성배 지음, 윤원철 옮김, 313쪽, 9,800원
불교 철학의 전개, 인도에서 한국까지 한자경 지음, 252쪽, 9,000원
인물로 보는 한국의 불교사상 한국불교원전연구회 지음, 388쪽, 20,000원
은정희 교수의 대승기신론 강의 은정희 지음, 184쪽, 10,000원
비구니와 한국 문학 이향순 지음, 320쪽, 16,000원
불교철학과 현대윤리의 만남 한자경 지음, 304쪽, 18,000원
유식삼심송과 유식불교 김명우 지음, 280쪽, 17,000원
유식불교,『유식이십론』을 읽다 효도 가즈오 지음, 김명우·이상우 옮김, 288쪽, 18,000원
불교인식론 S. R. Bhatt & Anu Mehrotra 지음, 권서용·원철·유리 옮김, 288쪽, 22,000원
불교에서의 죽음 이후, 중음세계와 육도윤회 허암 지음, 232쪽, 17,000원
선사상사 강의 오가와 다카시(小川隆) 지음, 이승연 옮김, 232쪽 20,000원

동양문화산책

주역산책 (易學漫步) 朱伯崑 외 지음, 김학권 옮김, 260쪽, 7,800원
동양을 위하여, 동양을 넘어서 홍원식 외 지음, 264쪽, 8,000원
서원, 한국사상의 숨결을 찾아서 안동대학교 안동문화연구소 지음, 344쪽, 10,000원
안동 풍수 기행, 와혈의 땅과 인물 이완규 지음, 256쪽, 7,500원
안동 풍수 기행, 돌혈의 땅과 인물 이완규 지음, 328쪽, 9,500원
영양 주실마을 안동대학교 안동문화연구소 지음, 332쪽, 9,800원
예천 금당실・맛질 마을 — 정감록이 꼽은 길지 안동대학교 안동문화연구소 지음, 284쪽, 10,000원
터를 안고 仁을 펴다 — 퇴계가 굽어보는 하계마을 안동대학교 안동문화연구소 지음, 360쪽, 13,000원
안동 가일 마을 — 풍산들가에 의연히 서다 안동대학교 안동문화연구소 지음, 344쪽, 13,000원
중국 속에 일떠서는 한민족 — 한겨레신문 차한필 기자의 중국 동포사회 리포트 차한필 지음, 336쪽, 15,000원
신간도견문록 박진관 글・사진, 504쪽, 20,000원
선양과 세습 사라 알란 지음, 오만종 옮김, 318쪽, 17,000원
문경 산북의 마을들 — 서중리, 대상리, 대하리, 김룡리 안동대학교 안동문화연구소 지음, 376쪽, 18,000원
안동 원촌마을 — 선비들의 이상향 안동대학교 안동문화연구소 지음, 288쪽, 16,000원
안동 부포마을 — 물 위로 되살려 낸 천년의 영화 안동대학교 안동문화연구소 지음, 440쪽, 23,000원
독립운동의 큰 울림, 안동 전통마을 김희곤 지음, 384쪽, 26,000원
학봉 김성일, 충군애민의 삶을 살다 한국국학진흥원 기획, 김미영 지음, 144쪽, 12,000원

일본사상총서

도쿠가와 시대의 철학사상 (德川思想小史) 미나모토 료엔 지음, 박규태・이용수 옮김, 260쪽, 8,500원
일본인은 왜 종교가 없다고 말하는가 (日本人はなぜ 無宗教のか) 아마 도시마로 지음, 정형 옮김, 208쪽, 6,500원
일본사상이야기 40 (日本がわかる思想入門) 나가오 다케시 지음, 박규태 옮김, 312쪽, 9,500원
일본도덕사상사 (日本道德思想史) 이에나가 사부로 지음, 세키네 히데유키・윤종갑 옮김, 328쪽, 13,000원
천황의 나라 일본 — 일본의 역사와 천황제 (天皇制と民衆) 고토 야스시 지음, 이남희 옮김, 312쪽, 13,000원
주자학과 근세일본사회 (近世日本社會と宋學) 와타나베 히로시 지음, 박홍규 옮김, 304쪽, 16,000원

노장총서

不二 사상으로 읽는 노자 — 서양철학자의 노자 읽기 이찬훈 지음, 304쪽, 12,000원
김항배 교수의 노자철학 이해 김항배 지음, 280쪽, 15,000원
서양, 도교를 만나다 J. J. Clarke 지음, 조현숙 옮김, 472쪽, 36,000원
중국 도교사 — 신선을 꿈꾼 사람들의 이야기 牟鍾鑒 지음, 이봉호 옮김, 352쪽, 28,000원

남명학연구총서

남명사상의 재조명 남명학연구원 엮음, 384쪽, 22,000원
남명학파 연구의 신지평 남명학연구원 엮음, 448쪽, 26,000원
덕계 오건과 수우당 최영경 남명학연구원 엮음, 400쪽, 24,000원
내암 정인홍 남명학연구원 엮음, 448쪽, 27,000원
한강 정구 남명학연구원 엮음, 560쪽, 32,000원
동강 김우옹 남명학연구원 엮음, 360쪽, 26,000원
망우당 곽재우 남명학연구원 엮음, 440쪽, 33,000원
부사 성여신 남명학연구원 엮음, 352쪽, 28,000원
약포 정탁 남명학연구원 엮음, 320쪽, 28,000원

예문동양사상연구원총서

한국의 사상가 10人 — 원효 예문동양사상연구원/고영섭 편저, 572쪽, 23,000원
한국의 사상가 10人 — 의천 예문동양사상연구원/이병욱 편저, 464쪽, 20,000원
한국의 사상가 10人 — 지눌 예문동양사상연구원/이덕진 편저, 644쪽, 26,000원
한국의 사상가 10人 — 퇴계 이황 예문동양사상연구원/윤사순 편저, 464쪽, 20,000원
한국의 사상가 10人 — 남명 조식 예문동양사상연구원/오이환 편저, 576쪽, 23,000원
한국의 사상가 10人 — 율곡 이이 예문동양사상연구원/황의동 편저, 600쪽, 25,000원
한국의 사상가 10人 — 하곡 정제두 예문동양사상연구원/김교빈 편저, 432쪽, 22,000원
한국의 사상가 10人 — 다산 정약용 예문동양사상연구원/박홍식 편저, 572쪽, 29,000원
한국의 사상가 10人 — 혜강 최한기 예문동양사상연구원/김용헌 편저, 520쪽, 26,000원
한국의 사상가 10人 — 수운 최제우 예문동양사상연구원/오문환 편저, 464쪽, 23,000원

경북의 종가문화

사당을 세운 뜻은, 고령 점필재 김종직 종가 정경주 지음, 203쪽, 15,000원
지금도 「어부가」가 귓전에 들려오는 듯, 안동 농암 이현보 종가 김서령 지음, 225쪽, 17,000원
종가의 멋과 맛이 넘쳐 나는 곳, 봉화 충재 권벌 종가 한필원 지음, 193쪽, 15,000원
한 점 부끄럼 없는 삶을 살다, 경주 회재 이언적 종가 이수환 지음, 178쪽, 14,000원
영남의 큰집, 안동 퇴계 이황 종가 정우락 지음, 227쪽, 17,000원
마르지 않는 효제의 샘물, 상주 소재 노수신 종가 이종호 지음, 303쪽, 22,000원
의리와 충절의 400년, 안동 학봉 김성일 종가 이해영 지음, 199쪽, 15,000원
충효당 높은 마루, 안동 서애 류성룡 종가 이세동 지음, 210쪽, 16,000원
낙중 지역 강안학을 열다, 성주 한강 정구 종가 김학수 지음, 180쪽, 14,000원
모원당 회화나무, 구미 여헌 장현광 종가 이종문 지음, 195쪽, 15,000원
보물은 오직 청백뿐, 안동 보백당 김계행 종가 최은주 지음, 160쪽, 15,000원
은둔과 화순의 선비들, 영주 송설헌 장말손 종가 정순우 지음, 176쪽, 16,000원
처마 끝 소나무에 갈무리한 세월, 경주 송재 손소 종가 황위주 지음, 256쪽, 23,000원
양대 문형과 직신의 가문, 문경 허백정 홍귀달 종가 홍원식 지음, 184쪽, 17,000원
어질고도 청빈한 마음이 이어진 집, 예천 약포 정탁 종가 김낙진 지음, 208쪽, 19,000원
임란의병의 힘, 영천 호수 정세아 종가 우인수 지음, 192쪽, 17,000원
영남을 넘어, 상주 우복 정경세 종가 정우락 지음, 264쪽, 23,000원
선비의 삶, 영덕 갈암 이현일 종가 장윤수 지음, 224쪽, 20,000원
청빈과 지조로 지켜 온 300년 세월, 안동 대산 이상정 종가 김순석 지음, 192쪽, 18,000원
독서종자 높은 뜻, 성주 응와 이원조 종가 이세동 지음, 216쪽, 18,000원
오천칠군자의 향기 서린, 안동 후조당 김부필 종가 김용만 지음, 256쪽, 24,000원
마음이 머무는 자리, 성주 동강 김우옹 종가 정병호 지음, 184쪽, 18,000원
문무의 길, 영덕 청신재 박의장 종가 우인수 지음, 216쪽, 20,000원
형제애의 본보기, 상주 창석 이준 종가 서정화 지음, 176쪽, 17,000원
경주 남쪽의 대종가, 경주 잠와 최진립 종가 손숙경 지음, 208쪽, 20,000원
변화하는 시대정신의 구현, 의성 자암 이민환 종가 이시활 지음, 248쪽, 23,000원
무로 빚고 문으로 다듬은 충효와 예학의 명가, 김천 정양공 이숙기 종가 김학수, 184쪽, 18,000원
청백정신과 팔련오계로 빛나는, 안동 허백당 김양진 종가 배영동, 272쪽, 27,000원
학문과 충절이 어우러진, 영천 지산 조호익 종가 박학래, 216쪽, 21,000원
영남 남인의 정치 중심 돌밭, 칠곡 귀암 이원정 종가 박인호, 208쪽, 21,000원
거문고에 새긴 외금내고, 청도 탁영 김일손 종가 강정화, 240쪽, 24,000원
대를 이은 문장과 절의, 울진 해월 황여일 종가 오용원, 200쪽, 20,000원
처사의 삶, 안동 경당 장흥효 종가 장윤수, 240쪽, 24,000원
대의와 지족의 표상, 영양 옥천 조덕린 종가 백순철, 152쪽, 15,000원
군자불기의 임청각, 안동 고성이씨 종가 이종서, 216쪽, 22,000원
소학세가, 현풍 한훤당 김굉필 종가 김훈식, 216쪽, 22,000원
송백의 지조와 지란의 문향으로 일군 명가, 구미 구암 김취문 종가 김학수, 216쪽, 22,000원
백과사전의 산실, 예천 초간 권문해 종가 권경열, 216쪽, 22,000원
전통을 계승하고 세상을 비추다, 성주 완석정 이언영 종가 이영춘, 208쪽, 22,000원
영남학의 맥을 잇다, 안동 정재 류치명 종가 오용원, 224쪽, 22,000원
사천 가에 핀 충효 쌍절, 청송 불훤재 신현 종가 백운용, 216쪽, 22,000원
옛 부림의 땅에서 천년을 이어오다, 군위 경재 홍로 종가 홍원식, 200쪽, 20,000원
16세기 문향 의성을 일군, 의성 회당 신원록 종가 신해진, 296쪽, 30,000원
도학의 길을 걷다, 안동 유일재 김언기 종가 김미영, 216쪽, 22,000원
실천으로 꽃핀 실사구시의 가풍, 고령 죽유 오운 종가 박원재, 208쪽, 21,000원
민족고전 「춘향전」의 원류, 봉화 계서 성이성 종가 설성경, 176쪽, 18,000원

기타

다산 정약용의 편지글 이용형 지음, 312쪽, 20,000원
유교와 칸트 李明輝 지음, 김기주·이기훈 옮김, 288쪽, 20,000원
유가 전통과 과학 김영식 지음, 320쪽, 24,000원
조선수학사 ― 주자학적 전개와 그 종언 가와하라 히데키 지음, 안대옥 옮김, 536쪽, 48,000원